传统农区工业化与社会转型丛书

传统农区工业化与社会转型丛书
丛书主编／耿明斋

城镇化引领"三化"协调发展
——理论思考与实践探索

耿明斋 等 著

Urbanization and Coordination of Industrialization, Urbanization and Modernization of Agriculture: A Theoretical Investigation and Some Case Analyses

社会科学文献出版社
SOCIAL SCIENCES ACADEMIC PRESS (CHINA)

总 序

如果不考虑以渔猎、采集为生的蒙昧状态，人类社会以18世纪下半叶英国产业革命为界，明显地可分为前后两个截然不同的阶段，即传统的农耕与乡村文明社会、现代的工业与城市文明社会。自那时起，由前一阶段向后一阶段的转换——或者说社会的现代化转型成为不可逆转的历史潮流。全世界几乎所有的国家和地区都曾经历或正在经历从传统农耕与乡村文明社会向现代工业与城市文明社会转型的过程。中国社会的现代化转型可以追溯到19世纪下半叶的洋务运动，然而，随后长达百年的社会动荡严重阻滞了中国社会全面的现代化转型进程。

中国真正大规模和全面的社会转型以20世纪80年代改革开放为起点，农区工业化潮流是最强大的推动力。正是珠三角、长三角广大农村地区工业的蓬勃发展，才将越来越广大的地区和越来越多的人口纳入工业和城市文明发展的轨道，并成就了中国"世界工厂"的美名。然而，农耕历史最久、农耕文化及社会结构积淀最深、地域面积最大、农民人口最集中的传统平原农区，却又是工业化发展和社会转型最滞后的地区。显然，如果此类区域的工业化和社会转型问题不解决，整个中国的现代化转型就不可能完成。因此，传统平原农区的工业化及社会转型问题无疑是当前中国最迫切需要研究解决的重大问题之一。

使我们对传统农区工业化与社会转型问题产生巨大兴趣并促使我们将该问题锁定为长期研究对象的主要因素，主要有如下三点。

第一，是关于工业化和社会发展的认识。记得五年前，我们为申请教育部人文社科重点研究基地而准备一个有关农区工业化的课题论证时，一位权威专家就对农区工业化的提法提出了异议，说"农区就是要搞农业，农区的任务是锁定种植业的产业结构并实现农业的现代化，农区工业化是个悖论"。两年前我们组织博士论文开题论证时，又有专家提出了同样的问题。其实对于这样的问题我们自己早就专门著文讨论过，但是，一再提出的疑问还是迫使我们对此问题作更深入的思考。事实上，如前所述，从社会转型的源头上说，最初的工业都是从农业中长出来的，所以，最初的工业化都是农区工业化，包括18世纪英国的产业革命，这是其一。其二，中国20世纪80年代初开始的大规模工业化就是从农区开始的，所谓的苏南模式、温州模式不都是农区工业发展的模式么！现在已成珠三角核心工业区的东莞市30年前还是典型的农业大县，为什么现在尚未实现工业化的农区就不能搞工业化了呢！其三，也是最重要的，工业化是一个社会现代化的过程，而社会的核心是人，所以工业化的核心问题是人的现代化，一个区域只有经过工业化的洗礼，这个区域的人才能由传统向现代转化，你不允许传统农区搞工业化，那不就意味着你不允许此类地区的人进入现代人的序列么，这无论如何也是说不过去的。当然，我们也知道，那些反对农区搞工业化的专家是从产业的区域分工格局来讨论问题的，但是要知道，这样的区域分工格局要经过工业化的洗礼才会形成，而不能通过阻止某一区域的工业化而人为地将其固化为某一特定产业区域类型。其四，反对农区工业化的人往往曲解了农区工业化的丰富内涵，似乎农区工业化就是在农田里建工厂。其实，农区工业化即使包含着在农区建工厂的内容，那也是指在更广大的农区的某些空间点上建工厂，并不意味着所有农田都要变成工厂，也就是说，农区工业化并不意味着一定会损害乃至替代农业的发展。农区工业化最重要的意义是将占人口比例最大的农民卷入社会现代化潮流中来。不能将传统农区农民的这一占人口比例最大的群体排除在中国社会的现代化进程之外，这是我们关于工业化和社会发展的基本认识，也是我们高度重视传统农区工业化问题的基本原因之一。

第二，是对工业化发生及文明转换原因和秩序的认识。从全球的角度看，现代工业和社会转型的起点是英国。过去我们有一种主流的、被不断强化的认识，即中国社会历史发展的逻辑进程与其他地方——比如说欧洲应该是一样的，也要由封建社会进入资本主义社会，虽然某一社会发展阶段的时间起点不一定完全一致。于是就有了资本主义萌芽说，即中国早在明清乃至宋代就有了资本主义萌芽，且迟早要长出资本主义的大树。这种观点用另一种语言来表述就是：即使没有欧洲的影响，中国也会爆发产业革命，发展出现代工业体系。近年来，随着对该问题研究的深入，提出并试图回答类似"李约瑟之谜"的下述问题越来越让人们感兴趣，即在现代化开启之前的1000多年中，中国科学技术都走在世界前列，为什么现代化开启以来的最近500年，中国却远远落在了西方的后面？与工业革命联系起来，这个问题自然就转换为：为什么产业革命爆发于欧洲而不是中国？虽然讨论仍如火如荼，然而一个无可争议的事实是：中国的确没有爆发产业革命，中国的现代工业是由西方输入的，或者说是从西方学的。这一事实决定了中国工业化的空间秩序必然从受西方工业文明影响最早的沿海地区逐渐向内陆地区推进。不管是19世纪下半叶洋务运动开启的旧的工业化，还是20世纪80年代开启的新一轮工业化，都不例外。现代工业诞生的基础和工业化在中国演变的这一空间秩序，意味着外来的现代工业生产方式和与此相应的经济社会结构在替代中国固有的传统农业生产方式和相应的经济社会结构的过程中，一定包含着前者对后者的改造和剧烈的冲突。而传统农耕文明历史最久、其经济社会乃至文化结构积淀最深的传统农区，一定也是现代工业推进难度最大、遇到障碍最多的区域。所以，将传统农区工业化进程作为研究对象，或许更容易发现两种不同文明结构的差异及其冲突、改造、替代的本质和规律，从而使得该项研究更具理论和思想价值。

第三，是对我们所处的研究工作环境和知识积累的认识。我们中的很多人都来自农民家庭，我自己甚至有一段当农民的经历，我们工作的河南省又是全国第一人口大省和第一农民大省，截至2008年末，其城市化率也才34%，也就是说在将近1亿人口中，至少有近7000万人是农民，所以，我们对农民、农业、农村的情况非常熟悉，研究农区问题，我们最容易获得第一手资料。同时，我们这些土生土长的农区人，对该区域的现代化进程最为关注，也有着最为强烈的社会责任感，因此，研究农区问题我们最有动力。还有，在众多的不断变化的热点经济社会问题吸引了相当多有抱负的经济学人的情况下，对事关整个中国现代化进程的传统农区工业化和社会转型问题进行一些深入思考可能是我们的比较优势。

我个人将研究兴趣聚焦到农区工业化上来始于20世纪90年代中期，进入21世纪以来，该项研究占去了我越来越多的精力和时间。随着实地调查机会的增多，进入视野的令人感兴趣的问题也越来越多。与该项研究相关的国家社科基金重点项目、一般项目以及教育部基地重大项目的相继立项，使研究的压力也越来越大。值得欣慰的是，该项研究的意义越来越为更多的同行学者和博士生及博士后研究人员所认可，研究队伍也越来越大，展开的面也越来越宽，研究的问题也越来越深入和具体。尤其值得一提的是日本大学的村上直树教授，他以其丰厚的学识和先进的研究方法，将中国中原地区的工业化作为自己重要的研究方向，且已经取得了重要进展，并打算与我们长期合作，这给我们很大的鼓舞。

总之，研究对象与研究领域已经初步锁定，研究队伍已聚集起来，课题研究平台在不断地拓展，若干研究也有了相应的进展。

今后，我们要做的是对相关的研究方向和研究课题作进一步的提炼，对研究队伍进行优化整合，对文献进行更系统的批判和梳理，做更多的实地调查，力争从多角度来回答若干重要问题，诸如：在传统农业基础上工业化发生、发育的基础和条件是什么？工业化究竟能不能在传统农业的基础上内生？外部的因素对传统农区工业化的推进究竟起着什么样的作用？从创业者和企业的行为方式看，工业企业成长和空间演进的轨迹是怎样的？在工业化背景下，农户的行为方式会发生怎样的变化，这种变化对工业化进程又会产生怎样的影响？县、乡等基层政府在工业化进程中究竟应该扮演何种角色？人口流动的方向、方式和居住空间结构调整演进的基本趋势是什么？这是一系列颇具争议但又很有研讨价值的问题。我们将尝试弄清楚随着工业化的推进，传统农业和乡村文明的经济社会结构逐步被破坏、被改造、被替代，以及与现代工业和城市文明相适应的经济社会结构逐步形成的整个过程。

按照目前的打算，今后相当长一个时期内，我们的研究都不可能离开传统农区工业化与社会转型这一领域，我们也期望近期在若干主要专题上能有所突破，并取得相应的研究成果。为了将所有相关成果汇集到一起，以便让读者了解到我们所研究问题的全貌，我们决定编辑出版《传统农区工业化与社会转型》丛书。我们希望，随着研究的进展，每年能拿出三到五本书的相关成果，经过三到五年，能形成十几乃至二十本书的丛书规模。

感谢社会科学文献出版社总编辑邹东涛教授，感谢该社皮书出版中心的邓泳红主任以及所有参与编辑该套丛书的人员，是他们敏锐的洞察力、强烈的社会责任感、极大的工作热情和一丝不苟的敬业精神，才促成了该套丛书的迅速立项，并使出版工作得以顺利推进。

耿明斋

2009 年 6 月 14 日

序 言

　　工业化是整个经济社会现代化发展的发动机，也是现代化进程持续推进的原动力。正是由于工业对源自农业的劳动力等要素的持续吸收，以及为农产品提供日益扩大的市场，才使得农业的现代化发展有了足够的空间。也正是来自工业的产品和技术彻底改造了传统的耕作方式，才使得农业的现代化发展变为现实。同样道理，工业企业对基础设施共享的要求及其在空间上的聚集，导致人口聚集和服务业发展，促进了现代城市的形成与发展。如果没有人为设置的障碍，在要素自由流动的前提下，工业化、城镇化和农业现代化本来就是协调的，它们是同一个现代化过程的不同侧面。

　　"三化协调"概念的提出，源于我国现代化进程中"三化"的不协调。而这种不协调则是源于计划经济体制，以及这种体制人为制造的各种要素流动屏障。其极端的形式是改革开放前将城市和乡村划分成两类截然不同的地域空间，将生活和工作在城乡的人划分为两个截然不同的类型。要素——不管是劳动力、人口还是土地、农产品和工业品——在城乡之间的流动完全听命于计划指令，工业、城镇和农业之间没有随机互动调整的机制，"三化"

不可能协调。改革开放导致了非公经济在原有体制外的成长和外来资本的进入，再加上劳动力在空间上流动限制的取消，促成了工业在长珠三角地区的迅速膨胀。但由于城乡之间隔绝状态未能随之消除，工业以及随工业聚集的各种要素无法进城，以至于这些要素不得不在原有城市体系之外安营扎寨，于是，村镇迅速演变成了城镇，形成了珠三角地区特有的城镇化模式。所谓"走一村又一村村村是城镇，走一镇又一镇镇镇是农村"就是这种城镇化模式的真实写照。外表上看，城镇覆盖了整个区域空间，实际上缺乏真正的中心城区和完善的城市功能。更大的问题是，工业化和城镇化的结果不是带出并促成了农业现代化，而是把农业"化"没了。原来的鱼米之乡，在工业化和城镇化浪潮中完全被吞噬了。在这种模式中，"三化"显然也是难以协调的。

长、珠三角地区不协调的"三化"发展模式，是在市场因素和要素自由流动机制开始成长、计划因素和限制要素流动规则尚未退却的背景下，工业化和城镇化畸形发展的结果。这种不协调在现代化先行推进的局部地区是可以容忍的。如果覆盖到全国则是不能容忍的。道理很简单，这种建设用地粗放利用和农业用地完全被吞噬的发展方式，是人多地少、吃饭问题历来被视为要务的中国所无法承受的。所以，当工业化、城镇化的浪潮从沿海向中西部地区冲过来的时候，保粮食保耕地和加快工业化城镇化进程之间的矛盾就无法回避了。为了避免长、珠三角地区那样的结果，国家出台了日益严格的耕地保护措施，划定了18亿亩耕地红线。正是在这样的背景下，"三化"协调的问题被提出来了。

以河南为中心、涵盖周边的中原经济区是传统的典型农区，是国家粮食安全的重要保障区域，同时也是工业化城镇化浪潮由东向西推动过程中首先被卷入的地区。这就决定了这里是"三化"矛盾最为突出、"协调"任务最重的地区。这也是河南在以"中原经济区"为切入点谋划将地方战略上升为国家战略的过程中，经过一番争论和探索，最终将"三化协调发展"作为其核心内容的原因。

"三化"不能协调发展的症结在城市。改革开放早期，是城市画地为牢，拒绝外部要素的进入。现在对中西部地区尤其对中原经济区来说，要通过城市找到破解土地资源约束的办法。在18亿亩耕地红线约束越来越紧的前提下，如何实现既不牺牲农业和粮食，又能保证工业化城镇化迅速推进的"三化协调发展"目标？显然只有一种选择，那就是把城镇化放在更加优先的位置。通过科学的城市规划实现建设用地的集约利用，也为工业项目找到落地空间；通过基础设施和公共服务体系建设形成更加完善的城市功能，为工业项目提供更好的生存环境；通过促进农民进城加快人口向城镇聚集，大大缩减人均建设用地的占用规模，腾出足够的建设用地满足工业项目和公共基础设施建设的需要。城镇化所促成的人口大规模从乡村向城市迁徙也为农业规模经营和现代化发展提供了广阔的空间，城镇化也是农业现代化的前提和基础。这也是继《国务院关于支持河南省加快建设中原经济区的指导意见》（国发〔2011〕32号）确立工业化、城镇化和农业现代化"三化协调发展"战略之后，河南省在第九次党代会报告中迅速提出"新型城镇化引领三化协调发展"的深层次原因。

自20世纪中期以来，我逐渐把研究的重点转向了传统平原农区工业化道路，进入21世纪以后，城市问题开始进入我的研究视野（对我来说，这是思维逻辑的自然延伸）。2004年提出"郑汴一体化"战略，并为河南省委省政府采纳、付诸实施。最近几年随着社会关注度的提高，各种各样的研讨活动日趋频繁，我也从不同角度就城镇化问题思考得越来越多、越来越深入，写了一些长短不等的文章、报告。这些文章和报告要么是为会议发言准备的，要么是报纸杂志的约稿，也有一些是就地方经济社会发展战略与相关领导和同行讨论、争论过程中有了心得自己写成的文章。这些文章和报告的核心观点或者是在会议上演讲过，或者是在报纸杂志上摘要发表过，或者是以决策参考意见的形式内部印发呈送过有关领导。此次将这些文章和报告辑录成册，并冠以"城镇化引领三化协调发展"名称出版，是想将近年来自己有关城镇化和三化协调发展的思考梳理一下，形成系统，同时也能借此与学界同行进行更广泛的交流，接受批评，以便将研究引向深入。

除了文章之外，本书还收入了《公主岭市城镇化及"三化"协调发展战略规划》等三个区域发展规划报告。这些规划报告都是应相关地方政府邀请，在深入系统调查研究的基础上完成的，它们既反映了这些地方实际发展的趋势和要求，也渗透和佐证了我及我所带领的团队关于城镇化及三化协调发展的理念。

为了眉目清楚，本书在编排上分成了"理论篇"和"实践篇"两部分。15篇文章归入了"理论篇"，3个区域规划报告归入了"实践篇"。

需要指出的是，"理论篇"收入的15篇中有3篇分别是由董栓成、宋伟和杨宏恩三位同志撰写的，收入的理由主要是这些文章讨论的问题本身在逻辑上是我的有关城镇化与三化协调发展思想体系的有机构成部分。3个区域规划报告也不是我一个人的作品，而是在我主持下由多人共同完成的。除我之外所有撰写者或参与报告撰写者的情况及其贡献，都在文章或报告的有关注释中作了说明，收录出版也征得了他们的同意。在此一并表示谢意。

同时也感谢社会科学文献出版社皮书出版中心邓泳红主任和本书责任编辑桂芳女士为本书出版所付出的辛劳。

耿明斋

2012年4月24日

目录
Contents

理论篇

关于"三化"协调发展若干问题的认识 …………………… 3

"三化"协调发展的测度与模式
　　——以河南省为例 ………………………………………… 11

新型城镇化引领"三化"协调发展的几点认识 …………… 26

河南县域经济"三化"协调发展问题探析 ………………… 37

从要素空间聚集规律看中原经济区建设若干现实问题的
　政策选项 ………………………………………………… 54

传统与现代的碰撞
　　——"开封现象"思考 …………………………………… 65

"郑汴一体化"若干问题的探讨 …………………………… 76

郑汴都市圈与郑汴一体化：日本经验启示下的现实选择 …… 93

从国内外比较看"郑汴新区"的结构特点和发展模式 …… 103

以建制镇规划建设为支点，推动城乡一体化发展 ……… 114

农民进城及相关问题研究
　　——兼论新型城镇化道路 ……… 125

农民进城方式与农民利益保护 ……… 133

郑州市金水区城中村改造调查 ……… 138

新型城镇化
　　——村庄改造与农村社区建设调查报告 ……… 157

河南城镇化发展回顾与展望 ……… 172

实 践 篇

公主岭市城镇化及"三化"协调发展战略规划 ……… 181

河南省获嘉县经济社会发展研究报告 ……… 317

抓住生态林建设机遇　推动产业升级和人口集中
实现经济社会的转型 ……… 370

理论篇

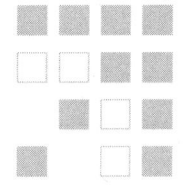

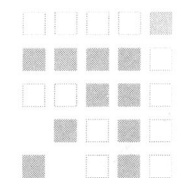

关于"三化"协调发展若干问题的认识*

工业化、城镇化和农业现代化"三化"协调发展是中原经济区建设的核心内容和基本途径。如何理解"三化"协调，以及如何实现"三化"协调，在推动"三化"协调发展过程中需要解决哪些问题等等，都需要深入讨论并逐步形成共识。

一 如何理解"三化"协调

"协调"有两层含义：一是相互促进。工业化对城镇化和农业现代化是促进，城镇化对工业化和农业现代化是促进，农业现代化又对工业化和城镇化是促进。二是均衡。也就是工业化、城镇

---

* 2009年9月，郭庚茂省长召集笔者、王永苏（时任河南省委政策研究室副主任，现任河南省政府发展研究中心主任）、王建国（河南省社科院城市经济研究所所长）、河南省发展改革委员会主任张维宁、河南省政府研究室副主任蒿慧杰等，就河南省拟定上升国家战略方案及切入点进行讨论，最终聚焦到了典型农区如何推进工业化和城镇化的议题上，并提出了工业化、城镇化和农业现代化"三化"协调的概念。但是，对究竟什么是"三化"协调，如何表述"三化"之间的关系，怎样实现"三化"协调等一系列基本问题并未来得及深入讨论，在日后撰写材料的过程中这也让执笔人犯了难。这引发了笔者对该问题进行深入思考的欲望和兴趣，并于2009年10月写成了初稿，还被省政府研究室收入了他们印行的《省长专报》上。本书收入的是2010年12月15日修订稿。——耿明斋注

化和农业现代化应均衡发展，齐头并进，而不是错位发展。

"三化"协调也就是"三化"实施过程中相互促进、均衡推进的发展状态。

"三化"协调具体可以描述为：

通过合理规划城镇体系，促进人口向城镇集中，为工业化和农业规模经营腾出空间，并提供交通、通信、水电暖气等基础设施和金融、市场、餐饮食宿、科技、教育、医疗等社会化服务体系，为工业化和农业现代化提供完善的支撑体系和服务平台；通过产业集聚区建设，促进工业集约化发展，节能降耗、升级产业、吸纳就业、提高效率、创造财富，为城镇化提供有效支撑，为农业现代化提供更坚实的物质基础；通过土地流转实现规模经营，促进农业现代化和粮食不断增收，保证国家粮食安全和充足的农产品供应，为工业化和城镇化发展奠定坚实的社会基础（后方基地）。

二 提出"三化"协调发展的依据

"三化"协调提出的依据有三个：

一是基于沿海地区工业化发展的经验教训。沿海地区工业化普遍是以牺牲农业为代价的，这是教训之一。教训之二是沿海地区工业化快速发展，而城镇化发展滞后，有人将其称为"过度工业化"。这就是说，沿海地区"三化"既没有做到相互促进，也没有做到齐头并进、均衡发展。其结果自然是牺牲农业和降低土地的使用效率，浪费宝贵的土地资源。

二是基于河南的实际。河南是1亿人口大省、农民大省、农业大省、经济大省，又地处承东启西、连南接北这样一个交通枢纽的位置，不可能不发展工业，不可能不推进城镇化。事实上河南的工业近年来是蓬勃发展的，工业增加值已跃升为全国第五，成为名副其实的新兴工业大省。河南的工业化显然不能再走以牺牲农业和粮食为代价的路子，因为河南是中国的粮仓，产量占全国的1/10，关系到国家粮食安全，所以，河南的工业化必须走以不牺牲农业和粮食为代价的发展路子。另一方面，我国虽然国土面积广大，但人口众多，人均国土面积不多，且西部大部分地区不适宜于农耕、摆放工厂及建设城市，适宜于农耕、摆放工厂及建设城市的土地极其珍贵，所以，中国的工业化城镇化必须走土地集约使用的路子，在人口与农业大省的河南，工业化和城镇化更要走土地集约使用的路子。

三是基于河南经济发展的阶段。河南的工业化已经进入中期阶段，且正在快速发展，河南的城镇化正处在加速发展的阶段。工业和城镇建设用地与农业用地的矛盾异常尖锐。如何解决这一矛盾，保证"三化"互相促进而不是以"一化"或"两化"压制或制约另"一化"或另"两化"，已经是摆在我们面前必须研究解决的紧迫问题。

三 如何做才能实现"三化"协调发展

既然"三化"协调的本质是不牺牲农业和不错位发展，而是相互促进和齐头并进，最终达到促进农业和促进土地集约使用的目的，那要实现"三化"协调发展，核心问题必定是在土地合理利用上做文章。如何做到土地合理利用就成为"三化"协调发展的基本着力点。要做的实事应包括：

第一，合理规划土地用途。这就是说要对全省16.7万平方公里的国土按照耕地、建设用地、湿地、林地等进行合理分割和明确的空间界定，不但确定各类用途土地的总量及其比例，同时也要对每一类土地的空间分布进行明确界定。比如就像明确界定保护耕地的空间位置一样明确界定建设用地的空间位置，以确定在河南16.7万平方公里土地上，在哪里建设城市，建设多少个城市；在哪里建镇，建设多少镇；在哪里建居民点，建设多少个居民点，每个城市、镇、居民点面积多大，人口多少，空间界线在哪里等等，这都需要进行科学界定。

之所以要进行如此的规划，根本原因在于对在国土面积和耕地面积一定的条件下，除去湿地和林地外，究竟有多少土地可摆放工厂和用于建设城市，要做到心中有数，只有这个确定了，我们才能够最终确定究竟哪个空间点该摆工厂，哪个空间点该建城市，建多大规模的城市才能避免不该建工厂的地方建了，不该建城市的地方建了，不该建大城市的地方建了。避免了这个，工厂和城市都建在了该建的地方，土地就节约了，土地使用就集约了。沿海某些地区城镇化发展严重滞后于工业化，从而造成城镇和工厂摆放无序和混乱，就是由于城镇和工厂的位置与面积没有事先通过规划来界定。

这里有一个问题，就是谁能够在现在就确定未来哪个地方该摆工厂和该建城市？或者说如何能做到规划的科学和符合未来事物演化的实际？说实话，没有人能够准确地知道这一点！但并不能因此而否定规划的必要性。实际上，任何对未来发展格局的规划都是根据现在的状况和能预测到的未来趋势来进行的。规划之所以可能，就是我们知道现在的状况，我们也具有预测事物未来走势的一定能力。从这个意义上说，规划绝不是不可能做到的事情。

对未来发展趋势估计和预测的一个基本理论和经验基础是，在工业化城镇化快速发展的过程中，要素是加速向某些特定空间点聚集的。河南要素聚集并流向以郑州为中心的区域，从而，随着工业化城镇化的推进，郑州及其周边地区要素聚集越来越厚，外围地区越来越薄是总的趋势。根据此一规律和趋势，就可以通过对未来城镇化水平的测算，确定城镇总人口会有多少，然后再根据城镇人口分布规律确定各空间点上的不同城镇各自人口目标数量，并据此确定不同城镇的目标占地面积。比如现在城镇化率是37%，现在城镇人口是3700万人，按年均增长率1.8%算，再有20年，即到2030年，城镇人口将达5143.49万人。有了这个总数，就可以根据人口集中的趋势核定出各空间点城镇人口规模并据此界定土地使用规模。

规划不仅是可能的，而且也是现实的需要。要从现有非耕地中整理出足够的建设用地，就得知道哪些地方可以挤出来，也得知道挤出来的建设用地要摆放在哪里，比如整治空心村，某个村子有空置的建设用地，现在要把它拿出来，起码要知道该空置建设用地在这个村子未来是多余的。怎么知道它在未来是多余的？就是根据工业化城镇化空间演变的规律和人口空间转移的趋势。同样，要把该村建设用地指标拿到某一空间点用，那也一定得知道该空间点未来是摆放工厂和扩张城镇的空间区位。

规划的必要性和紧迫性还在于现在有很多地方工业化和城镇化已经发展到了一部分村庄和居民没有了种地的功能，或要实现种地的功能也无需居住在原来的村庄。居民搬迁和居住空间重新配置已成为现实的需要，这时候如果还不知道新的居民聚集点在哪里怎么能行呢？或者没有科学的规划，将居民搬迁到不该落脚的地方，以至于几年以后又要搬迁，造成不必要的重复建设和浪费，怎么行呢？再有，现在的新农村建设是在没有对空间土地利用进行合理规划的情况下各自自发搞的，很多新农村建设的投入和项目从长期看可能是重复建设，因为很多村庄未来可能会不存在。

总之，土地空间利用规划已成为一种现实的迫切需要。

第二，村庄建设用地和其他非耕地整治探索。包括空心村治理，废弃工厂、砖瓦厂等登记整理，也包括某些经济发展水平高的地区乡村居民点的重新规划和乡村居民的重新集中，登封市大冶镇全镇居民点统一重新规划向一个空间点集中就是最好的案例。

第三，农村建设用地转让机制探索。这些探索包括宅基地使用权所有人向集体出售使用权或村集体对使用权进行回购，以及在此基础上村庄居民点住宅区的重新布局集中，并最终将空置宅基地连片复耕转化为耕地，而由此增加的可耕地指标在另一地被使用，也就是将另一地可耕地的同样面积划作建设用地，实现建设用地的空间置换，达到建设用地占补平衡、一地腾出来的建设用地归另一地使用的目的。这里的问题是：集体用于回购空置宅基地使用权的资金从何而来？可以考虑将该建设用地指标使用地区在农地转化为建设用地过程中增值的部分切出来一块分给腾出建设用地指标的地区，回购农户宅基地资金由此而来。

土地整治和建设用地使用权转让是连在一起的，必须同时启动。

第四，以农民工向市民身份转换为突破口，打破户籍壁垒，促进农村人口向城镇流动迁移。当前，最主要的问题是农民工子女入托及农民工住房、养老、失业保障、医疗保障等与市民的同待遇化。显然这会在一定程度上增加接纳城市的负担，需要额外支出，所以很多城市包括长珠三角的城市都不愿为之，它们只愿意享受农民工对当地发展的贡献，而不愿意支付为接纳农民工入城所需要承担的各种支出。理论上说，既然农民工为城市的发展作出了贡献，理应享受由该城市发展所带来的给予市民的各种利益。但是实际操作上比较复杂。我们可以探索在一省范围内能否解决此问题。强制各个城市让农民工享受同等待遇是否具有可行性？根据2010年7月对鹤壁市所做的调查研究，城市居民享受的各种公共服务及社会保障大多是通过某种机制以社会统筹的方式支付的，真正属于政府支出的部分很小。比如政府对城市居民的医疗保险补贴金额还没有对农民医疗保险（新农合）补贴的额度大。因此农村居民转化为城市居民以后享受与城市居民相同的公共服务，需要政府额外增加的支出并不大。事实上，让进城农民享受与市民同等待遇的障碍在很大程度上要么是对市民保障机制及分担方式不了解，要么是观念上不愿意接受这样的安排。

第五，产业聚集区建设和产城融合。包括在合适的空间点规划产业聚集区，促使企业入园，最大限度地节约工业用地，实现基础设施共享，降低工业活动成本；也包括依托产业聚集区规划建设居民区、商业区和相应的行政、文化教育、医疗及其他服务设施，逐步使之具有城市功能。使产业发展与城市发展同步、协调。富士康"十连跳"事件的发生虽然有工作和生活压力大等因素，但是，打工者不能融入城市，工作地点与家庭居住空间的分离，从而使他们在孤独和烦闷时无法通过家庭来化解，也是一个很重要的原因。所以，产城融合、企业员工工作空间与生活空间的统一，不仅是要起到膨胀城市、实现聚集效应、完善城市功能、支撑产业发展的作用，也是化解社会矛盾、转变员工生活方式、提升员工生活质量、分享优质的公共服务、促进人的全面发展的重要途径。

第六，现代城镇体系建设，建立功能完善而又强大的交通、通信、金融、商贸物流、科技文化教育、餐饮宾馆娱乐等基础设施和经济社会服务体系，包括城际轨道交通系统、现代商贸物流园区、高速公路为主的公路交通体系、航空枢纽、金融园区、科教园区、商业中心等项目建设。

第七，推进农业现代化探索。包括通过耕地流转促进土地规模经营，推进农业现代化；加大农业补贴，增加农民收入；完善农产品价格形成机制，不断提高农产品价格；加大农业基础设施投入；加大农业科技投入。

四 "三化"协调发展所要达到的目标

抽象地说目标就是要实现"三化"协调发展。分开来说，一是做到相互促进，而不是靠牺牲"一化"来发展另"两化"；二是做到齐头并进，均衡发展，而不是错位发展，一个在前，另两个在后。

具体说，就是要用20年左右的时间，在农业现代化水平不断提升和粮食产量不断增加的前提下，建立起结构优化的现代产业体系和功能完善的现代城镇体系，在较高水平上实现工业化、城镇化和农业现代化，使中原经济区的经济社会发展接近或赶上中等发达国家或地区的水平。

五 向中央争取哪些政策

第一，自主安排建设用地的政策。在保证耕地面积不减少的情况下，允许河南省政府根据需要自行决定建设用地的规模和使用频率，及其空间配置格局。

第二，探索农村集体宅基地转让流转的权利。农村集体所有并由村民掌握使用权的宅基地，在村庄整治过程中涉及集体回购归并、直接转让、用地指标空间置换等问题时，允许河南省政府自行探索解决办法，自行探索宅基地流转的方式。

第三，探索农民工身份转换和农村人口进城落户相关问题解决办法及农民工身份向市民转化所涉及的支出补贴。在河南进行此项试点过程中发生的增加支出部分请求中央政府给予相应的补助。

第四，农村耕地流转探索权。增加农业补贴，增加农田基本建设投入。降低农业劳动者和经营者成本，增加收入，使其能够达到与非农产业劳动者大体上同等的劳动收入水平和资本收入水平。

"三化"协调发展的测度与模式

——以河南省为例*

一 引言

城市与农村的不平衡发展是世界各国在经济发展过程中面临的一个共同问题,受到世界各国的高度重视和关注,中国这样一个世界上最大的发展中国家,当前面临的城乡不平衡发展问题更加突出。经过三十多年的改革开放,中国经济社会得到了快速发展,但城乡二元结构并没有得到根本性改变。

如何破解城乡不平衡发展的这一世界性难题?党的十六大第一次把统筹城乡发展作为重大命题提了出来,十六届三中全会提出了以人为本,全面、协调、可持续的科学发展观和"五个统筹"的思想;十六届四中全会胡锦涛总书记提出了"两个趋向"的重要论断,即在工业化初始阶段,农业支持工业、为工业提供积累是带有普遍性的趋向,但在工业化达到相当程度以后,工业反哺农业、城市支持农村,实现工业与农业、城市与农村协调发展,

---

* 本文是我主持的国家社科基金重点项目"中西部地区承接产业转移的政策措施研究"(09AZD024)的阶段性成果,由董栓成于2011年夏完成。征得作者同意收入本书。——耿明斋注

也是带有普遍性的趋向；十六届五中全会提出了建设社会主义新农村的重大历史任务，并要求"建立以工促农、以城带乡的长效机制"；党的十七大在"五个统筹"的基础上，进一步提出了要统筹中央和地方的关系，统筹个人和集体利益，统筹局部利益和整体利益，统筹当前利益和长远利益，统筹国内和国际两个大局，并要求通盘考虑和配置各种资源，加大对农村的支持力度，推进新农村建设。这一系列的战略思想和重大决策，给我们指明了发展战略的调整方向，就是把城市和农村经济与社会发展作为整体来统一规划，通盘考虑，把城市和农村存在的问题及其相互因果关系综合起来统筹解决，让农村和城市共享工农协调发展的成果。

在有关社会经济系统的协调发展问题研究中，王维国[1]研究了人口、经济、社会、科技、环境和资源相互协调发展问题，并对协调发展的理论与方法进行了较为系统的研究；曾珍香[2]研究了一般系统的可持续发展的分析与评价方法问题；穆东等[3]运用数据包络分析法研究了系统的协同问题，并对资源型区域的协同发展作了评价；马占新等[4]、莫剑芳[5]等分别将 DEA 方法应用于宏观经济和区域经济评价领域，通过辨识主、子目标对选取的地区或城市的经济发展状况进行了评价；郭妍对我国商业银行效率决定因素进行理论探讨与实证检验，运用 DEA 方法测算了我国 15 家代表性商业银行 1993~2002 年的技术效率、纯技术效率、规模技术效率

---

[1] 王维国：《我国经济与人口素质协调发展分析》，《河北经贸大学学报》2005 年第 5 期。

[2] 曾珍香：《基于主成分分析法的京津冀区域协调发展综合评价》，《科技进步与对策》2008 年第 9 期。

[3] 穆东、杜志平：《资源型区域协同发展评价研究》，《中国软科学》2005 年第 5 期。

[4] 马占新、唐焕文：《宏观经济发展状况综合评价的 DEA 方法》，《系统工程》2002 年第 2 期。

[5] 莫剑芳、叶世绮：《DEA 方法在区域经济发展状况评价中的应用》2001 年第 2 期。

值，然后采用 Panel Data 模型检验了银行效率[①]；张生瑞运用协同学的概念和可持续发展的一些方法对交通运输系统协调发展作了初步探讨[②]，但现在还没有合适的方法去解决他提出的评价指标量化问题；熊崇俊等运用数据包络分析法对中国综合交通各运输方式协调发展进行了较系统的探讨。在各种评价方法中，数据包络分析方法是解决多输入输出的时序性问题较为有效和便捷的方法。复合型城区模型系统包含三个子系统：①工业化系统（a），②城镇化系统（b），③农业现代化体系（c），三者之间的协调发展体现在投入（物质要素）和产出（效率水平）的相互影响和紧密联系。鉴于此，本文将采用数据包络分析方法，运用协调发展理论，建立定量分析模型。

二 DEA 基本思想和"三化"协调发展测度模型构建

数据包络分析（Data Envelopment Analysis, DEA）[③]，是一种对若干同类型的具有多输入、多输出的决策单元（Decision Making Unit, DMU）进行效率与收益方面比较的有效方法，是运筹学、管理科学、数量经济学与系统工程等领域在研究、处理复杂问题时的一种重要而有效的分析工具[④]。DEA 以某一系统中的实际决策单元为基础，建立在决策单元的 Pareto 最优（DEA 有效性与相应的

---

① 郭妍：《我国商业银行效率决定因素的理论探讨与实证检验》，《金融研究》2005 年第 2 期。

② 张生瑞、梁营力、李晓伟：《新农村建设中农村公路发展研究》，《交通企业管理》2008 年第 5 期。

③ Bankerrd, A. Charnes, W. W. Cooper. Some Models for Estimation Technical and Scale Inefficiencies in Data Envelopment Analysis. *Management Science*. 1984, (30): 1078 – 1092.

④ Charnes A, W. W. Cooper, Erhoodes. Measuring the Efficiency of Decision Making Units. *European Journal of Operational Research*. 1978, (2): 429 – 444.

多目标规划问题的 Pareto 有效解是等价的）概念之上，通过利用线性规划技术确定系统的效率前沿面（或称为生产前沿函数），进而得到各决策单元的相对效率以及规模收益等方面的信息。

设有 n 个决策单元（Decision making units），这 n 个决策单元都是具有可比性的。每个决策单元都有 m 种类型的输入（表示该决策单元对"资源"的耗费，类似于微观经济学中的生产要素）和 s 种类型的输出（它们是决策单元在消耗了"资源"之后，表明成效的一些指标）。DMU_j，$j=1,2,\cdots,n$，DMU_j 的输入为 $X_j = (x_{1j}, x_{2j}, \cdots, x_{mj})^T > 0$，输出为 $Y_j = (y_{1j}, y_{2j}, \cdots, y_{rj})^T > 0$，引入变权重输入、输出向量分别为 $V = (v_1, v_2, \cdots, v_m)^T$，$U = (u_1, u_2, \cdots, u_r)^T$，以对输入、输出进行"综合"。定义 DMU_j 的效率指数为输出"综合"与输入"综合"之比。以被评价的决策单元 DMU_0 的效率指数 h_0 最大为目标，以所有决策单元的效率指数 $h_j \leq 1$ 为约束，即构成 DEA 优化模型。

（一）一个子系统对另一个子系统协调发展的 DEA 测度模型构建

在研究"三化"协调发展的 DEA 有效性时，首先需要构建反映三个子系统之间数量关系的输入输出表。对于 a、b 两个子系统，将 DEA 优化模型中的输入指标设置成 a 系统的，输出指标设置成 b 系统的，由此构建出评价 a 系统对 b 系统综合有效性的"交叉"输入输出表。这种交叉输入输出表构成的评价单元符合 DEA 模型评价单元的特征，即：具有相同的目标和任务，具有相同的外部环境，具有相同的输入和输出指标。其分式规划模型为：

$$\begin{cases} \max C_h(a/b) = \dfrac{U^T Y_b}{V^T X_b} \\ st \ \dfrac{U^T Y_{bj}}{V^T X_{aj}} \leq 1, \ j = 1, 2, \cdots, n \\ U \geq 0; \ V \geq 0 \end{cases} \tag{1}$$

其引入∈的线性规划模型为：

$$\begin{cases} \min[C_h(a/b) - \epsilon(\hat{e}s^- + \hat{e}^T s^+)] = V_{D_\epsilon} \\ st \sum_{j=1}^n \lambda_{a/b_j} y_j + s^- = C_h(a/b)x_0 \\ \sum_{j=1}^n \lambda_{a/b_j} y_j - s^+ = y_0 \\ \rho \sum_{j=1}^n \lambda_{a/b_j} = \rho,\ \rho = 0\ 或\ 1 \\ \lambda_{a/b_j} \geq 0,\ j \geq 1, 2, \cdots, n \\ s^- \geq 0;\ s^+ \geq 0 \end{cases} \quad (2)$$

其中，λ_{a/b_j} 为未知变量；ϵ 为非阿基米德无穷小（在本文后面的运算中，ϵ 取 10^{-7}）；松弛变量 $S^- = (s_1^-, s_2^-, \cdots, s_m^-)^T$；$S^+ = (s_1^+, s_2^+, \cdots, s_m^+)^T$；$\hat{e}^T = (1, 1, \cdots, 1)^T \in E_r$，$m$、$r$ 分别代表输入指标和输出指标数目。$\rho = 0$ 时为 C^2R 模型，$\rho = 1$ 时为 C^2GS^2 模型。

定义：$C_h(a/b)$ 为子系统 a 对子系统 b 的协调效度，以反映两系统之间的协调程度；$D_h(a/b)$ 表示子系统 a 对子系统 b 的发展效度，其计算公式为：

$$D_h(a/b) = 1/\sum \lambda_{a/b_j} \quad (3)$$

定义：a 对 b 的协调发展综合效度为 $S_h(a/b)$，其值为：

$$S_h(a/b) = C_h(a/b) \cdot D_h(a/b) \quad (4)$$

由规划（2）及 DEA 解的经济含义知，$C_h(a/b) \in [0, 1]$，$C_h(a/b)$ 越接近于 1，说明 a 系统对 b 系统的协调效果越好。若 $C_h(a/b) = 0$，表明 a、b 两系统之间是完全不协调的，也就是说 a 系统的投入对 b 系统的产出是不相关的，作为在同一系统中的子系统，这种情况基本不存在；若 $C_h(a/b) = 1$，表明 a 系统的输入对 b 系统输出的效率相对最好，进而说明 a 系统对 b 系统的输入输出关系是最适配的，该决策单元的协调发展效果相对最好。

若规划（2）是 C^2R 有效的，就有 $S_h(a/b) = C_h(a/b) = D_h(a/b) = 1$；若规划（2）是非 C^2R 有效的，需令 $\rho = 1$，再对规划（2）的 C^2GS^2 模型进行分析。①

（二）一个子系统对两个子系统协调发展效度的测算

若将规划（1）的分子用 b、c 系统的输出组合表示，分母仍是 a 系统的输入，则可计算出 a 系统对 b、c 系统的协调效度 $C_h(a/b, c)$、发展效度 $D_h(a/b, c)$ 及综合效度 $S_h(a/b, c)$：

$$S_h(a/b, c) = C_h(a/b, c) \cdot D_h(a/b, c) \tag{5}$$

若将规划（1）的分子作为 a 系统的输出，分母用 b、c 系统的输入组合表示，则可计算出 b、c 系统对 a 系统的协调效度 $C_h(b, c/a)$、发展效度 $D_h(b, c/a)$ 及综合效度 $S_h(b, c/a)$。同理，可以计算出一个子系统对其余多个子系统的协调效度、发展效度、综合效度。②

定义：系统 a 和系统 b 之间的综合协调效度 $C(a, b)$：

$$C(a, b) = \frac{\min\{C_h(a/b), C_h(b/a)\}}{\min\{C_h(a/b), C_h(b/a)\}} \tag{6}$$

这里有，$C(a, b) = C(b, a)$。

定义：三个系统之间的综合协调效度为 $C(a, b, c)$：

$$C(a, b, c) = \frac{C(a/b, c)C(b, c) + C(b/a, c)C(a, c) + C(c/a, b)C(a, b)}{C(a, b) + C(b, c) + C(a, c)} \tag{7}$$

其中，

$$C(a/b, c) = \frac{\min\{C_h(a/b, c), C_h(b, c/a)\}}{\min\{C_h(a/b, c), C_h(b, c/a)\}} \tag{8}$$

---

① 熊崇俊、宁宣熙、潘颖莉：《中国综合交通各运输方式协调发展评价研究》，《系统工程》2006 年第 6 期。
② 杜志平、穆东：《系统协同发展程度的 DEA 评价研究》，《运筹与管理》2005 年第 2 期。

三 指标选取与数据处理

（一）指标设置的原则

在设置统筹"三化"协调发展评价指标体系时，除了要符合统计学的基本规范外，还应遵循以下原则：①充分、全面的原则，有充分的代表性；②独立性原则，即每个指标要内涵清晰、相对独立，可以分组建立；③均匀平滑性原则，避免指标的大起大落；④可操作性原则，即指标体系数据需源自现有的统计指标，切忌照搬；⑤可比性原则，即尽可能采用相对指标，便于对比；⑥综合系统性原则，即各指标间有较密切的动态联系，各组指标可以综合形成完整的指标体系。

（二）指标设置

统筹工业化、城镇化、农业现代化协调发展系统分为工业化系统、城镇化系统、农业现代化系统三个子系统。根据评价系统间综合效度而构造交叉输入输出表的要求及上述指标设置原则，最终设置各子系统的输入指标为：工业从业人员、农业从业人员、城镇从业人员、工业投资总额、农业投资总额、城镇基础设施投资总额；输出指标为：工业化率、农业化率、城镇化率等。在三个子系统中，工业化系统简记为 a，农业现代化系统简记为 b，城镇化系统简记为 c。工业化系统对农业现代化系统的协调效度为 $C_h(a/b)$，工业化系统与农业现代化系统之间的综合协调效度为 $C(a/b)$，工业化系统对农业现代化系统、城镇化系统的协调效度为 $C_h(a/b,c)$，工业化系统与农业现代化系统、城镇化系统的综合协调效度为 $C(a/b,c)$，其他的各效度表示方式类同。

（三）数据采集

按照上述设定的输入输出指标，采集 2008 年河南省地级市区域的系统数据，汇集于表1。

表1 2008年河南省地级市"三化"协调发展效率评价指标数据

地市	输入指标						输出指标		
	人力要素			物质要素			效率水平		
	工业	农业	城镇	工业	农业	城镇	工业	农业	城镇
郑州	150.95	87.3	180.7	750.2	61.36	1521.05	0.494	0.457	0.623
开封	67.41	165.0	48.59	200.36	14.40	232.41	0.417	0.439	0.377
洛阳	119.5	146.5	82.32	619.99	60.60	974.31	0.544	0.401	0.426
平顶山	79.2	157.9	63.49	239.47	24.48	349.57	0.621	0.488	0.402
安阳	110.93	153.4	56.70	275.09	35.13	473.44	0.570	0.468	0.373
鹤壁	28.95	31.8	19.84	136.88	9.53	181.70	0.627	0.540	0.478
新乡	94.22	134.7	56.99	489.89	44.82	691.55	0.479	0.508	0.392
焦作	65.90	83.1	61.62	383.66	21.28	546.98	0.629	0.577	0.453
濮阳	52.18	146.2	54.66	213.00	21.10	273.27	0.608	0.504	0.338
许昌	89.02	114.2	52.97	326.59	16.02	425.30	0.621	0.480	0.375
漯河	49.02	71.2	29.02	166.25	12.27	213.62	0.656	0.501	0.375
三门峡	27.02	64.9	29.94	266.39	17.77	344.58	0.636	0.304	0.439
南阳	157.49	341.1	102.85	487.75	56.59	708.55	0.469	0.549	0.349
商丘	115.07	280.3	65.10	256.86	29.73	428.60	0.387	0.366	0.315
信阳	97.05	232.2	69.32	153.22	54.57	536.26	0.343	0.406	0.326
周口	150.58	356.2	78.34	220.09	38.55	379.02	0.381	0.509	0.277
驻马店	130.64	285.3	66.67	158.83	41.27	309.13	0.385	0.710	0.277
济源	12.03	12.5	13.88	73.41	1.93	109.32	0.703	0.492	0.476

资料来源：《河南省统计年鉴》（2009年）。

本文以2008年河南省18个地级市区域为决策单元，运用线性规划软件LINDO（Linear, Interactive, and Discrete Optimizer），将各个区域系统之间及综合协调发展效度定量化，以便对"三化"的协调发展程度作出客观评价。在数据处理过程中，先计算出C^2R模型（D∈）中各子系统间的相对有效性，以确定其协调效度及发展效度；DEA 非有效的区域，再计算其 C^2GS^2 模型的相对有效性，重新认定其协调效度，即以 C^2GS^2 模型计算出的协调效度作为该区域的最终协调效度。

四 各系统之间的协调发展综合效度测算

计算两系统之间的协调效度及发展效度，并由协调效度及发展效度计算出两系统之间的综合效度，汇总于表2。

表2 各系统之间的协调发展综合效度

效度 地区	$S_h(a/b)$	$S_h(b/a)$	$S_h(a/c)$	$S_h(c/a)$	$S_h(b/c)$	$S_h(c/b)$	$C(a,b,c)$
郑州	0.10	0.33	1	0.10	1	0.10	0.13
开封	0.33	0.33	0.33	0.50	0.33	0.50	0.66
洛阳	0.13	0.20	0.13	0.20	0.20	0.20	0.84
平顶山	0.33	0.25	0.33	0.33	0.25	0.33	0.90
安阳	0.25	0.20	0.25	0.33	0.20	0.33	0.71
鹤壁	1	0.50	0.50	1	0.50	1	0.50
新乡	0.33	0.25	0.17	0.33	0.25	0.33	0.85
焦作	0.88	0.33	0.25	0.25	0.33	0.46	0.68
濮阳	0.33	0.25	0.33	0.50	0.25	0.50	0.70
许昌	0.25	0.33	0.25	0.33	0.33	0.33	0.76
漯河	0.50	0.33	0.50	0.50	0.33	0.50	0.65
三门峡	0.50	0.50	0.50	0.50	0.50	0.50	1
南阳	0.22	0.11	0.11	0.20	0.11	0.20	0.66
商丘	0.33	0.14	0.50	0.25	0.14	0.25	0.87
信阳	0.40	0.14	0.50	0.25	0.14	0.25	0.42
周口	0.40	0.14	0.33	0.40	0.14	0.40	0.57
驻马店	1	0.14	0.50	0.50	0.14	1	0.28
济源	1	1	1	1	1	1	1
平均值	0.46	0.30	0.42	0.42	0.34	0.45	0.68

从表2可以看出：①平均而言，河南省两系统之间的协调发展综合效度均小于或等于50%。因此，中原农区长期运行的生产组织（包括工业、农业和城市规划）方式与"三化"协调发展是不相称的。②从三者之间的综合效度来看，综合效度高的区域，"三化"实际是在低水平上的协调；而综合效度低的区域，"三化"处于高水平上的不协调发展。③河南省已经迈入了工业反哺农业的时代。工业化对农业现代化的协调发展综合效度（0.46）高于农业现代化对工业化的协调发展综合效度（0.30）；城市支持农村，城市化对农业现代化的协调发展综合效度（0.45）高于农业现代化对城市化的协调发展综合效度（0.34），这正是十六届四中全会胡锦涛总书记提出的第二个重要论断，即在工业化达到相当程度以后，工业反哺农业、城市支持农村，实现工业与农业、城市与农村协调发展，也是带有普遍性的趋向；当前，如何实现"三化"协调发展？制度创新是关键，因此，构建"三化"协调发展的新机制迫在眉睫。④农业现代化对工业化和城市化的综合协调发展效度较低，这也说明传统农区的耕地制度以及农业生产经营方式更需要重大变革，主要表现为农村土地实际产权制度供给滞后于潜在的制度需求，制度供给存在明显的不足：一方面，对新制度的需求已经远远大于实际制度供给，从而导致耕地产权制度有效供给不足；另一方面，土地承包条件下的家庭联产承包责任制的制度供给存在着严重"过剩"，一些现行的制度供给相对于农村社会需求是多余的，极大地束缚了土地和劳动力这两大生产要素的合理流动，阻碍了耕地市场化进程。那些效率释放殆尽的制度安排依然是当前农业发展中制度供给的主流。特别是家庭联产承包经营制解决了温饱问题后，在继续发展上遇到了巨大的挑战。尤其是随着以市场经济为目标模式改革的深入，家庭分散经营表现出制度上的滞后性，一系列困扰农业经济的问题难以在封闭、凝固、分散的小生产经营体制框架内得到令人满意的解决，所有这些都使得传统农业难以像其他产业那样获得规模经济效益。

上述问题也具有普遍性（不只是河南省），目前，河南省正在积极探索"三化"协调发展的新模式——复合型城市区发展模式。按照复合城市理念，围绕构建以"郑汴新区"为核心增长极、以中原城市群9城市为半小时经济圈、其他9城市为1小时经济圈，以郑汴一体化区域为核心层、以中原城市群其他7市为紧密层、以周边9个省辖市为辐射层的"一极两圈三层"的现代城镇体系，促进人口和产业集聚，使"工业化、城镇化与农业现代化"协调发展。

以河南省许昌市为例：许昌市是河南省18个省辖市（也是9个省辖市构成的辐射层）之一，现辖禹州市、长葛市、许昌县、鄢陵县、襄城县和魏都区六个县（市、区），全市总面积4996平方公里，总人口447万人。农业是许昌的优势产业，它是全国最大的苗木基地，其小麦、玉米等大宗粮食生产基地叫得响，乡镇企业发展有基础，但是许昌城镇化率低于全省平均水平，低于中原城市群水平。2008年，许昌提出了"推进区建设模式（复合型城市）"：①产业向园区集中实现工业化，农民向社区集中实现城市（城镇）化，土地向规模集中实现农业现代化。如许昌县推进区涉及3个乡，37个行政村，5.5万人，6.6万亩耕地，其中村庄占地17336亩，整合为5个社区，安置用地2238亩，节约15098亩，按合法程序由宅基地转化为建设用地。整个许昌市目前有2129个行政村，按此粗略推算可以节约土地880255亩，约合586.84平方公里，不但可以满足推进区用地，也可以扩大基本农田种植面积。因此，未来迁村并点发展空间巨大。②田园城市理念。园在城中、城在园中、林在城中、城在林中、水在城中、城在水中的田园生态城市，实现用田园控制城市用地无限扩张的城乡和谐共生的城乡统筹理念，避免传统城市那种摊大饼式的无序发展模式。③功能复合。即对生产功能、人居功能和服务功能进行统筹安排，形成第一、二、三产业的循环发展，使城市、近郊、社区、农田、湿地、河流、湖泊、森林等不同类型的生态单元既空间独立，又紧密联系，形成复合的生态结构，打破单一土地利用模式，在城市建成区之中穿插一些生态农业示范区，实现土地混合使用，防止分区之间功能割裂，减少交通能耗，打破行政区划及城乡界限，建立统筹城乡发展的新型管理体制，实现城乡一体化发展。④在复合型城市区建设过程中，不但要让区居民实现"安居"，还要让社区居民实现"乐业"。许昌的具体做法是，以发展工业促就业。项目向园区集中成效比较明显，存量项目增加，如许昌县瑞贝卡公司主厂区在南面，但是在推进区又建一个，仅档发行业吸纳就业人员近30万；如远东传动轴也是进园区建设，从生产、销售到物流一条龙。优势企业的新增项目都进入推进区：如帝豪专线、机场项目、中原电器谷风电项目（许继开发），已纳入河南省产业发展规划。⑤整体规划、分步推进，实现充分就业。农民向社区集中，为产业发展提供土地，先选择工业基础较好的区域开发建设，如尚集镇5年前人均就不到三分地，他们都有了就业门路，就业问题在目前已经改造的村子中基本上不成问题，而且80%是在本地就业，其余的是自主创业或在外地就业。复合型城市区建设特色就是田园城市，根据未来城市吸纳人口比例和生态城市承载能力，合理规划城市区内生态农业规模，基本上可以满足原区域内50岁以上农民在不改变劳动习惯条件下就业。

五 结论与政策建议

城市化以工业化为基础，没有工业支撑的城市化只能是过度城市化，而城市化严重滞后的工业化也是过度工业化。在实现工业化与城市化协调发展上，在世界近百年的发展过程中，不少国家和地区结合本国和地区实际做了很多有价值的探索，也不乏成功的例子，如欧美发达国家及亚洲新加坡、日本等。目前我国面临的不仅是工业化与城市化协调发展问题，还有农业现代化问题。

我国东部省区的工业化以牺牲农业为代价，其城镇化严重滞后于工业化，工业化刚起步的西部生态环境较为恶劣，不适宜也不可能大量生产粮食，所以粮食安全的重任自然就落在了工业化走在中途的中部省区。对中部来讲，是否只专注发展农业？就像美国那样，工业主要集中于东北部地区，中部则是地广人稀的粮食带，回答是否定的。原因是我国中部地区集聚了大量的人口，"三农"问题在这里表现得最为明显和集中，这些过剩人口又不可能全部转移到东部地区，同时让大量人口集聚在农业中并不能保证我国的粮食安全，工业化是解决问题的唯一办法，但中部省区的工业化不应再走以牺牲农业为代价发展工业的道路。

——当前，发生在中原大地以"规划先行、政府推动、产业支撑、群众满意"为根本，"工业化、城市化（城镇化）、农业现代化"协调发展的复合型城区发展模式，是党的科学发展观的全面体现：①"规划先行"，就是坚持科学发展的具体体现。从区域经济发展战略出发，结合本地实际，科学制定（专家论证）总体发展规划，而不是像过去那种靠拍脑袋、凭长官意志作出决断。②"政府推动"。复合型城区发展模式使我国社会由传统农耕文明转变为工业文明成为现实。在这重大制度变迁过程中，只有政府推动才是变迁成本最小化。因此，坚持政府推动正是体现了科学发展。③"产业支撑"。产业支撑是复合型城区建设的核心，没有产业支撑的城区最终是跑马圈地。④"群众满意"。复合型城区建设过程中，凡是涉及群众利益的，都要有群众代表全程参与，直到群众满意为止。因此，坚持群众满意原则，正是以人为本科学发展的要求。

——"工业化、城市化（城镇化）、农业现代化"协调发展的复合型城区发展模式具有重大理论创新和实践价值。从理论上突破了传统的"二维"分析模式，同时考虑"三化"协调发展，为引入"三维"分析模型提供了可能；实践上，在确保国家粮食安全条件下，为传统农区实现工业化和城镇化探寻出了新途径，为我国"三农"问题的解决提出了新思路。这种发展模式无论对于中国经济社会结构性矛盾的化解、区域经济的协调发展、经济社会的转型与升级,还是对于在国际金融危机下化危为机和拉动内需,都具有极其重要的意义。

政策建议:

第一,复合型城区是实现我国社会由传统农耕文明向现代工业文明转变的有效模式,堪称千年巨变。诺思的制度变迁理论对改革具有启示作用,我们要充分发挥政府在制度变迁中的积极作用。由于政府主导的制度变迁是成本最低的创新形式,同时政府为个人和团体创新提供了外在制度环境的支持或约束。因此,政府在制度变迁中起着极为重要的作用。从我国农村改革过程来看,尽管包产到户的责任制形式由安徽的小岗生产队首创,但后来的推广却离不开政府的作用。复合型城区建设从开始规划到付诸实施都是由政府主导,因此,政府推动是复合型城区建设的关键。

第二,产业支撑。产业支撑是复合型城区建设的核心,以区位优势和工业发展水平及工业基础条件为依据,依托产业聚集区,科学规划复合型城区内的教育、科技、医疗、卫生、商业等生产性和生活性服务业。良好的区位优势为承接产业转移提供了便利,良好的工业发展基础条件为承接当前的产业转移提供了强大的吸引力,而复合型城区内"三化"协调发展前景和商机又为融资提供了坚实基础。因此,复合型城区发展模式是良性循环,扎实推进,而不是跑马圈地,遍地开花。通过产业聚集吸纳就业、聚集人气,以就业推进城镇化,又以城镇化来推进工业化和土地规模化,实现农业现代化,最终使复合型城区内工业化、城镇化、农业现代化协调发展,既可破解我国东部地区工业化过程中的城市化滞后问题,又避免出现拉美的"城市病"。

第三,坚持规划先行。在推进区建设上,首先坚持规划先行原则。根据区域经济发展战略向全国公开招标,高标准编制复合型城市发展规划:①工业、农业入园,实施集聚发展;生活性服务业依托工业园区和交通要道布局;工业园区、居住区(新型农村居住社区）、农业园区等形成有序的分布格局，使城乡之间通过农业园区（生态农业、观光农业等）实现有机生态融合。②规划特别强调推进区的生态发展。规划根据生态基础设施的现状和未来发展，将推进区用地划分为禁止建设区、限制建设区和适宜发展区三种空间管制类型。规划采用"林网化"+"水网化"的主体框架，形成疏密有序的生态空间布局、各个功能组团的"水网"体系。依托水系、道路，顺应主导风向布置主林网，垂直主林网布置副林带，达到"城在水中，水在城中，城在林中，林在城中"的"城、林、水、居住区"互相融合的田园生态风格。

总之，发生在中原大地的传统农区工业化、城镇化、农业现代化协调发展的复合型城区模式，为破解这些难题，探寻了一条不牺牲农业的条件下实现工业化和城市化（城镇化）的新路子——复合型城区发展模式：以科学发展观为指导，以城乡统筹和工业化、城镇化、农业现代化协调发展为目标，不同于过度工业化也不同于过度城市化的新兴城市发展模式。具体来说，以产业集聚区为依托，在充分考虑区域经济发展战略的基础上制定城区总体发展规划；建设生态、宜居、产城融合的田园城市；体现项目向园区集中，农民向社区集中，土地向规模集中；实现城乡规划一体化、城乡产业发展一体化、城乡基础设施一体化、城乡公共服务一体化、城乡就业市场一体化、城乡社会管理一体化，实现传统农耕文明向现代工业文明和城市文明的转变。

新型城镇化引领"三化"协调发展的几点认识*

一 新型城镇化引领"三化"协调发展是认识上的又一次新的提升

2003年,河南省委省政府出台《河南省全面建设小康社会规划纲要》,首提工业化、城镇化和农业现代化,这是中原崛起战略的破题,但未触及"三化"之间的关系。2009年秋开始谋划并上报国家

---

* 2003年7月,河南省委省政府出台《全面建设小康社会规划纲要》,首次提出工业化、城镇化和农业现代化"三化"概念时,就围绕"三化"表述排序问题引起过一场较大的争论,很多人认为河南是农业大省,农业又是国民经济的基础,不应把农业现代化排在"三化"最后。时任河南省委书记李克强同志力排众议,最终在文件表述中确立了上述排序。2009年提出"三化"协调概念后,尤其是2010年7月省委常委扩大会将"三化"协调融入中原经济区基本内涵以后,如何实现"三化"协调成为人们关注的重点,"三化"之间的关系问题也随之成为人们议论的焦点,城镇化在"三化"协调发展中的枢纽地位突出出来,怎样认识和表述"三化"协调也就成为一系列相关文件中争议较多的问题,这一次的核心聚焦到了工业化与城镇化的关系上来。2011年10月召开的中共河南省第九次党代会报告中使用了"新型城镇化引领三化协调发展"的提法,把城镇化放在了最显要的位置。但是,争论并未因此停止,不少人仍然认为工业化的重要性远大于城镇化。本文既是本人对"三化"关系长期深入思考的结果,也是对不认同"城镇化引领"观点的回应。本文初稿写于2011年10月,2011年12月7日修改定稿。——耿明斋注

发改委，得到国务院有关领导批示的《中原城市群三化协调发展示范区》方案，着眼点就是"三化"之间的关系，但究竟如何认识和表述"三化"之间的关系一直是个有争议的话题，没有一个简单明了、让人一看就明白无误的说法。新型城镇化引领"三化"协调发展的提法，真正以简单明了的语言彻底厘清了"三化"之间的关系，那就是以新型城镇化为切入点，通过破解城镇化的难题来实现"三化"协调发展。所以，从这个意义上说，新型城镇化引领"三化"协调发展的提法，是全省上下谋划中原崛起战略认识上的升华。

二 何谓新型城镇化

近年来，"新型城镇化"在各种文献尤其是各级政府的文件中出现的频率越来越高，但是很少有把新型城镇化说清楚的文献。从逻辑上说，新型城镇化一定是相对于旧的城镇化而言的，要说清楚什么是新型城镇化，首先要弄清楚什么是旧的城镇化。

旧的城镇化有三种模式：一是以市场经济为背景的开放及要素自由流动式，大致上说，这是欧美、日本等发达国家（地区）城镇化的路径；二是以计划经济为背景的封闭及要素行政配置式，这以苏联、东欧的发展模式为代表；三是市场化进程中无序拓展式，这以改革开放后我国沿海长三角、珠三角等地区的城镇化模式为代表。为什么说长三角和珠三角地区的城镇化是无序拓展的？因为这些地区在20世纪80年代工业化开始加速发展时，城乡隔绝的二元结构尚未打破，农民自己办的工业企业进不了城，不得不在村上镇上聚集，人口和相应的服务业也在这些村上镇上聚集，村镇随之也就变成了大大小小的城镇。小城镇连片对接就使得这些大大小小具有城市形态的区域单元填满了整个空间，但没有整个城市空间的规划，因此也没有强大的中心城区和完整的城市功能。

相对于上述三种旧的城镇化模式，新型城镇化之新大致上应该包含三个要素：一是有规划的，即根据人口空间迁徙的基本趋势确定在哪里建设城市，建什么样的城市，建多少城市，各类城市的规模多大；二是开放的，即城市对农民开放，允许所有要素自由进入；三是集约的，即单位面积承载更多的要素（更多的人口和更高的产出）。

三　何谓"引领"

可以从三个层面来理解"引领"的含义。

一是城镇化是"三化"协调发展的"结"和"扣"，"三化"协调发展所面临的问题都集中在城镇化上。工业化推进所需要的项目落地空间和相应的基础设施及现代公共服务体系需要城市来提供，农业现代化的题中应有之义是土地规模经营，实现规模经营的前提是要有更多的农民离开土地进城。所以，要进一步推进工业化和农业现代化，实现"三化"协调发展，就必须先解开城镇化这个"结"和"扣"。

二是走在前面。一般而言，工业化是现代化的起点和原动力，城镇化是工业化的结果，这也是提城镇化引领"三化"协调很多人不太能接受的原因。实际上，工业化和城镇化在现代化过程中的重要性及先后次序是分阶段的，在现代化初期，工业化居主导地位，但进入中期以后，城镇化就会扮演越来越重要的角色。美国著名经济学家库兹涅茨对此专门有过论述，也有西方经济史家对早期意大利和英国的现代化进程做过比较，得出的结论是，意大利之所以现代化起步早于英国却被英国超过，原因就在于它在推进工业化的同时城镇化没有跟上。就河南目前的情况来说，城镇化需要走在前面，不仅是工业化已到了中期阶段，更重要的是工业发展的技术条件和制度条件都与中国工业化起步阶段相比发生了很大变化，没有先行的城镇化，工业化很难向前推进。就技术条件来说，现在的工业项目需要较高水平的基础设施和公共服务体系来支撑,所以需要依托功能更完善的城市来发展。就制度条件来说,18亿亩耕地红线的硬约束已经不允许随便建工厂,必须依托城市。

三是把滞后的补上来。城镇化滞后于工业化是我们国家现代化进程中一直存在的问题,河南也不例外。除了城市建设水平低、功能弱之外,最典型的表现是随着工业和城市的发展,大批农民的就业非农化了,生活方式和生活空间也基本城市化了,但农民的身份却没有改变,没有真正实现从农村向城市的迁徙,成为候鸟族,这就是所谓的农民工现象,河南这样的农民工就有2000多万人。这不仅影响工业化的质量和效率,也与现代化的初衷是人的全面发展的理念相悖。提出城镇化引领,有助于推动这些滞后的问题尽快解决。

四 如何"引领"

"引领"就是要着力解决两大问题:一是要让农民"进得去",就是要真正解决进城农民的户籍、住房、就业、养老、医疗、教育等社会身份和社会保障问题,使进城农民真正享受同等的公共服务,充分融入城市,真正转化为市民;二是要让农民"出得来",就是要大规模推动农民进城,最有效的办法是加大城中村、城边村、被产业聚集区涵盖的村和其他有产业支撑区域的村城镇化改造的力度,实现整村城镇化。同时也要探索推动一般农区单户居民向城镇迁徙的条件和机制。需要特别指出的是,推动农民进城过程中一定要把农民在农村原有的利益,主要是土地增值收益完整地留给农民,推动农民进城不能以剥夺农民的权益为代价。

五 如何划分或形成区域城市板块

在哪里建城?建什么样的城市?即城市的空间结构和功能结

构如何设定？这些也是回答城镇化如何引领所不能回避的问题。这个问题有两个层面，一个层面是就中原经济区全局来说，应该如何划分或形成区域城市板块。

自本世纪初开始谋划中原崛起战略以来，这个问题就一直是人们关注的焦点。2003年提出建设以郑州为中心的中原城市群，涵盖开封、洛阳、平顶山、漯河、许昌、新乡、焦作、济源等9个城市，在16.7万平方公里土地上初步有了一个城市板块的概念。但未进入该板块的省辖其他9个城市该如何划，尚未顾得上讨论。

2005年推进郑汴一体化，主要解决中原城市群该如何建的问题，那就是以郑汴一体化为切入点，通过郑汴一体化逐步推演至整个城市群的一体化发展。这是中原城市群建设思路的深化，自然也涉及不到未列入城市群的其他9城市该如何划的问题。

随后在郑汴一体化基础上规划建设郑汴新区，并在此基础上提出"一极两圈三层"的概念，将郑汴新区界定为核心增长极，中原城市群9城市为半小时经济圈，其他9城市为1小时经济圈，以郑汴新区及郑州和开封市区在内的区域为核心层，以中原城市群剩下的7城市为紧密层，以城市群外其他9城市为辐射层。并且以高速公路尤其是高速铁路串联起所有18个省辖市，形成各城市与郑州及各城市之间的快速交通网络，使之成为一个互补互动的有机整体。这就在全局上勾勒出了一个完整的城市框架结构。这个框架结构解决了各城市与中心城市之间的关系，但仍没有解决其他城市相互之间的关系及板块划分问题，尤其是没有解决中原城市群9城市之外也即辐射圈其他城市之间的相互关系和板块划分问题。

由于这些城市板块划分及发展定位问题一直没有解决，省域内区域发展之间潜存的矛盾也时不时地会浮现出来，甚至成为发展政策争议的焦点。中原经济区战略的谋划逻辑上似乎也有这样的考虑，就是通过中原经济区的概念，把省辖18个城市都放到一个平台上，然后再来重新界定各自的功能定位和发展方向。正是基于这样的考虑，中原城市群的范围也被重新审视，提出了中原城市群至少包含18个城市的概念（最初谋划中原城市群界线的时候，曾经有一个涵盖河南周边6省份29城市的概念。如果按照城市群与经济区重合的逻辑思路，就有个中原城市群29城市的概念）。但重要的问题仍然是如何在全域范围内科学地界定和划分城市板块。

《国务院关于支持河南省建设中原经济区的指导意见》（以下简称《指导意见》）为该问题的解决指明了方向。首先，《指导意见》明确提出以郑汴一体化和郑洛工业走廊为轴，南北向紧密联结许昌、焦作、新乡3市，成为城市密集区，这实际上就是中原经济区核心区的概念。其次，是对差不多每个省辖市在功能定位和发展方向上都给了说法。循着这个思路，整个省域内的城市板块结构应该如此划分：郑汴洛加上焦新许6城市组成核心板块，这已无须论证。

豫北安阳、濮阳、鹤壁3市，空间距离不过30～50公里，行政区划原来都属于安阳地区，产业结构上都属于资源能源主导型，制造业方面也有互补的成分。不论是从历史文化、空间结构上说，还是从产业结构上说，都应该归属于一个紧密联系的城市板块。应该在合理分工和明确各自功能的基础上，互补互动一体化发展。

豫西情况较为复杂，最西面的三门峡原来属于洛阳地区，但未划进中原城市群，更难以划进中原城市群的核心区。北向的济源及南向的平顶山虽然曾经是9城市城市群的一部分，但此次也未划进核心区。该4市（加上洛阳）也有空间相近、产业结构都属资源能源型主导和制造业互补的特点，应该以副中心城市洛阳为龙头形成中原经济区中的豫西城市板块，在基础设施和公共服务体系共享的基础上互补互动发展。

豫东—豫东南—豫南呈扇形展开的区域，包括商丘、周口、驻马店、信阳，就是习惯上所称的黄淮4市，区域面积大，人口多，农业比重大，经济发展水平和经济结构基本相同，面临的发展问题也基本相同，应该属于同一区域类型。漯河在中原城市群的边缘，位置一直不容易摆，这次也未能进入中原经济区核心区。但作为一个食品工业具有绝对优势的城市，需要一个较大的农业区作为自己的腹地和原材料供应基地。黄淮4市是典型的农业区，有着丰富的农畜产品和劳动力资源，可以成为漯河的腹地和原材料供应基地。所以，漯河应划入黄淮板块，将农业产品生产和加工紧密对接，形成一个完整的产业链，漯河做龙头，带动该区域工业化和农业现代化发展。

南阳空间上位居豫西南，又是中国从东南向西北，从上海到乌鲁木齐，以及从东北向西南，从山东到成渝地区两大通道上的一个重要节点和交通枢纽，再加上1000万以上的人口和较大的区域空间，完全可以自成中原经济区的豫西南板块。

这样，整个中原经济区就有了一个清晰的5板块格局，即郑汴洛焦新许6城市核心板块、安濮鹤3城市豫北板块、洛平济三4城市豫西板块、商周驻信漯5城市豫东南板块和南阳1城市豫西南板块。周边4板块各自自成中心，又与中央板块呼应互动，就会形成分工明确、基础设施和公共服务体系共享、功能互补、产业互动、既有竞争又有合作的良性发展局面。同时，周边4大板块又可以通过与各自相邻的省外区域紧密联结，形成共享和互补互动的发展关系，将中原经济区与周边区域的发展对接，使中原经济区融入全国的发展格局中，获得更多的外部助力。

六　现代城市形态构建

在哪里建城以及建成什么样的城市所涉及的另一层面，是单个中心城市或中心城市辖区内部空间结构和功能结构如何布局的问题，用专业的语言来说就是现代城市形态构建问题。

放眼世界，所有发达国家的城市形态都有一个共同的特征，那就是都市连绵区和组团式。即以一个或两个中心城市为依托，周边坐落大大小小众多中小城市和城镇，这些中小城市和城镇之间以及它们与中心城市之间街区相连，道路相接，基础设施和公共服务体系一体共享，共同构成一个都市区或城镇密集区。典型的如日本的东京都市区，包含东京和横滨两个中心城市和大小几十个乃至上百个城镇，总人口多达日本人口的1/3。美国的第二大城市洛杉矶也是由七十多个大小城市构成的城市密集区。哪怕是稍小一些的区域性中心城市，也都是由中心城区和若干次级城市构成的城市组团。组团式都市区或许就是现代城市的典型形态。这种结构的最大优势就是能够实现基础设施和高端服务体系的共享，并通过内部合理的分工各自承担不同的功能，扮演不同的角色，为有着不同需求的各类经济社会活动主体提供落地的空间，大大降低经济和社会活动的成本，提高整个城市的运行效率。

中原经济区内部基本上以相应的行政辖区为界，形成了18个省辖中心城市，未来一个时期内，城市化发展的一个重要方向和重要任务，就是如何以这些省辖中心城市为依托形成相应的城市组团和都市区，除了5大板块需要共同谋划之外，每个板块的中心城市也要单独谋划自己的城市组团和都市区。这要解决四个层面的问题：一是解决在哪里建设城市的问题，即明确辖区内城区建设的空间点，这可能是大大小小很多个；二是解决各个城市空间的规模结构问题，即明确每个城市建多大面积，人口容量多少；三是解决各个城市空间的功能结构问题，即明确每个城市空间在整个城市组团或集群发展运行中所扮演的角色和分担的功能；四是解决各个城市空间之间交通通道规划建设问题，包括中心空间与次级空间以及各次级空间之间的快速交通通道规划建设。如果这四个问题都很好地解决了，依托中心城市所形成的城市组团或都市区的设计也就完成了，遵循此项设计分步建设，从现在起少则十年，多则二十年，在全省范围内就会形成大小若干个这样的城市组团或都市区，这些组团和都市区相互对接，就会形成上面说过的5大城市板块。

现代城市形态涉及的另一个问题是县城的发展定位和发展方

向。简单地说，不同类型的县城发展方向有两种：即靠近中心城区县城的发展方向一定是逐步融入中心城市，成为中心城市的一个区或以中心城区为依托的城市组团中的一个单元；远离中心城市县城的发展方向是自成中心，通过自身扩张并连接辖区内重点镇和农村社区，逐步形成一个新的中心城市或以中心城市为依托的城市组团。目前我们正在实施的省直管县体制改革尝试，为远离中心城市的县城逐步发展为自成中心的中心城区创造了条件。

七 新型农村社区建设需要解决的问题

新型农村社区从性质上说是五级城镇体系中的一级、现代城镇体系的有机构成部分，似乎已无需争辩。但新型农村社区建设还有两个问题需要进一步研究。

一是数量多少，总容量多大。有的市就提出 10 年内实现三个 1/3 的概念，也就是到 2020 年，其辖区人口的 1/3 进入中心城区和县城，1/3 进入重点镇，1/3 进入新型农村社区。还有一种说法是把新型农村社区看成城市的底座，说要把底座做大。这两种说法都意味着未来城镇化发展过程中，镇及农村新型社区要留住更多的人口。中心城区乃至县城只吸纳较少的人口，这与做大中心城市、实施中心城市带动战略的理念和规划有冲突。所以，在规划中心城区和规划新型农村社区时一定要将两者对接，统筹考虑，仔细算账，弄清楚辖区内人口存量和未来可能的人口总量，测算不同类型城市空间的基础设施与公共服务体系建设成本和使用效率，科学地规划中心城区和新型社区的规模结构，避免重复建设和浪费。

二是如何保证良性可持续。目前新型农村社区建设遇到的问题大体上来自三个方面：第一方面来自观念上的障碍，一部分农村居民尤其是年长的居民存在根深蒂固的祖居地情结，不愿意搬迁和转换居住及生活方式。第二方面是现实问题障碍，这又有三种情况：一是部分农户无力负担在新社区建新房的成本；二是一部分农户刚刚建了新房，不愿意拆掉再到新社区花钱另建一套；三是没有完全脱离农业种植，新社区没有堆放农具及粮仓的空间，搬迁会给生产生活带来不便。第三个方面的问题是资金障碍。

新型农村社区建设从资金来源看主要有两种模式：一种是政府加农户出资，一般是基础设施投入由政府出，建房成本由农户出。根据测算，一个3000~5000人的社区基础设施投入大体上要1000万~1500万元，每栋200平方米左右的居民房成本在12万元左右。政府投入这一块大概由四部分构成：一是上级政府主要是中央政府各项支农资金打捆使用（财政转移支付）；二是向上级政府争取的专项项目经费（如污水处理等）；三是县乡两级政府投入；四是社会捐赠。一、二两项资金量有限，第四项不是稳定的来源，县乡政府投入虽然能指得上，但力量也有限。总之，这样一个投入方式搞几个点还能支撑，要覆盖大多数农村地区和农户，恐怕需要一个较长的过程。由农户支付房屋建设成本，最主要的问题是很难整村人同时具备这样的财力，因此很难做到整村同时改造和搬迁。若不能做到整村改造，通过社区建设增加耕地和建设用地指标的目的就很难达到。

新社区建设另一种出资模式是商业化运作，资金从市场来。一般是外部投资开发商介入，负责所有新社区基础设施和居民安置房建设投入，甚至旧村落拆迁成本。条件只有一条，就是安置村民后剩余的建设用地归开发商所有并用于商业化开发，出售商品房所得收入除了补偿改造投入外还能带来利润。这种资金筹措和建设模式是可持续的。

总的来说，新型农村社区建设之良性可持续需要具备两个基本条件：一是农民基本解决非农就业，实现在生产方式非农化前提下生活方式的城市化才是可行的；二是被改造地段建设用地升值达到一定幅度，即级差地租大到可以商业开发的程度。

由此引出一个很值得研究的问题，那就是非农就业基本解决，但级差地租未能达到可以商业化开发程度的远离中心城市地段怎么办？一个比较好的办法是把该地段的剩余建设用地指标拿到中心城区使用，借此增加该建设用地的级差地租，再将该级差地租投入新型社区建设。这就可以做到一举两得，既推动了新社区建设，又推动了中心城区建设用地的扩大，从而推动了要素向中心城区聚集。要创造一种机制，使本来属于一个利益主体所有的剩余建设用地能够转移到异地另一个利益主体手上。最好的是市场价格机制，重庆的土地交易所及地票交易机制是现有土地制度下最好的方式。我们应该借助于"先行先试"的权利，尝试建立起此类交易机制。

河南县域经济"三化"协调发展问题探析*

一 引言

"三化"协调是河南省委省政府从2009年第四季度开始酝酿的一个区域发展战略,基本思路是:一方面,河南作为农业和粮食大省,承担着国家粮食安全的责任,既不能丢掉传统比较优势,也不能忘记国家责任,所以不能不把农业发展、尤其是保证耕地面积不减少放在很重要的位置。另一方面,河南又是全国第一人口大省和经济发展相对滞后的省份,发展的压力尤其是提升居民收入水平的压力很大,发展水平上不去,居民收入上不去,不仅不符合社会主义国家的基本目标、对不起1亿河南人民,也会拖全国现代化的后腿,推迟全国全面小康社会实现的时间,而仅仅依靠农业、依靠粮食生产是无法达到经济社会发展和提升居民收入

---

* 本文是我主持的国家社科基金重点项目"中西部地区承接产业转移的政策措施研究"(09AZD024)和国家社科基金一般项目"传统平原农区工业化与社会转型路径研究"(08BJL040)的阶段性成果。作者宋伟,2006~2009年在我指导下攻读区域经济学博士学位,现为河南省委党校副教授、河南省政府研究室挂职副处长、河南大学中原发展研究院副院长及河南大学理论经济学博士后。经本文作者同意收入本书。——耿明斋注

水平之目标的。要达到致富的目标,就必须加快工业化和城镇化进程,而推进工业化与城镇化必然要增加土地占用,河南工业化、城镇化的推进与保农业、保粮食、保耕地之间确实存在某种程度的矛盾,解决矛盾的途径就是努力在不牺牲农业(主要是确保耕地面积不减少)的前提下加快工业化和城镇化步伐,使工业化、城镇化和农业现代化"三化"协调发展。那么,制约河南县域经济实现"三化"协调发展的真正障碍在哪里,如何才能实现"三化"协调发展呢?

二 "三化"协调发展的内涵与现实障碍

(一)刘易斯模型与"三化"协调

世界著名发展经济学家、1976年诺贝尔经济学奖得主刘易斯描述了一个"三化"协调发展的经典框架,也是一个发展中国家如何实现从落后的传统农业社会向发达的现代工业社会转变的框架。刘易斯认为实现上述转变的基础是工业发展,没有工业发展就没有现代工业社会的产生,就没有现代城市的产生,更不会有农业现代化的出现。而工业发展至少会带来两件事:一是工业消费品供应的增加,二是劳动力需求的增加。工业发展需要的劳动力来自哪里?只能来自农业或者说来自农村剩余劳动力的转移。在发达国家的工业化过程中,伴随农村剩余劳动力向工业转移的同样有两件事:一是劳动者收入的提高,也就是通过非农就业得到了比从事农业高得多的收入;二是城镇化,也就是在实现非农就业、提高收入的同时,农村劳动力及其家庭的永久居住地随着就业地点的变化而迁入城市。这两种变化会产生一个结果,就是这些城市新增人口旺盛的消费需求使工业消费品的市场需求扩大,成为支撑与带动工业进一步发展的需求动力。于是工业会得到更大的发展机会,并进一步产生劳动力需求,继续吸纳农村剩余劳动力向非农产业转移,并在收入提高的同时实现城镇化,再产生新的消费需求,形成完整的刘易斯循环①。随着刘易斯循环的不断推进,农业与农村人口持续减少,农村人均耕地增加,土地经营规模随之增加,农业现代化程度不断提高。只要农村还存在剩余劳动力,理论上说刘易斯循环会继续推进,直到农村不再有剩余劳动力,这样工业因为找不到剩余劳动力而无法持续发展(只能在工业部门之间竞争劳动力,工资水平会因此而提高),消费品生产因为没有新增市场需求而无法持续扩大(农村没有剩余劳动力意味着城镇化完成了,农村人口城镇化产生的市场需求释放完毕),经济发展的人口红利消失,整个社会完成从落后的二元经济向稳定发达的一元经济的转变:不但工业化完成了,由于农村不再有剩余劳动力与多余人口,农业的劳动生产率、农业人口的收入水平与工业相同,城镇化与农业现代化也完成了,在这样的一条路径下"三化"是协调的。

与刘易斯模型描述的"三化"协调的发展路径相比,我国的发展过程中出现了一些断裂,也就是刘易斯描述的某些环节没有发生或者说被阻断了,即由于户籍及相关制度的影响,在农村劳动力向非农产业转移时,并没有同步实现城镇化,劳动者就业空间与其家庭永久居住空间是不一致的。这种不一致使我国在工业化与城镇化快速推进的过程中,逐渐暴露出建设用地供应紧张、内需不足、农业现代化徘徊不前等难题。

(二) 解决劳动者就业空间与其家庭永久居住空间相异问题,是实现"三化"协调发展的根本前提

劳动者就业空间与其家庭永久居住空间的不一致,至少造成四个方面的问题。

---

① Lewis, "Economic Development with Unlimited Supplies of Labor", *Manchester School 22*, May 1954.

1. 建设用地供应不足

理论上说，工业化与城镇化不但不应该造成耕地减少，还会由于土地利用效率的提高而增加耕地。城镇单位土地所能容纳的人口远远高于农村，单位工业用地所创造的财富和就业机会也是农业的十几倍甚至几十倍，所以与传统农业社会的生产与居住方式相比，工业化与城镇化显然能够更集约、更高效地使用土地。现实中我国耕地减少的原因不在于工业化与城镇化本身，而在于工业化与城镇化过程中农民工就业空间与其家庭永久居住空间不一致，农民工在城镇与农村"双重占地"。特殊的国情与户籍政策使我国的农民工具有双重身份：从就业看，他们已经在城镇实现了非农就业，他们中的每一个人在城镇就业时都会或多或少地增加建设用地的占用；而从户籍与其家庭永久居住空间上看，他们的身份还是农民，他们的户籍还在农村，更重要的是他们的家庭人口还生活在农村，因此他们所占用的农村宅基地没有减少。也就是说，在城镇建设用地增加的同时，农村建设用地（主要是宅基地）不但没有相应减少甚至还在增加，以至于占用耕地成为增加建设用地供给的主要甚至唯一渠道，不但工业化、城镇化集约使用土地的效应显现不出来，反而出现耕地减少。所以耕地保护与增加建设用地供给之间矛盾如此突出的原因不在工业化与城镇化本身，而是工业化与城镇化在空间上的不协调，是劳动者就业空间与其家庭永久居住空间的不一致。

反过来说，如果河南现有的2000万农民工在非农就业时实现了同步城镇化，他们在农村占有的宅基地就可以腾退出来用于工业与城镇建设。按农村居民点户均占地1亩的标准（包括宅基地与村庄公共用地，据统计河南全省农村居民点户均占地在1.2亩左右）保守计算，2000万农民工（应该差不多代表2000万个家庭，这里同样保守计算，按1000个家庭）就有1000万亩以上建设用地指标可以使用，如果真能腾出这些土地，河南面临的建设用地紧张局面就会迎刃而解。

劳动者就业空间与其家庭永久居住空间不一致的另一面是农村空巢现象严重。由于大量劳动力外出务工，农村住宅的空置现象非常普遍，这既是资金的浪费，也是建设用地的浪费。农村住宅的空置实际上意味着其所占用的建设用地处于闲置状态，这使得农村建设用地闲置与城镇建设用地供应紧张同时存在。不管是过去的新农村建设也好，还是现在的农村社区建设也好，其实都没有解决好，也可能是没有认真地考虑过这一问题。因为，不管是新农村还是新型农村社区，由于农村大部分劳动力不在本地就业，他们全年大部分时间也不在新建的社区居住，将来也不大可能到这些新社区居住（产业的发展趋势是空间集聚，向各级城镇集聚，农村人口逐步减少是不可逆转的趋势），所以，不具备产业基础的新型农村社区有可能成为新的空巢村，造成新一轮的重复建设与资金浪费、土地浪费。

2. 内需不足

由于在农村劳动力向非农产业转移时并没有同步实现城镇化，刘易斯模型中的一个链条就断裂了，即农村剩余劳动力虽然实现了非农就业，收入水平也得到了提高，但是由于他们的家庭永久居住地还在农村，所以他们在城市很少消费，而将所赚的绝大部分钱寄回农村。虽然不少外出务工人员在农村盖了新房，但房子里的用品与城市显然不同，因为农村基础设施条件不足以支持他们购买现代化的生活消费品。这样，农村非农就业家庭的消费能力不能充分释放出来，突出表现为储蓄多、消费少，出现明显的内需不足。过去30年中国经济之所以能够快速增长是因为我们的产品大量出口，靠国外市场来吸纳我们生产的消费品，并因此而成为世界工厂。全世界的需求都满足了，再加上金融危机的出现与持续，外部市场需求难以扩大，这就是我们目前遇到的困难。解决这一困难要靠扩大内需，而扩大内需只能靠城镇化，靠将实现了非农就业的劳动力举家迁移到城镇居住与生活，使劳动者就业空间与家庭永久居住空间趋于一致。

3. 限制了劳动力供给的增加

城镇化滞后还限制了劳动力供给的增加。目前一方面我们面临广泛的用工荒，另一方面农村还有大量富余人口。就河南来说，虽然男性青壮年劳动力在农村基本上已经不多了，但30岁以上的女性劳动力还很多。由于家里的男性劳动力都外出了，这些女性劳动力在家带孩子、照顾老人。但在城市不是这样，城市里一家两口都上班，孩子送托儿所、幼儿园、学校，照顾孩子的工作基本上可以在工作之余完成。这是因为城市里有一套社会化服务体系，一些人专职从事照顾孩子、照顾老人的工作，通过分工产生了规模效应，所以城市的劳动力利用率比农村要高得多。通过城镇化就可以把农村大量30岁以上的女性劳动力释放出来，增加劳动力的供应。

4. 制约了农业经营规模的扩大

劳动者就业空间与家庭永久居住空间不一致，不但造成建设用地供给不足与耕地减少，而且还意味着大量可以转向城市的农村人口滞留在农村，造成农村人口没有随着工业化的推进而相应减少。河南现有的2000万农民工及其家庭的城镇化至少可以使全省减少3000万农村人口，农村人均耕地至少会因此而增加1倍，农业经营规模也会随之扩大。所以，劳动者就业空间与家庭永久居住空间不一致也制约了农业现代化的推进。

三 河南省县域经济"三化"协调发展的战略思考

从河南省的角度看，在省外务工的农村劳动力及其家庭向务工城市永久性迁移无疑对全省实现"三化"协调发展是一个巨大的帮助，但这不是河南省自身能够左右与解决的问题，因为这主要取决于国家的宏观政策以及其他省份尤其是发达省份吸纳务工人员融入与落户的政策。同样，从县域角度来看，在县外务工人员及其家庭融入务工城市更不是县级政府能够左右与解决的问题。那么，县域经济实现"三化"协调发展要关注哪些问题，或者说在县域内如何实现"三化"协调发展，笔者认为，以下三个方面需要注意。

（一）以"三化"协调的理念，对县域范围内产业、人口、城镇等的空间布局通盘考虑，科学规划

现在县域经济发展中对"三化"协调重视不够，或者说认识不够、认识不深刻，往往是就工业讲工业、就城镇化讲城镇化、就农业现代化讲农业现代化。在这种割裂地看待工业化、城镇化、农业现代化的情况下，最终总会面临空间不足、无法持续的问题，也就是土地不够用的问题。

在占用耕地必须严格保障"占补平衡"的背景下，靠将大面积耕地转变为建设用地的时代已经过去了（虽然这在一定程度上对河南是不公平的，但讨价还价的余地已经很小或者说基本上已经没有，所以只能承认现实）。从五年、十年甚至更长时间来看，将来河南省每个县的工业化与城市化水平都会大幅度提高，如城市化率要达到50%、60%甚至更多，这必然要求更多的产业支撑，对建设用地的需求也会不断增加。如果不未雨绸缪，对县域范围内产业、人口、城镇等的总体布局进行通盘考虑，作出长远的规划，而是今天在这儿找块地发展工业，明天在那边找块地扩大城镇，最终必然会走向死胡同。反过来，如果从"三化"协调的角度，将工业化、城镇化与人口迁移作为一个有机的整体来考虑，土地制约问题就可以迎刃而解。

比如未来十年某一个县（市）城镇化率要提高15个百分点，假设这个县有100万人，那么意味着有15万农村人口要转变为城镇人口，这15万人口中的大部分（比如10万）会进入县城，那么县城就要从现在开始对将来这10万人在哪儿居住有一个清晰的规划，否则肯定是混乱不堪。除了居住外，这10万人还要工作

（当然是非农就业），那么县城及周边要有这10万人（意味着5万劳动力）的就业机会，否则就支撑不起这个城市化率。为5万劳动力提供就业机会的当然是非农产业，进而又涉及发展什么产业、把产业摆放在什么地方的问题，这既是一个工业发展的问题，又是一个空间问题，同样需要长远考虑与科学规划。

城镇化率提高15个百分点的另一面是农村人口的减少（同样按100万人的县计算农村人口要减少15万），不但大部分行政村的人口要减少，部分乡镇镇区的人口同样要减少。这15万农村人口的减少至少有两方面的意义：

一是农村居民点（宅基地）占地要减少，也就是说一部分农村建设用地要腾出来，可以复耕后通过占补平衡成为县城可以使用的新增建设用地指标，从而解决城镇化率提高所需要的建设用地问题。农村建设用地整理的空间很大，目前户均1亩，保守估计可以节约出来3/4以上用于建设用地。按照这个比例，如果能够有效统筹工业化与城镇化，也就是在工业化与城镇化推进时同步减少农业人口，确实可以在保证耕地不减少的情况下满足工业与城镇发展对建设用地的需求，甚至会反过来增加耕地。这样，建设用地供给不足的情况在县域空间内就可以有效解决。

二是大部分乡镇镇区的人口要减少。县城人口增加了10万，肯定是从各行政村与乡镇镇区转移过去的，一些没有产业基础的乡镇吸纳人口的能力十分有限，在目前的情况下其人口减少的可能性远远大于增加的可能性，也就是说没有产业基础的乡镇的人口会减少甚至在数年之后会完全消失。因此，对县域内产业、人口、城镇布局进行规划时就要考虑发展的不平衡，不能规划每个乡镇镇区都做大。但目前每个乡镇自己都是规划主体，肯定每个乡镇都要做大做强，恐怕没有哪一个乡镇做发展规划时说将来自己的镇区与人口会萎缩。但这在逻辑上是有问题的，县城要做大，每个乡镇要做大，城镇化率都要提高，哪来那么多人口呢？将来在河南省的县域结构中，恐怕50%以上的人口在县城，再有30%

左右的人口在几个大的乡镇镇区，其他镇以及大部分农村都是要消失的。所以县域规划时一定要考虑到产业与人口集聚的趋势，考虑到发展的不平衡性，否则就会不可避免地造成无谓建设、无谓浪费，如前面提到的新型农村社区的建设，甚至也包括某些乡镇镇区的建设。

所以，工业发展、人口集中、城镇化是密切相关的问题，如果把三者紧密结合起来通盘考虑，给出长远的规划，使三者协调发展，不但有利于三者的持续推进，土地制约也可以迎刃而解。反之，如果不能通盘考虑，就工业谈工业、就城镇化谈城镇化、就农业谈农业，就会不可避免地陷入混乱，最后走进建设用地供应不足的死胡同。

综上，从县域的视角来看，充分考虑经济社会发展的趋势、并结合本县实际对县域范围内产业、人口、城镇等的总体布局进行通盘考虑，进行长远规划是实现"三化"协调，也是实现经济社会可持续发展必须要做的一个基础性工作。

（二）壮大产业基础，用产业发展支撑"三化"协调战略的有效推进

产业是支撑"三化"协调发展最根本的力量：有了产业才能有收入，有钱才能建城市，城镇化才能推进；有了产业才能有就业，有了就业人口才能向城镇转移；在非农就业与城镇化的基础上农村人口才能减少，农业经营规模才能扩大，农业现代化才能实现。所以要把以上描述的"三化"协调发展的美好蓝图变成现实，关键是要有产业发展作为基本支撑。具体起来就是发展哪些工业、怎么发展的问题。

1. 根据本地比较优势对产业发展方向进行明确定位

目前不少县市对产业发展的方向不是很清楚，突出表现在招商工作中，"眉毛胡子一把抓"、"挖到篮子都是菜"，短期来看这种做法是可以理解的，但是长远来看这是不科学的，也是不成功的。

从投资者的角度来看，其投资的目的很明确，就是要赚钱，如果一个县市的条件不适合他们所投资的行业的发展，或者说在他们所投资的行业没有比较优势，企业落地后就不容易生存与发展。这样，精明的投资者就不会来这里投资，即使来了由于很难赚到钱最终还会走。同样的道理，从地方经济社会发展的角度看，如果确定的产业发展方向不符合本地比较优势，产业不容易生存与发展，那么发展的速度肯定相对要慢得多，这样本地经济社会发展就达不到应有的效率与速度。

从地方政府的角度来看，如果产业发展方向很明确，各级干部在开展招商工作时自然会目的明确、有的放矢。如果在出去招商之前已经明确自己要引进哪些行业，就可以搜集国内外哪些地区有自己所引进的行业，哪些地区的先进，哪些地区的落后，哪些地区的需要转移，自己在承接方面具备什么优势，这样就可以知道自己要和哪些投资者沟通，并在知己知彼的基础上与其进行深入的交流，招商成功的可能性大大提高。反过来，如果产业发展方向不明确，招商工作就很难有针对性，陷入广泛撒网——到处参加各种各样的招商活动，虽然很热闹，但很难与投资者进行深入交流，收获自然有限，最终陷入"欲速则不达"的窘境。

所以，在本地比较优势基础上合理确定产业发展方向，不但有利于产业的生存与发展，增强对企业的吸引力，而且还有利于提高招商针对性、降低招商工作的难度。

每个县市的比较优势是什么呢？这需要根据每个县市的自然资源、地理位置、历史传统、人口、产业基础等具体分析，不同的县市肯定不同。但是可能有些县市与兄弟县市相比确实找不到自己的优势，这是有可能的，这时可能有两种发展前途：一是虽然没有自己独特的优势，但本县市各种要素自身还是有差别的，依托自己最有竞争力的要素确定产业发展方向，虽然比别人慢但还是会逐步发展起来；二是走向衰落乃至消失。前面讲了，有些乡镇会消失就是因为经济发展是一个不平衡的过程，人口、产业向发展条件更好的地方集聚是一个客观规律，如果一个地方真的不具备发展条件，那么其人口与生产要素就会向相对有优势的地方转移，最后成为一个单纯农业区的可能也是有的。其实这也不是什么坏事，因为最后这里的人口也少了，这小部分人口单纯依靠农业是可以过上幸福生活的。

2. 用"集群"与"集聚"的理念布局产业，培养集聚优势与规模效应

在明确产业方向的同时，还要明确产业的空间布局。对鹤壁市的调研发现，同类与关联产业的集聚发展对促进鹤壁工业的快速发展起到了非常重要的促进作用。鹤壁虽然是一个地级市，但市域及人口规模比一个规模较大的县（市）大不了多少。总体来看鹤壁市域内自然环境多样，既有适宜耕种的优质平原，又有浅山坡地、丘陵，还有矿山与丰富的地下矿藏。基于各县区资源禀赋的差异性，鹤壁产业空间布局非常明确：平原地区的黎阳产业集聚区重点发展食品加工、纺织服装；市区内工业基础较好的金山产业集聚区重点发展金属镁深加工、电子信息与汽车零部件；位于浅山坡地的石林陶瓷产业园集中发展占地多、大进大出的建筑陶瓷等。这样，由于产业空间布局明确，招商引进的产业就会向既定的空间点集聚，逐步形成规模效应与集聚优势，从而吸引更多有实力的同类或相关配套企业进入，形成产业发展的良性循环。

对于河南省大多数县（市）来说，县域内的情况可能没有鹤壁这么丰富，但是同样要用"集聚"的理念布局产业，因为只有集聚才能逐步培养良好的产业发展环境与配套能力，才能逐步形成产业的区域竞争优势，产业的发展才会有持续性。反过来，如果没有产业的集聚，在某个产业只有一两个大企业，那么发展的持续性就很成问题。因为不管多大的企业，都面临较大的风险与不确定性，包括决策风险、管理风险、市场风险等，其中的任何一项风险都可能造成企业经营困难，甚至倒闭，所以某个产业在一个区域的持续发展只依赖一两个大企业是靠不住的。恐怕不少县市都有这样的经验：通过招商引进了某些行业的大个头企业，但过不了几年企业经营出了问题，这个产业在当地也就消失了。如果不是只有一两个大企业，而是集聚了一批同类或者相互关联的企业，那么某一两个企业由于经营不善而倒闭对区域内整个产业的影响不会太大，因为它的市场份额很快会被区域内的其他企业所占有，甚至它的机器设备与员工也容易被其他企业所吸纳。

产业集聚发展与产业发展方向有着非常密切的关系。对于一个县（市）来说，如果产业发展方向明确了，那么产业具体的空间布局也差不多了，从这个意义上说产业空间上的集聚发展与产业定位是一回事。现在河南省每个县（市）都有一个省级产业集聚区，有的县（市）还有市级或者县级特色工业园，这都为产业集聚发展打好了基础，关键问题还是产业定位，并把这个定位坚持好。

3. "定点"、"坐地"，科学招商

对于河南省的多数县（市）来说，工业发展的内生力量还是比较弱的，要加快发展还是要靠招商引资、靠承接发达地区的产业转移。所以，在产业定位明确、空间布局明确之后，如何采取切实有效的办法，把企业引进来、把投资者招过来是最为关键的问题。现在看来比较成熟的经验是"定点"、"坐地"。

"定点"招商是指要确定招商工作在哪个区域展开。如果一个县（市）明确了要引进哪些产业、明确了引进后要放在哪里，那么在出去招商之前就可以搜集国内外哪些地区有自己要引进的行业，哪些地区的先进，哪些地区的落后，哪些地区的需要转移，这样就可以大致锁定招商工作要在哪些区域展开，即"定点"，而不是漫无目的地到处招商，也不必到处参加跟自己目标产业无关的招商活动。

"坐地"招商是指在"定点"之后把招商作为一个延续性的工作与长期性工作来经营，避免招商工作成为"一锤子"买卖而最终流于形式。企业异地投资是一个复杂的过程，需要时间，更需要双方的深入了解。通过在"定点"地设置常驻机构与人员，即"坐地"，与有投资意向的企业进行不间断的沟通，了解企业的想法、了解企业的顾虑与需求，甚至通过长期的交往（有的一两年，长的可能达到三年）与有投资意向的企业家做朋友，让企业家对在本县（市）投资的优势与可能面临的困难与问题均有充分的了解。在持续交往基础上建立的了解与信任，既能够吸引投资者投资，更有利于企业落地后的发展，最大可能地实现外来投资者与本地的双赢。

（三）按照工业化城镇化同步推进的原则，创造条件让实现非农就业的农民工及其家庭进城安家落户

过去30年我国"三化"不协调最重要的原因是户籍及相关制度造成农民工的就业空间与家庭永久居住空间分离，造成城镇化滞后于工业化。现在要实现"三化"协调发展，就要解决非农就业农民工就业空间与家庭永久居住空间分离这一问题，在县域范围内这一问题已经具备了解决的条件。

1. 什么样的农民进城

实现非农就业的农民进城，这也是工业化与城镇化协调发展的题中应有之义，也是"三化"协调发展的重要内容。那么，实现了非农就业的农民工有没有能力进城呢？现在看来已经有了条件，一个突出的证据是县城的房地产开始发展了，而且势头良好，有不少农民工已经开始在县城买房了。用工紧张的局面在河南也比较普遍，工资上升的趋势已经比较明显，大部分县城的务工工资也到了1000元以上。一家三口有两个劳动力，一个月共收入2000元，县城生活成本低，一家人一个月开销按800元计算，每个月有1200元净收入，年收入14400元，而县城的房价也大概是1200元/平方米左右，80平方米总计是96000元，首付30%是28000元，两年的收入基本上就可以付得起首付款。目前农村自己在家建一处住房也要10万元左右。所以，实现非农就业的

农民工在县城安家落户的能力应该是有的。

2. 农民进城要解决哪些问题

(1) 户籍与社会保障问题

农村户口转为城镇户口本身没有什么障碍，河南省的相关政策早就作出了明确的规定。《中共河南省委河南省人民政府关于加快城镇化进程的决定》《中共河南省委河南省人民政府关于进一步促进全省城镇化快速发展的若干意见》《河南省城镇化"十一五"规划》等文件均明确规定在全省实行按实际居住地登记户口的政策。在城镇有合法固定的住所并在此居住的居民，均可根据个人意愿在居住地登记为城镇居民户口，享受当地城镇居民的同等待遇。但这些政策没有真正落到实处，原因是地方政府担心为转户进城农民提供与城镇居民相同的社会保障会增加财政负担。笔者调研发现，这种看法是似是而非，是想当然的。城镇居民享受的养老、医疗、工伤、失业、生育五大社会保障中，除医保外，养老、工伤、失业、生育其他四种保障，城镇职工是职工与企业负担保费享受保险相关待遇，城镇居民是自己缴费享受保险待遇，地方政府不需要负担。只有医保政府要出资，但地方政府在新农合上出资比例比城镇居民医保更高，所以这些方面不会增加地方政府的负担。一个可能要政府出钱的是低保，农村保障标准低而且没有做到应保尽保，城市保障标准高而且要求做到应保尽保，但是如果规定在城镇有稳定工作（也就是实现非农就业）的农民能够进城的话，那么也不一定会增加政府负担，因为有稳定工作的人一般不应该是低保对象。

(2) 承包地与宅基地的处理问题

土地承包经营权如何处理是影响农民进城最为关键的因素之一。土地承包经营权是历史形成的，是农民的固有权利。过去城镇居民享有的权利远远多于农村居民，为此农民为中国工业化与城镇化作出了较大的牺牲，拥有土地承包经营权是对其牺牲的一种补偿。随着改革的不断深入，现在农民进城所享受的城镇居民权利在含金量上与过去已经有很大不同，而且大多是自己掏钱买的，基本不需要政府财力的支持，所以没有理由在农民进城后把其土地经营权收回。退一步讲，即使将进城农民的土地承包经营权收回，收回后交给谁经营也是一个复杂的问题，不一定能处理好，因此完全没有必要在农民转户进城后将其土地经营权收回。也就是说，收回转户进城农民的土地经营权只是一个想当然的想法，实际操作起来可能比不收回更难，所以既不合理也没有必要。反过来，如果在农民进城落户后保留其在农村的土地承包经营权，农民就没有了后顾之忧，土地承包经营权就不会成为农民进城的障碍。而且，一旦农民进入城市定居，自己耕种的成本会增加，他们自己就会想办法将其流转出去。流转虽然会造成一部分农业收益的减少，但从土地上彻底脱离出来后也能够增加务工收入。

宅基地是比土地承包经营权更重要的一个问题，因为在占用耕地必须"占补平衡"的条件下，属于建设用地性质的农村宅基地是工业与城镇建设用地指标的最主要的来源，升值空间较大，如果与农民进城落户挂钩，农民可能就不愿进城了。这时要与农民进城落户分开处理，对其宅基地进行确权，并建立一个能够变现的渠道，让农民能够将之交易，以帮助他们更好地融入城市。

所以，在促进农民转户进城的过程中要把宅基地和承包地与农民进城落户分开处理，不要挂钩，以便更好地吸引农民进城落户。

（四）适度扩大农业经营规模、改善农业生产组织形式，稳步推进农业现代化

制约中国的农业现代化，尤其是制约河南省这种中部平原地区农业现代化的关键因素是经营规模小，而农业经营规模是由农村的人地关系决定的[①]。如果农村与农业人口很多，经营规模就不

---

① 耿明斋：《传统农区工业化过程中农地产权制度变迁的经济分析》，《河南大学学报（社会科学版）》2009年第2期。

可能太大，因为农业是一个规模收益不明显的行业，也就是说经营规模的扩大不会对农业产出的增加产生显著影响。比如，当1亩地由一个农户单独经营时，单产是1000斤小麦、1200斤玉米；当这1亩地由一个经营100亩的规模经营者来经营时，单产仍是1000斤小麦、1200斤玉米，即使有增加也不会太大。在这样的情况下，农村土地流转就会面临一些困难：由于耕地是承包到每一个农户家庭的，他们对耕地有完全的收益权。在他们自己经营可以每亩收获1000斤小麦、1200斤玉米的情况下，只有放弃经营可以得到高于1000斤小麦、1200斤玉米的收入，他们才会将土地流转出去。按照这样的逻辑，农户把他们所经营的土地流转出去的情况有以下四种：

一是有人愿意提供比1000斤小麦、1200斤玉米更高的价格。这对于拿到土地仍然用于种植粮食作物的规模经营者没有吸引力（因为没钱赚），对于种植经济作物的规模经营者可能会有吸引力，但目前我国耕地中的绝大部分要用于种植粮食作物，用于种植经济作物的比例不可能太高，所以种植经济作物的规模经营行为没有普遍意义。

二是农户家里没有能够种地的劳动力时，他们会把土地以低于1000斤小麦、1200斤玉米的价格流转给其他经营者，具体分成比例取决于双方的讨价还价。那么就河南省来说，哪些农户家里没有能够种地的劳动力呢？目前的实际情况是由于机械化水平的大幅度提高，平原地区农业生产的劳动强度大大降低，劳动时间也大大缩短，只要家里还有具备一定劳动能力的妇女或老人，就可以把地种好，所以那些青壮年劳动力外出务工但家里还有具备一定劳动能力的妇女或老人的家庭不符合条件，真正符合条件的只有那些完全没有劳动力的孤寡家庭。

三是农户家里还有劳动力，但这些劳动力在本地实现了非农就业，将种地所需时间投入非农工作能够得到更多的收益。这样的农户也会把土地以低于1000斤小麦、1200斤玉米的价格流转给别的经营者，具体分成比例同样取决于双方的讨价还价。

四是已经全家迁出农村的家庭。如果他们回家种地需要付出的交通与误工成本高于种地收入，他们也会把土地以低于1000斤小麦、1200斤玉米的价格流转给别的经营主体，具体分成比例也取决于双方的讨价还价。

综上，第一种情况（土地流转后用于种植经济作物）的比例不允许太高，不是发展方向；第二种情况（孤寡家庭）所占的比例不可能太高，不具有实质意义；第三种情况（本地非农就业）现在所占比例不高，将来比例能否提高取决于本地工业化与城镇化的发展水平，是一个发展方向；第四种情况（已经全家迁出农村的家庭）现在所占比例也不高，将来比例能否提高取决于在外务工的劳动力及其家庭能否彻底迁入城市，根据以上分析这也应该是一个发展方面。所以，农村土地流转规模能否扩大、农业经营规模能不能扩大，包括最终农业现代化能够发展到什么水平，实际上取决于工业化与城镇化的发展能够将多少农业与农村人口彻底迁入城镇，这也决定了河南县域经济发展过程中只能是随着工业化与城镇化的推进适度扩大农业经营规模、改善农业生产组织形式，稳步推进农业现代化。

从要素空间聚集规律看中原经济区建设若干现实问题的政策选项*

带着中原经济区建设、"三化"协调、新型城镇化道路等涉及的相关问题，我们先后赴许昌、鹤壁、项城等市进行了调查研究，形成了一些思路和看法。

一 发展过程也是要素聚集过程

发展的原动力是工业化。与农业相比，工业生产最大的特点

---

* 笔者从2010年3月开始，先后赴许昌、鹤壁、项城等地进行一系列调研，在此基础上写成本文，其中的一些部分吸纳了一起调研的河南省委党校宋伟博士、郑州大学商学院副院长李燕燕教授、河南大学经济学院及中原发展研究院郑祖玄、蔡胜勋、董栓成、张建秋诸博士，以及学界同行、时任河南省委政研室副主任王永苏（正厅级，现为河南省人民政府发展研究中心主任）、河南省社会科学院刘道兴副院长、河南省统计局王作成处长（现为总统计师）等的观点。在此一并表示感谢。时任许昌市毛万春书记（现为河南省委常委、洛阳市委书记）、李亚市长（现为市委书记）、唐成副秘书长、时任鹤壁市委郭迎光书记（现为山西省副省长）、项城市委书记王宇燕（现为济源市长）、秘书长马永成等，为我们的调研活动作了周到安排，并提供了很多有价值的思想，在此也一并表示感谢。时任省委宣传部赖谦进副部长在百忙中亲自带领我们赴许昌二次调研，让我们深受感动。

当时，针对城镇化的道路究竟该如何走，发生了一场比较深刻的争论，不少人对城市聚集集约发展提出异议，提出应走就地城市化、农村城市化的路子，在实践中表现为对大城市和中小城市乃至农村社区在城镇化中的地位及政策导向的分歧。本文试图表达自己对该问题的看法。文章成稿于2010年冬。——耿明斋注

是需要水、电、路、交通、通信等基础设施支撑。如果单个企业独建独享基础设施系统，其单位产品负担的固定成本一定相当高，市场竞争力也会相应弱化。如果多个企业共建共享基础设施系统，各企业单位产品负担的固定成本一定大幅下降，各自的市场竞争力也会相应增强。正因如此，降低成本，增加收益，增强市场竞争力一定会引导企业向特定空间点聚集。

产业聚集导致人口聚集，以及相应的生产生活服务业的衍生，从而形成城市。城市是产业发展和聚集的结果，城市又为产业发展提供基础设施和服务系统的支撑，进一步降低产业成本，对产业形成更强的吸附能力，促进产业及人口进一步聚集。城市与产业互为支撑、互相推动，结果是要素在特定空间点聚集的规模越来越大，城市的规模也越来越大。

城市达到一定规模并具有支撑与辐射周边的能力以后，要素聚集方式就会发生某些变化，由单纯向大城市聚集改为依托大城市、向大城市周边聚集，从而在大城市周边形成众多大小不等的卫星城。这些卫星城因共享大城市基础设施和服务系统而分享低成本的好处，同时又独享低地价和低生产生活服务成本的好处，为特定产业和特定人群提供适宜的生存空间。这样，中心城市和卫星城市互为依托、相互推动，对产业和人口形成更强的吸附能力，要素在特定空间点的聚集规模会进一步放大，最终形成要素高密度聚集的大型城市群区域。

从全球范围看，凡是完成了工业化从而高度发达的国家和地区，要素都高度聚集在少数城市群区域。美国分别聚集在大西洋沿岸及五大湖地区的波士顿、芝加哥、纽约，及太平洋沿岸旧金山、洛杉矶等少数几个城市群区域，日本高度聚集在以东京、名古屋、大阪为中心的三大城市群区域。尤其是以东京—横滨为中心涵盖周边几个县的首都圈，人口聚集规模达4300万人，占全日本人口的1/3以上。

从全国范围看，改革开放30年来沿海地区的率先崛起对产业和人口产生了越来越强的吸附能力，并形成了珠三角、长三角、环渤海三大城市群。相信在未来若干年内，在中国整个现代化进程中，要素向沿海地区三大城市群聚集的趋势不会停止，三大城市群的规模和要素聚集密度会越来越大。

二 省内要素向中原城市群地区聚集趋势日渐强化

省内的情况也是这样。我们以省辖18市为地域单元，以GDP为基本度量指标，研究了1996~2008年13年间各省辖市在全省经济总量中所占比重变化情况，以测度省域范围内要素聚集演化情况（见表1）。

表1 河南省辖市（1996~2008年）GDP份额变动情况

地区	1996年(%)	2002年(%)	2008年(%)	1996~2002年变化量（百分点）	2002~2008年变化量（百分点）	1996~2008年变化量（百分点）
郑州	13.40	14.97	16.32	1.56	1.35	2.92
开封	4.12	4.35	3.74	0.23	-0.61	-0.37
洛阳	7.78	8.63	10.43	0.85	1.80	2.65
平顶山	6.30	5.18	5.80	-1.12	0.62	-0.50
安阳	5.67	5.04	5.63	-0.63	0.59	-0.04
鹤壁	1.77	1.69	1.86	-0.08	0.16	0.09
新乡	7.03	5.49	5.16	-1.54	-0.33	-1.87
焦作	6.28	4.64	5.60	-1.64	0.97	-0.67
濮阳	3.95	3.82	3.57	-0.12	-0.25	-0.38
许昌	4.54	5.85	5.77	1.31	-0.08	1.23
漯河	2.92	3.24	2.99	0.31	-0.25	0.07
三门峡	3.02	3.18	3.55	0.16	0.38	0.53
南阳	9.97	10.08	8.89	0.10	-1.19	-1.08
商丘	5.48	5.53	5.05	0.05	-0.47	-0.42
信阳	6.51	5.03	4.71	-1.49	-0.32	-1.81
周口	5.32	6.67	5.35	1.35	-1.32	0.03
驻马店	4.75	5.35	4.42	0.59	-0.93	-0.34
济源	1.19	1.28	1.57	0.09	0.28	0.37

从表1可以看出，18个省辖市中只有8市GDP在全省GDP中的比重是上升的，10个市是下降的。而且比重上升的城市基本上都集中在中原城市群地区（8个中占了5个），郑州、洛阳、许昌3市升幅最大，依次为2.92、2.65、1.23个百分点，合计达到6.8个百分点，占总升幅7.36个百分点的92.4%。说明区域发展不平衡及要素向中原城市群地区聚集趋势十分明显。

换个角度比较，省内区域发展不平衡及要素向中原城市群地区聚集的趋势同样可以看得很清楚。

如果把三门峡纳入中原城市群体系，依经济发展水平归类，可以发现在省域范围内存在特色鲜明的四区域格局，即中原城市群9城市+三门峡为10城市、商丘+周口+驻马店+信阳为4城市、鹤壁+安阳+濮阳为3城市、南阳为1城市，四区域相关数据对比如表2所示。

表2 河南省四区域（2008年末）相关数据比较

区域	人口（万人）	GDP 占全省比重(%)	GDP （亿元）	人均GDP 占全省比重(%)	人均GDP （元）	人均GDP 占全省比重(%)	城镇化率(%)	国土面积占全省的比重(%)
城市群三	4238	45	11216	60.9	26465	135.0	45.5	41.5
商周驻信	3343	35.5	3594	19.5	10751	54.9	30.1	34.3
安濮鹤	1014	10.8	2035	11.1	20076	102.5	38.3	8.3
南阳	1091	11.6	1636	8.9	14995	76.5	34.9	15.9
河南省	9429	100.0	18408	100.0	19593	100.0	36.0	100.0

从表2可知，东北部安阳、鹤壁、濮阳3市与西南方南阳1市人口、国土面积和经济总量相差无几，人均指标也十分接近。但西北部的中原城市群加三门峡10城市与东南部的商周驻信4城市经济总量的差距远大于人口差距，人均GDP落差巨大，前者是全省平均值的135%，后者仅相当于全省平均值的55%，经济发展不平衡态势明显。

与此相对应，农村人口向城市流动的基本趋势是不断地从商周驻信地区流向以郑州为中心的中原城市群地区。表现为前者户籍人口多于常住人口，后者户籍人口少于常住人口。比如驻马店户籍人口 840 余万，常住人口只有 770 余万，常住人口少于户籍人口 70 余万。而郑州则相反，常住人口超出户籍人口也大约有 70 余万。

上述数据表明，由于工业化和城镇化在区域之间发展的不平衡，由工业化引发的农村人口向城镇流动，在不同地区的城市之间并不是均匀分布的。农村人口除了部分就近流向周边的城市之外，主要是由工业化水平低的地区流向工业化水平高的地区。全国是从中西部地区农村流向沿海，省内是商周驻信等农业地区流向以郑州为中心的中原城市群地区。

三 与中原经济区建设相关的若干现实问题的政策选项

由工业化发展过程中要素聚集趋势分析，可以得出与中原经济区建设相关的若干重大现实问题的政策结论。

第一，在工业化和城镇化快速发展阶段，要素向以郑州为中心的中原城市群地区聚集的趋势不会停止，人口向该区域流动的趋势也不会停止。因此，做大郑州，打造以郑汴新区为核心、涵盖郑汴两市辖区、人口达千万以上的大郑汴都市区，建设中原城市群，符合要素聚集和城镇化发展的基本规律，应该将其作为建设中原经济区的最有力支撑，继续坚持并进一步加大实施力度。

第二，将中原城市群的范围拓展到全省 18 个省辖市是有道理的。1 亿人口的大省里，每一省辖市所管辖的都是规模不小的地域（南阳、周口人口超 1000 万，商丘、驻马店、信阳人口也在 800 万上下），它们也都是自己区域内的要素聚集中心。把所有省辖市涵盖在内，有助于统筹全省城市布局，并促进要素向这些城市聚集，扩大城市的规模，提升城市对辖区内经济的支撑能力。但是，根据要素向心聚集的规律，涵盖18个城市的中原城市群内部还是应该有梯次的。具体说，郑汴都市区是最核心地区，是整个城市群也是河南省的增长极；郑汴两市以外的中原城市群原有的7城市是要素聚集密度相对较大的区域，是全省经济的重要支撑；新划进的9个城市首先是各自所在区域的要素聚集中心和经济增长中心，主要功能是借助来自核心区的辐射，带动辖区内的经济社会发展，同时按照各自特点，在全省经济发展布局中扮演相应的角色。所谓"一级两圈三层"格局的划分有其内在合理性，要在这一格局下深入研究各圈层、各城市的功能定位和发展方向。

第三，坚持大、中、小城市并举的城镇化道路。由工业化所引领的经济发展，既表现为要素向心聚集的过程，更表现为人口由农村向城市的迁徙。人口由农村向城市迁徙引出了一个问题，就是中国这么多农民都迁到哪一类城市？或者说哪一类城市能容得下这么多农民？这归结为中国的城镇化道路该如何走的问题。早在20世纪80年代中期，著名社会学家费孝通先生提出了"小城镇论"，认为中国待进城的农民人口太多，现有的城市根本无法容纳，只能让他们进入小城镇。这代表了相当一部分人的观点，甚至有人论证说，通过发展小城镇来承载农民、实现中国的城镇化，可能是中国城镇化的特色。

但是，随着农村企业的发展，其对基础设施、社会公共服务及人才的要求越来越高，对大城市的需求也越来越强烈。首先是工业化走在前列的浙江认识到了这一点，它发现，越来越多的大企业日益迁入上海等大城市，这显然威胁到了当地的发展。所以，世纪之交，浙江率先提出建大城市的理念。大城市经济活动的聚集度较高，基础设施和社会服务的共享度也高，单位经济活动的成本就会降下来，对基础设施和社会服务要求较高的大企业具有更大的吸引力，这是大城市存在的内在合理性。小城镇进入门槛较低，生存成本也低，可能更适合于对基础设施和社会服务要求不高的中小型或低端企业生存，却无法满足大企业和高端经济活动对更完善的基础设施、更便捷的交通通信和金融服务、更好的产业协作配套环境和更合格的各类人才等的要求,这是大城市受到人们青睐的根本原因。

事实上,静态地、固化地和片面地强调发展小城镇或发展大城市都是不对的。历史地和动态地看,城镇化是一个随着工业产业的扩张,城镇规模逐渐由小到大演进的过程,城镇作为工业化的结果和对工业化的重要支撑,其规模和功能是适应于工业化的要求而不断改变的,小城镇和大城市不过是城镇化发展过程中的现象,所有的城镇化都是从小城镇开始的,所有的大城市都是由小城镇发展而来的,唯一不变的是它对工业化的适应性,这是一方面。另一方面,我们也看到,所有已经完成工业化和城镇化的大国,都是大、中、小城市并存的,既有大城市,也有大量的中小城镇。如美国既有纽约、洛杉矶那样的特大城市,也有众多数万人乃至数千人的小城镇。这种现象实际上也是经济学上资源优化配置规律在空间上作用的结果。因为经济活动种类繁多、层次复杂,各经济主体对生存空间和生存环境的要求不尽相同,无论从成本收益的角度还是从生存偏好的角度,都需要不同的城市空间类型来承载不同的经济活动和偏好差异极大的不同经济活动主体。所以,城镇化发展越是走向高级阶段,越是在空间上表现为大、中、小城市层次分明,布局合理,联系紧密,分工明确,功能互补的城镇体系。近年来,这种科学的城镇体系也日益为越来越多的国人所接受,并成为各地城镇化追求的基本目标。

对于起步晚、水平低、任务重、速度快、成长空间大的河南省来说,城镇化的路子该怎么走?或者说,是沿着沿海地区城镇化的路子先发展小城镇,待工业化达到一定高度后再发展大城市呢,还是大、中、小城市并举,在发展小城镇的同时,也鼓励大城市的发展,直接形成现代的城镇体系,引导各类经济活动按照成本收益最优化原则分别落户于不同层级的城市,同时满足各经济活动主体对居住空间的不同偏好?答案显然是后者。这有两点理由：首先，改革开放以来沿海地区的工业化是从农村起步的，当时中国社会还是城乡严重隔绝的典型二元结构，存量城市对于农村的要素有着无法打破的壁垒。农民自己办的工业无法进入城市，只能在自己村上或镇上落地。工业在在村上或镇上的聚集导致公共基础设施和公共服务的需要，使得农民不得不自己在工业聚集的地方建设小城镇。换句话说，沿海地区20世纪80年代以来的城镇化之所以要从发展小城镇起步，很大程度上是制度障碍造成的，即政府控制的城市不给农民自己办的工业立足之地，是一种不得已的选择，并不是最经济最合理的选择。在改革开放已过去30年，二元社会结构已初步被打破，要素进入城市的壁垒已经解除，城市已经张开双臂欢迎各种要素进入的今天，显然已经没有必要再人为地发展小城镇然后再发展大城市。其次，沿海地区在特定历史时期和特定制度背景条件下在已有城市之外大量发展小城镇的不得已选择，已经付出了浪费土地资源和城市功能欠缺的惨痛代价。这以珠三角最为典型。东莞2000多平方公里面积内各村镇的自由发展，已经形成了遍地是城镇，但又无一处真正具有现代中心城市强大功能的格局，面临着再城市化的尴尬局面。现在，当背负着国家粮食安全责任，需要恪守基本农田红线，建设用地已成为工业项目落地和城市扩张的最主要约束瓶颈的情况下，尤其是在要素进城壁垒不但已基本消除，甚至政府在强力推动产业依托城市聚集发展的情况下，如果再将小城镇作为农村工业和农民转移人口的主要载体，而不是大、中、小城镇共同发展，各类经济活动及其主体合理选择落地空间，那自然就不是科学的城镇化道路了。

第四，中心镇建设要以省辖市为规划主体。倡导大、中、小并举的城镇化模式，并不是对小城镇发展的排斥。相反，我们认为，即使城镇化完成了，现代的城镇体系中也不能没有小城镇的位置。城镇体系尤其是小城镇的发展要规划先行，而且要提高规划的层级，由更高一级政府主持小城镇规划，而不是最基层的政府主持自己所在地的小城镇发展规划。具体说，就是要由省辖市一级政府来主持其辖区内的中心镇规划，而不是由乡级政府主持其所在地的中心城镇规划。道理很简单，随着要素迁徙流动，不可能所有的乡镇政府所在地都能够演化成中心镇，一个县域内最终只会有少数乡镇政府所在地发展成中心镇。只有省辖市政府主持中心镇的规划，才有可能对中心镇的空间结构和规模结构作出科学的布局。

第五，盲目撤村并点与要素聚集趋势背道而驰。要把新农村建设、新型农村社区建设放在城镇化这个大背景中统筹考虑。这个大背景就是我们正处在快速城镇化过程中，这意味着有大量的农村人口源源不断地要流入城市。如果不顾人口向城市流动的基本趋势，急于以新农村建设的名义将旧村翻新，或者急于进行村庄合并，那很有可能成为新时期的重复建设工程。因为快速城镇化过程中，农村人口的基本流向是城市，旧村翻新和村庄合并意味着人为地将农村人口向城市流动的渠道拦腰截断了，这显然是在为城镇化设置壁垒。应该停止盲目的及运动型的旧村翻新、"撤村并点"、村庄合并等活动，而在产业基础好，城市扩张速度快，从而具备了整体搬迁改造条件的城市郊区、产业聚集区等农村地区"撤村并点"，一步到位改造成城镇社区。在这方面，许昌新区建设中对村庄及其居民彻底的城市化改造，鹤壁的塌陷区、新城区、产业聚集区等"六加一"区域范围内村庄撤并原则等，科学合理，符合实际，值得借鉴和推广。

第六，产业聚集区建设与小企业的生存空间和镇区生存前景。在全省铺开的170余个产业聚集区建设，顺应了产业聚集发展的趋势，对城市形成了良好的支撑，为形成产城融合互动、向心发展的区域经济发展新格局奠定了良好的基础。但是，随着产业聚集区建设的深化，县域经济发展中也出现了新问题，那就是大量小企业的生存空间堪忧。具体表现在两个方面：一方面，产业聚集区对入园企业都有一定的门槛限制，达不到门槛要求的小企业无法入园发展；另一方面，县域内有限的建设用地指标优先配给了产业聚集区，在国家基本农田保护红线日益严格的情况下，乡镇以下广大农村地区基本上不可能存在小企业落地的空间。解决问题的办法有两个：一是在产业聚集区内专门设置类似高新区中的企业孵化园区那样的小企业创业园区，并提供相应的标准厂房和服务设施，满足小企业创业发展的需要；二是在产业聚集区以外有产业基础的乡镇设立专业园区，供生产同一产品的集群企业聚集发展。

但这又引出一个问题，那就是专业园区的用地从哪里来？终极来源一定是从人口向城镇聚集后腾出的宅基地中获取。但这又遇到一个更深层的问题，这就是即使产业基础比较好的镇，要通过人口聚集、村庄改造挖掘出建设用地空间，也会遇到土地增值空间有限、商业开发价值不大、资金难以筹集、就业和社会保障难以解决等难题。项城市孙店镇就提供了这样一个案例。孙店镇远离中心市区（35公里），聚集了大量纺织服装企业，是项城市产业基础最好的乡镇之一。为了解决企业落地空间问题，项城市将孙店镇列入了镇边村改造和撤村并点试点区，结果第一个计划撤并搬迁的村就因为不具备商业化运作的条件而中途搁置。不仅如此，由于镇区自身城市功能欠缺，对劳动力尤其是年轻劳动力就业缺乏吸引力，青年人宁可到城市忍受低工资，也不愿意留在镇区享受高工资，镇区企业用工成本反而高于中心市区。产业聚集区启动后，镇区一部分高水平企业就开始向聚集区搬迁。这就提出了一个问题：长远看，像孙店镇这样有产业基础的镇未来会走向哪里？新增小企业没有生存空间，有能力的稍大企业又逐步搬迁到产业聚集区，久而久之，这里岂不是要衰落下去！如果这样的镇都会衰落下去，那县以下未来还能有几个镇会存在下去？长期来看，县级以下的镇数量不会太多，这样的镇要存在和发展下去，一定要逐步完善其城市功能，以便能留住企业和就业人群。这就是说，县以下镇区发展的前景无非两种可能，一种可能是逐步完善城市功能，对产业形成良好支撑，从而逐步发展壮大。另一种可能是城市功能跟不上企业和就业人群的需要，企业和劳动力逐步流失，镇区也逐步走向衰落。

有一点必须指出，县级以下镇区发展前景及其密度大小，在省域空间内不同地区差异是很大的。经济发展相对滞后，缺乏大城市支撑，无法共享大城市基础设施和公共服务系统的农业地区，一定会呈现数量少、密度小的特征，而以郑州为中心，有大城市支撑，可以共享基础设施和公共服务系统的区域，一定会呈现数量多、密度大的特征。

第七，规模经营是现代农业的发展方向。农村劳动力转移和人口向城镇迁徙，促成了土地流转和农业生产的专业化市场化发展。但由于种粮收益有限，规模经营增加的收益在补偿租金成本支出以后剩余有限，所以，通常土地流转往往伴随着种植业结构的调整，最典型的是鄢陵大规模土地流转伴随的土地使用方向由种粮向种植花卉转换。在不改变土地种植结构的前提下，有无可能促成大规模土地流转，从而实现粮食种植业的规模化和商品化经营？在项城发现了这样的案例。该市秣陵镇汾河湾农业合作社由两个回乡创业者牵头，投入数百万元资金，购置了20台大型农业机械，以每亩500市斤小麦为代价，承租了3000亩土地，后又扩展到5000亩，以种粮为业，从事大规模商品化农业经营。根据他们测算，扣除租金和各种生产费用后，将是有利可图的。这是完全从商业目的出发的农业经营项目。据经营者介绍，未来他们还准备为承租范围内村庄的村民建设新社区，实现旧村落改造，腾出土地用于工业经营，这显然是农工商综合商社和新型农村社区的格局。如果运转成功，将会提供一个可供推广的现代农业经营模式，这是很具全局意义的。

在与鹤壁市郭迎光书记交流时，得知鹤壁拟将3万亩连片农田由一个公司统一经营，并要伴随大规模的村庄改造和新居民区建设，以及举办农产品加工和服装制造等劳动密集型产业吸纳就业。这是规模更大的农工商综合商社和新型农村社区形态。

传统与现代的碰撞
——"开封现象"思考*

一 关注和研究"开封现象"的意义

一千年前,开封作为北宋王朝的国都,人口超过 100 万,是当时世界上最大的城市。自北宋南迁以后,开封虽然没有再找回大国首都的繁华,但在将近一千年历史的大部分时期中,开封一直是中原地区的政治、经济、文化中心。直到新中国成立后的 20 世纪 50 年代初期,开封仍是河南省最大的城市。郑州和洛阳当时无论在人口规模还是经济总量方面,都远在开封之下。此后将近三十年的计划经济时期,虽然由于其他城市的崛起使得开封的地位逐渐下降,但到改革开放之初,开封还是形成了自己比较完整的工业体系,有一些在全省乃至全国叫得响的名牌产品,在河南城市中的排序仅在郑州、洛阳之后,居第三位。改革开放以来,开封的地位急剧下滑,到 2005 年末,开封经济无论是按总量还是按人均排序,都落到了河南 18 个省辖市的后 1/3,大概在第 13 或第

---

* 本文是在对"开封现象"的长期思考进行梳理的基础上形成的,写作时间应该是在 2005 年末或 2006 年初,或许哪位学生还参与了整理,但已回忆不起,在此表示感谢和抱歉。也希望读到该文的参与者或知情者告知,以便以可能的方式弥补此项遗憾。——耿明斋注

14 的位置。可以通过对比同样是古都的洛阳可见,开封与它的差距不断拉大。

如图 1 所示,从数据上看,开封和洛阳的发展差距是从 1990 年前后开始的,以 1990 年作为转折点,之前两城市的 GDP 差距很小且稳定,之后差距快速扩大。

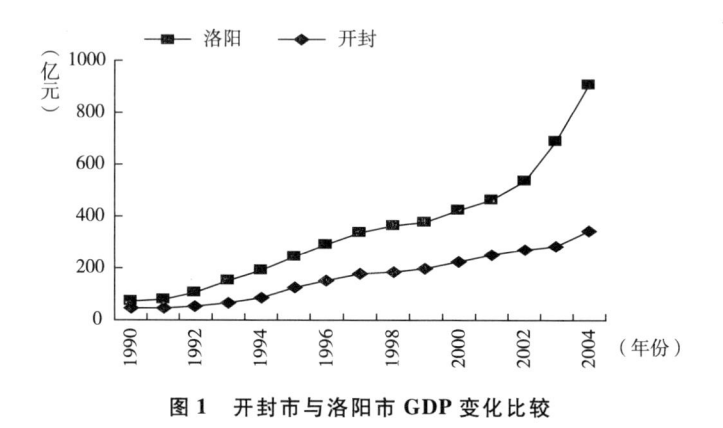

图 1 开封市与洛阳市 GDP 变化比较

如图 2 所示,人均 GDP 变化反映了和 GDP 变化一样的趋势,差距拉大同样从 1990 年开始,但差距略小一点,这反映了另外一个问题:洛阳人口增长略快,人口增长推动 GDP 的增长。

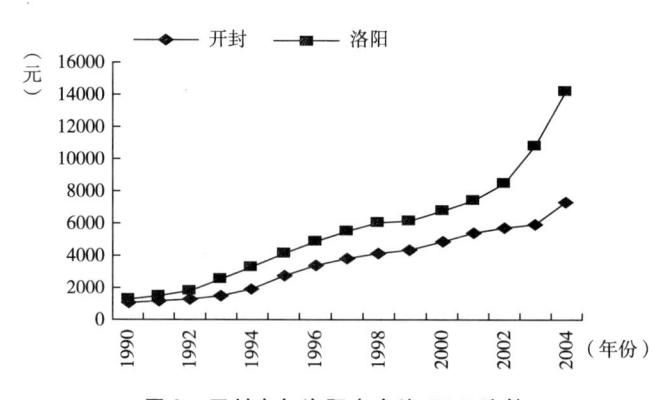

图 2 开封市与洛阳市人均 GDP 比较

如图3所示，从长期来看，开封和洛阳两市的第一产业发展基本维持了同样水平。尽管90年代中后期开封相对洛阳曾显示出一定优势，但两市最终的比较状况却和开始时一样。因此，第一产业并未影响两城市 GDP 的差距。

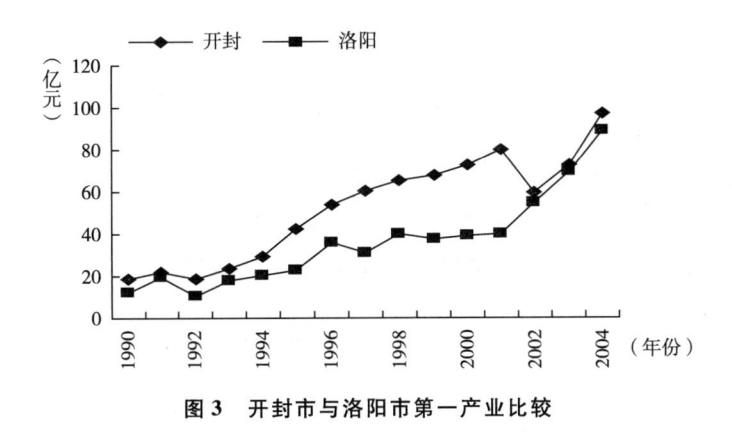

图3 开封市与洛阳市第一产业比较

从图4看，90年代后，开封的第二产业长期处于低速发展水平，而洛阳第二产业却处于长期高速发展水平。第二产业的主题是工业，工业的发展决定了两市的 GDP 变化状况。

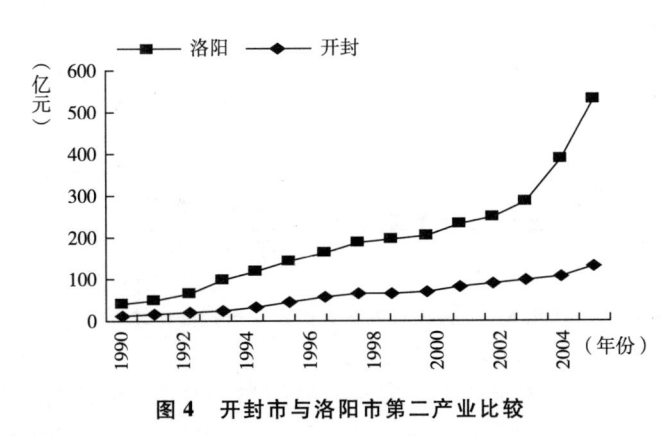

图4 开封市与洛阳市第二产业比较

如图5所示，两市的第三产业发展同样是在1990年后拉开距离的。但从开封来看，第三产业比第二产业发展速度更快，这说明开封的问题在工业。

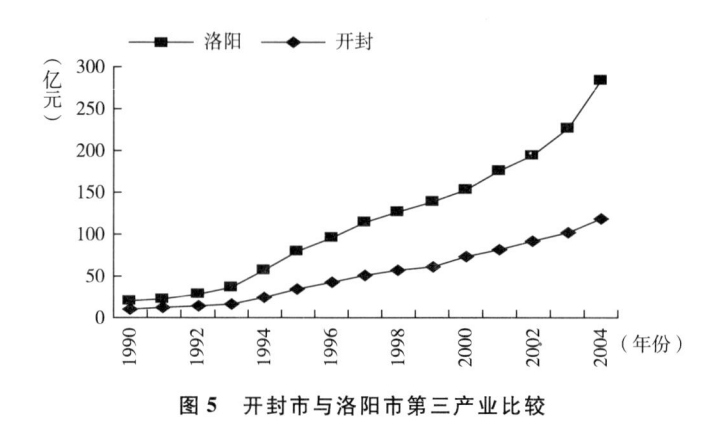

图 5　开封市与洛阳市第三产业比较

图 6 的时间起点是 1986 年，它更充分地印证了前面各图显示的两城市各方面从 1990 年以后逐渐拉开差距的事实。图 6 和"第二产业比较"图非常相似，更说明了工业差距是两市 GDP 差距的主要原因。

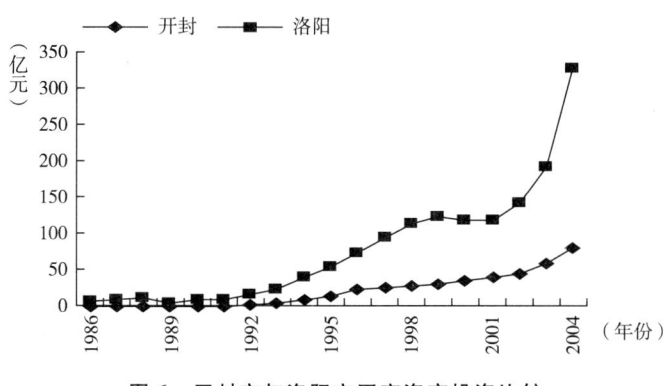

图 6　开封市与洛阳市固定资产投资比较

由此，不得不承认一个千年前的国都、五十年前的省会城市，在短短的五十几年尤其是最近二十几年中就滑落为省内倒数第几的城市，这实在是举世罕见，人称此为"开封现象"。如果把开封衰落的轨迹放在整个中国由传统社会走向现代社会的历史背景中来观察，可以发现，开封衰落虽然是个案，但开封作为中国传统的代表和浓缩，它在整个中国走向现代化过程中的衰落却显示了中国传统在与现代化碰撞过程中的不适应。换句话说，开封的衰落表现出来的实质上是中国传统在与现代化的碰撞中缺陷的一面。所以，研究"开封现象"，理出其衰落的轨迹，探寻其衰落的原因和走出发展困境的途径，是一件既有理论价值又有现实意义的事情。

二 "开封现象"的成因

开封衰落的原因究竟是什么？在回答类似问题的时候，人们往往喜欢归咎于某个偶然的选择和某种人为的选择，而我认为，它实际上是城市自身所具有的地理和历史条件与特定时期现代化推动因素不吻合的结果。

首先是自然地理因素对于现代化支撑能力的不足。从世界经济发展的历史过程看，现代化发端于交通工具的革命和由此引起的人流、物流成本的降低及流动范围的扩大，铁路的修筑是交通工具革命的标志。正是20世纪初京汉铁路没有选择途经开封而是选择了途经郑州，注定了50年后开封走向衰落的命运。从地图上看，京汉铁路（现在的京广线）从新乡到许昌段如果走直线，应该路过开封，当时开封又是河南省的省会，走开封似乎理所应当，可是它却向西拐了一个大弯，绕开了开封而走了郑州。对这样一种选择流传的说法是，当时袁世凯做总统，袁的老家是河南项城，如果走开封，就一定会南下直走项城，袁世凯迷信，怕火车的轰鸣惊了他的祖坟，为了躲开项城，就让京汉铁路没走开封。其实，对这种说法，我们只能当成故事来听，真正的原因是开封城北面的黄河是地上悬河，河道宽，泥沙淤积深，而郑州城北面的黄河河道窄，泥沙淤积厚度小，以当时比较落后的架桥技术，在开封修桥的难度肯定比在郑州修桥的难度大。换句话说，京汉铁路选择过郑州而不是开封市是当时技术条件对与之匹配的地质条件的选择，即开封的地质条件无法支撑当时的技术条件对于自然地理条件的需要。由此也可以看出，一个地区的自然地理条件与某个社会发展阶段所能达到的技术条件的吻合是一个地区在某一特定时期发展的重要因素。开封没有这样的自然地理条件，所以就失去了发展的一次重大机遇。

开封自古受到黄河的威胁，黄河在开封段已经成为悬河，尽管 1949 年以后没有出现大的洪涝灾害，但是它依旧对开封市的经济发展构成了严重的潜在威胁，恶化了开封市的投资环境和发展环境。而且开封农业发展的自然条件较差，地处黄淮海平原，土壤类型适合于农作物种植，但是受黄河的影响地下水位较高，土壤盐碱化严重，又不利于农业的发展。此外开封属于典型的平原农业区，矿产资源也相对不足。

其次是人文因素对现代化的不适应。开封在近千年的历史中都保持着全国或地区大市的地位，这表明开封是在自给自足的传统自然经济下形成的城市，而不是在以工业化为标志的现代化时期所形成的城市。不要说在它具有 100 万人口的宋代，就是在它具有 30 多万人口的 20 世纪五十年代初期，中国内陆地区的工业化过程也尚未开始。在这样一种历史条件下形成的大城市，其人口结构的鲜明特点是，整个人群分为截然不同的两个层次，一个层次是政府机构官员和围绕在政府机构周围从事各种服务和教育工作的知识分子，这是社会的精英阶层；再一个层次是为前者服务的普通市民，他们所从事的职业大多是小商小贩、手工业和其他服务业，大多来自周围地区的破产农民，这是个庞大的小生产者群体。20 世纪 50 年代省会西迁后，前一层次的人口几乎流失殆尽，后一层次遂成为开封市人口的主体部分，这一层次人口的思想、习惯及行为方式也就成为开封的主流。换句话说，20 世纪 50 年代以后，开封市的主流意识形态以及受这种意识形态支配的生活习惯和行为方式是小生产式的。这种意识形态和行为方式的典型特点：一是眼界狭隘，只看到自己眼皮底下的事情，以为自己的身边最多是自己所在的城市就是世界的全部,对外界的变化不去看,不愿意看,甚至不愿意承认,反应迟钝。二是善于精打细算,很精明。觉得自己是世界上最聪明的人,往往喜欢和他所看到的乡下人比,自我感觉良好,没有更高的人生目标,非常容易满足。三是崇拜权威。官本位意识很浓,无论大官小官,都会受到推崇。自己做个官就觉得了不起,亲戚邻居有人做了官,周围的人都羡慕。这些封闭、狭隘、保守的意识形态和行为方式特点与现代社会的工业化、市场化所要求的开放、交流、创新、发展的意识形态和行为方式格格不入。改革开放以来,开封对传统的东西深深依恋,国企改革始终难以迈开步伐,等待上级关怀和抱怨上级不公的居多,自我发奋创业的居少,以至于传统的大多都死掉了,新的东西却没有被创造出来。具体表现就是国有企业死掉了,私营企业却没有很好地成长起来;计划经济时代的厂长退出了历史舞台,市场经济时代的企业家却没有很好地成长起来;工业凋敝了,文化休闲旅游业却没有发展起来;老的城市居民没有出去,外部的居民也没有更多地进来;等等。综合的结果就是经济发展水平的下滑和城市地位的持续下降。这是历史,也是现实。

作为国家历史文化名城,开封经过长期的积淀,积累了丰厚的文化底蕴,但是相对不足的是"因循守旧、安逸享乐、不思进取、宗派主义"的文化在开封市占有相当的市场,且影响深远。受这种文化的影响,人们极易形成同样的思想观念,许多人因循守旧、不思进取,这表现为一些工业企业宁愿安于发展缓慢的现状,也不愿冒一点风险进行技术改革和体制改革,致使企业缺乏进一步发展的活力,开封市企业发展缓慢的现状与这种思想的存在具有相当的关系。"等、靠、要"思想约束了其自谋职业的积极性,不少下岗职工仍抱着计划体制下城镇或国企身份的优越感,对另谋职业挑肥拣瘦,不愿从事苦、脏、累、险和社会声望低的职业,不少人宁肯在家领失业救济,寄希望于政府和企业来安排工作,也不愿去干条件相对较差的工作,丧失再就业机会;开封的许多贫困户中，有不少人四处求人找工作而不愿自己创业，往往耗费人力和物力的同时也失去了很多创业的机会和时间。这种小市民思想不但在下岗职工中广泛存在，在广大市民中也具有很大的市场，它决定了人们不是积极寻求发展的机遇，而是等待，以这种思想为指导的开封经济失去了一次又一次的机遇。

在社会因素方面，人际关系网络复杂。人际关系网络的形成是社会发展的必然趋势，好的人际关系网络可以促进社会的发展，反之，则不利于社会的发展。古城开封经过长期的历史发展，形成了具有开封特色的、错综复杂的、特殊的人际关系网络，它阻碍了新因素的介入，不利于人际关系网络的有序合理发展。对开封市的经济发展而言，根深蒂固的人际关系网络阻碍了新的经济政策的实施，从根本上阻碍了开封经济的发展。这也是开封近年来经济发展缓慢的重要原因之一。

社会治安状况依旧不容乐观。经过长时期的社会治安综合治理，开封市的社会治安状况发生了明显的好转，但是还有一些不尽如人意的地方，而这种状况恰恰恶化了开封市的人文社会环境，不利于社会经济的发展。

对外窗口形象较差。开封市一些窗口地段的卫生、治安、服务状况比较差，而且开封市整体卫生、治安和服务状况也存在一定的问题，严重损坏了开封市的对外形象，不利于区域外部资金的引进和人才的引进，对开封市经济发展不利。

最后，在人才方面。开封市每年大学毕业生3万多人，但毕业后选择留在开封的毕业生并不多。据调查，河南大学毕业生在开封就业的比例比较低，也就是说开封市并没有真正接受较多的企业专业技术人员，这对开封市的经济发展是不利的。此外，世界上许多城市和该城市的大学实行地校联合，促进了当地经济的迅速发展，而开封市却没有这样做。主要原因在于开封市的高校主要是文理科性质而非工科性质的，高校的很多科研项目并没有为开封市带来直接的经济效益，在校大学生的社会实践活动只会为开封市带来较大的社会效益，却不会为开封市带来较大的经济效益。此外开封市存在人才的大量流失问题，开封市相当数量的人才流向郑州或者沿海省份，几乎成为一个人才凹地。

用文盲人口占总人口的比重可以较好地反映区域人口的素质状况，河南省平均数值为5.87%，开封市的比例为7.56%，仅低于鹤壁、漯河、商丘、信阳四市，在进行比较的中原城市群8市中居于第7位。众所周知，企业的发展状况决定了区域社会经济发展状况，而企业领导阶层的素质和企业职工素质对企业的发展起着决定性的作用。在开封市，企业职工的素质较低决定了企业职工缺乏进一步学习较高技术和进行技术创新的基础，直接导致企业活力的缺乏；而企业领导阶层的素质直接决定了企业发展方向、目标的制定和实现、企业的发展规划、企业各项规章制度的制定等，这些则直接决定了企业能否健康持续运行，目前开封市企业的较差的运行情况与企业的领导阶层的素质有着一定的关系。更为重要的是在主流文化影响下形成的思想观念又对人口素质的提升有进一步的约束作用。在开封市具有很大市场的"小市民思想"会进一步限制人们的行为，降低人们的创新能力，减弱人们的创新意识。

三 开封复兴的希望

开封衰落的根本原因无非两个，一个是自然地理因素，一个是历史因素，这两个因素都是客观的，是人不可改变的。从这个意义上说，自从20世纪初中国的现代化进程萌芽以来，开封的衰落具有不可阻挡、不可逆转的趋势。但是，如果就此认为在今后的时代里开封会继续衰落下去，那是没有道理的。因为一个区域的现代化进程是由整个社会现代化发展的特定阶段和那个时期所具有的特定技术条件与该区域特定自然地理条件、历史条件的结合状况决定的，过去的100年中开封现代化发展的滞后是其自身的自然地理条件、人文历史条件与时代所具有的技术条件不相适应的结果,而在现代和今后的时期里,整个社会现代化的技术条件发生了巨大变化并且还将发生更大的变化,这些变化会导致开封的改变,从而使得这些因素在新的历史条件下不再构成对开封现代化发展的约束,或是这些约束大大地弱化,进而使得开封自身的自然地理因素和人文因素与整个社会所具有的技术条件吻合起来,开封也会因此而迈开现代化和城市复兴的步伐。

首先,现代化所依托的技术条件使得开封的自然地理因素不再构成对交通通道选择的约束。由于造桥技术的进步,开封段黄河的地质条件已经不再对交通通道建设构成障碍,这使得阿深、日南、连霍等多条干线高速公路在开封汇集成了四通八达的公路交通网;由于汽车制造技术的进步和汽车的普及,公路交通的重要性日益凸显,人流物流已经摆脱了单纯依赖铁路输送的局面,由于南北向铁路不走开封而对开封发展造成的约束正大大弱化;城市化的加速和郑州城市的快速扩张使得从开封到郑州的距离日益缩短,铁路、机场等郑州所拥有的交通设施与开封之间的空间距离和时间距离都日益缩短。机场距离开封是1小时路程,即将建设的快速铁路郑州客运站距离开封仅40多公里,南北公路大动脉京珠高速公路郑州出口距离开封也只有40公里。这就是说,开封衰落的最主要原因——交通约束已成为历史。

其次,特定历史条件下人文因素对开封发展造成的约束也在逐渐改变或逐渐消失。开封相对地位的急剧下滑已经把沉淀在开封人意识中的那种盲目优越感洗涤殆尽,开封人正在放下那背了近千年的小生产意识形态包袱,正在自觉地或许是被迫地接受和融入工业化和市场化的现代观念。这就是说,小生产意识作为城市居民主流意识形态的地位正在被动摇、被破坏和被取代;交通基础设施的巨大进步和最近二十几年市场化所造就的人流、物流和信息流的广泛频繁流动,使得开封的大门豁然向世界敞开,外部的人流、物流和信息流大量涌入这座古城,加速了开封人口结构和思想观念变化的进程；开封与外部发展之间的落差使得开封的土地和劳动力成本相对较低，从而吸引了越来越多的外部资本进入，为开封的经济发展注入了生机和活力；由于整个社会的居民生活水平的提高所导致的对旅游休闲的巨大需求，开封丰厚的文化积淀和大量有价值的人文景观也吸引着越来越多的旅游者和休闲居住者，从而成为开封发展的推动力量。

概括来说，促进开封复兴的因素来自三个方面：一个是交通技术的进步弥补了开封不利的空间区位条件；一个是开封的彻底衰落荡尽了开封千年的历史包袱和陈旧观念尘埃，工业化和市场化观念激发出巨大的创造力；一个是外部的市场、资本、人流、物流、信息流的涌入所带来的活力。有这三个因素的推动，我们可以理直气壮地说，正像过去的100年开封的衰落不可避免一样，今后的时代开封的复兴也是不可避免的。

"郑汴一体化"若干问题的探讨*

自 2004 年 4 月 16 日《河南日报》理论版发表我主持的课题组有关中原城市群建设问题的成果以来，郑汴一体化逐渐受到人们的关注。先是网民有关这个话题的热烈讨论，接着是《郑州晚报》《郑州日报》《大河报》《东方今报》等郑州的主流媒体相继针对郑汴一体化发表了一系列文章。2005 年七八月份，省政府主管基本建设的李新民副省长先后主持召开了数次由经济专家、相关部门及相关城市主管领导参加的有关城市化问题的座谈会，郑汴一体化又成为座谈会上人们关注最多的话题。尤其是郑汴一体化被写进河南省"十一五"规划讨论稿、李成玉省长拍板建设郑汴快速路以后，郑汴一体化更成为人们街谈巷议的话题。但是，对于究竟什么是郑汴一体化以及为什么要提郑汴一体化等问题，许多人还存在着模糊乃至错误的认识。本文拟对这些问题谈谈自己的看法，以期能够对澄清有关"郑汴一体化"问题的认识有所帮助。

---

* 2005 年末，时任开封市委书记孙全砢主持召开座谈会，邀请我就郑汴一体化所涉及的相关问题做一次系统发言，会后整理成了发言稿，并以论文的形式交开封市社科联内部刊物《开封社会科学》发表。——耿明斋注

一　如何理解郑汴一体化

郑汴一体化是指郑汴之间经济功能互补和经济活动互动。具体说应该包括如下内容：①城市（规划与城市基础设施）对接；②产业对接；③市场对接；④货（要素）畅其流；⑤经济互动；⑥功能互补。

城市对接就是把两个城市的基础设施连接起来。连接的方式除了快速路之外，还要有轻轨等轨道交通通道和林带绿色走廊等。目前快速路建设已经启动，一年以后，郑汴两城市就能通过快速路紧密地连接在一起。但是，一条快速路肯定不能满足两市一体化发展的需要，接着还应该有第二条、第三条乃至第四条快速路；郑汴之间的轻轨已列入河南省的"十一五"规划，要在"十一五"规划期内先建成荥阳至郑东新区的轻轨，同时为郑汴之间的轻轨建设做好准备。我分析，以河南经济当前这种快速发展的势头和郑汴快速路开通所可能给两市带来的巨大互动效应，郑汴轻轨提前至"十一五"期间动工也是可以期待的；郑汴之间的绿色走廊也应提上议事日程，这样的绿色走廊至少应建三条，北部可在现有基础上将黄河大堤及大部分滩区建成宽达数公里的绿色屏障，中部可在快速路与轻轨之间建设一条具有一定宽度（100～300米）的绿化带，南部再建一条类似的绿化带。在三条绿化带上，分别设置若干个点，将每个点都建成具有一定面积的小型森林公园。这样，郑汴之间就会形成由三个带和若干个点构成的绿色空间。交通和绿化对接是城市对接的最主要内容，但不是全部，除了交通和绿化对接之外，城市对接还应该包括供排水、供电、供气等其他一系列的城市基础设施对接。当然，基础设施对接的前提是城市规划对接。现在，郑州和开封都在修编新的城市规划，到目前为止，各个城市的规划还是独立做出的，没有考虑对接的需要，这与目前热烈讨论和积极推进的一体化进程是不相称的。所以，建议省政府有关部门尽快组织两市在城市规划方面进行协调，以使规划尽快适应郑汴一体化建设的需要。

产业对接包括两层含义：一层含义是两个城市应根据各自不同的情况形成合理的产业分工，使得适合在郑州发展的产业布局在郑州，适合在开封发展的产业布局在开封。比如郑州可能更适合发展资本和技术密集型的产业，而开封则更适合发展劳动密集型的产业等等。再一层含义是同一产业乃至同一产品不同的生产环节在两市之间的合理分工。现代生产的一个特点是很多产品不同部件的生产往往分散在很大的空间范围内，比如在北京生产的联想计算机，它的 CPU 就是由美国的英特尔公司在美国或其他国家生产的。这样，同一种产品的生产就形成了广泛的地域分工，即所谓在不同的地区之间形成同一种产品的产业链。郑汴之间在城市对接的基础上，更容易形成这样的产业链，从而以同一产品的不同部件合理地域分工的形式实现产业对接。这里需要提醒的是，不管是不同产业在两市之间重新布局的调整，还是同一产品生产在两市之间合理分工的形成，都不应该是行政干预的结果，而应该是市场自发作用的结果。

市场对接是指两个城市的市场完全融合，变成一个城市的市场。这里面也包含着两层含义，一层含义是两市之间在市场方面没了区域差别，各种商品的价格大体趋于一致，不会再像现在郑州市场的工业品价格明显低于开封，而开封市场的服务业产品价格明显低于郑州。市场对接以后，开封服务业产品价格上涨、工业品价格下落，郑州服务业产品下落，工业品价格上涨，两市市场上所有商品价格基本持平。再一层含义是市场结构在两市之间会形成一个合理的分工格局。比如以销售日用必需品为主的超市或大卖场的空间布局的变化，以销售建材、汽车零部件、茶叶、纺织品等为主的各类专业市场空间布局的变化，都要符合一体化的要求，都会随着一体化进程的深化而逐步进行重新调整和重新布局。正如产业在两市之间重新布局一样，两市之间的这种市场融合、价格调整和市场布局也都应该是通过市场的自动调节来完成的，而不是通过人为的行政干预来完成的。

货畅其流说的是经济要素在两市之间实现无障碍流动。经济要素在传统意义上是指劳动力、土地和资本，现代意义上的经济要素除了上述三种之外，至少还要再加上信息。而资本又往往以货币或各种实物商品的形式存在。所以，货畅其流实际上说的就是人流、物流、信息流等在两市之间的无障碍流动。土地的空间位置不会移动，但是可以通过使用主体和使用方向的改变而实现功能改变和价值提升，从最抽象的意义上来说，也可以算是一种流动。所谓无障碍，一是能不能过得去，比如两地之间隔山隔水，有天然屏障，没有路可以相通，这就有障碍。郑汴之间无山无水，有路相通，因而不存在这种障碍。再比如，两地之间虽有路相通，但是路少、路窄、路况差，十分拥挤，通过不便，这也是有障碍。郑汴之间路不少、不窄，路况不差，因而也不存在这种障碍。既然这样，那为什么还要讲郑汴之间的无障碍流动呢？换句话说，目前郑汴之间货畅其流的障碍在什么地方呢？在于道路收费所带来的要素流动成本。取消道路收费就可大体实现真正的无障碍流动。但是，取消现有收费会伤及部门利益，协商成本很高。不收费的快速路就很好地解决了这个问题。由于通过能力很强的快速路不收费，要么会使收费道路没人走，要么会使收费道路取消收费，这就可以达到货畅其流，真正消除郑汴之间要素流动的障碍，实现低成本无障碍流动。

经济互动说的是由于货畅其流，郑汴两市之间要素流动的频率就会大大提高，流动的方向是从低收益地区向高收益地区流动，通过流动，两市之间的经济结构、产业结构就会按照利益最大化原则进行新一轮的调整和布局，调整和布局的结果是各类要素都找到了自己收益最大化的活动空间点：资本找到了利润最大化的活动空间点，土地找到了可以给其所有者获得最高地租收益的使用者，劳动者找到了工资收入最高的工作空间和工作单位。这就是资源优化配置状态或帕累托最优状态。这就是两市之间经济互动的最基本含义。进一步说，经济互动还包含着在经济活动主体追求自身利益最大活动机制驱动下，两市之间各类经济活动经常性地相互影响和不断调整。一个城市的某个领域出现了相对于另一个城市更大的商机，就会引起要素在两城市之间的流动和经济结构调整，直到再回到资源最优配置的均衡状态为止。这样循环往复，就会使两市之间的经济活动保持高效率运行状态。

功能互补是指两个城市各自具有优势的功能为对方分享。比如郑州作为中原最大的交通枢纽的功能优势就非常突出，而开封在这方面的功能就相对较弱，郑州的交通枢纽功能就应该尽可能地为开封所分享。再比如，开封的文化积淀丰厚，旅游休闲功能突出，郑州这方面功能就比较弱，开封的旅游休闲功能就应该尽可能地为郑州所分享。当然，功能互补的前提是两市之间要素的无障碍流动和经济活动互动。只有流动和互动，才能够使得两市的优势功能为两市人民所共享。没有流动和互动，郑州人不来开封，当然无法分享开封的旅游休闲功能，开封人不去郑州，也当然无法分享郑州的交通优势功能。

由于郑州在城市规模、经济实力和政治地位等方面的优势明显大于开封，有人担心，实施郑汴一体化可能会使开封丧失独立主体地位。这种担心是由于对郑汴一体化内涵的误解而产生的。正如前面已经解释过的，郑汴一体化的基本内容是郑汴两市之间在要素无障碍流动基础上实现的功能互补和经济活动互动，不是两个城市合并成一个城市，更不是这个城市把那个城市"吃"掉。一体化并不影响郑汴两市各自的独立主体地位，是独立城市主体之间的合作形式。类似国际上的各个共同市场，如欧盟、东盟等。所以，上述担心是多余的。

二 为什么要提郑汴一体化

提出郑汴一体化概念主要是基于如下理由。

（一）一体化符合现代城市发展的规律

从最简单的意义上说，城市是人、房屋以及道路、供排水管网等基础设施在一个空间点上的聚集。现代城市是在工业化的基础上发展起来的，工业生产活动和农业生产活动最大的不同是它需要交通、供排水等基础设施的支撑，而这些基础设施往往需要较大的投资，如果每个工厂都独立建设一套基础设施系统，那就会大大增加其经营成本，如果几个或多个工厂共享一套基础设施，每个工厂的经营成本都会有大幅度下降。所以，工业生产活动当然需要在一个空间点上集中，众多工厂在一个空间点上聚集会带动为工业生产服务的运输业、商业和旅馆业等第三产业在同一空间点聚集，当然也会导致该空间点上人流的聚集和常住人口的增加，从而带来建筑业的发展和各类建筑物的增加，并最终形成所谓的城市。从这个意义上说，城市是为各类经济活动主体提供一个可以共享基础设施的平台，通过城市这个共享平台，各类经济主体可以大大降低经济活动成本，提高经济活动效率。在一定发展阶段和一定限度内，城市规模越大，共享平台越大，经济活动效率越高。但是，由于基础设施建设需要成本，基础设施的规模又受到城市规模的制约，这就是规模较小的城市有些基础设施欠缺的原因。在这种情况下，如果能使大城市的完善基础设施为周边小城市所共享，就能大大提升大城市的基础设施利用率，也能提升小城市经济活动的效率，从而提升整个区域的竞争力。共享基础设施的障碍往往是城市之间要素流动不畅，而一体化就可以通过城市之间要素的无障碍流动实现不同城市之间基础设施的共享，实现不同地区之间资源的优化配置，整体上提高经济运行的效率。郑汴一体化的深层理论依据就在这里。

（二）郑汴一体化是城市群一体化的切入点

2003年7月，河南省委、省政府出台了《河南省全面建设小康规划纲要》，明确提出了工业化、城市化、农业现代化的战略目标。围绕这一战略目标，提出了建设以郑州为中心，涵盖周边开封、洛阳、新乡、焦作、济源、平顶山、漯河、许昌等9城市的中原城市群的战略规划。建设中原城市群的基本趋势是实现一体化，就是通过城市之间交通基础设施的完善，使要素在9城市之间实现无障碍流动，并最终达到9城市之间功能互补和经济活动互动的目标，实现区域资源优化配置，提高区域整体的经济活动效率。但是，由于财力及其他各种条件的约束，中原城市群的一体化不可能在9城市同时展开，而必须分阶段逐步推进。郑汴之间空间距离最近、历史联系最密切，实现一体化也最容易。所以，郑汴一体化是城市群一体化的切入点和第一步。

（三）郑汴之间经济发展水平落差大

两市要素价格落差大，实现一体化和要素全方位无障碍流动能够增加开封的要素收入和降低郑州的要素使用成本，所带来的效益最明显。比如开封的土地使用价格大大低于郑州，实施郑汴一体化，实现要素无障碍流动，就会使得占地面积较大的一些产业从郑州向开封转移的过程中降低其土地使用成本，使郑州地价上升的压力减弱，使开封的地价上升，增加开封土地出让的收入，为开封城市基础设施建设增加财力，达到三方共赢的目的。再比如，开封的商品房价格大体上是郑州的1/2，实施一体化和要素无障碍流动后，就会刺激一部分人来开封买低价房屋，从而增大开封房产需求，提高开封房产价格，刺激开封房地产业发展，也能缓解郑州房价上升的压力，使大多数郑州市民得到实惠。郑汴一体化也会刺激劳动力在郑汴之间流动，增加开封劳动者的就业机会，并增加郑州低价熟练劳动力的供给，降低郑州企业劳动力使用成本。

（四）郑汴两市之间城市功能互补性强

郑州是交通枢纽、商业都市和先进制造业中心，经济活跃，商业机会多，但其拥挤、嘈杂、生活节奏快、人的精神压力大等现代城市病也慢慢显露出来，且由于历史和自然地理及城市设计等原因，其城市结构相对单调、缺乏休闲空间的问题也日益突出。开封是历史文化名城和优秀旅游城市，其厚重的历史文化、丰富的古代文化遗存、传统的城市建筑景观、多样化的城市结构，尤其是城区内广阔的水面，使得其居住和旅游休闲功能特别突出。所以，郑汴两市之间功能互补性极强。郑州工作、开封居住和旅游休闲是一种再好不过的功能搭配和相互补充。

三　如何实现一体化

实现郑汴一体化，可以有如下途径。

（一）城市规划对接

郑汴两市都在建设新城区，而且是相向发展，郑州向东，开封向西，按各自的新城建设规划，两市之间的边界只剩下 30 多公里。但是两市之间在城市规划方面却是各自封闭独立进行，没有相互之间的协调，更没有规划的相互对接，这显然与已经列入河南省"十一五"规划和当前已经启动的郑汴一体化战略的精神不相吻合。建议两市应尽快走到一起，就城市规划进行协调，使得最终定稿的两市城市规划方案实现对接。

（二）城市道路及其他基础设施对接

郑汴之间道路及其他基础设施对接是郑汴一体化发展的基础、保障和前提，没有基础设施的对接，两城市之间的一体化发展就只能是空谈。一体化的实质是功能互补和经济活动互动，而这要通过货畅其流来实现，货畅其流的条件是道路和其他相关基础设施的对接。没有这种对接，就不能做到货畅其流，功能互补和经济活动互动也就无从谈起。关于道路对接和绿化带对接，前面已经提到了,这里不再详述。但是,有两个问题需要进一步讨论一下:一是郑汴之间修建轻轨有无必要,二是快速路是否有必要修多条。对第一个问题,一种颇具代表性的意见是认为轻轨可能没人乘坐,因而没有必要修。我认为这种观点是不对的。首先,不会没人坐。轻轨相对于其他形式的交通,好处是快速、准点,没有其他交通工具尤其是汽车因路况和车辆密度等而经常性塞车和时间没有保障的问题,因此,轨道交通是多数人愿意选择的交通工具,以现有郑汴之间的人流来说,也会有一定的客流量。其次,郑汴一体化一系列政策举措的出台会使得郑汴之间的融合速度超出人们的预想,基础设施必须先行,因此,像轻轨这样长建设周期的基础设施不能等着有了充分的需求后再来修建,而应该未雨绸缪,提前建设。最后,轨道交通是现代城市的标志,也是城市经济活动主体的重要基础支撑,会直接影响各类经济活动主体的选择,修了轻轨能够增大开封对各类工商业活动的吸引力。对第二个问题,也有人觉得快速路有一条就够了,没有必要修第二条、第三条等等。这显然也是一种短视,郑汴一体化的深度发展将是郑汴两市全方位的对接,仅仅一个通道绝对满足不了全方位对接的需要。从更深层次看,郑汴一体化的价值还在于要在郑汴之间营造一片极具活力的经济热土,道路密度越大,这块热土的面积也会越大。所以,中长期来看,一定要有第二、第三条,甚至第四、第五条快速道路。

(三) 免收过路费,降低要素流动成本

公路收费大大增加了地区之间要素流动的成本,取消收费,能大大降低要素流动成本,对货畅其流具有极大的促进作用。拆除公路收费站的呼声一直很高,但是由于涉及部门利益和其他相关问题,实施很难。不收费的快速路的开通将彻底摧垮现有的收费体系,达到真正拆除公路收费站、大幅度降低要素流动成本的目的。高速公路收费虽不能避免,但郑汴之间的车辆完全可以用

快速路取代高速路，实现免费、快速的交通。

除了上述三条措施之外，郑汴一体化还要推出统一电话区号，郑汴之间市话计费，取消郑汴之间存取款手续费，实现金融服务同城化等措施。

四　一体化会给开封带来什么

（一）观念转换的速度可能更快

一体化会刺激人员在郑汴之间高频流动，从而导致思想的交流、交汇和碰撞，进而会加快开封人思想更新的步伐。这对开封的发展无疑是最重要的。制约开封发展的因素说到底是观念。什么观念？自然经济和小生产观念！这种观念的形成有其深刻的历史渊源。开封是一个在自给自足的自然经济环境中形成并具有很大规模的城市，这种城市形成背景决定了其人口结构中绝大多数是小生产者，小生产观念成为开封人主流的意识形态。小生产观念的最大特点是容易满足、不思进取，对外部变化的反应比较迟钝，从而严重约束了开封随外部工业化发展而发展的步伐。郑汴一体化所刺激的人员高频率流动，以及可能导致的开封常住人口结构的调整，将有助于外部大生产和工业化观念的流入和扩散，搅动小生产观念这潭死水，加快实现自然经济观念向市场经济观念、小生产观念向工业化大生产观念的转变。

（二）凸显劳动密集型产业优势

由于开封相对于郑州经济发展水平较低，要素限制或需求不足的状况突出，要素价格以及对经营者来说的要素成本也较低。最明显的是土地使用成本和劳动力成本都大大低于郑州。一体化过程中，由于郑汴之间要素流动成本大幅度下降，可能会有更多的劳动密集型产业为降低要素使用成本而大量向开封聚集，促成开封劳动密集型产业如纺织、食品、技术含量不高的机械加工等产业的快速发展。

（三）房地产业的大发展

一体化所造成的要素流动成本降低和人流频率的提高，将极大地刺激开封房地产的需求。这可能由如下因素促成：一是许多中等以上收入的郑州人在购置专门用于休闲居住的房子时可能更多地选择既便利又实惠的开封房产；二是财力不大但既想购房也想购车的郑州人可能会考虑拿在郑州只能买一套房子的钱来开封买一套房子，剩下来的钱买车；三是一些准备到郑州买房子的外地人可能会选择来开封买房，以便既享受到开封廉价房子的实惠，又享受到郑州工作和生活的便利；四是外来投资和就业的人流增加会在长期持续地增大对开封房产的需求；五是本来打算去郑州买房的少数开封人可能会放弃这种打算转而决定在开封增加居住面积。所有这些因素，会共同形成对开封商品房的大规模的不断增长的需求，从而带动开封房地产业快速发展。开封下一轮经济的快速增长可能会由房地产业来启动和引领。

（四）旅游业（酒店、餐饮、纪念品等）大发展

促成旅游业发展的因素主要有：第一，成本更低和更便利的交通会增大由郑州通向开封的人流，自然也会增大这些人的旅游消费；第二，一体化可能会调整赴中原旅游的外来旅游团队和个人的首站地点，比如，从东南方向乘车来中原的旅游人口可能会选择到郑州十分便利的开封作为第一下榻地，这会增加外来旅游人口在汴停留时间，增大对开封的旅游消费需求；第三，郑汴一体化所带来的投资增加、产业转移和就业扩大、工商业活动繁荣会持续地增大对旅游消费的需求。这些因素，一定会刺激开封旅游业登上一个新台阶。

（五）推动农业产业化

农业产业化就是同一种农产品连片大面积种植和大量地在更

广大的市场空间中销售。一体化所造就的物流便利和物流成本降低，将使开封通过郑州这个交通和市场物流枢纽与全国更广大范围内的市场联结起来，从而大大提高开封农产品的商品化程度和种植过程的产业化水平，使得开封优质农产品流向更广阔的市场。

五 开封应该如何应对一体化带来的机遇和挑战

面对郑汴一体化，开封应该从以下方面采取措施。

（一）按郑汴一体化思维调整汴西新区规划

开封汴西新区的初步规划开始于郑汴一体化启动之前，可能没有很好考虑与郑州接轨的因素。现在启动了郑汴一体化进程，而且要逐步实现城市对接，那开封首先要做的理所当然地是根据郑汴一体化的要求重新审视新区规划，以便最大限度地考虑一体化和与郑州对接的因素。除了道路和其他基础设施对接因素之外，比如说还应该考虑开封房地产业大发展和居住人口的迅速增长所带来的居民区快速增大的需求，考虑劳动密集型产业对工业用地的大规模需求，考虑生产用地和非生产用地的关系，考虑各类用地比例的变化和空间位置的安排等等。

（二）立即控制关键地段的土地资源，最大限度地将土地升值收益留在政府

土地升值是郑汴一体化举措最直接的效应。为了避免某些不法商人进行土地投机和搅乱土地市场，也为了政府能从土地升值中最大限度地获取城市建设资金，政府应该最大限度控制土地资源，合理规划，分期分批出售。新城区及其相应的基础设施建设需要巨额的资金投入，靠政府财政是无力支撑的，靠省财政补贴也是杯水车薪，最主要的应靠土地升值收入。所以，要想法设法控制土地，最大限度地将土地升值收入留在政府的口袋里，以保

证城市建设对资金的需求。

（三）借郑汴一体化题材重新塑造开封形象

加大宣传力度，吸引各方投资者。开封一直给人"古"和"保守"的形象。郑汴一体化所带来的交通基础设施改善、人流物流信息流增加、经济活跃等方面的效应是个很好的题材，开封应该抓住这个机遇，加大宣传力度，改变开封封闭保守的形象，展示开放和现代的姿态，以便吸引八方客商来开封投资创业。

（四）大手笔规划劳动密集型产业园区

劳动密集型产业在开封的优势已为人所共知，其快速发展仅仅是个时间问题。按照经济学基础设施共享和信息、技术便于传播和方便配套的原则，这些产业集中摆放将有利于这些产业的发展，也便于政府的管理和服务。据我所知，这样集中摆放的空间要么缺乏科学规划，要么面积不够大，没有为大发展做好准备。开封应该大手笔规划大规模（纺织、农产品加工、普通机械加工等）劳动密集型产业园区，提供良好的基础设施和良好的政府服务，从而吸引更多的创业者进入园区。

（五）做大房地产业，提升档次和规模

开封房地产业当前存在的问题是规模小、档次低。一个主要的理念是开封人穷，买不起更多更好的房子。这种思维和理念与郑汴一体化格局是格格不入的。前面我们说过，开封房地产业之所以会有很好的发展前景，主要是由于外来需求的增加，而不是靠开封本地人的需求增加。所以，仅仅把开封房地产发展的眼光盯在开封人的钱袋子上，难以把开封的房地产做大。适应郑汴一体化和外部需求的大幅度增加，开封应该解放思想，规划可以容纳几万人乃至几十万人的大面积住宅小区，吸引大房地产商，推出各类商品房，真正做大房地产业。

（六）提升酒店档次，提高酒店服务水平

酒店档次低、基础设施差和人员服务水平差长期以来一直是制约开封酒店业、旅游业乃至各项事业发展的瓶颈。开封这样一个近百万人口的城市，现在连一个四星级以上的酒店都没有，这无论如何是说不过去的。过去人们一提起建酒店，往往用政府没钱来搪塞，实际上，建酒店是商人的事情，并不需要政府拿钱，政府只是规划、倡导和提供服务就行了。人们往往也以高档次宾馆没人住为由说建高档宾馆没必要，实际上这是不懂供给可以创造需求的道理。现在在郑汴一体化的背景下，什么理由都不能说了，要时不我待，要有紧迫感，加紧规划建设一批高品位、高标准、现代化的星级酒店，以便与郑汴一体化的潮流相协调。

（七）整顿市容，提高市民文明程度

开封在郑汴一体化过程中要放大自己的旅游休闲功能，吸引更多的来客，整顿市容市貌和提高市民的文明素质是个重要环节。整顿市容市貌虽然需要相应的投入，在财政困难的情况下不可能有大规模的投入。但是，在同样的投入下，加强管理也能挖掘潜力，较大程度地改善市容市貌。在加强管理的同时，还必须要提高开封市民素质，坚决革除随地吐痰、随手扔纸屑、说话粗鲁、随口骂人的坏习惯。

（八）提高干部队伍素质，吸收博士、硕士进入干部队伍

一个地方思想解放的程度和经济发展的水平，在其他条件相同的情况下，干部队伍的素质就是个最重要的影响因素。开封由于各种各样的原因，干部队伍的素质与郑州及周边城市相比有较大的落差，成为开封经济发展和思想解放的制约因素。为迎接郑汴一体化所带来的机遇，首先应该在改变干部队伍结构、提升干

部队伍素质上下工夫，一个较好的办法是吸纳博士乃至硕士毕业生进入中层干部队伍。当然，要取得好的效果，一方面要提高这些人员的经济待遇，另一方面也要有意识地把他们放到经济活动的第一线，实实在在地给他们权力和责任，让他们能够尽快在市场经济的风浪中锻炼成熟。

（九）提高政府服务效率

在市场经济中，政府的职责不是直接去从事经济活动，而是为经济活动提供良好制度环境，使得市场的规则得以顺利运转，减少经济主体从事相应经济活动的阻力，最大限度地减少他们经济活动的风险。所以，政府活动的效率直接会影响经济活动主体要否进入的选择，影响已经进入的各类经济主体经济活动的效率。提高政府服务效率是各地政府长期努力不懈的目标，也应该是开封市政府在一体化所带来巨大商机面前所要尽可能做的，因为这是关系到开封市能否抓住一体化机遇，吸引更多的资源和实现开封市跨越发展的大问题。

（十）实施人才战略

培养人才方面：首先，采取有力措施大力发展技术教育和职业教育，有针对性地为开封市培养急需的专业技术人才；同时对在岗职工进行技术再培训，优化他们的知识结构和技能结构，增强他们的创新意识，提高他们的创新能力。其次，加快发展中等教育和高等教育，提高开封市的人口素质，为开封市培养大量高素质的人才。最后，制定相应的措施以利于优秀人才的迅速成长和脱颖而出，特别是加快企业人才的成长。

引进人才方面：首先，制定相应的措施，为引进人才营造一个宽松、有利的人文社会环境；其次，大力引进对开封市经济发展有用的专业技术人才；最后，加强对引进人才的使用和管理，让他们充分发挥自己的作用，做到人尽其才。

通过一系列规章制度的制定，使人才合理有序流动，使人才进得来、出得去，为引进的人才解除后顾之忧；同时通过人才的合理有序流动，加强区际人才交流，加快人才的成长，并把区域营造成一个吸引人才的高地。

（十一）改善自然与人文环境

尽管黄河作为悬河的现状暂时没有办法改变，但是首先应该大力进行整个城市的绿化建设，彻底改变开封市春秋沙尘多的状况，营造一个良好的自然环境；其次大力进行黄河堤防建设，科学管理、科学规划，提高大堤的防洪抗灾能力，同时进行沿黄大堤的生态建设，建设沿黄绿色走廊，尽力提升它的旅游价值，以期变劣势为优势。

在改善人文环境方面：第一，制定一系列优惠、得力的政策措施，为外地企业入驻开封市创造良好的社会条件；第二，通过对先进文化的培养，营造积极向上的学习型区域，增强区域的创新能力；第三，积极促进形成健康向上的人际关系，形成健康的人际关系观念和人际关系网；第四，加强社会治安综合治理，为人们营造充满安全感的生活空间；第五，加强对开封市对外窗口建设，加强对开封市消费市场的管理，塑造良好的城市形象。

（十二）促进先进文化的形成

区域流行文化或者主流文化强烈影响着该区域人们的思想观念。开封必须形成一种积极向上、锐意进取、敢于创新、勇于创新、具有团体精神和乐于学习精神的区域主流文化或区域流行文化。通过这样一种文化来促使人们形成一种健康向上、有利于区域持续发展的思想观念，这对于区域经济的发展具有至关重要的作用。

开封市经济发展缓慢是一个不争的事实，自然环境和人文环境是开封市经济发展缓慢的外在原因，并直接导致了开封市人才的缺乏。较低的人口素质和相对落后的思想观念是开封市经济落后的直接动因。当然造成开封市经济发展落后的因素是历史形成的，这个问题的解决也需要一个漫长的过程，特别是积极向上的区域文化的形成和人们思想观念的改变更是一个相对漫长的过程，要想从根本上解决开封市经济发展缓慢的问题，必须形成积极向上的区域主流文化，改变落后的思想观念。

郑汴都市圈与郑汴一体化：
日本经验启示下的现实选择 *

自从 2006 年 11 月 19 日郑开大道建成通车，郑汴一体化已经向前推进了三年多的时间。当人们审视这一过程的时候，似乎难以看到除郑开大道以外的更多明显的成果，尽管很多潜在的或体现在统计数据上的变化正在发生。郑汴一体化缺了什么？怎么才能更快地推进这一过程而实现预期的发展经济的目的？本文通过研究日本都市圈的经验，进而讨论郑汴一体化的目标、模式、实现途径等方面。

一　日本建设都市圈的基本经验
——以东京圈为主

日本是一个少平原、多山地的国家，为了在经济发展的同时尽量减少对土地的使用，日本早在 20 世纪 50 年代就开始了都市圈的规划与建设。尽管在发展过程中也进行了很多调整，但从结果

---

* 本文作者杨宏恩，曾是我带的硕士研究生，后赴复旦大学深造并获博士学位，现为河南大学经济学院教授，贸易系主任。他曾赴日访学，对日本都市圈及城市群发展经验颇有见地，也持续关注郑汴一体化进程，参与讨论多有思想火花，并于 2010 年春写就此文，经作者本人同意收入本书。——耿明斋注

来看,日本成功地实现了其建设都市圈的战略目的,成为世界上建设都市圈最成功的国家。

(一) 日本都市圈发展演进的状况

日本的都市圈区划工作正式开端于20世纪50年代始的五次国土综合开发计划,随后的是五次首都圈规划和相应的其他都市圈规划。1956年,日本政府公布《首都圈整备法》,强调在东京100公里的范围内大规模发展卫星城市。在1963年和1966年,日本政府又分别制定了《近畿圈整备法》和《中部圈开发整备法》,使日本"三大都市圈"的发展正式进入了快车道。1974年日本政府新设国土厅,并在其中设立了大都市圈整备局,专门负责上述三大都市圈的国土整治和规划管理。此后,日本还曾经根据自身的国土资源条件对全国的经济区域进行进一步划分,如在1980年将全国划分为八大都市圈。但从实际来看,日本的人口和产业还是大规模地向三大都市圈集中,三大都市圈在日本经济社会中占据越来越重要的地位。

三大都市圈即东京都市圈、大阪都市圈和名古屋都市圈。按照最初确定的狭义范围,东京圈包括东京、神奈川县、千叶县、埼玉县;大阪圈包括大阪、京都、兵库县、奈良县;名古屋圈包括爱知县、三重县、岐阜县。表1显示了三大都市圈的基本情况,由于文章的篇幅所限,我们在此不做过多的说明,而是要强调两个比重和一个现象。两个比重即三大都市圈的人口和GDP占日本整体的比重,这能很好反映三大都市圈在日本经济生活中的作用。在人口方面,东京圈、大阪圈和名古屋圈分别占全国的比重是26.99%、14.46%和8.79%,加在一起(50.24%)超过了全国的一半。在GDP方面,东京圈、大阪圈和名古屋圈分别占全国的比重是31.53%、13.90%和9.58%,加在一起占全国的比重更高达55.01%。

不难看出三大都市圈已经成为日本的人口与生产的集聚地。

尽管日本曾将全国划分为多个都市圈，但是生产和人口还是日益集中到三大都市圈。且这种趋势没有停止，从三大都市圈的比较来看，生产和人口又更多地集中到东京都市圈。我们在下面的研究中更多地分析东京都市圈，有一个重要的原因是，东京都市圈中的东京与横滨的关系与郑汴都市圈中的郑州与开封的关系存在相似之处。

表1 日本三大都市圈基本数据（2005年）

名称	中心城市	主要城市	范围半径（km）	面积（km²）	居住人口（万人）	GDP（亿日元）
东京圈	东京	横滨、川崎	65	12000	3200	158556
大阪圈	大阪	京都、神户	50	7800	1800	69902
名古屋圈	名古屋	丰田、冈崎	50	7800	1100	48191

注：本表依据三大都市圈的狭义制作。

（二）日本都市圈的概念与划分标准

尽管美国很早就开始了有关都市圈的研究，但最早真正使用"都市圈"概念的国家是日本。20世纪50年代日本正式提出"都市圈"的概念。1950年日本行政管理厅对于"都市圈"的定义为：以一日为周期，可以接受城市某一方面功能服务的地域范围，中心城市的人口需在10万人以上。强调功能联系和核心城市的规模。1960年提出"大都市圈"概念，规定"中心城市"为中央指定市，或人口规模在100万人以上，并且邻近有50万人以上的城市，外围地区到中心城市的通勤率不小于本身人口的15%，大都市圈之间的物资运输量不得超过总运输量的25%。据此日本政府将全国划分为上面提到的八大都市圈。1975年日本总务省统计局对于都市圈的界定标准为人口100万以上的政令指定城市，外围区域向中心城市通勤率不低于15%。

目前日本行政管理部门界定都市圈的标准包括：常住地区15

岁以上的就业人口和 15 岁以上的上学人口在 10% 以上，由该 "通勤圈" 和 "上学圈" 共同组成都市圈。为此日本政府根据人口指标把都市圈分为大都市圈（东京、中京和京阪神）、地方都市圈，其地方都市圈又分为地方枢纽都市圈（除东京、大阪、神户、名古屋以外的其他 5 个政令指定城市）、地方核心都市圈（一般为都道府县行政中心）和地方中心都市圈（小范围的经济中心）。

与政府不同的是，学术界对都市圈划分的研究更侧重于城市圈内部的产业关联与分工合作关系、人口通勤比率等，并提出了自己的都市圈界定标准，较之政府的标准更加科学、严谨。代表性方案包括，山田浩之和德冈一幸提出的标准大都市雇佣圈，川崎臣彦提出的功能性城市区，日经产业经济研究所提出的都市圈标准，竹内章悟提出的综合都市区，金本良嗣和德冈一幸根据日本城市发展的新趋势提出了新的都市雇佣圈的标准。都市雇佣圈方法普遍被认为是与日本都市圈复杂的互动模式相适合的方法。东京大学空间信息科学中心的学者们为 UEAs 建立了数据库。2002 年后的日本经济产业省、内阁府、国土交通省发布的年度白皮书中采用了都市雇佣圈标准。

（三）东京都市圈的直观印象

在上面讨论日本都市圈演进状况的时候，曾经提供了有关东京都市圈的几个关键数据，如 65 公里的半径、占全国 1/4 强的人口和接近 1/3 的 GDP，这些数字能让我们想象出一个庞大的世界第一的都市圈。本文作者曾去过日本，从东京去横滨的一次经历让作者对东京都市圈有了一个直观的印象。联系到本文的写作，它将给郑州和开封之间的一体化提供最好的参照和动力。因此，作者在此不再描述东京都市圈的其他特征，而是以这次经历为基础描述一下东京与横滨之间的关系。

由于需要访问横滨的一家企业，作者等几人由一位日本朋友陪伴在东京较为繁华的涩谷区坐上地铁。当我们像在北京、上海那样在一个中转站换上轻轨后（其实地铁和轻轨没有区别，在中国因为其在地上或地下而作了简单区分），我就一直注意窗外城市的变化，希望能看到两个城市的界线或者城市的郊区。然而我还没有注意到有什么变化的时候，横滨站就到了。值得一提的是，横滨站就像东京市内的任何一个地铁（或轻轨）站一样，不像中国负责长途客运的火车站和负责市内客运的地铁站。作者当时看了时间，从出发到到达横滨站仅用了30多分钟。这使我相信，那些住在横滨而在东京工作的人，感觉不到距离带来的时间和空间的差异。联想到东京和横滨是日本最大的两个城市，作者深刻地感受到东京都市圈建设的成功。事实上，作者也曾去往东京市的其他方向，我们能够自由地穿越半径70km左右的范围而且城市面貌没有差别。

二 建设郑汴都市圈的必要性和现实性

基于对日本都市圈经验的借鉴和对现实的思考，我们认为建设郑汴都市圈对于河南省经济发展来说是一个机遇与最优选择。下面对此从一般层面和特殊层面给予分析。

首先，在一般意义层面上，强调以下两个方面的理由。

其一，我国也是山地多而平原少的国家，应该学习日本走都市圈的经济发展道路。日本政府在决定采取都市圈发展战略的时候，主要是考虑到日本的可耕地较少，力求在经济发展与城市建设的同时尽量减少对土地的占用。建立都市圈就是使人口和生产在一定区域内集聚，同时减少都市圈之间或者说区域之间的物资交流需求，从而避免与交通相关的各项活动对土地的占用。在这一点上，中国和日本非常相像，尽管郑州和开封处于平原地带，但从整体上说，还是应该走日本式的都市圈道路。

其二，都市圈可以进一步激发城市的活力与创造力。在农业社会，城市基本上沿袭独立发展的模式。而到了现代社会尤其是新世纪，城市的发展及其经济功能的发挥要求城市与城市之间、城市与区域之间的分工合作和互动共生。中国正在经历由传统农业社会向现代工业社会转变的过程，城市之间的分工合作和互动共生代表了城市发展的方向，而这必然催生都市圈并使之日益壮大。因此，以城市之间的分工合作和互动共生为特征的都市圈必然会激发城市的活力与创造力。

其次，从特殊层面上，同样强调两个方面的理由。

第一，郑州和开封所在的位置具有突出的区位优势。对于建设都市圈来说，一个重要的因素就是区位优势，因为良好的区位优势有利于资源的集中。郑州和开封地处中原，处于中国人口密集区域的中心地带，而且处于从东到西和从北到南的交通枢纽上，多数的人口流动和物资流通都于此经过。因此，建设郑汴都市圈具有很好的区位优势，而对于这样的区域来说也需要有一个这样的都市圈，它的建设将不仅对河南省经济发展，而且对中部崛起和国家的整体经济格局都将产生巨大的影响。

第二，郑州和开封之间的相对位置具备建设都市圈的天然条件。上面曾经谈到1960年日本对"大都市圈"作的定义，而郑州和开封的状况恰巧符合这一定义，即中心城市人口在100万以上，旁边有50万人口以上的城市。对于"旁边"到底指多远，我们再看一下东京都市圈的状况，就会发现郑州和开封之间50多公里的距离，在东京圈最初划定的65公里半径的范围内，两城与东京和横滨之间的距离和经济关系有相似之处。

三 郑汴都市圈和郑汴一体化的关系

郑汴一体化，简单地讲，就是郑州和开封之间逐渐走向一体。它给人的感觉更多的是一个动态的过程，而没有指明到底要达到什么样的结果，这也许就是人们认为郑汴一体化没有被很好地推进的原因之一，尽管作者始终强调有些变化并没有被人们观察到。

那么，郑汴一体化要达到的结果是什么？或者换句话说，郑汴一体化的明确的目标模式是什么？作者认为，就是郑汴都市圈。或许有人认为是中原城市群，作者对此有不同的看法，后面会给予辨析。

我们还回到郑汴都市圈和郑汴一体化的关系。概括地讲，郑汴一体化是郑汴都市圈形成的过程，而郑汴都市圈是郑汴一体化促成的结果。没有郑汴一体化就没有郑汴都市圈，而没有郑汴都市圈就会使郑汴一体化失去方向。郑汴一体化需要在建设过程中由各方面的积极措施去推动，而郑汴都市圈则需要在建设一开始就给予很好的规划和设计。当前，政府和学术界已经深入讨论推动郑汴一体化的各个方面的问题，所以，为了实现推进郑汴一体化的目的，需要研究建设郑汴都市圈的相关问题。但要强调的是，积极推进郑汴一体化和建设郑汴都市圈是不矛盾的，在对郑汴都市圈进行合理规划的同时，我们始终强调加大力度推进郑汴一体化的各项措施。

下面来说明郑汴一体化的结果为什么不能说成是中原城市群，同时也说明郑汴都市圈和中原城市群的关系。很多人都会按照这样的逻辑来思考问题：郑汴一体化即开封与郑州实现更紧密的经济联系，如果郑州周边的其他城市都要求与郑州实现这样的一体化，则会有郑许一体化、郑洛一体化等多个一体化，而郑州周边所有城市与郑州的一体化加在一起就构成了中原城市群。但其实不难看出，这样的中原城市群同样是在一个形成过程之中，它并不是城市之间实现分工合作和互动共生之后能够体现规模经济和活力的目标模式。如果从关系的密切程度来讲，郑汴一体化的直接结果是郑汴都市圈，而绝对不可能是中原城市群。从地理范围上讲，在一个可预见的将来，郑汴都市圈可能就是以郑州为中心、半径60公里左右的地方，而中原城市群所覆盖的区域则比这大得多，而后者要想实现高效的产业集聚和生产协作则存在很大困难。

四 积极推进郑汴一体化和建设郑汴都市圈的措施

郑汴一体化是郑汴都市圈的形成过程,在此过程中,由于视角或侧重点不同,还会有一些中间形式或阶段性结果出现,如郑汴新区和郑汴功能区都是这样的例子。基于这些中间形式或阶段性结果和郑汴都市圈在本质上是一样的,所以在讨论促进措施的时候就不再加以区分。下面是作者的一些想法。

(一) 三大部分的政策协调

郑汴新区或郑汴功能区作为郑汴都市圈的中间形式,主要由郑州、中牟、开封三大部分组成,各种客观障碍和利益的存在使政策协调极其重要。首先也是最基本的一条就是统一政策,简单地说就是要做到"一套手续,三方承认",使投资者在广大的区域内可以自由配置资源。其次,也是最为关键的是要限制竞争。由于外商投资可以影响政绩,所以地方政府常常恶性竞争外资;由于对企业的税收可以增加地方财政收入,地方政府又常常限制产业流动。而这些竞争行为都导致了效率低下,所以要协调有关政策以限制这些行为。对此我们可以鼓励三方互相监督,使三方进入一个良好的合作秩序。

(二) 在创造便利上下工夫

这里主要谈两个方面。一是交通便利方面。"住在横滨,工作在东京"是东京都市圈的一个重要特征,也就是说,东京和横滨之间实现了真正的城市公共交通。现在郑州和开封之间虽然有了郑汴公交,但它的价格相对于很多人的收入来说仍算是长途费用,没有人能够承受每天往返的花费。而且,按照日本都市圈一小时到达的要求,郑汴公交的速度还远远达不到。所以,为了达到

"住在开封，工作在郑州"的要求，有关政府部门还必须在交通便利上下工夫。二是生活便利方面。进入郑汴新区的投资者都会要求生活的便利，尤其一些外来投资者会考虑子女上学的便利，有关部门要提前考虑这方面的问题。

（三）在产业布局上考虑长期利益和远期规划

在产业布局上考虑长期利益，首先是向高新技术产业让利，比如给予"土地使用不要钱"等优惠措施。但是，产业引进不可偏废，不能因此对技术含量较低的一般制造业的进入设置障碍，因为多种产业进入后才可以形成坚固而连续的产业链，进而形成长期的产业聚集效益，这恰恰是都市圈形成的根本。同时，追求产业布局的长期利益也要求对一些产业进行远期规划，这突出表现在物流产业上。几乎每个人都会强调在郑汴新区内发展高效的现代物流业，但是如果没有对物流业作一个合理的远期规划就会出现很多问题。日本就是在建设都市圈的过程中只强调发展物流业而没有合理规划从而给自己带来了很大困难，即大量的货车穿过市区造成了交通堵塞和环境污染。后来日本为此专门制定了《流动业务市街整理法》，其中的做法同样值得我们在远期规划中借鉴。

（四）强调文化产业的进入

河南地区的最大优势之一是其作为古都所遗留下来的文化特色，而这些文化特色体现在很多产业上并能形成强有力的经济效应。所以，郑汴新区应该鼓励具有河南文化特色的产业进入，或者主动扶持一批这样的产业。以汴西新区为对象，开封可以考虑引入以菊花为主的花卉产业，以菊花为原料可以制作食品和化妆品，也可以构造疗养院和休闲娱乐园区等。当然，还有很多文化产业可以引入，如文化旅游业、文艺演出业、工艺美术业、饮食文化业、收藏文化业、文化培训业、传媒出版业、会议展览业等，对于进入的方式，则是鼓励各类产业以公司或企业的形式进入。

（五）鼓励行政权力的分散

郑汴都市圈的建设应该优化，当然也会分化郑州作为省会的功能。对于优化作用，它使郑州作为一个相对较小而功能复杂的城市可以在更大的范围内配置各类资源；对于分化作用，它又使郑州作为政治中心的地位弱化，同时增强郑汴都市圈的行政职能。具体来讲，为了郑汴都市圈的发展和影响力，可以考虑将影响经济政策制定和实施的多个省直政府部门迁入郑汴新区。考虑到郑汴新区应该采取对国际贸易和外商投资的优惠政策，因而建议将商务厅、出入境检验检疫局、贸促会等单位迁入其中；而考虑到鼓励文化产业的发展，建议将文化厅迁入其中。这些部门的迁入并不产生直接的经济效益，但是此举可让人们认识到郑汴一体化的确存在和其进一步发展的方向。

从国内外比较看"郑汴新区"的结构特点和发展模式*

一 "郑汴新区"概念提出的意义

"郑汴新区"概念的提出意味着河南省上下尤其是最高决策层在城镇化发展路径认识上的重大突破——由"城市群"到"都市区"。

中国社会正处在由传统农耕文明向现代工业文明转换的新时期,这一时期的基本特征是两个:一个是农业在整个社会经济活动中的份额不断下降,以工业为代表的非农产业在整个社会经济活动中的份额不断上升,即所谓工业化;另一个是人口不断从农村流入城市,农村居民不断减少,城市居民不断增加,即所谓城镇化。

对工业化道路该如何走虽然也有争论,但似乎没有给人们留下太深刻的记忆。然而城镇化道路该如何走,自20世纪80年代初期以来一直就是人们热烈争论的话题:先是社会学家费孝通先生的小城镇论大受欢迎,后是由浙江人倡导的大城市论被更多的人所接纳,进入新世纪以来,城市群日益成为热门话题。

---

* 本文根据河南省社科联主办的"河南高层论坛"会议上的发言稿整理而成,撰写于2009年2月。——耿明斋注

就河南省来说，由于过大的农业比重和过于沉重的传统，早期的小城镇争论和后来的大城市争论，似乎都与我们无关①。幸运的是，新世纪以来热起来的城市群论我们赶上了，2003年出台的《河南省全面建设小康社会规划纲要》明确提出了建设城市群的战略并划定了中原城市群的边界。但是，中原城市群最初只是个概念性的东西，对究竟如何建设中原城市群，实际上我们并不十分清楚②。

经过酝酿讨论，到2005年初，人们越来越清楚的是，中原城市群涵盖的面积这么大，城市这么多，不可能同步推进，一定要先找一个切入点，于是郑汴一体化的战略浮出水面。但是，如何推进郑汴一体化？除了功能互补的目标和各种对接措施之外，两城市之间的广大区域该如何规划和建设？是各区域主体之间协调问题，还是两城市空间要完全融合在一起？等等，这些越来越成为郑汴一体化推进过程中必须要面对的问题③。这说明，仅仅有郑汴一体化概念和在抽象层面谈论郑汴一体化已经不够了，必须面对和切实解决郑汴一体化所面临的实际问题。"郑汴新区"就是针对这些问题所给出的综合的和较为彻底的解决方案。也就是说，"郑汴新区"所要解决的不再是两个区划主体的协调问题，而是一

---

① 据多次参与起草省委省政府各种文件的省委政策研究室王永苏副主任说，1996年曾有过要把发展大城市写进政府工作报告的动议，但由于反对的力量过于强大，最终还是流产了。

② 2009年2月21日在郑州华龙宾馆召开的河南发展高峰论坛第22次会议上，王永苏同志就郑汴新区建设问题发言时谈到2003年的规划纲要提出中原城市群概念的背景，说当时中原城市群建设的目标就是做大郑州，不涉及各城市之间的关系。2005年初当时主管城市建设的李新民副省长主持的系列城镇化座谈会上，争论的焦点还是究竟如何建设中原城市群，更有不少与会的市级领导还对城镇化忧心忡忡，持消极态度。

③ 推进郑汴一体化较为明确的举措是提出要建设郑汴产业带，其支撑点是白沙、官渡和杏花营三个产业组团。但是，三个组团之间是何种关系，产业在三组团之间如何布局，三组团规划建设的主体是谁等等一系列关键问题并没有具体的政策措施。实际操作过程还是谁的地盘谁来建，所以，重复建设和相互争夺在所难免。

个统一的区域建设问题，不再是两个独立的区域主体如何对接的问题，而是完全一体和融合的问题。这明显是城镇化和城市群建设理念的升华。郑汴新区的建设和郑汴两市的完全融合，最终形成的是郑汴新区+郑州市区+开封市区，总面积超过3000平方公里的都市区，如果加上郑汴两市的辖区，总面积是达13000多平方公里的大都市区。

都市区是城市群的核心区。中原城市群的核心区不是以郑州为圆心均匀向四周扩展，而是以郑州城市重心东移并对接开封的方式形成的，是由其特殊的自然地理特点和区位特点决定的。相对于郑州北、西、南的黄河屏障及崎岖地貌来说，具有广阔平坦的土地和便捷的交通条件的东部更适合发展成为要素密集的都市区。

二　建设"郑汴新区"的可行性

1. 可行性

要一次性将面积多达1700平方公里的区域建设成新都市区，其可行性一直受到质疑。2008年春讨论中心城市带动战略时，不少人当时觉得郑汴之间500平方公里的城区设计太大了，现在由500平方公里扩展到了1700平方公里，会有更多的人对其可行性有疑虑。一个发人深省的现象是，虽然郭庚茂省长在政府工作报告中明确提出了"郑汴新区"的概念，并作了详细解释，但至今仍有很多人弄不清郑汴新区、大郑东新区、汴西新区、郑汴一体化等概念之间的相互关系。这说明很多人还没有跟上都市区建设的理念，或者是对都市区建设的可行性有怀疑。

2. 都市区是城市群演化的高级阶段

从理论上说，由传统农耕文明向现代工业文明转型的整个过程中，随着工业化和城镇化的发展，要素向少数空间点聚集的过程不会停止。这是因为聚集会降低经济活动的成本，提升经济活动的效率。聚集也能带给人们更多的机会和满足人们更高层次的需求。且在一定限度内,效率提升的程度和满足程度是与要素聚集的密度成正比的。所以,工业化、城镇化及要素聚集达到一定阶段以后,就一定会形成城市群和都市区。都市区是城市群演化的高级阶段,国内外城市群的演化都证明了这一点。

3. 国外以欧、美、日等发达国家最为典型

美国有以纽约为中心的太平洋沿岸都市区和以洛杉矶为中心的大西洋沿岸都市区。经济沿着东海岸和西海岸部分集中,东部的纽约为金融和服务中心,西部的硅谷则为IT产业中心。欧洲有所谓的"蓝香蕉"地区,包括德国西部、法国东北部、英国东南部,仅占欧洲面积的1/7,却拥有1/3的人口和1/2的GDP。

4. 日本的都市区形态

日本有太平洋沿岸的东京、名古屋、大阪三大都市圈。日本都市区形态对我们的都市区发展最具启发意义,下面就来看看日本三大都市圈的情况。

表1 日本三大都市圈基本数据(2005年)

名 称	中心城市	主要城市	范围半径(km)	面积(km^2)	居住人口(万人)	通勤人数(万人)	说 明
东京圈	东京	横滨、川崎	65	12000	3200	2100	
大阪圈	大阪	京都、神户	50	7800	1800	1100	
名古屋圈	名古屋	丰田、冈崎	50	7800	1100	750	

注:东京圈包括东京、神奈川县(包括横滨)、千叶县、埼玉县,大阪圈包括大阪、京都、兵库县、奈良县,名古屋圈包括爱知县(包括名古屋)、三重县、岐阜县。

表2 日本三大都市圈GDP和人口比较

	GDP(亿日元)	比重(%)	人口(千人)	比重(%)
全 国	502923	—	127768	—
东京圈	158556	31.53	34479	26.99
大阪圈	69902	13.90	18477	14.46
名古屋圈	48191	9.58	11229	8.79

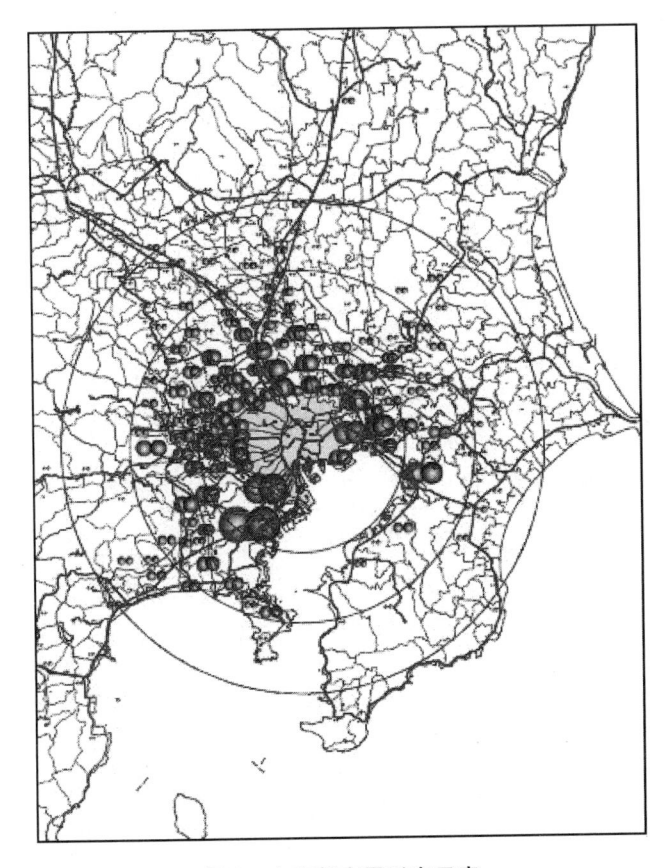

图1　东京都市圈形态示意

5. 中国的城市群初步显现出向都市区演化的趋势

改革开放以来，随着经济的快速发展，要素也加速向局部空间点聚集，并形成了京津冀、长三角、珠三角等典型的城市密集区即城市群。

进入21世纪以来，随着更大空间范围内的要素向城市群聚集速度的加快，城市群内部的要素也加速向其核心区聚集，核心区各城市之间的界线逐渐消失，从而形成街区相连、道路与交通基础设施相接的都市区。长三角、珠三角和京津冀三大城市群的核心区已明显呈现出向都市区演化的趋势。

表3　国内几大城市群的面积、人口以及GDP占其省（国）的比重

	土地面积（平方公里,%）		户籍人口（万人,%）		GDP（亿元,%）	
	数值	占比	数值	占比	数值	占比
京津冀	215864	2.25	9115.4	6.9	28267.2	11.33
长三角	109000	1.14	8368.3	6.33	46676.8	18.71
珠三角	41698	23.2	4491	47.53	25416	81.76
武汉城市圈	58052	31.3	3140	52.5	5557	60.2
长株潭城市群	28100	13.27	1310	19.25	3462	37.86

注：长三角、京津冀的比重是相对于全国计算的，其他都是相对于区域数据计算的。
数据来源：根据相关各省（市）的2008年统计年鉴数据整理得到。

表4　国内几大城市群及全国（省）的三次产业结构和城市化率数值

	三次产业结构		城市化率（%）	
	城市群	全国	城市群	全国
长三角	3.4∶54.4∶42.2	11.7∶49.2∶39.1	60	44.9
珠三角	2.18∶51.2∶46.62	5.4∶51.3∶43.3	80	63.14
武汉城市圈	11.52∶44.57∶43.91	14.88∶43.94∶41.18	46.8	36.89
长株潭城市群	9.19∶46.91∶43.9	17.62∶42.66∶39.72	53.44	40.45

注：长三角的比重是相对于全国数据计算的，其他都是相对于区域数据计算的。
数据来源：三次产业结构根据相关各省（国）2008年统计年鉴计算得到，城市化率为2006年数据。

表5　三大城市群核心区向都市区演化的态势

	土地面积（平方公里,%）		户籍人口（万人,%）		GDP（亿元,%）	
	数值	占比	数值	占比	数值	占比
长三角都市区	23531.50	21.59	2801.21	33.47	11144.57	23.89
珠三角都市区	17414.00	54.19	1757.90	55.71	23325.19	76.21
京津冀都市区	28170.84	13.05	2172.40	23.83	14403.70	50.96

注：我们以建城区大致无缝对接的区域作为都市区的标志。长三角都市区包括上海、无锡、苏州和嘉兴4市；珠三角都市区包括广州、东莞、中山、佛山、深圳、江门、珠海7市；京津冀都市区包括北京和天津2市。占比是指都市区占其所在的城市群区域相关项目之比。
数据来源：根据相关各省（市）的2008年统计年鉴数据整理得到。

从表5可以明显看到，我国沿海地区三大城市群中要素聚集密度较大的都市区各项指标在整个城市群中都占有相当的比重，尤其是珠三角地区，原来的城市群向无缝对接的都市区演化趋势十分明显。

6. 中原城市群最有条件演化为中西部地区最具特色的都市区

表6 中部地区城市群比较

	土地面积（平方公里，%）		户籍人口（万人，%）		GDP（亿元，%）	
	数值	占比	数值	占比	数值	占比
武汉城市圈	58052	31.30	3140	52.50	5557	60.20
长株潭城市群	28100	13.27	1310	19.25	3462	37.86
中原城市群	69199	41.49	4195	42.51	9100	60.43
郑汴都市区	13890	20.07	1215+1000	28.96→50以上？	2992→？	32.88→60？

注：表中数据均是2007年末的；郑汴新区作为包含现代农业的复合式新城区人口容量预设为1000万人，未来人口总量应该超过城市群总人口的50%，GDP应该超过城市群总量的60%。

中西部地区有影响的城市群中，成渝两中心城市相距太远，难以完全对接并形成统一的都市区，在各自单独以都市区形态存在的情况下，未来规模难与郑汴都市区抗衡；长株潭三市面积大于郑汴都市区，但三城市相距较远，如此大的面积内也难以形成真正的连片建城区；武汉城市圈各城市距离中心城市过远，都市区只能是武汉，也难以达到如郑汴都市区那样的规模。更重要的是，郑汴都市区依托的中原城市群以及中原城市群依托的河南省是中西部地区最大和最具活力的城市群和省区，能够支撑起未来郑汴都市区的发展。

三 郑汴新区的结构特点与发展模式

1. 走建构式都市区发展道路

从理论和现实发展路径看，城市包括都市区的发展不外乎两条道路：一是众多单元经济体或较小的区域主体各自独立扩张空间或转移经济活动的空间，并最终导致各主体经济活动空间的对接和聚集，形成城市或多个城市相连的都市区，这是所谓内生式发展道路；二是凌驾于众多单元经济体或较小区域空间主体之上的某一更大的区域空间主体对辖区范围实施统一规划，明确划定各自区域空间功能，引导甚至强制各类经济主体向特定空间功能区聚集，并最终形成要素密集聚集于特定空间的城市或都市区，这是所谓建构式发展道路。实际上，在实践中，城市包括都市区的形成和发展往往是内生与建构式的结合，即先是众多单元经济主体或较小区域空间主体通过自由扩张形成对接和聚集，然后某一更大的空间主体再统筹规划，规范发展。大体上来说，目前中国发展最好的三大城市群的核心区域向都市区演化走的都是内生式道路，尤以珠三角都市区最为典型。但是，我们也看到，三大城市群也都已开始酝酿统一规划建构都市区的思路，并已推出了相关的举措。也就是说，三大城市群中的都市区走的可能也是先内生后建构的发展道路。

中原城市群的核心区是否也要走先内生后构建的发展道路呢？作为最核心部位的郑汴新区，绝不能走内生式发展道路。一方面自发的内生发展会造成基础设施建设、功能区设置和产业配置的重复和浪费，另一方面是因为经过对中原城市群，特别是郑汴一体化数年的研究、谋划和相关措施的实施，已经具备了将整个区域置于省政府的直接管理之下统筹规划的条件。所以，郑汴新区的建设必须走建构式城镇化道路。

2. 建构式都市区发展道路必须处理好的几个问题

（1）空间形态。建构式发展道路的基本要求是把郑汴新区看成一个整体，在整个郑汴新区1700平方公里的范围内打破行政区划界限，统一规划设计各个功能区，而不是在现有行政区划框架内由各个行政管理主体自行设计各自的功能区！每个功能区都是整体布局中的有机构成部分，而不是现行行政区划框架内某一区域的功能组成部分。

（2）产业布局。按行业统一布局各类产业的空间布局，如规划布局食品、电子、汽车、纺织等专业化的工业园区，在整个郑汴新区空间范围内每一产业只能规划一个园区，坚决避免由现有行政区划主体各自独立规划，从而形成同一产业重复规划设置多个园区的重复建设格局。

（3）管理架构。可有两种选择：一是取消1700公里范围内现有各区划主体的独立主体资格，统一设置一个直属于省政府的管理机构，比如可以称郑汴新区管委会，区域内所有规划建设大小事宜统一归管委会管理；二是不改变现有区划结构，在现有区划主体上层设置省政府直辖的强有力的协调机构，也可以称郑汴新区管委会，行使对现行各区划主体行为的监督权，统一监督各功能区和各产业区招商和项目建设，重点是保证各现有行政区划主体执行统一的功能区建设和产业园区建设招商方案，坚决杜绝擅自更改设计方案、违规建设和招商的行为。

（4）职能界定与利益协调。在不改变现有行政区划主体的前提下落实功能区和产业园区的统一规划方案，会发生不同区划主体的利益冲突，比如在各区划主体财政独立收支的前提下，可能产生因各自争取最大财政利益而争抢税收丰厚项目的现象。最终的解决办法可能是要通过税收体制改革来解决，比如将税收的基点放在个人所得税和消费税上，而不是现在主要放在生产环节上。但税制改革是一个较长的过程，而且也不是地方政府所能左右的。所以，还是要立足于先行区划框架解决问题。一个办法是：管委会统一提取一定比例的税收收入，建立一个调节基金，对因执行管委会统一规划而利益受损的区域给予相应的补偿。

四 如何发挥郑汴新区在中原崛起中核心增长极的作用

按照郭庚茂省长2009年1月12日在河南省第十一届人民代表

大会第二次会议上所作的政府工作报告中的提法,郑汴新区的基本性质是现代化复合式新城区,基本功能定位是整个河南省经济的核心增长极。根据这一基本性质和基本功能,可以从以下几个方面勾画郑汴新区的性质和功能。

1. 中原地区最具影响力、辐射力和带动力的经济和社会活动共享服务平台

由于经济和社会活动成本的差异,所有经济和社会活动不可能全部聚集于某一特定空间,所以,在一个大的空间范围内,一定分布着空间距离不等的若干较小的区域,并为各类不同的经济社会活动主体提供活动平台和立足地。但是,在一个大的区域范围内,也一定会有一个在众多小区域空间中最大的、要素聚集密度也最高的区域空间,以便为那些规模效益要求最突出的经济社会活动类型及主体提供活动舞台和立足地。郑汴新区就是在中原城市群乃至整个河南省这样的大区域空间范围内要素聚集密度最高、规模也最大的核心区域。作为这样的核心区域,它应该具有最完善的基础设施和最强大的经济社会活动服务功能,从而成为整个中原城市群中最大的公共服务平台,以便真正能够对中原城市群乃至整个河南经济具有足够的影响力、辐射力和带动力。

2. 中原城市群及中原地区最大的交通枢纽

借郑州新郑机场被规划为内陆地区第八大机场的机遇,倾力打造新郑机场航空港,使之成为远程和高端人流物流最便捷的流动平台;借助国家规划建设大字形高速铁路系统的机遇,规划建设以郑汴新区为核心的省内快速轨道交通系统,尽快形成直通中原城市群诸城市和外围各省辖市,连接全国各大经济区的快速轨道交通枢纽;继续推进高速公路网建设,完善其功能配置,将郑汴新区打造成全国最大、功能最强、要素流动最畅的公路交通枢纽。

3. 最大的生产性和消费性服务平台

建设河南省乃至整个中西部地区最大和功能最为完善的物流

中心、商品交换中心、信息处理中心和金融中心。为各类经济社会活动主体提供最便捷、最快速、最方便和最廉价的生产、生活服务。

4. 最大的产业聚集区

一个最具影响力、辐射力和带动力的都市区，除了应具有大区域共享服务平台的功能之外，还必须具有自身造血的功能，即有能够直接生产物质财富的基础产业作为支撑。因此，该区域要大规模聚集高新技术产业和汽车、电子、装备制造等先进制造业，也不排除符合地方特点和具有比较优势的食品、纺织等劳动密集型制造业。

以建制镇规划建设为支点，推动城乡一体化发展[*]

一 农民向镇区集中是城镇化过程中的必然趋势

（一）让所有人进入现代文明生活方式是经济社会发展的基本目标

中国正处在工业化和城镇化快速发展的阶段，人口的城镇化率以每年超过 1 个百分点的速度推进，至 2007 年末，中国平均的城镇化率已经超过了 45%，河南省也超过了 34%，这是一项了不起的成就。但是，出于历史和制度上的原因，到目前为止，这种城镇化快速发展的态势并未根本改变城乡分离甚至城乡隔绝的二元结构格局，表现在：一边是现代化城市高楼林立，欣欣向荣，其繁华程度可以与世界上任何一个发达国家的同类城市媲美，另一边仍是几千年来形成的聚族而居，且空间上呈散布状态的传统村落格局；一边是充分享受水、电、暖、气等完善公共基础设施服务的现代生活方式，一边仍是各生活单元之间相互分割、自成体系、几乎没有公共基础设施支撑的传统生活方式；一边是高度

---

[*] 成稿于 2009 年春，曾收入河南省政府研究室编的《省长专报》。

机械化、自动化和具有完善社会分工体系的现代生产方式，一边仍是以小块土地为基础的传统家庭农业生产方式。城市与乡村、现代与传统之间形成很大的反差。在越来越多的人进入现代文明生活方式的同时，仍有占总人口一半以上，在河南更是有66%的居民停留在传统的生活方式中，被隔绝在现代文明生活方式的彼岸。使这一部分居民尽快进入现代文明生活中来，应该是经济社会发展的基本目标。

一个国家乃至一个地区经济社会发展的基本目标是什么？确实是一个很值得思考和讨论的问题。长期以来，我们过分看重GDP增长率和人均GDP水平的提高，这当然没有错。但是，GDP只是衡量经济社会发展水平的一个指标，甚至不是最重要的指标，更不是全部，如果过分强调GDP就会忽略掉经济社会发展的真正目标，放慢社会进步的步伐。那么，经济社会发展的最重要目标或者说真正目标应该是什么呢？我认为是人，是人的生活水平和福利水平的提高，是人的素质的提升，是人的发展。现在全国上下都在贯彻落实科学发展观，胡总书记说科学发展观的核心是以人为本，科学发展观就是以人为本的发展观。这就是说，按照科学发展观的要求，一个国家或一个地区经济社会发展的根本目标是人的素质的提升和人的生活水平和社会福利水平的提高。发展的成果要惠及所有的人，让所有的人分享现代文明发展的成果，让所有的人进入现代文明生活中来。这当然是最终目标，不可能一下子实现。但是，一旦明确了经济社会发展的这个最终目标，就应该抓住一切机会，不失时机地大力推进这个目标的实现。

（二）农村居民向镇区集中是进入现代文明生活的捷径

什么是现代文明的生活方式？怎样让更多的人尽快地进入现代文明的生活方式？我认为，就目前的标准来说，城市生活方式可以说就是现代文明生活方式的典型，其核心内容是绝大多数居民能够享有完善的公共基础设施服务。这就是说，落实科学发展观，实现人的发展，让更多的人尽快进入现代文明生活，在实践中就归结为打破城乡分割的二元发展结构格局，推进城乡一体化，让农村居民也能享受到和城市居民一样的公共基础设施和社会服务。

让农村居民享受到和城市居民一样的服务，从而进入现代文明生活方式的序列，有两条具体的途径：一是让更多的农民进入现在已有的城市，就像目前在城市工作和生活的农民工那样；二是就地转移，在距离农民原居住地不太远的镇区为农民提供安居空间，让农民向镇区集中，建设和完善镇区公共基础设施体系，使之具有与现代城市差不多一样的公共基础设施服务功能，让农民通过从村落向镇区的集中来享受现代城市居民享受的现代基础设施服务，进入现代文明生活方式的序列。

从世界主要国家现代化发展的历史和中国现实来看，农民的上述两种向现代文明生活方式转移的方式可能是并存的和同等重要的。我们不能想象城镇化的过程中只有农民向现在已有的城市转移这一条途径，从而不能想象在城镇化的浪潮中只有现有城市的扩张而不会有新城市的出现。从实际情况看，让农民都涌入现有的城市会对现有城市产生过大的人口压力，会使现有城市不堪重负。同时，在很长的时期内，大量的农村人口仍然会以种植业为基本的从业方式，让这些仍然从事农业的居民进入现代城市居住和生活也是不现实的。所以，周边农村居民向镇区集中是城镇化过程中的一个必然趋势，也是城镇化的一种基本形态，自然也是尽快地改变城乡二元结构发展格局，让更多的农村居民尽快进入现代文明生活方式序列的捷径。

（三）高标准规划建设一批建制镇，使之成为城乡一体化发展的支点

城镇化绝不仅仅是现有城市扩张的过程，更是一个空间布局合理，大、中、小规模结构协调的城市体系形成和完善的过程。

我们看到，一些早已完成工业化的发达国家，其城市体系结构的特点大多是在一个特定区域内既有大都市，也有中等城市，而且在大、中城市周围或中间还有相当数量的小的市镇，这些小的市镇以大、中城市为依托，环绕在大、中城市周围，大多在一小时车程甚至更短车程范围内，它们既共享大、中城市更加庞大和完善的公共服务体系，而且自己也有较为完善的基础设施服务体系，居住在这些市镇的居民就生活方便程度和享受现代文明生活方式的程度而言，与大、中城市的居民几乎没有任何的差异。所以，在城镇化的过程中农村居民向镇区转移和集中符合城镇化发展的基本规律，可能是未来城市结构形成的前奏和基础，与农村居民向现有大、中城市转移一样重要和值得推动。

根据上述思路，可以设想以省辖市为主体，在城市周边或经济发展水平较高的地区高标准规划建设一批建制镇，使之基本具有现有大、中城市的功能，同时出台相关的政策措施，促使周边农村居民向镇区集中，在短时间内将更多的农村居民纳入现代文明的生活方式中来，破除城乡二元结构格局，推动城乡一体化发展。

二 规划建设建制镇是解决经济社会发展过程中多种矛盾的可行方案之一

（一）可以同步解决工业化、城镇化和农业现代化的问题

中国目前正处在工业化和城镇化快速发展的时期，实际上也是中国社会从传统农耕文明向现代工业文明快速转型的时期，农业比重迅速降低和工业比重迅速提高，乡村居民迅速减少和城镇居民迅速增加，以及农业生产方式的现代化是这一时期经济社会发展的主轴和核心内容，工业化自然是其中的焦点和火车头。发展工业的一个基本前提是要有土地可供建设工厂，在没有可供建

设工厂的非耕地或此类土地不足的情况下,原有的耕地转换为工业用地就不可避免。但是,中国又是一个人多地少的国家,为了保证足够的粮食供应,国家采取了越来越严格的农田保护政策,严格限制耕地向工业用地转换,对河南省这样保证国家粮食安全的责任较重、工业化发展又滞后的传统农业地区来说,土地就成了工业化发展的硬约束。解决这一问题的较好办法就是规划建设建制镇,让周边村庄居民向镇区集中。这样,人均居住用地就可以大大减少,原有的村落居民点就可以空置出来,将这些空置出来的土地通过置换的方式相对集中在一起,就可以规划建设工业园区,从而在不占用耕地的情况下获得足够的工业化发展空间。从长期来看,由于居民向镇区集中和工业化的发展,不仅原有被小块分割的耕地可以比较方便地连成大块,而且也会有越来越多的农业劳动者转换成非农业劳动者,从而大大增加农业劳动者人均使用的土地面积,为土地的规模经营和农业的现代化奠定较好的基础。从这个意义上说,规划建设建制镇,促进农村居民向镇区集中,不仅是实现城镇化的基本途径,更是解决工业用地、推动工业化发展的基本途径,同时还是农业现代化发展的必要条件,是一举三得的好事。

(二) 可以避免新农村建设进入误区,矫正新农村建设的方向

新农村建设是中央促进农村经济社会发展的一项重大战略举措,各地都在积极推进,有些方面比如公路、电力等基础设施建设也取得了明显的成效。但是,很多地方把新农村建设作为一个孤立的事件,而没有将其纳入工业化、城镇化和农业现代化这一时代发展的主轴中来统筹规划实施。一个最典型的问题是,新农村规划建设基本上以村为单位,村级组织是规划建设的主体,这样,无论怎么规划都难以超出一个村所能管辖的范围。因此,新农村建设最后就只停留在村内道路的规划建设、村民住宅的翻新

和重新布局、村中文化体育设施的建设等上面，根本不会考虑城镇化和农村居民向城镇转移的趋势，从而不包含城镇的规划建设这一经济社会现代化的主轴，原有村落的空间布局不会有任何的调整，也没有农村居民向城镇的转移。这样建设出来的新农村实际上只是传统农村的翻新，而不是真正的新农村。前一时期我们在一个经济发展水平相对较高的县级市调研，当地领导带我们去看一个新农村建设的典型，这个村是因为煤矿塌陷搬迁重建的，房屋、道路都是新的，体育文化设施也一应俱全，但其建设地址距离镇区仅有1公里之遥，问他们为什么不把新村建在新镇区，村民回答说新镇区没有可供他们建房子的地盘，他们只能在他们有支配权的自己的地盘上建设新村。这显然是和城镇化背道而驰的行为，不仅造成了土地的浪费，也无法使这些村民享受高水平的公共基础设施服务，从而无法进入现代文明生活方式的序列。这种结果显然是缘于镇区规划的缺失。所以，这样的新农村建设模式实际上固化了传统的居住结构和生活方式，是一种逆城镇化的行为。如果超前规划建设新镇区，为有条件集中和转移的农村居民留置出在镇区建设和购置新家园的空间，那就可以把新农村建设纳入城镇化和工业化的时代发展主旋律中来，避免逆城镇化行为的发生，避免对传统生活方式的固化和土地资源及建筑资源的浪费。

（三）可以启动内需，支撑经济长期持续稳定增长

中国经济目前正处在新一轮的下滑周期，同时由于全球金融危机的冲击，经济下滑的速度超出了很多人的预期。走出困境的办法是扩大内需，中央已经出台投入4万亿元刺激经济增长的计划。但是，如何扩大内需？投入的资金都用在哪些领域和哪些项目？内需不外乎消费和投资两个方面。中国经济长期主要靠投资拉动，投资在GDP中的比重接近50%，远高于全球平均水平，更高于欧美、日本等发达国家或地区，这是高投入、高消耗、高污染、低效益，即所谓"三高一低"经济增长方式的主要肇因之一。

所以，从节能降耗、转变经济增长方式、支撑中国经济长期持续稳定增长的要求看，扩大消费需求，降低投资需求的比重是一个长期趋势。但是，由于中国处在由传统社会向现代社会转型的过程中，很多社会基础设施还需要建设，所以，维持一定的投资水平也是必需的。尤其是从迅速启动新一轮经济增长的需要来看，扩大投资需求可能见效更快。如果能把投资需求和消费需求统一起来，那一定是扩大内需的最好选择。事实上，房地产投资或许就是投资需求和消费需求的统一体。因为住房属于生活必需品，具有耐用消费品的性质，另外，住房的建设具有固定资产投资的性质，需求拉动比较强劲。所以，做大做活房地产市场是扩大内需、启动新一轮经济增长的较好选择。问题是，要把房地产投资的目标真正放在解决低收入人群的住房需要上，放在需要住房的人的住房保障上。在这方面，除了大量建设城市经济适用房和廉租房之外，农村建制镇的规划建设实际上是尽快改善农村居民这一典型低收入人群居住条件的最有效途径，同时也能创造出一个巨大的房地产和基础设施建设市场。所以，如果把建制镇规划建设放在启动内需、刺激经济增长的大盘子中统一考虑，将一定比例的计划支出分流到这一项目上，就可以实现消费与投资、启动内需与解决民生问题的很好结合。不仅会在短期内产生拉动内需的良好效果，也能在长期支撑内需和拉动经济持续稳定增长，加速中国社会的现代化进程。

三 对若干质疑的答辩

（一）是美好愿望，还是现实需要

规划建设建制镇的方案一经提出，就听到了不少质疑的声音，有人甚至认为，这种方案可能仅仅是学者们的美好愿望，并不是一种现实的需要。实际上，这一方案恰恰是从现实中提出来的。

以下两个案例足以证明这一点。

一个是登封市大冶镇。该镇位于登封市区东南部,与新密、禹州相邻。人口将近8万,面积近100平方公里。煤炭储量丰富,开采度也很高,塌陷区较多,环境破坏比较严重。为了解决塌陷区居民搬迁、土地复垦、环境治理等问题,同时应对煤炭资源枯竭带来的威胁,培育非资源依赖产业,实现地方经济可持续发展,2004年底,大冶镇党委政府邀请专家规划论证了一个集新镇区建设、居民搬迁、非煤产业发展、土地复垦、生态化治理等于一体的综合解决方案,并于2005年春季开始实施。经过三年半的建设,新镇区现已入住人口2.5万人,占全镇总人口的将近1/3。土地复垦、生态规划和非煤产业发展也取得了明显成效。

另一个是新密市白寨镇。该镇位于新密市东北部,与郑州市相邻,面积90余平方公里,人口近6万,地形地貌为低山丘陵。由于距郑州市区仅有15公里,属于郑州近郊20公里经济生活圈范围,从2004年开始被郑州市规划为城市生态林区,几乎所有耕地都被租去用于生态林建设。在此情况下,产业如何转型、劳动力如何安置等问题就凸显出来。2007年末,白寨镇党委政府邀请专家规划论证了一个以新镇区建设为基础、推动居民集中和工业园区建设的综合区域发展方案,目前也在逐步实施。

上述两个乡镇的区位和资源条件不同,各自面临的问题也不尽相同,但是有一点是共同的,那就是经济发展导致了环境和条件的变化,产业和就业结构需要调整,但是新兴工业的发展却遇到了土地空间的障碍,所以,两个乡镇不约而同地选择了规划建设新城镇、推动居民集中和建设工业园区的解决方案。可见,建制镇的规划建设不仅是一种现实需要,而且已成为一些地方的实际行动。

(二)如何看待产业支撑问题

有一种观点认为,小城镇建设需要相应的产业支撑,没有产业支撑，只是把居民由村落散居状态转变为城镇聚居状态，劳动人口并不能实现就业结构的转换，聚居在城镇的劳动者无工可做，这样的聚集就没有意义。小城镇发展确实需要产业支撑，这没有错，问题是，提出这一问题的人没有考虑如下几种情况。

首先，规划建设一批建制镇，是指在有条件的地区规划建设，而不是全面开花，在所有地区同步规划建设。我们所指条件就包括产业支撑这一项。事实上，省内很多农村地区，如郑州、许昌所辖各县市，新乡所辖的新乡县、长垣县等，第二产业相当发达，早已有了充分的产业支撑。但是，由于缺乏规划，小城镇发展严重滞后，不但规模小，而且比较散乱。对于此类地区，不是小城镇发展没有产业支撑问题，而是小城镇发展滞后、产业缺乏小城镇支撑问题。此类地区规划建设小城镇不但不是多余的，而是已成当务之急。

其次，的确有一些农村地区第二产业发展不足，因而有发展第二产业的强烈愿望，但是，这些地区发展工业既不是缺项目，也不是缺资金和劳动力，而是没有可供工业项目落地的土地。在农业用地受到国家严格控制的条件下，只能通过改变居住结构，变村落散居为城镇聚居，将空置出来的原有宅基地通过置换集中成片，规划成工业园区供工业项目落地。这就是上述登封大冶和新密白寨两镇实施新镇区规划和居民集中搬迁方案的初衷。所以，从这个意义上说，一个地区即使没有充分的产业支撑，也应该规划建设建制镇，以便在居民集中的同时腾出可供工业项目落地的土地，从而推动当地工业发展。从理论层面来说，这涉及究竟是先让产业自由发展并在此基础上让城镇自发形成，还是先对城镇发展作出规划然后有序发展产业这样两种不同的发展思路，前者被称为内生型城镇化，后者被称为建构型城镇化。自由发展的内生型城镇化确实是长三角、珠三角地区城镇化发展的基本路径，这有其特定的地理历史背景，它在促成工业化和城镇化快速发展的同时，也造成了一些混乱和浪费。现在，内地工业化、城镇化发展的环境发生了巨大变化，在政府对建设用地进行严格控制，土地已成为工业发展最主要瓶颈约束的情况下，先对城镇进行规划建设，才能为工业发展提供基础条件。所以，对于工业化起步较晚的广大中西部地区来说，走建构型城镇化道路可能更切合实际。

再次，人口的聚集使得某些服务项目的市场规模迅速扩大，这些项目就会实现产业化，整个服务业也会因此发展起来。所以，规划建设建制镇，促进人口向镇区集中本身就为服务业发展提供了很好的平台。

（三）是依托小城镇实现城镇化，还是依托大城市实现城镇化

这个问题在学术界和实践中一直有争论。20世纪80年代中期，著名社会学家费孝通先生针对苏南工业化和城镇化发展的情况，提出中国应该通过发展小城镇实现城镇化的观点，理由是中国人太多了，现有的大中城市无法容纳那么多需要进城的农民。这种观点一时间为很多人认同，很长时期内成为主导中国城镇化发展的主流观点。但是，到20世纪90年代末，人们突然发现城市规模直接影响到城市功能的完善程度，从而也影响到企业的生存环境，大企业纷纷向大城市聚集，为了提升城镇化的效率、完善城市的功能，必须优先建设大城市。所以，以大都市为主实现城镇化又逐渐成为主流。实际上，欧美、日本等发达国家和地区，在发展大城市的同时并不排斥小城镇的发展，甚至在很多大都市周围都有大量的小城镇。我们认为，完整的城市化模式应该是合理分布的大、中城市和众多的小城镇所形成的城市体系，这些大、中、小城市通过完善的基础设施连接在一起，功能上相互依赖，相互补充，互为凭借，从而形成一个有效运行的城市体系，为各类产业、各种经济社会活动、各色人等提供多元化的选择空间，从而满足各种社会需求。如果以此作为我国城镇化发展的目标，

那么小城镇的规划建设无疑是实现这一目标的重要环节。

（四）农民如何种田

农村居民由村落散居状态向城镇聚居状态转变以后，随着第二和第三产业的发展，更多的人口会转向第二、第三产业就业。但是，总会有一些人仍然会继续从事种植业。在城镇化后，这些仍从事种植业的劳动者会不会受到影响，或者会不会遭遇不便和困难？我们认为，在高度城镇化的条件下，继续从事农业经济活动的人会越来越少，这些人或许会分成两类，一类是兼业者，一类是专业者。对于兼业者，由于其主要收入来源不依赖于农业，农业经济活动可能只是主业之余的活动，或者只是家中非主要劳动力的工作，在城镇居住会更方便于主业，作为副业的农业劳动更多地具有休闲的性质，便捷的交通和越来越现代化的交通工具（汽车、摩托车）足可补偿距离带来的时间损失（最远可能也不会超过10公里）。对于专业者，由于城镇化和居民集中、就业结构转换，他会有机会通过土地流转等方式从别人手中获得更多的可耕地，实现土地规模经营，并发展商品农业。这样的农业劳动者会更有条件解决由居住和劳动场所拉开了一定距离所带来的交通问题，不会受到太多的负面影响，反而因为他居住在城镇、背靠市场，可更方便地捕捉市场信息，而更有利于其农业经营活动。

农民进城及相关问题研究

——兼论新型城镇化道路*

一　城镇化的实质是农民进城

从本源上说，城市是与乡村相对应的人口居住及活动空间的概念。相对于乡村，城市至少有如下三个特点：一是"聚居"，即众多人口密集居住在一个特定空间内；二是"非农"，即城市聚居人口不以农业为职业；三是"共享"，即城市聚居人口共享道路、广场、绿地、供排水等基础设施及相关的公共服务。

传统的城市是由人口围绕统治者所在地聚居形成的。如中国古代自夏、商、周以来历代统治者所在地都是当时规模最大的城市，中央政权以下设置的州、府、县等也都因人口聚居而形成了规模大小不等的城市。这些城市聚居人口除了官僚及其统治工具如各类衙门、军队等人员以外，就是为统治者服务并相互服务的小商贩和手工业者。在数千年的历史变迁中，城市性质和人口结构特点从未改变，城市总量及其规模结构也高度稳定，城市人口在总人口中始终只占很小的比例。因此，在过去的几千年中，不存在以城市大规模扩张和人口居住空间大规模转移为特

---

*　本文撰写于2010年6月。

征的"城镇化"问题。

现代城市是由工业化所引起的要素在特定空间聚集形成的。自从18世纪下半叶英国爆发的产业革命逐步波及全球以后,工业化相继成为各个国家的基本选项。现代工业降低成本的冲动及对基础设施共享的要求,导致产业不断在特定空间聚集,也导致人口不断向该空间聚居,从而形成城市。一个国家工业扩张和城市形成的过程一旦启动,就不会轻易停下脚步。在这个过程中,原先滞留于农业并居住在乡村的人口会不断地转变为工业劳动者和城市居民,直到这个国家人口总量的70%、80%乃至90%以上都以非农业活动为业并居住在城市为止。由于这一过程伴随着人口劳动性质和居住空间的不断转换,所以,人们将这一过程称为工业化和城镇化。工业化、城镇化顾名思义就是"化"农民为工人,"化"乡村居民为城市居民的过程。正是在这种意义上说,城镇化的实质是农民进城。

二 农民进哪个地方的城

农村人口向城市流动源于工业化所产生的非农就业机会,所以,农村人口的流向是工业化水平较高的地区。就全国的格局来看,长三角、珠三角等沿海地区是吸纳农村人口最多的地方,是人口净流入地区,而工业化水平较低的中西部内陆省份则是农村人口的净流出地区。由于人口流动并不同时伴随户籍转移,所以,在人口统计上净流入地表现为常住人口多于户籍人口,净流出地常住人口少于户籍人口。比如,广东是人口净流入省,2010年常住人口约达9730万人,比户籍人口8250万人约多出1580万人。河南是净流出省,2008年常住人口9429万人,比户籍人口9918万人少了489万人。

河南省内的情况也是这样。图1表明,20世纪90年代以后,人口开始加速由农村向城镇流动。

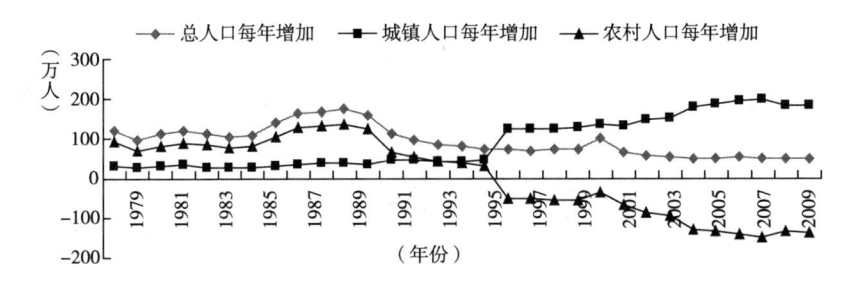

图 1　河南省人口变动情况总览（1981～2009 年）

资料来源：2009 年数据根据《2009 年国民经济和社会发展统计公报》整理得来，其他数据根据《中国统计年鉴2009》整理得来。

从图1可以看出，从1996年开始，城镇人口的增加量超过了总人口的增加量，这意味着河南省每年新增加的所有人口还不够补充城镇新增加的人口。从这个意义来说，必须从其他方面，也就是说从农村来获得新增的城镇人口。到2009年，城镇新增人口已经是新增总人口的3.8倍。在其他条件不变的情况下，农村人口的减少量约等于城镇化对农村劳动力的吸纳量，则1996～2009年共转移了农村人口1300多万，这相当于两个郑州市辖区的人口。

与农村人口向城镇流动相伴随的还有另一种趋势，就是人口由商周驻信等黄淮农业区向以郑州为中心的中原城市群地区流动。这自然是由省内区域之间工业化发展水平差异引起的。

由此可以得出几点结论：

第一，在工业化和城镇化快速发展阶段，要素向以郑州为中心的中原城市群地区聚集的趋势不会停止，人口向该区域流动的趋势也不会停止。因此，建设中原城市群并最终形成上千万人口的郑汴都市区，符合城镇化发展的基本规律。应该继续坚持和实行中心城市带动战略，进一步加大郑汴都市区及其他大城市的建设力度。

第二，鼓励商周驻信等农业区人口向中原城市群地区迁徙，通过稀释农村人口推进该区域土地规模经营，加大对该区域农业的扶持力度，促进其农业现代化发展。同时合理规划该区域的城镇及产业布局，完善其城市功能，提升其产业竞争力。

第三，在进行城镇体系规划和国土利用规划时充分考虑要素及人口在不同地域之间流动的规律，在不同区域规划不同规模和不同密度的城市和城镇体系。比如郑汴都市区及中原城市群地区不仅要规划特大型城市，也要规划密度更大的中等城市和小城镇，而商周驻信地区不论是城市规模，还是城镇密度规划都要与前者有较大区别。

三 决定农村人口向城镇迁移的关键因素

决定农业人口向城镇迁移的关键因素可以分为三个方面。

一是就业，即在城镇是否有较为稳定的收入来源。这是决定农业人口能否实现向城镇迁移的最基本的因素。不管是农业人口自发的迁移行为，还是政府推动下的有序迁移，都必须以在城镇有稳定的就业为前提。否则，在没有稳定收入来源的情况下即使户籍迁到城镇，仅靠城镇提供的社会保障及最低生活保障等肯定无法稳定地生活，更不可能真正融入城镇。

具体来看，农业人口在城镇的就业状况与其年龄、文化程度密不可分。文化程度较低的老一代农民工，往往集中在建筑业、煤矿采掘业、城市环卫行业等，就业流动性大且不稳定，而且随着体力的下降他们逐步失去了在这些行业继续就业与谋生的条件，从这个角度来看老一代农民工向城镇迁移的难度较大。

新生代农民工与其父辈有很大的不同。他们大多从小开始接受正规的中小学教育，上学后外出务工，所以没有务农经历，习惯了城市的生活方式和思维方式，反而不再适应农村的生活。就业方面，由于新生代农民工素质相对较高，他们更多地从事制造业、住宿餐饮家政等生活服务业，就业稳定性增加，行业发展也能为他们提供职位与收入提升的机会与条件。从就业的角度来看新一代农民工具备了向城镇迁移的条件。

因此，农业人口向城镇迁移自身应具备的条件包括有一定的文化程度、有稳定且有一定发展前景的职业等，其主体是从事服务行业的新生代农民工。在老一代农民工中也有一部分人，经过在城市多年的打拼已经成为私营业主、个体工商户等，他们也具备了向城镇迁移的条件。

二是普通市民待遇，即城镇能否切实为进城农业人口提供医疗保险、养老保险、失业保险等社会保障及平等就业、子女教育、购买与租住保障性住房等市民待遇。如果不能享受城镇普通市民的这些合法权利，农业人口向城镇迁移的成本会明显增加，从而直接影响他们向城镇迁移的动力与速度。因此，不受任何限制地享受普通市民的各种待遇，是决定农业人口向城镇迁移的第二个关键因素。

理论上说，在城镇就业的农业人口对经济社会发展所作的贡献与普通市民没有任何区别，他们享受城镇普通市民的相关待遇也不应该有任何限制条件。但城镇普通市民所享受的各种合法待遇是直接依附于户籍的，城镇政府接纳农业人口入户并为其提供相关待遇是要拿出真金白银的。如果不能设计出合理的政策与制度，让城镇政府在接纳农业人口入户时能够获益，从而积极主动地承接农业人口转移，农村人口落户城镇并享受城镇普通市民的合法待遇就会成为一句空话，农村人口向城镇转移自然很难顺利推进。

三是农业人口在原居住地的宅基地、承包地等上的相关权利的处理。二元户籍制度是历史形成的，农业人口为我国工业化与城镇化的发展做出了很大的牺牲。农业人口在原居住地的宅基地、承包地等上的权利也是历史形成的。随着国家保护耕地的措施越来越严厉，农民的宅基地已经成为建设用地的主要来源，并由此而具备了较大的升值空间。因此，在农业人口向城镇迁移过程中如何处理农村的宅基地权利成为目前各方最为关注也最为关键的一个问题。如果不能对农民的宅基地权利进行确权与保护，在城镇化过程中他们就可能被再一次剥夺，继续为工业化城镇化的发展做出牺牲；相反，如果对农民的宅基地权利进行保护，使其能够在确权的基础上合法流转与变现，将大大加快农业人口向城镇转移的步伐。农业人口向城镇迁移后总体上仍属于城镇弱势群体而不是强势群体，宅基地权利的保障与变现不但能够帮助他们较快地融入城市，而且也可帮助农业人口分享工业化城镇化发展的成果，弥补他们在二元户籍制度下所做出的巨大牺牲。

在城镇化过程中农业人口的宅基地权利保障程度不够、变现渠道缺乏，一方面导致一些具备融入城市条件的农业人口不愿意放弃农村户籍，不愿意彻底向城镇迁移；另一方面也影响了那些愿意迁移的人口融入城市的能力与速度。因此，通过政策与制度的设计，提高对农村宅基地的保障程度，开辟农村宅基地流通与变现的合法渠道，对农业人口向城镇转移具有重要作用。

四 设计农村宅基地置换城镇住房并与城镇建设用地增减挂钩的制度

目前，天津、浙江嘉兴、成都等地相继进行了农村宅基地置换城镇住房的尝试，但范围仅限于城郊农民的身份置换。事实上，更大范围（比如跨县、跨省辖市）的置换更有意义，也更有价值。因为从河南的情况看，农业人口的就业大部分是跨县、跨省辖市甚至跨省的，他们需要向务工城市迁移。另外，较大的城市建设用地需求量也大，建设用地指标也更值钱，农民可能因此获得更大的利益。

初步的想法是，成立全省农村宅基地整理与城镇建设用地储备中心，作为农村宅基地整理复耕与城镇建设用地增减挂钩的操作平台。农业人口在城镇落户后自愿放弃农村宅基地的，落户城镇按30平方米/人的标准免费为其提供城市住房，其宅基地复耕，仍归当地集体所有。宅基地复耕后增加的建设用地指标，经省农村宅基地整理与城镇建设用地储备中心汇总后，转变成为其提供住房城市的新增建设用地指标。城市可以根据自身发展需要，使用以住房换到的建设用地指标在本地征用耕地，按照耕地补偿标准补偿后转变为城市建设用地。比如，郑州市为在本市工作的省内某县（如民权县）农民工全家提供人均30平方米住房（四口之家就是120平方米），这个家庭的宅基地大约1亩（农村居民点人均占地175平方米，四口之家就是700平方米，超过1亩）就地复耕，归所在村集体所有。复耕后置换出的建设用地指标经省农村宅基地整理与城镇建设用地储备中心归总后成为郑州市的新增建设用地指标，郑州市可以利用这一指标在本市征用相应耕地，按耕地补偿标准补偿后作为建设用地使用。这样，郑州市通过为家庭提供一套120平方米的住房就获得了1亩建设用地指标，显然是非常划算的；同样，该家庭用老家的宅基地换郑州市120平方米的住房显然也是非常划算的。表1是对在不同规模城市开展置换的估算。

具体的实施过程中，可以在依法、自愿、有偿原则指导下，先在中心城市复合型新区、产业集聚区、城乡统筹改革发展试验区、农村改革发展试验区、城乡一体化试点城市等进行试点，待成熟后在全省推广。

表1 不同等级城镇接受农业人口入户的收支估算

单位：万元/人

	支 出			收 入	净收入
	公用投入	提供住房投入 （30平方米/人）	耕地补偿 （175平方米/人）	土地出让金 （175平方米/人）	
郑州	10	30×0.3=9	1.6	175×0.15=26.25	5.65
许昌	6	30×0.2=6	1.6	175×0.08=14	0.4
县城	3	30×0.08=2.4	1.6	175×0.04=7	0

说明：

1. 具体估算依据是：城镇向每个入户农业人口提供普通市民合法待遇及30平方米城镇住房；农民放弃在农村的宅基地（目前全省农村居民点人均占地为175平方米），原居住地将其复耕；按照"占补平衡"的原则，城镇为一个农业人口提供普通市民合法待遇及30平方米城镇住房后，获得相当于其宅基地数量（175平方米）的新增建设用地指标，可以在本地征用175平方米耕地，按照耕地补偿标准补偿后变更为建设用地。

2. 表中"公用投入"指不同等级城镇为每个落户农业人口提供普通市民待遇需增加的支出，采用国务院研究室课题组2006年一项研究确定的指标。不同等级城市吸收一个新增人口需要增加的公用配套费为：小城市为2万元，中等城市为3万元，大城市为6万元，特大城市为10万元。郑州按特大城市的10万元标准，许昌（代表中原城市群郑州之外的其他城市）按大城市的6万元标准，县城按中等城市的3万元标准。

3. 表中"提供住房投入"指不同等级城镇为每一个落户农业人口提供30平方米城镇住房的标准，郑州为落户农业人口提供住房的成本按3000元/平方米计算，30×0.3=9万；许昌（代表中原城市群郑州之外的其他城市）按2000元/平方米计算，30×0.2=6万；一般县城按800元/平方米计算，30×0.08=2.4万。

4. 表中"耕地补偿"指城镇利用农业人口提供住房所换得的建设用地指标，征用本地耕地变为建设用地需支付的征地补偿，各级城镇均按6万元/亩计算。目前全省农村居民点人均占地为175平方米，吸收农业人口所获得的建设用地指标也按175平方米/人计，也就是0.26亩，需补偿1.6万元。

5. 表中收入项中的"土地出让金"指城镇获得的新增建设用地的货币价值。郑州土地出让金按1500元/平方米计算，吸收一个农业人口获得的建设用地指标175平方米，新增建设用地可以获得土地出让金为175×0.15=26.25万元；许昌（代表中原城市群郑州之外的其他城市）土地出让金按800元/平方米计算，新增175平方米建设用地可以获得土地出让金为175×0.08=14万元，一般县城土地出让金按400元/平方米计算，新增175平方米建设用地可以获得的土地出让金为175×0.04=7万元。

农民进城方式与农民利益保护*

中原经济区的基本特色及建设的核心内容是走一条不以牺牲农业和粮食为代价的工业化、城市化发展路子。这意味着中原经济区建设既要加快工业化和城市化进程，又不能弱化农业地位和减少粮食产量。怎么才能做到这一点呢？目前的共识是将农村建设用地资源动员出来配置到城市建设用地中去。但是这会涉及由农民进城引发的利益结构、制度规则和政策调整。

一 城市化的本质是农民进城及由此引发的一系列利益结构调整

从形式上看，城市化是产业和人口不断向特定空间点聚集、城市不断向周边乃至向空中拓展及新城市不断诞生的过程。但从以人为本，把人当做活动的主体来看，城市化实质上是农民的生产活动不断从农业领域转向非农业领域，其生活和居住空间也随之从乡村转移到城市的过程。从这个意义上说，城市化本质上是一个农民持续进城的过程。

---

* 河南高层论坛发言稿，2011年5月28日。

中国二元社会结构格局使得农村和城市形成了两套完全不同的规则体系和利益结构。所以，城市化或者说农民进城会引发一系列规则体系的改变和利益结构的调整。比如，城市与农村的就业、教育、医疗、养老等社会公共服务体系不同，农民进入城市就意味着要离开一套社会公共服务体系而对接到另外一套社会公共服务体系中去。再比如，农民离开农村也面临着土地，包括承包地和宅基地的处置问题。不管是公共服务体系转换还是土地处置，都是深刻的利益结构调整。在此过程中，农民作为弱势的一方，其正当利益满足往往较为艰难，其既得利益又极易受损和流失。所以，农民正当利益的保障和既得利益的保护就成为城市化进程中一个亟须关注和解决的问题。

二 农民进城方式和土地利益保护

农民进入城市所涉及的正当利益保障是个复杂的问题，这里暂且不说。单就农民离开乡村所涉及的既得利益即土地利益处置，就有很多问题值得探讨。

一般来说，农民土地利益的处置方式，往往与农民进城的方式相对应。农民进城的方式大体有三种，即迁徙进城、被动进城和主动进城。但不管以哪种方式进城，都会由于居住空间的转移和居住及生活方式的转换而留下或腾出一部分居住用地，其产权和使用性质属于农村集体建设用地。为了分析的方便，我们姑且把它称为"剩余建设用地"，也就是说，农民不管以哪种方式进城，都会产生剩余建设用地，也都会面临剩余建设用地的处置问题。但不同的进城方式所引出的剩余建设用地处置方式不同，所需要关注的农民土地利益保护问题焦点也不同。

迁徙进城，即由于在城市有了稳定的就业岗位和稳定的收入来源，举家从农村原居住地迁入城市，实现了生产生活空间和居住空间的异地转换。这样的农民家庭的宅基地在原居住地村落中是呈散布状态的，再加上集体权属性质的约束使之无法有效转让，所以，以这种方式进城的农民，其剩余建设用地一般呈闲置状态，相应的，土地利益也未受损。

被动进城，即城市拓展将原有的村庄包围，或城市拓展使得距离城市比较近的村庄受到城市辐射，城市规划要求这些村庄按照城市化的要求改造，因其土地的商业价值巨大，引来地产商参与改造，导致农民被动进城。在被动进城的情况下，一般是开发商建设新房补偿安置村民，拆掉旧房并获得剩余建设用地用于商业性开发，通过商品房销售收回安置补偿投入并获得相应资本利润。给人的印象中，在此种类型中，农民对自己眼前利益和短期利益的保护和维护是非常清楚和有力的，往往能够得到自己该得的东西。比如，农民总能通过讨价还价得到自己被拆房产甚至院落内附着物的足额补偿。但对自己的长期和潜在利益，往往比较麻木，很容易轻易丧失。比如，一般来说，开发商仅以拆一补一加上有限附着物补偿安置村民的方式，就能拿到剩余建设用地乃至更多荒坡未利用地的开发权，而农民则与这些地产未来的开发收益不再相关。这显然是有损于农民长期利益。可以考虑让农民拥有可开发剩余建设用地一定的股份，或在合同文本上加上允许农民按长期开发收益的一定比例分成的条款，以保护农民的长期利益。

主动进城，即由于城市拓展将村庄包围或令其受到辐射，按规划需要改造，再加上土地商业价值凸显，有了改造的条件，但不是引入地产商参与改造，而是自行改造，主动把原居住村落变成城市。在这种情况下，剩余建设用地权益无疑归属于村集体，村民不用担心自己的土地利益直接受损。但是，剩余建设用地的不同使用方式，却对原村落居民的利益产生巨大影响。如果自我开发剩余建设用地，村民就能从中获取长期、持久的巨大收益。如果是被别人拿去开发，则意味着村民巨额长期利益的流失。伊川县北府店村和孟津县姚凹村，就是两种开发方式带来两种利益调整方式的典型案例。前者因县城拓展被包围，村委会组织自我改造，另辟地段建新村、安置村民，原村落地段建设商业用房，并按拆一补一的方式分给村民，不愿意要商业用房的村民，还可按每亩40万元的价格获得与自己原宅基地面积大小相对应的现金补偿。显然，在这种剩余建设用地的使用开发方式中，全部利益都归于村民，没有任何流失。后者位于县城边上，已被划入县城拓展规划范围。由于村内非农产业发展、收入增加，为改善原居住条件，村委会组织村民自我改造，另辟地段建起了新村，安置了村民。但其腾出的大约1000亩剩余建设用地没有像北府店村那样用于商业开发，而是进行了复耕，转换成了耕地。应该说，这也增加了收益，因为复耕一方面意味着耕地面积增加，另一方面还获得了上级政府给予的每亩地2万~3万元的复耕补偿费。但是，其长期利益受损的情况却是很严重的。因为在建设用地瓶颈约束日趋严峻的情况下，拥有建设用地指标就意味着拥有开发权，拥有开发权就意味着拥有巨大财富。姚凹村对自己剩余建设用地开发权及其中所蕴含的巨大利益视而不见，以几乎无偿的方式被人拿走，这是明明白白的利益输送和利益流失。

三 值得进一步讨论的问题

显然，北府店的剩余建设用地开发模式将所有收益都留在了村里，从保护农民利益的角度看，这种土地开发利用模式无疑是最好的。但也有两个问题，一个是村庄自己要能将剩余建设用地用于商业开发，按现行规则，必须要将集体建设用地转换为国有建设用地，指标约束不是那么容易突破的；另一个是，如果不能转换为国有建设用地，即使开发了，产品也无法进入市场，无法通过正常销售补偿投入和获取利润，更不能以地产作抵押进行融资经营。北府店村之所以能够顺利将原村落腾出的剩余建设用地用于商业开发，是因为该剩余集体建设用地及时转换成了国有建设用地。在国有建设用地指标越来越紧的情况下，像北府店村那样及时实现土地性质转换的恐怕只能是特例，不可能普及于所有自主改造、自主进城、自主开发的村庄。

要推广自主进城、自主开发模式，实现对农民利益最大限度的保护，最好的办法是在商业开发上让农村集体建设用地享有与国有建设用地同等待遇。也就是说，农村集体建设用地开发的商业用房，也能与国有建设用地开发的商业用房一样，获得合法的房产证书，并合法进入市场销售。据说，这样做的法律限制来自1982年《宪法》中有关农村土地属于农民集体所有、城市土地属于国家所有，以及国家可以根据公共利益的需要征用农民土地的表述。但是，这也有两个值得讨论的问题，一个是农村和城市这种土地权属的划分指的是存量还是增量？如果是存量，那不会有任何问题。如果指的是增量，那就存在公共利益的界定问题，比如用于商业开发和销售的土地是否属于公共利益的范畴，该不该从农民手中征用，等等，这有待进一步讨论。

姚凹村的剩余建设用地开发模式无疑损害了农民利益，要保护农民的土地利益，要么像北府店那样，在现有体制框架内将其转换为国有建设用地的，允许农民自行开发。要么像我们前面讨论的那样等待给集体建设用地与国有建设用地同等开发权。最方便的办法是按建设用地的市场价值提高补偿标准。这就需要搭建一个集体建设用地交易的市场平台，以便形成补偿标准的市场机制。

郑州市金水区城中村改造调查[*]

一 金水区城中村现状及特征

(一) 金水区城中村改造概览

1. 金水区城中村改造基本情况

金水区目前共有48个行政村,86个自然村,涉及农村户籍人口约20.8万人,5.2万户;涉及的土地面积为4万亩,建筑面积约1995万平方米;已批准改造的城中村(自然村)43个,已经实施拆迁的城中村(自然村)14个,已经改造完成的城中村(自然村)3个。

其中,金水区建成区城中村涉及31个行政村,56个自然村,涉及户籍人口17万,4.5万户;涉及土地面积3.5万亩,建筑面积约1800万平方米;已经批准改造的城中村数量为34个,已经实施拆迁的城中村数量14个,已经改造完成的城中村3个。具体情况如表1所示。

---

[*] 2010年夏,河南省政府研究室与中原发展研究院共同承担郑州市金水区"十二五"发展规划项目,就金水区经济社会发展所涉及的问题进行了系统调查研究,城中村改造是其中一个重要方面,本报告根据调查资料整理而成。主要执笔人张建秋。——耿明斋注

表1　金水区城中村基本情况

片区	村庄数量（个）		户籍人口（万人）	户数（万）	涉及的土地面积（万亩）	建筑面积（万平方米）	已经批准改造的城中村数量（自然村个数）	已实施拆迁的城中村数量（自然村个数）
	行政村	自然村						
全部村庄	48	86	20.8	5.2	4	1995	43	14
建成区城中村	31	56	17	4.5	3.5	1800	34	14
老城区（A8除外）	13	29	5.4	1.2	2.6	1246	26	7
北部组团	14	19	2.9	0.9	0.6	400	3	3
A8片区	4	8	8.7	2.4	0.3	154	5	4
杨金产业园	9	20	1.8	0.3	0.4	95	9	0
金水北区其他	6 2	8 2	0.4	0.1		100	0	0

注：本部分的统计范围不包括郑东新区；老城区的统计范围是北三环以南、中州大道以西、去掉A8片区之外的区域；其他为连霍高速以外到金水北部边界、中州大道以西区域，共有皋村和枃裒两个行政村。

资料来源：本表数据由金水区城中村改造指挥部提供，截止到2009年6月。

"十一五"期间，金水区建成区内56个城中村（自然村），已有34个村（组）被市政府批准实施城中村改造。其中，西史赵、西关虎屯、燕庄、白庙、十二里屯、姚砦、岗杜、任砦、王庄、王马庄、凤凰台、沈庄、黑朱庄、琉璃寺等14个村已实施拆迁，累计拆除建筑物570余万平方米，占建成区总建筑面积的31.7%；拆出土地共6773亩，占建成区的19.4%，其中，为市政基础设施和公益事业提供土地1914亩，占拆除土地的28.3%，村民安置用地1655亩，占拆除土地的24.4%，开发建设用地3204亩，占拆除土地的47.3%。规划建设总面积约1400万平方米，是原有建筑面积的2.5倍。共吸引省内外资金360亿元。

金水区的城中村改造走在郑州市的前列，西史赵村的普罗旺世、西关虎屯的郑州国贸中心、燕庄村的曼哈顿广场等已经成为城中村改造的样板，具体见表2。

表2 金水区部分城中村改造项目一览

项目名称	被改造村庄	占地面积（亩）	总投资（亿元）	开发单位
信和·普罗旺世	西史赵村	1606	30	信和（郑州）置业有限公司
郑州国贸中心	西关虎屯村	70	7.6	河南新田置业有限公司
曼哈顿广场	燕庄村	291	30	河南升龙置业有限公司
风雅颂	柳林村	186	—	河南风雅颂置业有限公司
十二里屯项目	十二里屯	210	17	河南信宇房地产有限公司
白庙项目	白庙	331	50	深圳市淞江投资担保集团
任寨新村项目	任寨新村	80	—	郑州广厦置业有限公司

2. 金水区城中村分布的区位特征

（1）老城区（A8片区除外）

本报告所说的老城区，是指中州大道以西、北三环以南、去掉A8片区之外的区域。

老城区功能定位为传统的政治、文化中心，传统商业服务中心，中心城区主要的生活居住空间，在老城区内分布着信息研发集群、服务商务集群、创意商务集群等高端商务聚集区。

老城区共有13个行政村，29个自然村，户籍人口5.4万人，约1.2万户，涉及土地面积2.6万亩，建筑面积1246万平方米。目前，已经批准改造的城中村（自然村）数量有26个，已经实施拆迁的城中村（自然村）数量为7个，其中西关虎屯村已经改造完毕。

（2）北部组团（片区）

北部组团分为B3、B4两个片区，属于《郑州市城市总体规划（2008~2020）》中确定的"两轴八片多中心"的北部片区，规划范围为连霍高速以南、北三环以北、京广铁路以东、中州大道以西，东西长约7.6公里，南北宽约4公里，规划用地面积30.07平方公里（B3、B4分别为16.31和13.76平方公里）。其中，金水区占77.06%，惠济区占22.94%。

北部组团与老城区联系紧密，用地以居住为主，并含商业服务、体育健身服务、文化休闲旅游服务等多功能的地区级公共中心，打造集体育休闲、商业批发、中小企业商务办公于一体的城市主体功能区域。规划区域内有产业金融集群和都市工业集群等。

北部组团（金水区）共有14个行政村，19个自然村，户籍人口2.9万人，约9000余户，涉及土地面积6000亩，建筑面积400万平方米。目前，已经批准改造的城中村（自然村）3个，已经实施拆迁的城中村（自然村）数量为3个，其中西史赵村已经改造完毕。

（3）A8片区

A8片区位于未来大道以东、中州大道以西和陇海铁路以北的三角区域，总面积达7.98平方公里，紧邻CBD，大部分位于金水区，小部分位于管城区。

金融商务集群位于该片区内，将依托郑州商品交易所形成以期货业为代表的金融业，发展目标是成为独具特色的金融角，与CBD形成错位发展。本片区规划以商业供给、市政办公、对外交通和生活居住功能为主，含有部分公共服务设施。

A8片区（金水区）共有4个行政村，8个自然村，户籍人口8.7万人，约2.4万户，涉及土地面积3000亩、建筑面积154万平方米。目前，该园区已经批准改造的城中村（自然村）数量有5个，已经实施拆迁的城中村（自然村）数量为4个，其中燕庄村已经改造完毕。

（4）杨金产业园

杨金产业园区位于金水区东北部、连霍高速以北、贾鲁河以南、中州大道以东、107国道辅道以西，一期规划6.4平方公里，二期规划6平方公里。

园区以"生态化建设，紧凑型发展"为理念，以"建区造城"为目标，重点发展高投资强度和高成长性的中小型企业，形成聚集效应和产业优势。园区确定的主导产业为电子信息产业、印刷包装产业、服务外包业和物流业，同时还规划有行政办公、金融服务、文化娱乐、居住小区等多个功能板块。

杨金产业园共有9个行政村，20个自然村，户籍人口1.8万人，3000余户，涉及土地面积4000亩，建筑面积95万平方米。目前，该园区已经批准改造的城中村（自然村）数量有9个，但都还没有进行实质性的拆迁。

（5）金水北区（龙子湖·祭城北部乡镇组团）

龙子湖·祭城北部乡镇组团位于郑州市东北部，属于郑州市金水区和惠济区的交界处。该区北临黄河大堤，南面连霍高速公路，西临新107国道辅道，东接京珠高速公路，区域面积40多平方公里，规划中心范围面积13.6平方公里。

规划确定城镇的性质为：沿黄产业带的一个节点，区域的行政、经济、文化中心，以旅游休闲度假为特色的生态园林城镇。

金水北区共有6个行政村，8个自然村，户籍人口2万人，4000余户，涉及土地面积1000亩，建筑面积100万平方米，目前该地区还没有城中村改造意向。

（二）城中村改造是金水区"十二五"规划的重中之重

1. 从建成区扩张的轨迹看城中村改造的必然性

城中村是中国城市化进程中出现的一种特有现象，它产生于二元经济体制与市场经济体制的碰撞。改革开放后的30多年间里，中国的城镇化快速发展，相伴随的是城市的建成区面积迅速扩张，原先分布在城市周边的农村被纳入城市版图，成为城市中的农村。郑州作为中国第一人口大省的省会，又居于全国交通枢纽，市场辐射优势明显，做大做强郑州已经成为河南上下的共识，郑州的要素聚集功能逐渐得到强化，城市的边界也在不断扩张，更多的村庄将会成为城中村。《郑州市城市总体规划（2008~2020）》确定的中心城区用地增长边界为：东至京珠高速公路，西至绕城高速公路，北至黄河湿地保护区，南至南水北调中线工程，面积542平方公里。而2007年底郑州市城市建成区面积才294平方公里（不包括上街区），新的规划使得郑州市的中心城区增加了约84%。

金水区"十二五"以后的城中村几乎涵盖了整个金水区的管辖范围，在空间上金水区已经没有太多可供利用的增量土地，未来的发展必须是在现有基础上的优化。目前北三环以内新增建设用地原则上不再安排房地产项目，房地产土地来源只有通过城中村改造来获得。可以预计，金水区整个范围内可利用的土地将会越来越稀缺，通过城中村改造获得土地将会是一种必然趋势。

2. 从经济社会发展的规律看城中村改造的必然性

截止到2009年底，金水区的城镇化率已经达到93.5%，三产结构为0.6∶15.8∶83.6，走在了全省工业化和城镇化发展的前列。金水区的区位特征和经济基础决定其未来的发展应该侧重城市化，而不是城镇化，也不是城乡一体化。这是因为：一是郑州市未来十年规划的建成区范围已经近乎达到了金水区行政边界，整个金水区都将是郑州市建成区的一部分；二是金水区的经济发展水平比较高，工业化和城镇化吸纳了大量农村人口，使得在金水区范围内的纯农业村庄比较少，未来也就没有必要大规模建设城镇或者新农村，应该把剩余农村纳入金水区城市发展的序列中来，郑州市十年规划就体现了这样一种思想；三是金水区处在经济社会发展的最前沿，郑州市建设超大型城市必然要求金水区率先实现城市化。

另外，从郑州市城区发展的经验来看，需要对城中村改造提前着手、提前谋划。在未来金水区北部组团、杨金工业园和北区的发展中，村庄的改造也应该被纳入规划中。

3. 从提高城市品位看城中村改造的必然性

传统的城乡二元体制造成城中村滞后于时代发展步伐，没有统一规划和管理，以低矮拥挤的违章建筑为主，环境脏乱、人流混杂、治安混乱、基础设施不配套，游离于现代城市管理体制之外，成为中国特色的贫民窟的表现形式。城中村作为城市化过程中的一个历史遗存,其负面效应越来越凸显,在经济、社会、文化、基础设施以及环境等方面与现代化格格不入,阻碍了城市化的进程,影响了城市品位的提升。

另外,"十二五"期间郑州要建设现代化国家区域中心城市,这必然要对大量存在的城中村实施"城市化改造"。通过改造使城中村的经济社会管理活动适合现代城市的要求,借改造之机打造城市名片、营造商业氛围、聚集人气,从而使城中村的经济、社会、文化、基础设施以及环境等实现现代化的跨越。

二 "十一五"期间金水区城中村改造的做法

郑州市的城中村改造,最早可以追溯到20世纪90年代初。1995年,河南华诚房地产开发公司取得位于郑州市东太康路附近的杜岭街道张砦村约103亩地,出于缺少经验等原因,这块土地在长达六年时间内被闲置。直到2001年10月,上海来的郑州长江置业有限公司与华诚集团达成合作协议,于2003年7月,双方联合开发的郑州大上海城步行街正式动工,成为郑州市的第一个城中村改造项目。2003年9月,郑州市政府出台《郑州市城中村改造规定(试行)》(郑政文〔2003〕32号),标志着郑州市城中村改造正式启动,2004年,配套政策《郑州市城中村改造规划、土地、拆迁管理实施办法》(郑政文〔2004〕35号)出台,2007年6月,郑州市人民政府下发了《关于进一步规范城中村改造的若干规定的通知》(郑政文〔2007〕103号),使城中村改造由先期试点转入依法全面改造阶段。随后,郑州市政府相继出台了一系列补充性文件:《关于城中村改造有关政策实施中具体细则的会议纪要》〔市长办公会纪要(2007)61号〕、《关于城中村改造经验总结和措施完善等问题的会议纪要》〔市长办公会纪要(2007)100号〕、《关于城中村改造中廉租住房和周转房建设有关问题的通知》(郑政文〔2007〕208号)、《关于禁止城中村擅自拆迁和擅自开工建设有关问题的通知》（郑政文［2007］209号）、《关于印发〈郑州市城中村改造工作流程（试行）〉的通知》（郑政文［2008］120号）等。

金水区在郑州市政策框架内，根据实际情况，逐步探索出一条可供其他地区借鉴的城中村改造模式，这就是被人们津津乐道的"燕庄模式"。具体的操作中，坚持"政府主导，商业运作，群众自愿，一村一策"，逐渐走出了一条村民、开发商、政府三者共赢的路，其主要内容如下。

（一）市场化的拆迁补偿原则

金水区根据经济发达、区位较好、土地经济价值较大等区情特点，逐步形成了城中村改造的市场化补偿机制，严格依法分类评估，确定拆迁房屋的市场价值。

在补偿方式上，被拆迁人可以选择货币补偿和产权调换两种方式。补偿标准以建筑面积为基准。具体地说，原村民合法宅基地上住宅的拆迁补偿、安置以建筑面积为依据，村民宅基地面积134平方米以下的，三层以下（含三层）的合法建筑面积据实审核，选择货币补偿的按市场评估价给予补偿，选择产权调换的原则上三层以下（含三层）的合法建筑按"拆一还一"的标准给予安置。

对于三层以上的建筑面积，郑州市没有统一的补偿标准，原则上根据实际情况而定。金水区实行的是三层以上按照3∶1～5∶1不等的标准补偿，也就是说根据地理位置等因素按照拆3～5平方米补1平方米的标准补偿，且一般经过市场化评估采用货币补偿。

对村（组）合法的办公用房、集体经济组织经营用房和其他用房进行拆迁，以建筑面积为依据按拆一平方米还一平方米的标准给予安置。

这种以市场为导向的尊重客观经济规律的拆迁补偿机制最大限度地保证了改造的顺利进行：第一，市场化的有层级的补偿标准符合经济规律，能够体现出建筑物原有的经济价值；第二，产权置换保证了拆迁户拥有足够的住房，货币补偿又增加了其选择的机会，拆迁户在心理上也能够接受；第三，保证了集体财产不受损害。

（二）城中村改造与商圈建设、产业结构提升相结合

城中村改造必须与商圈建设和产业结构提升相结合，原因有二：一是郑州的城中村星罗棋布，很多村庄位于市域空间的黄金地带。在土地控制越来越严的大背景下，通过城中村改造腾出大量建设用地，在建设安置住宅房的基础上，积极引导房地产开发商建设商业用房和写字楼，将城中村改造与周边现有市场改造升级相结合，根据区内产业布局有选择地招商经营、发展商圈经济和楼宇经济。所以说，这些稀缺的土地利用应该有一个长远规划，不应该满足于简单的商品房开发，应向持续不断的商业活动要效益，不断拉长产业链。二是金水区的经济发展已经处于工业化后期，2009年三产结构为0.6∶15.8∶83.6，但三产内部结构不完善，生产型服务业发展不足，尤其是房地产、金融、物流等附加值较高的现代服务业占比较低。这样的产业结构与金水区未来确定的四大产业（金融保险业、文化创意产业、高新技术产业、总部经济）要求不相适应，城中村改造为这些产业结构的提升创造了机会。

按照这种发展思路，近几年金水区的城中村改造已经出现了若干成功案例：一是结合燕庄、沈庄、黑朱庄、姚砦、王庄、张庄和凤凰台等7个城中村改造项目，在中州大道、未来路、货栈街大三角区域规划建设河南现代服务业集聚区（金融三角）；二是结合西关虎屯城中村改造项目在花园路、农业路交会处形成以主力百货、商业街区为主的商贸购物中心；三是结合白庙及河南科技市场升级改造，在东风路与文化路交会处、东至花园路一带规划建设全省IT产业集聚区。城中村改造使金水区产业得到升级，为楼宇经济和城区经济提供了重要的物质载体和发展空间，对全市经济跨越式发展也起到了不可估量的推动作用。仅以燕庄和西关

虎屯为例，先后引进了沃尔玛、家乐福等世界500强和大商集团等一大批国内外知名企业，不仅繁荣了市场，增加了税收，还提供了近3万个就业机会。

（三）统筹兼顾弱势群体的住房诉求

城中村内居住着大量的大中专毕业生、外来务工人员和城市困难群体，北三环以外平均每个城中村居住着1万的流动人口，这些是郑州市经济持续发展不可或缺的力量。城中村改造势必会影响到承租低价房源的外来人口居住，城中村改造如果不考虑这些弱势群体租房诉求，将会导致社会不稳定。

金水区在具体的实施过程中，安置房和村集体经济用房用于出租部分要优先规划建设小户型、简装修房，在村民安置用房、村集体经济用房、配套开发商品住宅房中60平方米以下小户型住宅面积均不得小于其总面积的30%，开发企业和村集体要分别提供5%的小户型简装修住宅，按照每月每平方米5元的租金标准出租给辖区政府，作为过渡性廉租房房源，租期分别为5年和10年，由区政府统一管理，租用期满后由开发企业自行处置。这些举措兼顾了城中村内的大中专毕业生、外来务工人员和城市困难群体的居住需求。

三 金水区城中村改造存在的问题

（一）建筑面积不合理地增加，拆迁安置成本很高

城中村乱搭乱建现象比较普遍，违章建筑较多，有的不顾地基的约束，无限制地在原来的基础上增加楼层，不仅导致了较大的安全隐患，更重要的是如果按照目前的补偿标准，他们获得补偿的面积将会很大，拆迁成本很高，这打击了开发商的积极性。

乱搭乱建的主要原因有两个：一是超额的预期收益，已经参与改造的城中村的村民获补偿后按照市值计算每家资产基本都在百万元以上，为了获得更多的补偿他们极力增加建筑面积；二是租金的诱惑，出租房屋的收益是城中村居民收入的一个主要来源。

上述原因导致还未列入改造规划的村庄无限制地扩大立体建筑面积，目前楼房多为5~14层，部分已达到16层。这些楼房间距较小，整体建筑密度很大，相邻两家的楼房从彼此的窗户就可以通过，被戏称为"手拉手"住房。

可以测算一下，还是以三分半地的宅基地为标准，三分半地就是233.45平方米，以3/4的面积为实际建设面积，也就是房屋每层占地应该是233.45×0.75=175平方米左右，三层以下（含三层）按照1∶1的比例产权置换，也就是需要置换出175×3=525平方米；三层以上（不含三层）按照4∶1的比例置换，则每层可以置换出175×0.25=43.75平方米。也就是房屋每增加一层，则就可以多置换出43.75平方米，可以想象，一个拥有16层的居民要比拥有5层楼房的居民多置换出175×0.25×11=481.25平方米。与此同时，郑州市政府规定，拆迁安置比为1∶2，而城中村整个村庄改造能腾出来的面积也是有限的，固定的安置比与更多的补偿面积使得拆迁成本很高，陈砦就是此类的典型。

（二）较高的安置开发比改变了原有的利益分配格局，降低了村民、开发商的积极性

这主要涉及的是《关于进一步规范城中村改造的若干规定的通知》中部分条款的规定，其中第五条规定城中村改造的安置开发比为1∶2；第二十一条规定，安置开发比以外的土地，纳入市人民政府统一收购储备，收益由市、区两级人民政府分成，比例由市人民政府另行确定。

这条规定背后的意义是"政府开始参与分切蛋糕"：第一，1∶2的安置开发比较高，过去城中村改造拆迁安置与商品房开发土

地的配比一般在1:2.7和1:3之间，这一规定就相当于开发商配套商品房开发的面积减少了近1/3，配比的规定制约了城中村改造的利润空间，打击了开发商参与开发的积极性；第二，1:2的安置开发比以外的土地，纳入市人民政府统一收购储备，土地出让收益由市、区两级政府分成，这意味着原本拥有这些集体土地的村民不能直接享受土地的增值收益，而村民转变为居民后的生活保障与就业问题通过土地增值收益来安排至今也没有明确详细的规定，村民的利益反差十分明显；第三，对于政府来说，安置开发比以外土地的增值收益由开发商和村民转移到市、区两级政府，政府从这一部分土地的增值收益中为城市配套建设和廉租房建设抽取部分资金，这相当于开发商和村民为公共服务买单。

另外，1:2的安置开发比并不适合所有村庄，对于存量土地较少、商业机会不足的村庄，较高的安置开发比导致开发商的利润空间不足，开发商没有积极性，从而拖延该村改造的步伐。在调研的过程中发现，陈砦就是这样一种情况。

（三）思维模式固化，城中村居民身份的转换滞后于其生产方式的转换

城中村居民已经脱离传统的农业生产方式，同时由于拆迁占地补偿以及村集体财产的分红等福利保障，这些城中村居民的生活福利已经远远超出普通市民。我们以拆迁补偿来估算一下他们的财富，如一个五口之家，三分半地的宅基地，楼房有10层，每层的建筑面积约为175平方米，三层以上的置换比例为4:1，那么其可以置换的总面积为 $175 \times 3 + 175 \times 0.25 \times 7 = 831$ 平方米，如果按照目前6000元/平方米计算，则该家庭拆迁后的财富为 $831 \times 6000 = 4987500$ 元，家中每人基本都是百万富翁。

如果以财富来衡量，城中村居民有更多的理由成为市民。但是经过我们的实地了解，金水区乃至整个郑州市目前改造后的城中村居民的身份并没有变化，也就是说改造后的类似于西关虎屯

村民的身份仍然是农民，他们的户口簿并没有随着生产方式的改变而改变，这些城中村居民并没有得到市民的待遇。

查阅相关政策文件后发现，郑州市对城中村改制已经有过明确规定：《郑州市城中村改造规定（试行）》（郑政〔2003〕32号）中第六条规定，城中村转制，是指城中村由村民自治管理体制转变为城市居民自治的管理体制，转制后的城中村按城市管理体制统一规划、建设、管理；第七条规定，城中村的集体土地依法全部转为国有土地，村民由农业户口转为居民户口；第八条规定，列入改造范围内的城中村撤销村民委员会，依照有关规定设立社区居民委员会，就近划归城市街道办事处，或根据管理需要设立城市街道办事处；第十五条规定，城中村的村民转为城市居民后，其就业统一纳入城市就业管理，并享受社会保障、职业培训、职业指导、职业介绍等待遇；第十六条规定，市、区劳动保障部门的劳动就业培训服务机构，应为有劳动能力且有就业要求的原村民提供专门的技术培训，并推荐就业，技术培训所需经费由区财政负担；第十七条规定，城中村转制后，符合本市最低生活保障条件的居民，享受最低生活保障。

可以看出，郑州市在政策文件中对城中村改造后村民的身份、地位、社会管理以及应享有的福利待遇等都作了相关规定，但现实的情况与此差别很大。这种现象的原因主要是思维方式固化，认识不到位。这些人遵循这样一种逻辑：经过城中村改造，这些"农民"享受到了巨大利益，享受到了集体土地增值的溢价，若再将其转化为市民，他们会比保持农民身份得到更多，但这些"农民"已经得到了作为农民的好处，就不应该再享受城市居民的待遇，不能两头都沾光。持有这样观点的人被固有的价值观左右了正常判断。他们还想当然地认为计划经济时代的户籍制度的利益差别仍然存在，但实际上已经可以忽略不计了。我们具体分析一下，隐含在农村户口和城市户口之间的利益差别主要体现在医疗保险、养老保险和失业保险等，以下分别分析之。

1. 医疗保险

农村有新农合，农民交20元，各级政府补助120元（国家80元，地方政府40元），共140元；城镇居民有基本医疗保险，城镇居民交70元，各级政府补助120元（国家80元，地方政府40元）。对二者各级政府的补助标准是一样的，但是城镇居民比农村居民多缴纳了50元。在可享受的收益上，新农合2010年最高可报6万元，而城镇居民大病年度最高可报18万元。在这个意义上，农村居民转换成市民后，在医疗保险上的边际收益是在递减的。城镇居民报销得多是因为缴纳的成本也在同步提高。所以说，城镇居民与农民在医疗保险上的差距并不像人们认为的那样巨大。

2. 养老保险

目前郑州市城镇居民和农村居民执行的是一个标准，2008年7月4日，郑州市政府发布了《郑州市城乡居民基本养老保险试行办法》，城乡居民基本养老保险费缴费基数按郑州市上年度城镇居民人均可支配收入和农村居民人均纯收入的算术平均值确定。缴费比例可按照缴费基数的6%、7.5%、10%、20%、30%选择；有条件的城乡居民也可按照缴费基数的50%、85%选择。

3. 失业保险

农村居民转换成市民后，失业保险也不会给政府财政带来压力。失业保险金的领取有一套严格的限制标准，2001年12月6日颁布的《河南省失业保险条例》第三条中明确了失业人员的范围，是指在法定劳动年龄之内，具有劳动能力，与用人单位依法终止或者解除劳动关系，并已参加失业保险的人员；第二十条规定，领取失业保险金的前提条件是缴纳失业保险费满一年。对于大多数城中村居民来说，他们转换成市民后很少有人能享受到失业保险，因为这些居民要么不工作，要么与工作单位没有固定的劳动关系。即使有部分农转非的市民达到参加失业保险的标准，也不可能享受失业保险，《河南省失业保险条例》第二十四条有规定，享受基本养老保险待遇的应停止领取失业保险金，并同时停止享受其他失业保险待遇。因为城中村居民要么参加了新农保，要么参加了城乡居民基本养老保险，所以说，转换身份后的城中村居民真正可领取失业保险的人数可以忽略不计。

（四）改造不彻底，集体资产的存在阻碍了城中村的现代化转型

1. 集体经济改革的意义

（1）集体经济改革是城中村成功转型的关键

城中村完全融入城市是一项系统工程，除了原有村集体资产的处置和集体经济组织变革之外，还涉及农民向居民户籍管理变更问题、行政管理体制转换问题、公共设施投资和管理问题、转制后居民的社会保障问题等。但城中村集体经济改革是解决其他问题的根本，是城中村转型过程中的主要矛盾。经济基础决定上层建筑，只要村集体存在，村庄就必然存在。这种传统的农村经济社会管理体制与其所处的环境不相适应，这种集体财产的存在使得城中村居民不能完全融入城市，不能完全按照市民的标准来要求自己。

（2）集体经济改革是经济社会发展的必然要求

目前城中村的集体经济组织的产权极其模糊，或者说是虚拟、非人格化的，集体资产的名义所有者（村民）的收益权并不能真正得到实现。由于产权不明晰，在微观层面，不利于形成基于产权的有效激励和约束机制，降低要素使用成本，也不利于企业的重组、兼并，必将导致竞争力的弱化和效益的下降；在宏观层面，不利于社会资源的有效配置。理清城中村集体资产的产权关系，改革城中村集体经济产权制度，是实现村集体资产保值增值的根本保证。

2. 金水区城中村改造集体经济的问题

对于集体经济改革，《郑州市城中村改造规定（试行）》（郑政〔2003〕32号）第十二条规定，城中村村民委员会、村民小组

撤销的同时，分别组建股份制企业，村民委员会、村民小组的集体资产股份化后转为股份制企业资产，由集体法人股东和个人股东持股，集体法人股原则上不低于40%。达不到单独组建股份制企业条件的，经原村民会议或村民小组会议决定，可将集体资产以入股形式与其他经济组织共同组建股份制企业。第十三条规定，个人股的收益归个人所有；集体股的收益除用于扩大再生产外，主要用于为未就业的原村民办理社会保险和其他集体福利事业。

对于集体经济的处置，体现出进步性，集体资产转为股份制企业资产的个人持股部分，实行从一个时点开始，"生不增、死不减、进不增、出不减"的原则，在一定程度上克服了集体经济的弊端。

但从另一方面看，这样的政策安排是不彻底的，集体资产经过股份制改革后并没有消除，其中的集体股仍然存在，集体股的存在也就意味着村集体的存在。还有，集体股收益的目的主要不是扩大再生产，而是为未就业的原村民办理社会保险和其他集体福利事业，这样一种安排意味着"村"这样的社会组织在现代城市中会持续存在下去，不利于"村"在城市中的彻底消失以及城市社区结构的规范化。

四 解决问题的对策

（一）强化宣传，转变思想观念，量化利益差别

经过上面的分析可看出，农村户口与城市户口在基本的利益上并没有较大的差别，转换成市民并不意味着政府财政负担的增加，户籍制度的差别并不代表着利益的巨大差别。因此，有关部门应该大力宣传相关政策，把涉及城市户口和农村户口的相关利益量化，使人们认识到两者之间究竟存在什么样的利益关系。

例如，中共武汉市委武汉市人民政府颁布了《关于积极推进

"城中村"综合改造工作的意见》，明确了"城中村"集体经济改制、村民户籍变更、劳动和社会保障等政策和措施，有力地推进了武汉城中村改造的顺利实施。武汉市的做法是值得学习的。

（二）村集体经济多元化改革

金水区未来的定位是城市化，城市化就意味着村庄的消失，村庄消失的前提是其经济基础的消失，必须淡化集体经济，未来集体经济的运转模式可选择以下方式。

1. 股份合作制

将城中村现有非企业性集体资产，包括土地收益、公共设施、对外投资、对外债权、公共积累等，经过评估确认其价值后，根据不同的年龄、村龄等指标，量化分配成村民股份。在此基础上，成立股份合作制性质的集体资产经营公司，由股东大会选举产生公司领导，代表居民经营管理量化后的股权资产。持股居民依法享有管理者、重大决策、收益分红等出资人权利。村民死亡或者调离，其股权可以继承和转让。

2. 有限公司模式

依照现代企业制度产权清晰、权责明确、政企分开、管理科学的要求，城中村现有企业性集体资产经评估定量后，对于净资产部分可以采取公开拍卖、协议转让等方式进行处置，将该类型企业改制成完全符合《公司法》的有限责任公司。对于净资产比较多的企业集体资产，还可以采取保留一部分、转让一部分、吸收一部分的方式，组建具有多元化投资主体的有限责任公司。属于集体的股权由集体资产经营公司拥有，村民按照所获量化股权比例享受分红权等。

3. 物业公司模式

对于房屋、店面等集体资产，在评估作价后，可以按照前述原则折算为居民股权。还可以结合部分村民自有出租房屋，共同组建物业管理公司，令其代表村民对该部分资产进行管理，所收取的房租、承包费等利润，在扣除物业公司运转费用后，其余部分由村民按照量化后享有的股权比例进行分配或转股。

4. 信托模式

对于一些村民自有的房屋店面或闲散财产，在改制时可以考虑设立资产管理信托公司，由村民集体入股建立信托公司，然后由村民与信托公司签订信托管理合同，由该公司进行统一规划、管理，确保村民利益的保值增值。

（三）必须用全局的思维来统领城中村改造

城中村改造涉及多方面的利益，如果规划不当，利益协调机制不健全，在拆迁的过程中极有可能造成矛盾。所以城中村改造必须要有全局思维，把其纳入城市整体规划。这主要体现在以下三个方面。

1. 规划要理性化、系统化

如果没有长远科学的规划，郑州三环以外将出现新的城中村，城中村改造很可能陷入一个怪圈，老的拆了，新的又形成了，而且新的城中村问题会更严重，政府将要花费更多的精力来改造。政府要超前做好规划，将它们提前纳入城市规划，形成一个全面协调的方法。比如说在这些村庄里，政府要引导老百姓不要私搭乱建，不要再盖问题楼。如果我们认识不了这个，仅仅盯着已经形成的城中村，而忽略了城市周围将要形成的城中村，那么十年以后，我们仍将面临城中村的改造问题，陷入拆拆扒扒的恶性循环。

2. 统一协调，捆绑开发

这也分为两个层次：第一个层次是，两个互不相连且商业价值差异较大的若干村庄，应该交由一个开发商操作，使其能够保持行业的平均利润，例如陈砦应该和一个开发价值较大的村庄捆绑开发。

第二个层次是成片开发，这主要是针对金水北区来说的。金水北区未来的定位是全国一流、河南第一的生态新镇，目前的建设还处于初级阶段，需要大量的基础设施建设和商业开发。为了保持规划的统一性和科学性，最好选择一个有实力的开发商整片统一开发。

3. 土地出让应采取招拍挂和协商多种形式

具体来说，政府相关部门可以根据相关规划制定一套标准，商业价值较高、存量土地较多的村庄采用招拍挂方式，以提高土地的利用效率；而对于那些商业价值不太明显且土地资源较少的村庄可采用开发商和村集体协商的形式，这种形式比较灵活，双方可以在各自的限度内找到合适的利益平衡点。也就是说，存在市场失灵的城中村改造项目应该采用协商形式，同时政府相关政策也应该予以支持，例如如果一个开发商投资后一种城中村，那么应该在其开发有富余土地的村庄时把安置开发比以外的土地划给开发商（《关于进一步规范城中村改造的若干规定的通知》第二十一条规定：安置房和规定安置开发比以内的配套开发商品房用地按照有关规定采取招标、拍卖、挂牌方式出让。规定安置开发比以外的土地，由市人民政府统一收购储备，收益由市、区两级人民政府分成，比例由市人民政府另行确定）。

新型城镇化

——村庄改造与农村社区建设调查报告[*]

根据卢展工书记的指示精神，由省委农办组织，省农办常务副主任余学友、副主任张宇松带队，省政协经济委员会主任林景顺及省建设厅、国土资源厅、省发改委、省地调队、省科学院等省直部门相关方面负责人，河南大学、郑州大学、河南农业大学、河南财经政法大学等高等院校专家一行16人组成的调研组，于2011年4月6日至4月10日先后赴郑州、洛阳、平顶山、新乡4市，实地察看了荥阳市贾峪镇洞林湖、上街区西林子、新密市来集镇杨家门、孟津县姚凹、伊川县城关镇北府店、栾川县赤土店镇赤土店新村、郏县冢头镇前王庄、延津县古固寨镇、卫辉市唐庄镇、辉县市孟庄镇、长垣县魏庄镇等20多个改造建设点，就村庄改造和农村新型社区建设进行了深入而系统的调查研究。现将调研所得情况梳理一下，并在此基础上对相关问题做些思考与探讨。

一 村庄改造与新社区建设的四种类型

实地考察所涉及的4市20多个改造建设点，都是2006年以后

---

[*] 本文写于2011年4月23日。

启动的，最初动因是新农村建设和改善农民居住和生活条件，但具体的推动力量和改造建设模式却千差万别。按照具体动因和改造建设模式的差异，可分为商业开发、塌陷区治理、扶贫搬迁和改善居住条件四类。

（一）商业开发

此类情况以郑州荥阳市贾峪镇洞林湖新村、豫龙镇槐西村，上街区全部30个行政村，洛阳孟津县姚凹村、伊川县城关镇北府店村等为典型。

1. 荥阳市贾峪镇洞林湖新村

概况：洞林湖新村是由贾峪镇主导规划建设的一个新型农村社区，称"中心示范村"。该社区涵盖洞林寺、周垌、邢村、郭岗、鹿村等5个行政村，涉及14个自然村落，共1642户，近6000口人。区域面积6.6平方公里，近1万亩，其中包含2000亩基本农田，其他为村庄占地1600亩（市长说宅基地应该有2500亩）、荒山、荒坡、林地、水面等。2006年开始拆迁建设，拆了19万平方米旧宅，建了40万平方米新房，每户平均243平方米。以原行政村为基础，形成了相互间隔有一定距离的5个居住片区。目前90%村民已迁居新居。

建设模式：洞林湖新村的开发建设模式是"镇政府主导，开发企业运营为主"。具体说就是镇政府提出新村建设规划和村民搬迁及旧村整治和土地处置方案，征得村民同意后，引入开发商投资建设，开发商无偿获得村民集中居住以后剩余的集体建设用地和有偿获得耕地及其他土地的使用权，用于商业开发，开发所得收益除补偿安置村民建设投入以外，剩余部分用于投资回收并获取投资利润。

规模与功能：按照开发商规划，该区域最终要投入50亿元，建成具有完善的污水处理系统和垃圾处理系统等公共基础设施，并具有休闲度假、游乐购物、基础教育功能，规模达6万~7万人的现代化新型社区。除安置本地村民6000人外，还可供约6万人在此购房居住。如果按3口之家的城市户均规模，就是2万户，每户平均按150平方米的面积计算，商品房的建设规模就是300万平方米，可见，该社区是一个规模宏大的房地产开发建设项目。

补偿方式：拆一平方米旧房补一平方米新房。在此之外还想多要新房，在一定标准内可以每平方米550~750元的优惠价格（成本价大约1000元）购买。由于土地地上附着物，如树木等也要计价补偿，附着物补偿的钱可用于支付旧房拆迁补偿以外新增购房价款，所以，一般农户多要的房子也基本上可以不出钱。土地权益的处置方式分为宅基地和耕地及荒地两种。宅基地部分，在开发商以新建房屋等面积及附着物作价补偿完农户以后，除安置村民占用的部分外，剩余部分使用权就无偿归属于开发商了。据测算，洞林湖新村涵盖的5个行政村原宅基地占地总面积1600亩（市长说至少2500亩），村民安置占地500亩，剩余归属于开发商的建设用地1100亩（按市长的测算是2000亩）。耕地和荒地部分（应该是7500亩~8400亩）全部由开发商承租经营，要么用于公共基础设施建设和商品住宅用房及商业用房开发，要么用于种植业经营，每亩每年向农民支付租金1500元。

问题一：农村集体建设用地用于商业地产开发的合法性问题。据了解，洞林湖新村剩余集体建设用地已全部转成了国有建设用地，完全可以合法地进行房地产开发和销售。

问题二：会否有后遗症？洞林湖新村开发建设主体是河南新田置业有限公司。按照6.6平方公里和6万~7万人的开发建设规划，未来全部土地恐怕都要逐步转换成建设用地，土地用途的转换，必然带来巨额的级差地租收益，到那时候，村民还与这些巨额的收益有关么？他们还能够分享这种土地收益增值吗？如果不能分享增值收益，农民会不会因此而产生与政府和开发商的纠纷？这都有待观察和审慎对待。

此种开发建设模式的前提条件：此种开发建设模式的前提条

件有两个,一个是当地人(镇政府或村委会)诱人的功能概念规划;一个是对开发商的吸引力。这两个条件成立的基础只有一个,那就是靠近市区,从而有可能成为城市的辐射区甚至未来会成为城市社区的一部分。洞林湖新村之所以得以用此种方式开发运作,就是因为它靠近郑州市区,已经成为郑州市的辐射区甚至未来会成为郑州市区的一部分。该区域向东4公里即航海路和西四环,向北9公里即中原路向西延伸线,道路都开通后,到郑州市区也不过数分钟车程。并且这里有水、有寺、有沟,地形曲折起伏,自然形成了一道风景线,未来对追求高品质生活的城市居民有较强的吸引力。需求提升了这里土地的潜在商业价值,新田置业眼光独到,较早识别出了其商业价值,从而使得此种开发运作模式得以成功启动。

2. 荥阳市豫龙镇槐西村

与贾峪镇洞林湖新村引入外部资本建设新村,安置村民以后所剩余建设用地无偿归属于地产商的模式一样。槐西村位居郑州市中原西路南侧,东距郑州市西四环不足9公里,在荥阳市荥泽大道以东,豫龙镇南2.5公里处,属于荥阳市产业聚集区的中心地段,已被列入荥阳市东区整体规划及荥阳市第一批待改造的城中村。槐西全村3160人,耕地3400亩(据说多已被征用或占用),村庄占地980亩,从2007年开始,该村引入河南易升合置业有限公司对旧村进行投资改造,基本办法是公司投资建设村民安置房,按每处宅基地无偿送一套120平方米新房的办法进行补偿,此外,每户还可按照成本价格再购买一套同样的房子,这样,实际户均可拥有2套安置房。根据测算,安置全部村民需要占地310亩,可腾出建设用地670亩,由房地产商无偿获得并用于商业房地产开发,商品房销售所得弥补村民安置房投入及其他各种成本支出以后剩余的部分为开发商利润。据介绍,包括村民安置房在内的所有开发用地都已通过合法程序转换成国有建设用地,村民安置房也可以以商品房名义出售。据悉,这里未来8~10年要投入15亿元,建成可达4万人的社区。

3. 上街区30村改造

上街是1958年因铝工业发展而建设的城区,区域总面积61.17平方公里,总人口13万,其中农业人口4.2万,包括30个行政村、12699户、耕地31469亩、林地21929亩,人均耕地仅有0.74亩。2006年开始启动村庄改造和新村建设计划,截至2010年底,已完成11个村的改造与建设工程,计划在未来3年内完成剩余19个村的改造和建设,届时,上街区30个村将与城市融为一体,真正实现城乡一体化。

上街区的村庄改造与新社区建设以南部山区西林子、东林子、营坡顶、杨家沟、老寨河等5个行政村整体搬迁开发最为典型。该处共4000余人、1200多户,区域总面积1.7万亩,其中建设用地3676亩、其他土地13324亩。上街区在统一规划的基础上,引入易居国际集团控股有限公司,在建设新社区和妥善安置村民的基础上,获得全部1.7万亩的土地开发权,计划未来12年内投资40亿元,建设集生态观光、山地运动、山居度假、休闲养生、文化娱乐于一体的综合旅游休闲度假区。一期已投入6亿元,建成莱蒙多骑士俱乐部、埃克森高尔夫练习场、卢卡多乡村酒店、爱斐堡庄园等4个休闲项目和34栋卢卡小镇定制庄园。

4. 伊川县城关镇北府店村向阳社区

伊川县城关镇北府店村位于伊川县城,全村共有8个村民组、780户、3300口人,由于县城扩张,耕地基本上已被征用完毕,村庄也被各种建筑设施包围,村民均在非农产业就业,属于典型的城中村。县城地价已达每亩60万元,村庄占地商业价值凸显。自2008年开始,该村自筹资金,自行开发建设新区,安置村民,剩余集体建设用地通过招拍挂程序转化成国有建设用地,自行进行商业开发。一期工程已于2010年12月完工,建筑面积7.8万平方米,建设住宅楼12栋600套,安置村民400户。二期工程规划建设住宅楼13栋、住宅1138套,建筑面积14.8万平方米,现已开工。

全部拆迁改造工程项目总投资达4.5亿元，现已投入1.2亿元。

该村村庄占地共240亩，安置村民占地80亩，剩余土地160亩用于商业开发。建安置房共1700套，每户可无偿分得2套，老宅基地开发成商业用房，按拆1平方米给1平方米的补偿标准向村民分配。如果不要商业用房，就丈量老宅占地，按每亩40万元价格现金补偿。

5. 孟津县朝阳镇姚凹村

姚凹村位于朝阳镇区北侧，洛孟公路和洛吉快速路穿村而过，距县城4公里，是规划的县城新区的一部分。

该村由15个村民组构成，共699户、2800多人、3600亩耕地。该村拥有自己的建筑队等非农产业，经济条件较好，加上村民原散居在山地丘陵的沟底坡边，有改善居住条件的强烈要求，2007年开始筹划，方案经村民大会通过后，2008年开始建设，现在已建成12栋多层居民楼，共投资3500万元，安置村民365户，占总户数的53%。资金分摊的基本办法是：土地集体无偿供给，居民支付建筑成本，每平方米2008年是400元，2010年是600元，市县政府提供基础设施建设资助（共300万元）。居民搬迁，耕地复耕后变成耕地，扣除安置居民新村占地，共剩余集体建设用地600亩。

姚凹的村庄改造和新社区建设模式存在两个问题：一是剩余集体建设用地处置，二是在自愿搬迁的原则下，一些在老宅居住条件好的村民不愿拆旧搬新。目前对集体剩余建设用地的处置办法是，县乡政府给村民复耕补偿金，每亩地大约2万~3万元，建设用地指标县乡政府另作他用。对此，当地村干部反映补偿标准过低，说山东每亩集体建设用地指标补偿标准高达20万元，县乡干部则认为集体建设用地由政府分配使用并给村民以2万~3万元补偿符合相关规定。实际上，这是所有形式的村庄改造和新社区建设中需要研究解决的最实质，也是最核心的利益问题。部分村民不愿拆旧搬新，当地干部说并没有很好的解决办法，只能听任村民自由选择。如此，村庄改造和新社区建设或许会拖着一个长长的"尾巴"，持续较长时期，自然会影响到原宅基地重新开发使用。

（二）采矿塌陷区搬迁安置

有两种情况，一种是新密市煤矿塌陷区搬迁安置，一种是栾川钼矿区搬迁安置。

1. 新密煤矿塌陷区搬迁安置

新密是河南省重要的煤炭集中产区，煤炭塌陷区面积大。从2006年开始，新密市结合煤炭塌陷区治理，启动村庄改造和新社区建设工程，截至目前，全市已累计投资29.3亿元（其中：郑州市奖补1.06亿元，新密市配套1.06亿元，整合部门资金3.28亿元，村集体投资4.32亿元，农民投资12.52亿元，社会帮扶7.06亿元）。

新密市煤矿塌陷区搬迁安置以来集镇最为典型，该镇区边上正在建设的和谐新村，属3村联建，涉及40村民组、2400户、10000余人、12平方公里面积、6000亩耕地，原村庄占地3500亩，新村占地415亩，通过搬迁改造可腾出剩余集体建设用地3000多亩。建设方式属于镇政府统一规划、以村为单位自建，村庄是建设主体，社区基础设施建设资金由市县乡村四级投入，居民负担房屋建设成本，每平方米大约800元，但每拆1平方米旧房补给490~600元，居民实际负担建房成本的1/3。

这种模式之所以得以启动，首先是塌陷区治理国家有政策补贴和煤炭企业出资，其次是县乡政府及村庄经济实力雄厚，当地民众富裕，富人较多，社会筹资较为容易。

2. 栾川钼矿区居民搬迁安置

栾川县赤土店镇位于栾川县中部，距县城北6.4公里，全镇辖10行政村，共1.3万人、152平方公里面积。该镇花费81万元对全镇国土面积进行整体规划，拟将全镇2/3人口集中到镇区，然后对其余土地进行生态化处理，用于旅游休闲。该镇正在建设的新社区涉及4个村、1016户，3个村是整体搬迁，其中1个位于冷水乡钼矿区，因钼矿开采而整体搬迁至此。此类搬迁采取的是钼矿企业对原村庄居民涉及的宅基地、耕地、荒坡林地、住房等所有利益打包测算，一次性补偿，向每户支付现金23万元，大约基本上够支付赤土镇社区300平方米一套的房款。钼矿企业则获得原村庄全部土地的使用权。

这种搬迁模式的特点是村民无需自筹建房资金，建房资金由企业补偿支付，土地由政府供给，基础设施投入由政府补贴。

（三）扶贫搬迁

近年来，针对深山区及其他交通不便、耕地狭小、原本不具备生存条件的地区，政府鼓励并实施搬迁扶贫的办法，即政府用扶贫资金资助扶贫对象搬迁到异地建新居，这成为村庄改造和新社区建设的重要方式。

扶贫搬迁以栾川县白土乡最为典型。白土乡位于栾川县西北部，距县城将近90公里，居栾川、卢氏、洛宁三县交界处，属于最偏远的深山区。近年来，在镇政府所在地规划了汇安苑和建湾河畔两个小区，在安置附近村民的基础上，接纳遥远山区扶贫异地迁入的村民，现已入住844户、3000余人。

扶贫搬迁的费用支付办法是：在政府通过规划建设，促使镇区及附近居民集中居住的前提下，将剩余建设用地用于搬迁安置房建设，社区基础设施由各级政府投入，搬迁居民负担房屋建设成本，并享受一定的扶贫补贴。搬迁居民原居住地老宅基地和承包地仍归原居民使用和经营。

（四）改善居住条件

平顶山、新乡两市绝大多数村庄改造和新社区建设属于此类。

近年来，由于经济发展、收入增加，再加上农村务工人员日益增多，农民富裕程度日益提升，改善居住条件的愿望日趋强烈。

顺应农民的这种需求，借着新农村建设的东风，2006年以来，平顶山和新乡两市几乎同时整体启动了大规模村庄改造和新农村建设工程。平顶山提出了未来10年形成三个1/3的人口分布格局，即至2020年，全市总人口按600万人计算，中心城区集中200万人，中心城区以外的3个县市和重点镇集中200万人，农村社区（他们称中心村）集中200万人。据此思路，他们将全市2591个行政村规划为539个中心村，计划用5年时间使50%的中心村的基础设施基本完善并形成建设规模，用10年左右的时间基本建成。新乡市则将3700多个行政村规划为1050个新型社区，两市基本上都是4村左右并一村，每个社区（中心村）3000~5000人，基础设施投入1000万元左右，由市县两级政府整合各类支农资金加上两级财政投入，无偿使用村庄自有宅基地，农民自己负担建房成本，一般都是统一规划的联体别墅式，一户一院，房屋面积200多平方米，成本在10万~12万元之间，每户占地面积在0.4~0.5亩，比原来每户将近1亩的占地面积节约一半至40%建设用地。目前，两市的新农村社区建设已全面启动，新乡市第一批已经启动369个。

平顶山市以郏县冢头镇前王庄村最为典型。前王庄村共400户、1400人、1300亩耕地，该村是对日出口蔬菜基地，由龙头企业远航实业有限公司牵头，多数农户都从蔬菜种植和出口加工中受益，所以总体收入水平比较高，农民人均纯收入达8000余元，经济基础较好，农民有改善居住条件的强烈愿望。自2008年开始，前王庄村自行规划、自行组织建设，现已建成236套，每套占地0.6亩，建筑面积218平方米，现在80%村民已迁居。全村原宅基地占地500亩，新区安置占地300亩，剩余集体建设用地200亩。按照规划，该中心村要辐射4个行政村，老宅基地占地2000亩，安置全部4村村民用地900亩，剩余集体建设用地1100亩。前王庄村也是社区基础设施投入由市县乡村四级政府和组织负担，房屋建设成本由农户自己负担。

延津县古固寨镇是新乡市农村社区建设的一个典型。全镇规划6个农村社区，共占地2295亩、容纳农户3843户、1.5万人，总建筑面积94.6万平方米。现在已有3439户报名，2795户在社区建房，1972户基本建成，613户已搬进新居。

新乡市新社区建设模式与资金分担方式与平顶山一样，即市县乡村四级政府或组织投入，并整合各种支农资金，负担社区基础设施建设费用，农户自己负担房屋建设费用，每个3000~5000人的社区投资1000万元，每户房屋建设投入10万~12万元。

二 需要讨论的问题

（一）新社区建设资金筹措问题

4类村庄改造和新社区建设类型中，商业开发和煤矿塌陷区及钼矿采矿区改造与建设资金不成问题。只要具备了相应的条件，资金就有保障，村庄改造及社区建设也可以持续。尤其是第一类，完全是基于周边或附近经济发展、工业和城市扩张、地价上升、原村庄宅基地商业价值凸显，只要通过旧村改造和村民集中安置，腾出剩余建设用地，就可将此剩余建设用地用于商业开发，所获收益除了弥补安置村民成本支出以外仍有相当的额外收益，会吸引有商业眼光的地产商人前来开发，如荥阳市贾峪镇的洞林湖和豫龙镇的槐西、上街区的南部山区5村，均是此种开发建设模式。伊川县北府店村也是土地升值所带来的巨大商业价值所推动的，资金不成问题。

扶贫搬迁虽不像商业开发那样有充裕的资金注入，也由于有政策性保障资金，只要符合国家相关政策，也是可以持续的。

有问题的是为了改善居住条件而进行的村庄改造和新社区建设。首先是由政府负担的每社区1000万元基础设施建设投入，以新乡市计划建设的1050个新社区计算，总投入达105亿元，按10

年建设期计，每年也要投入10多亿元。现在是采取市县乡三级财政分担加上整合国家支农资金的办法，试点阶段集中于少数社区使用还能支撑，普遍推进，恐怕会遇到较大的困难。市级财政或许会有保障，县乡两级财政状况差异很大，且多数属于困难财政。所以，基础设施建设资金投入如何持续支撑新社区建设是个需要研究破解的问题。地方党委政府领导提出省政府财政给以配套资助，在省财政一直趋紧的情况下，即使能够投入，也是杯水车薪，最终只能依赖乡村自身的经济发展、收入增加和农民富裕。基础设施建设资金的筹措如此，农民房屋建设资金的筹措又何尝不是如此呢。目前每栋房屋10万~12万元，能够支付得起的恐怕只是少数，这也要依赖于农村的富裕和农民收入的增长。所以，村庄改造和新社区建设注定是一个较长的过程，不可能一蹴而就。

（二）集体建设用地权益问题

由于经济发展，工业和城市拓展造成的建设用地需求会使特定地区土地的商业价值凸显，从而会比较容易地获得村庄改造及社区建设资金。但实际上，贾峪镇洞林湖、豫龙镇槐西、上街区南部山区5村、伊川县北府店村等，之所以能够以上述开发模式操作，除了周边建设所引起的土地商业价值增大之外，还有一个制度条件，那就是村庄改造和村民集中居住所腾出来的剩余集体建设用地，通过合法程序转换成了国有建设用地。按照我国土地使用制度的规定，只有国有建设用地才可以用于商业开发。如果不能将集体建设用地转换成国有建设用地，即使这些土地具有商业价值也无法进行商业开发，从而也无法获得相应的建设资金。而这些地方的集体建设用地之能够顺利转换成国有建设用地，是因为这些地段都位于城中或城边，已经进入城区拓展的规划范围，政府也就有足够的建设用地指标配置给这些地段。如果被改造的村庄远离城市，没有建设用地指标，土地尽管有商业价值，也无法进行商业开发。显然，前一种情况仅仅是村庄改造和农村社区建设的特例,后者则是村庄改造和农村社区建设的普遍情况。因此,要想使已经具有潜在商业价值又无法转变为城市建设用地的村庄能够采用商业开发模式解决其资金问题,寄望于土地管理制度的改革,即允许集体建设用地与国有建设用地一样进入商业开发市场,也就是说,集体建设用地上建设的商品房也能够领到合法的房产证并获得合法的市场准入权,而不再是"小产权"房和被限制入市。在新密市来集镇社区考察时,当地领导就非常强烈地提出让集体建设用地与国有建设用地拥有同样的待遇。

从所有权的法理性质来说,各类不同性质的产权不应该有权益上的差异,集体和国家虽然属于不同的产权主体,但对某些特定地块拥有者的所有权来说,其权益应该是一样的。也就是说,法理上存在着集体建设用地与国有建设用地一样进入市场的权益,需要改变的只是目前土地管理制度中某些不合理的规定。这个问题不解决,新农村社区建设就会遇到难以克服的障碍。

(三) 土地流转和农户权益保障问题

村庄改造和新社区建设的具体原因可能多种多样,但作为一种趋势和日益普遍的现象,根本的原因无非两个,一个是农民确有改善住宿条件的需求,再一个是在国家18亿亩耕地红线越来越紧,工业和城市建设用地供应遇到越来越大的瓶颈约束,在想尽了各种办法都难以真正缓解约束的情况下,大家不约而同地想到了空心村,想到了以宅基地形式存在的巨大农村建设用地储备,从而想通过农民向城镇迁徙或就地集中居住的方式减少户均居住占地,腾出更多的集体建设用地用于工业和城市项目建设。根据相关数据,即使像新乡、平顶山那样由传统院落居住形式变成新社区一户一院的别墅式居住方式,也会剩余大约一半(户均0.5亩)的建设用地。如果让农民上楼,只需原来住宅用地的1/4,3/4的农村建设用地就可以剩余出来。有人测算,只要把农民以各种不同的形式集中安置,腾出的农村集体建设用地就足以满足未来工业化城镇化过程中所有对建设用地的需求，根本无需动用耕地。

现在的问题是，无论怎么集中安置，腾出来的集体建设用地都是小片分散于原村民居住区的，而工业和城市建设项目都是要整块使用土地的，或许任何一个工业与城市建设项目用地都比任一块村庄改造腾出来的剩余集体建设用地面积大，因此，村庄剩余小块建设用地要能被作为工业和城市建设用地使用，就必须经过空间上的整合与置换。还有，剩余集体建设用地的位置往往远离城市，从而远离工业与城市建设用地集中的中心，这也决定了转换的前提是空间上置换。

实际上，置换不仅仅是建设用地指标的空间转移，更是使用权益主体的转移。通过村庄改造而腾出来的剩余集体建设用地的权益主体是原村庄集体，使用该建设用地指标的主体可能是工厂主、房地产开发商或政府公益项目建设者。在建设用地指标瓶颈约束趋紧的情况下，土地用途的转换会产生巨额的增值收益，这种增值收益该由谁分享？如何对原村民给予补偿？补偿的标准如何定？这些都是实际操作中十分令人纠结的问题。在具体操作中，对此类利益处置的方式大致上有如下几种：一种是政府无偿拿走再分配，以孟津县姚凹村最为典型。姚凹村自我拆迁改造腾出来的600亩剩余集体建设用地被复耕为耕地后，空置的600亩建设用地指标被县乡政府再分配了。姚凹村居民得到的仅仅是每亩地2万~3万元的复耕费。考虑到这里已经被规划为县城新区一部分这一特点，这600亩地的增值收益是个不小的数目，但这部分增值收益的大部分都在农民不知情的情况下被政府和开发商瓜分了。这显然是对农民利益的极大侵害。第二种处置方式是将增值收益全额返还农民。伊川县北府店的做法就是这样。北府店在农民原有宅基地上建起了商业用房，并按照宅基地面积分配给每一户村民，如果村民不想要商业用房，即可得到与宅基地面积相对应的地价（每亩40万元）现金支付。第三种是开发商全部拿走，农民得到的补偿仅仅是开发商建设的安置房。贾峪镇洞林湖、豫龙镇槐西、上街区南部山区5村的商业开发模式都如此。这样，集体剩余建设用地巨大增值部分中的绝大多数被开发商拿走了。虽然是以农民自愿作为背书的，但也是在农民不知道其中潜在利益的情况下被拿走的，这种做法会留下难以解决的后遗症。第四种是集体用于举办盈利事业，所获收益基本上归属农民。辉县市孟庄镇的李庄社区就是按此种方式处置的。总的看，不管以哪种方式，应该说对农民都有一定的补偿，关键在于补偿标准如何确定，由谁确定。上述各种补偿方式，除伊川北府店和卫辉李庄之外，其余方式实质上是处在被补偿地位的村民无权参与决定补偿标准，这显然是对农民权益的严重剥夺。在调研中，不时听到群众干部说，过去通过剪刀差的办法剥夺农民，现在是通过剥夺土地权益的办法剥夺农民。可见，保护农民对土地的权益，让农民自主决定剩余集体建设用地的处置方式和补偿标准，已经成了刻不容缓的问题。实际上，重庆市建立土地交易所，就农民复耕的宅基地发给地票，地票可以进入土地交易所竞价交易，是让农民参与决定补偿标准和选择受让人的最好方式，也是对农民利益的最好保护。我们也应该去积极尝试。

（四）人口流动趋势、城镇形态和新社区潜在问题

根据国际上发达国家的经验，在快速工业化和城镇化过程中，产业和人口都是向城市聚集的。但这就有个问题，即当工业化和城镇化大致完成时，人口的聚集形态究竟会是怎样的？从发达国家的经验看，大致上是空旷的农村和密集的城市群、都市区并存，人口绝大多数聚集到大城市和依托大城市而形成的大大小小中等市镇。我国未来也会是这样么？现在没有人能说得清。20世纪80年代以来，由费孝通先生提出中国农民太多，宜以小城镇为主要形式吸纳农民为发端，一直存在着究竟是重点建设大城市还是重点建设小城市的争论，现在的共识是要形成大中小合理布局的城镇体系。最近也有人从大城市病的角度提出未来中国还是应以小

城镇乃至农村社区作为承载农民的主要空间形态的观点。但现实中确实也看到或感受到农民尤其是青年农民进城的强烈欲望，40岁以下的年轻人全出去了，农村成了典型的老人农业和老人社区，有些地方红白喜事甚至凑不齐一班帮忙的人。若干年后，这些人还回来么？若不回来，待老人离去或随进城儿女迁居城市，农村不是会继续空下去么？现在规划建设的农村社区是否又会成为空心社区呢？虽然社区建设刚刚起步，确实也已经能够听到这种质疑的声音了。或许年轻人以后还会从城市回来，或许很多城里人也会返流回乡村，以致即使工业化城镇化完成了，我国人口聚集和空间居住形态仍会保持现在正在规划建设的新社区模样。但是，人口向城市聚集的潜在趋势以及由此带来的人们对未来产业和人口空间聚集形态的质疑，和由此带来的对农村社区建设的深度思考，确实值得用科学的态度加以认真研究。

河南城镇化发展回顾与展望[*]

一 改革开放以来河南城镇化演进状况

(一) 城镇化速度逐步加快

为了对河南改革开放 30 年来城镇化发展演进的状况有个比较清晰的认识,我们搜集整理了与河南相邻的山东、湖北以及广东和全国城镇化水平及其增长变化的相关数据,与河南的同类数据进行比较,结果如表 1 所示。

表 1 河南与湖北、山东、广东、全国城镇化发展变化情况

单位:%

年份\区域	河南	湖北	山东	广东	全国
1978	13.63	15.09	NA	16.30	17.92
1990	15.52	28.52	27.30	36.77	26.41
1995	17.19	31.20	31.80[①]	30.00	29.04
2000	23.20	40.47	38.20	55.02	36.22
2005	30.65	43.20	45.00	60.70	42.99
2007	34.30	44.30	46.80	63.14	44.90
1979~2007 年均增长率	3.23	3.78	3.22[②]	4.78	3.22
2000~2007 年均增长率	5.74	1.30	2.94	1.99	3.12

注:①根据济南和山东相关年份数据估算;②为 1991~2007 年的平均增长率;NA 为数据无法获得。

---

[*] 此文是河南省委宣传部召开的一次研讨会上的发言稿,写于 2009 年春。——耿明斋注

从表1可以看到河南城镇化发展具有如下几个特点：

首先，河南城镇化发展的起点低。其1978年的城镇化率比全国平均值低了4.29个百分点，比广东低了2.67个百分点，比湖北低了1.46个百分点。

其次，30年的前半段河南城镇化发展缓慢，后半段发展很快。以1995年作为前后两段的分界，1978年到1995年17年间只增长了3.56个百分点，而同期全国平均增长了11个百分点还多。湖北则翻了一番还多，从1978年的15.09%增长到1995年的31.20%。广东也差不多翻了一番，从16.30%增长到30.00%。1995年以后河南的城镇化步伐逐渐加快，城镇化率从1995年的17.19%增长到2007年的34.30%，12年间增长了17.11个百分点，平均每年增长1.4个百分点还多。而同期湖北从31.20%增长到44.30%，增长13.10个百分点，每年增长1.1个百分点，慢于河南。山东从31.80%增长到46.80%，增长了15个百分点，每年增长1.2个百分点多，也稍慢于河南。唯独广东，在这一时期城镇化发展快于河南，从30.00%增长到63.14%，增长了33.14个百分点，每年增长将近3个百分点。但是，河南这一时期的城镇化发展是呈加速度状态的，越往后，发展的速度越快。2000年到2007年从23.20%增长到34.30%，7年增长11.10个百分点，每年增长1.6个百分点，大大快于湖北、山东、广东以及全国。

最后，目前河南的城镇化水平仍然很低。2007年末河南、湖北、山东、广东、全国的城镇化率依次是：34.30%、44.30%、46.80%、63.14%、44.90%，河南比湖北低10个百分点，比山东低12.5个百分点，比广东低28.84个百分点，比全国平均低10.6个百分点。虽然近些年河南城镇化发展速度很快，但是由于起点低，再加上前17年增速太慢，所以，到目前仍是全国城镇化水平最低的省份之一。

(二) 城镇数量增加,城镇人口数量增大

我们将有关城镇数量和城镇人口在相关年份的变化情况整理如表2所示。

表2 主要年份河南城镇数量和城市人口增长的情况

年份	城镇人口(万人)	省辖市(个)	县级市(个)
1990	1342	17	14
1995	1564	17	23
2000	2201	17	21
2007	3389	17	21

从表2可以看出,1990~2007年间,河南城镇人口从1342万人增加到3389万人,增加了152.53%,同期县级市由14个增加到21个。

(三) 城市群逐渐成形并快速发展

20世纪90年代中期开始酝酿,2003年开始规划,2005年启动郑汴一体化发展战略,中原城市群现在已经成为中西部地区最具实力的城市群之一。

表3 中原城市群与其他城市群相关经济社会指标对比

	土地面积(平方公里)	总人口(万人)	GDP(亿元)	人均GDP(元)	城市化率(%)
中原城市群	58700	3950	8582	21470	41
珠江三角洲	41698	4491	25416	57154	80
长江三角洲	109000	8368	46677	55778	60
武汉城市圈	58052	3140	5557	18639	45
长株潭城市圈	28100	1310	3462	26428	51

注:城镇化率为2006年数据,其他为2007年数据,长三角为估计数值。

从表3可以看出，在五个城市群中，中原城市群的土地面积、人口等主要指标都高于武汉城市圈和长株潭城市群，尤其是GDP，差不多是武汉城市圈和长株潭城市群的总和，人均GDP也高于武汉城市圈。只有城镇化率低于其他城市群，但也和武汉城市圈相差不远。

二 河南省城镇化发展的意义和经验

河南省的城镇化发展是与河南经济发展战略思想的调整和决策分不开的。概括来说，河南城镇化发展的意义和经验主要有如下两点。

第一，把城镇化尤其是建设中原城市群作为河南经济发展的重大战略举措，是河南人民和省委省政府经过多年探索，在经济发展理念和经济发展战略思想方面的一次重要提升，也是河南省经济发展战略的重要转折，河南找到了保持经济持续高速增长、实现中原崛起的途径。

伴随着改革开放的深入和市场经济的发展，沿海地区迅速崛起，在这种背景下，河南这样的传统农业地区应该走出一条什么样的发展道路，一直是河南省委省政府领导、省内学者和广大人民思考和探索的问题。从20世纪90年代初期开始，先是有以发展农村工业和县域经济为导向的"十八罗汉闹中原"之说，后又有"中原城市群"的提法，但这些说法和提法并没有上升为省级区域经济发展的整体战略，对一个农业大省在新时期究竟应该走什么样的经济发展道路仍然比较模糊，农业大省的农业情结一直没有得到扭转，无论什么情况下，一说到经济发展，似乎只有把农业放在第一位才是正当的。直到2003年省委省政府全面建设小康社会规划中明确提出"工业化、城市化、农业现代化"的战略，才真正扭转了这种过时的思维，明确了工业化和城市化在新时期经济发展中的先导地位，澄清了农业在新时期经济发展中的地位和扮演的角色，也把河南的区域发展战略与我们这个时代整个中国经济社会发展的基本趋势对接起来，使河南区域经济的发展融入了整个中国经济发展的潮流中去。我们知道，改革开放以来，中国逐步确立了世界工厂的地位，整个中国都处在快速的工业化过程中，农区自然也不例外，如果不把工业化放在区域发展战略的中心来考虑，势必难以加入快速发展的行列。工业化伴生的是城市化，而河南却是全国城市化水平最低的区域之一，2007年末，其城市化水平也只有34.6%，比全国平均值低10个百分点还多，城市化是河南经济的短板，不加大城市化的力度，把短板补起来，势必拖累工业化。城市提供基础设施，降低工业经济活动的成本，支撑第三产业的发展。城市还容纳大量农民转移人口，为农业发展腾出空间，促进农业的规模化和现代化经营。所以，城市化是区域经济发展的发动机和持续保持增长活力的力量。河南省委省政府明确把城市化作为重大的区域发展战略确立起来，而且明确城市化的重点是发展以郑州为中心的中原城市群，这是河南省经济发展理念的一次巨大提升，也是河南省经济发展战略的重要转折，使河南经济发展与整个国家的工业化、城市化潮流对接起来，真正找到了保持河南经济持续增长、实现中原崛起的途径。

第二，将"郑汴一体化"作为建设中原城市群的切入点，既创造了区域发展战略决策的新模式，也找到了城市群建设的基本途径。

中原城市群涵盖了以郑州为中心、100多公里半径范围内的9个大小不等的城市，这么大的面积，这么多的城市，要建成城市群，该如何建设是一个首先要破解的问题。在破解这个问题的过程中，首先是一批经济学者意识到了这个问题的重要性并进行了系统的研究，发表了系统研究报告，提出以郑汴一体化作为中原城市群建设的突破口和先导区的建议。接着省内主流媒体紧紧抓住郑汴一体化这一议题大做文章，引起了极大的社会反响，同时也引起了省委省政府高层的高度关注，在多种因素的促动下，这一决策思路迅速成为省委省政府的决策项目，写入了河南省"十一五"发展规划，并被作为河南省区域发展的重大战略举措迅速启动，取得重大进展和明显成效。此举创造了河南省区域经济发展历史上第一个典型的学者、媒体、公众舆论、政府等各方互动，共同作用形成区域经济发展重大战略决策的案例。同时，郑汴一体化的推进，不仅破解了中原城市群建设从哪里入手的难题，也让人们明确了中原城市群建设的真正内容和基本目标是推进城市间的一体化，排除城市间要素流动的障碍，实现城市间功能互补和经济活动互动，在更大的空间范围内实现资源优化配置，提高区域经济活动的效率。

实践篇

公主岭市城镇化及"三化"协调发展战略规划*

一 前言

以18世纪下半叶英国产业革命为界，人类社会明显划分为前后两个不同的阶段，即农耕和乡村文明与工业和城市文明。自那时以来，全世界几乎所有国家和地区都或早或迟地开始了由前一阶段向后一阶段转换的过程。这一过程的实质是劳动力由农业向非农产业的转移以及人口由农村向城镇的迁徙。

中国大规模的文明转换始于20世纪80年代初。伴随着外来资本的涌入和民间企业的成长，工业与城市文明的浪潮从沿海逐级向内地席卷而来。在21世纪到来的时候，工业与城市文明的触角已经伸向中西部地区最偏远的角落。在改变命运的机遇已经来到眼前的当口，每一个有历史责任感的群体都会思考同样的问题：我们所在的区域该沿着什么样的路径走进现代工业与城市文明社会？这显然也是作为典型农业地区县域经济体的公主岭市亟待破解的难题。

本战略规划就是循着上述思路，在梳理过去发展轨迹、概括当前

---

* 2010年8月上旬，吉林省公主岭市发改局张军副主任来开封，希望我前去帮助论证公主岭发展思路。此后我们组织力量工作至10月底，历经两月有余，完成了本报告。报告由我主持，参加调研和各部分撰写的有李燕燕、郑祖玄、宋伟、郭兴方、王志标、宋智勇、侯文杰、张建秋等，报告完成于2010年10月。——耿明斋注

阶段性特征、分析面临的机遇与挑战的基础上，以城镇化为切入点和统领，遵循推动工业化、城镇化和农业现代化协调发展的战略思想，设计了四级城镇体系结构和相应的空间布局，以及促进农民进城和融资建城的操作思路与政策框架，同时给出了工业发展与结构升级、培育三产新领域和农业现代化发展的基本路径。本规划文本共分九个部分。

二　公主岭市基本概况

（一）空间区位

公主岭市地处吉林省中西部，东辽河中游右岸（公主岭市与梨树县以东辽河为界），哈大铁路两侧，两大重点城市长春和四平中间节点。地理坐标位于东经124°02′~125°18′，北纬43°11′40″~44°15′20″之间。最东点始于响水镇刘小窝堡村，最西点止于桑树台镇围子里屯村，最南点起于龙山乡建设村二龙屯，最北点止于双城堡镇玛瑙村泡子沿屯。市境东西宽106公里，南北宽111公里，总面积4028平方公里。市境南和东南与伊通满族自治县相连，东和东北分别与长春市朝阳区、绿园区和农安县为邻，北与长岭县交界，西与双辽市接壤，隔东辽河与梨树县相望（见图1）。

公主岭市交通区位优势明显，铁路历史源远流长，公主岭火车站于1901年就已经建成启用。1898年（清光绪二十四年），沙俄修筑中东铁路时，以长春为起点，向南每隔30公里为一站，称范家屯为二站，称公主岭为三站，从此奠定了公主岭市在东北交通区位中的重要位置。从全东北铁路交通图（见图2）中可以明显看出，公主岭市位于京哈、哈大贯穿全东北的两条交通大动脉的中间节点上。京哈铁路是联络我国华北地区和东北地区、把北京和哈尔滨市连成一线的干线铁路，也是中国和俄罗斯联运旅客列车通往莫斯科的通道之一。哈大铁路贯通东北全境，是东北地区客货运输的重要通道，是东北地区经济大动脉，有"黄金线"之美誉。

公主岭市城镇化及"三化"协调发展战略规划

图 1　公主岭市在吉林省的位置示意

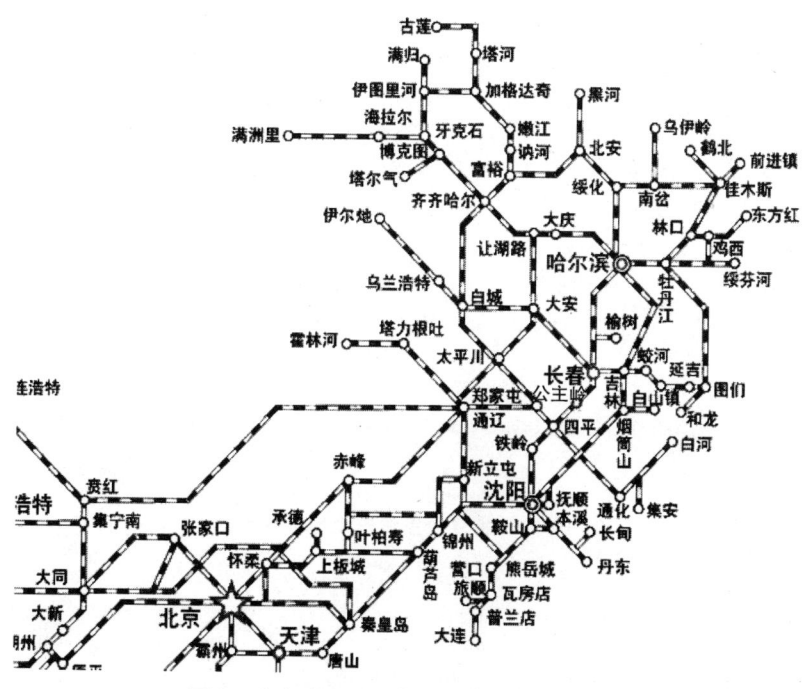

图 2　公主岭市在东三省铁路网中位置示意

(二) 自然地理环境

公主岭市地势地貌以平原为主，局部地区略有起伏，其降雨量、无霜期等自然特征为农业生产提供了优越的条件。

1. 地势地貌

公主岭市整个地形南高北低，中间略微隆起，从南至北海拔在 375 米至 130 米之间。最低处在桑树台镇辽河口，海拔 130 米；最高处在龙山乡鸡冠山神仙洞，海拔 374.9 米。公主岭市地貌类型分为南部山地和北部平原两大地貌区。南部山地属张广才岭的大黑山山脉。北部平原属松辽平原的东部高平原，可划分为松辽分水岭高平原、西部玻璃城子低平原、东辽河河谷平原和新开河河谷平原 4 个地貌亚区。

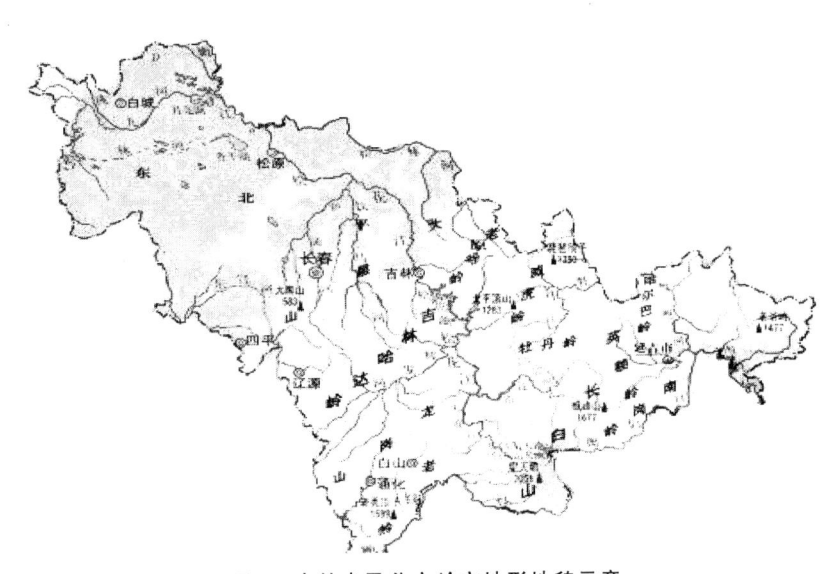

图 3　吉林省及公主岭市地形地貌示意

2. 气候

公主岭市属中温带湿润地区大陆性季风气候，温度、雨量、光照等季节性变化显著。春季干旱多大风，回暖迅速；夏季热而多雨;秋季温暖多晴朗天气;冬季漫长而寒冷。年平均气温5.6℃,无霜期144天。年平均降水量594.8毫米,降水时间分布不均,夏季最多,冬季最少。公主岭市全市盛行西南风,平均风速3.9米/秒。

3. 资源

(1) 土地资源

公主岭市位于松辽平原南部,土壤资源丰富。有13个土类、25个亚类,36个土属,78个品种。耕地面积276625公顷,占幅员总面积的54.1%,其中旱田占耕地面积的95.3%、水田占耕地面积的4.7%,农业人口人均占有耕地面积0.38公顷。

(2) 水资源

公主岭市地处松辽平原的分水岭,陶家屯—莲花山北西向连线的松辽分水岭,把全市水文网分割成两部分。西部属辽河水系的支流,主要为东辽河及其支流二十家子河、公主岭河、六零河、兴隆河、卡伦河、卡伦总排干、小辽河等。东部属松花江水系支流,主要为新开河及其支流杨柳河、响水河、翁克河等。

公主岭市有东辽河、新开河等主要河流9条,大小河流共43条,杨大城子水库、卡伦水库等蓄水工程176座,总库容量达19046万立方米。公主岭市地表水有2.4亿立方米,地下水2.7亿立方米,总量5.1亿立方米。

(三) 行政区划

公主岭市原称怀德县,改革开放以来曾经历过短暂的地级市调整。1985年2月4日,国务院[1985]函字17号文件批准,撤销怀德县,设立公主岭地级市。同年12月19日,公主岭市改为县级市。[①]

[①] 公主岭市行政区划演变比较复杂,具体请见公主岭市政府门户网站。值得注意的是,2005年6月29日,吉林省政府决定将公主岭市范家屯的方正、泡子沿、盛家3个村整建制划归长春市管辖,建立长春(一汽)汽车工业开发区,这次行政区划的调整预示着公主岭市未来经济社会发展的战略方向与定位。

截至 2009 年底，公主岭市下辖 10 个街道、18 个镇、2 个乡。2009 年年末总户数约 33.9 万户，总人口 108.8 万人，非农业人口 32.1 万人，人口自然增长率 4.28‰。

图 4　公主岭行政区划示意

表 1　公主岭市行政区划基本概况

街道、乡镇	总户数（户）	总人口（人）	非农业人口（人）	面积（平方公里）	所辖社区/村
铁北街道	14044	31313	31313	11.95	科研社区、东风社区、中天社区、警民社区、东洼社区（5）
河南街道	9090	19404	19404	1.0	正阳社区、朝阳社区、阳光社区（3）
河北街道	9794	21403	21403	2.3	永兴社区、京华社区、兴贸社区（3）
岭东街道	14107	32271	32271	8.1	通钢社区、轴承社区、先锋社区、兴盛社区、黄龙社区（5）

续表

街道、乡镇	总户数（户）	总人口（人）	非农业人口（人）	面积（平方公里）	所辖社区/村
东三街道	12885	28773	28773	1.78	广盛社区、光荣社区、东五社区（3）
岭西街道	13088	28628	28628	2.8	石桥社区、新发社区、新建社区（3）
苇子沟街道	5484	13274	2595	21	向华、向阳、长青、向前、苇子沟、獾子洞（6）
环岭街道	8776	25032	4731	102	新桥、土城子、火炬、石人、靠山、孤榆树、迎新、高家岗（8）
南崴子街道	9437	30965	2386	95	大榆树、鲜丰、河北、大泉眼、安家窝堡、六家窝堡、南崴子、大兴、房身岗子、长兴、三道梁子、刘大壕、温家河口（13）
刘房子街道	11129	35261	7452	118	刘房子、田园子、施家、石头哨、乐园、苕条坡、山前、湾沟、兴治、石丰、双桥、石头庙子、洪喜河、向阳坡（14）
范家屯镇	35568	89391	40698	196	东河、清泉、鄙家、铁南、平洋、尖山子、杨家店、太平庄、马家洼子、孟家、十家子、田油坊、金城、香山、平顶山、凤响、四马架、王学坊（18）
大岭镇	9944	36958	6181	157	大岭、岭西、永兴、二道、山嘴子、南道、长发、崔家、姜李、三合、永和、东沟、黄花、南兴、孟家（15）
秦家屯镇	14026	52393	8383	190	秦家屯、丰源、佟家屯、两家子、三家子、四家子、新立、新发、韩家泡子、赵家屯、戢子街、王家堡、南平安堡、城北、太平山、杨树林、老畜屯、北平、北大榆树、城东、永丰、七棵树（22）

续表

街道、乡镇	总户数（户）	总人口（人）	非农业人口（人）	面积（平方公里）	所辖社区/村
怀德镇	28638	103748	20284	427	城乡、西岭、朝阳山、农林、陈家、五道岗、四道岗、三道岗、靖安、黄花、前营子、兴龙沟、河南、榆树堡、三里堡子、李油坊、平安岭、岭南、岭东、范家窑、霍家屯、六家子、张家店、明伦、东城、新富、楼上、西岭、铁岭窝堡、平房店、三合堡、双榆树、朝阳、兴隆泉、团山子、三道岗、十里镇、大榆树、柳罐印子、民立、民安、民兴、民助、同心、同意、和气、青山、民强、勤俭（49）
杨大城子镇	14376	52085	11480	256	五星、黑岗子、靠山、金盆、长山、平安、凤翔、新兴、胜利、杨大城子、下台子、老房身、碱锅、王家窑、宝泉、吴大屯、王杂铺、管家沟、笸子铺、福巨公、公北沟（21）
双城堡镇	19792	74825	10505	384	双城堡、城南、磙子、前岗、后岗、玛瑙、黄花城子、边岗、东风、朝阳堡、万胜店、偏脸城、兴城、幸福、吕家店、育林、新建、太平、自由、解放、胜利、金山、红旗、红星、西山、赵家围子、曲宝山、五道泉子、良正甲、莲花山、治山、钱油房、刘家炉、弓棚子、恒玉山、腰姜家、腰窝堡（37）
陶家屯镇	9347	30904	3836	127	陶家屯、马家店、长河、丰庆、曹家洼子、永胜、久胜、小城子、义和、河东、三户、石柱沟、东岭、永庆、同庆（15）
八屋镇	6137	33049	4583	136	八屋、胜利、五家子、久丰、刘家屯、三角寺、张家屯、长山、放牛窝堡、头道圈、郝家围子（11）
响水镇	10786	38369	5993	139	刘小窝堡、岳家店、王烧锅、顺山、凤凰坨子、万山、龙泉、四合、杨柳河、响水、新丰、陈家岗子、孙家油坊、平安、蔡家店、致富、姜家店、榆树林、八家子、弯龙（20）

续表

街道、乡镇	总户数（户）	总人口（人）	非农业人口（人）	面积（平方公里）	所辖社区/村
龙山满族乡	4172	15041	987	133	泉眼、翻身、仙山、沿河、建设、土门岭、民族、和平（8）
桑树台镇	6581	24504	1883	142	东桑树台、西桑树台、东辽、长江、河信子、永清、春园、互助、二丘、榛柴岗、周家窝堡（11）
二十家子满族镇	7604	23225	4806	113	猴石、全结、解放、小顶山、二十家子、高台子、小山、西地、南山（9）
黑林子镇	15928	57236	8094	248	黑林子、李学房、郭家店、太平河、林西、卡伦、西洼子、林东、尹家屯、迎丰、八岔沟、杜家店、河沿子、上台子、七家子、小黑林子、立新、头道岗、柳杨、中兴、徐家、高家窝堡、唐家桥、仁和、于河沿、高台子、柳条、瓦房（28）
玻璃城子镇	7067	30578	1286	254	东升、苑金、团山子、广宁、玻璃城子、姜东李、柳条沟、前高家、后高家、重兴、双山、海丰刘、东山、孟家窝堡、董家（15）
朝阳坡镇	9100	31263	1429	125	朝阳坡、新河口、辽河、玉川、孔家屯、黑山嘴子、九间房、新华、岭上、徐家窝堡、清水沟、东兴、小八家子、大房身、中央堡、李家店、长胜堡（18）
大榆树镇	7142	26774	3642	108	怀榆、太平桥、老柜、福盛广、围子、两半屯、孙平房、韩家店、兴家、涌泉、团结、新河、于家窝堡、陈家河口（14）
毛城子镇	5904	24984	987	165	毛城子、鞠家店、小河沿、宋家屯、后山、于糖坊、洪兴合、太平沟、许菜园子、三门宋、梁山（11）

续表

街道、乡镇	总户数（户）	总人口（人）	非农业人口（人）	面积（平方公里）	所辖社区/村
十屋镇	7566	28377	2848	163	前十屋、十屋、二里界、双河、束龙带、三道圈、青山、三门李、利民、林源、跃进、丁家窝堡、苇家窝堡（13）
双龙镇	5504	23627	3295	110	兴隆、合作、新兴、新民、永茂、石佛、大青山、双龙泉、泉眼河、七马架、兴林、立志、双龙、拉拉屯（14）
永发乡	6211	23962	617	131	红石、龙湾、先进、先锋、田家、昌龙、营城子、永发、新发、西安、西兴、曲家、西河、西立（14）
总计	339227	1087617	320773	4028	—

资料来源：总户数、总人口、非农业人口来源于《公主岭市国民经济统计资料2009》，其他数据来自公主岭市政府门户网站。

1. 范家屯镇

范家屯镇位于公主岭市东北部，松辽平原东部，东接长春，西至陶家屯，北抵大岭，南达响水，是公主岭市的第二经济中心，在教育文化等公共服务方面承担着副中心的职能。1999年成立的范家屯经济开发区更是推动了范家屯经济社会事业的快速发展，使家屯在公主岭、四平乃至整个吉林经济发展中将起着更加重要的作用。范家屯辖区面积196平方公里，辖18个行政村，人口近9万人。2006年重新规划的吉林公主岭经济开发区位于公主岭市范家屯镇，规划面积30.5平方公里，具体范围为：新开河以西，京哈铁路至范家屯镇糖厂至102国道以北，范怀路以东，香山村以南。起步区面积5平方公里。范围为：新凯河以西，102国道以北，范大路以东，八三输油管线以南，辖范家屯镇清泉、邰家、香山等三个完整行政村及东河、铁南、平顶山、四马架四个行政村的部分自然屯，人口8411人。

范家屯具有极大区位优势。范家屯东距长春市15公里，西距公主岭市30公里。京哈铁路、国道102线公路和四长高速横贯本镇，距离京哈高速公路入口1.8公里，与长春汽车产业开发区仅一河（新凯河）之隔，与长春高新技术产业开发区也是咫尺相邻。范家屯恰好位于长春发展的主轴线东北——西南方向上，其所在哈尔滨至大连轴线不仅是公主岭市经济发展的一级轴线，也是东北地区经济开发和工业化、城市化建设的一级轴线。范家屯优越的区位使其成为公主岭市联系省会长春的重要窗口，成为长春经济辐射的一个必然扩展之地，为其融入长春经济圈提供了得天独厚的区位条件。

范家屯土地肥沃，自然资源及物产丰富。境内多黑土、草甸土和冲积土，土质肥沃，盛产玉米、土豆、白菜、西瓜等物产，是公主岭建设的十大商品粮基地、四大禽业基地、五大蔬菜基地和五大水果基地之一。境内有新凯河、平洋河、杨柳河等3条河流，水资源总量1.75亿立方米，人均水资源占有量1699立方米，高于吉林省平均水平234立方米。范家屯山石等玄武岩矿藏储量大，八大泉水也颇有名声。

范家屯经济基础好，主导产业明确，发展潜力大。范家屯工业基础雄厚，1949年后建立的范家屯糖厂，最高年产量曾占全国产糖量的一半。计划经济时期，范家屯就开始为一汽提供配套协作服务。在汽车零部件生产加工方面积淀了雄厚的产业基础。改革开放以来，经济全面发展，综合经济实力逐年增强，三大支柱产业初具规模，包括春威轮胎有限公司为代表的汽车零部件制造业，以淀粉厂、糊精厂、金龙公司为代表的粮食深加工业，以尖山水泥厂为代表的建筑材料业。长春市确立东北——西南的发展方向，以及汽车产业园区的规划，优越的区位条件、便利的交通、廉价的土地资源地都将为范家屯创造更大的发展机遇。

2. 大岭镇

大岭镇位于公主岭市东北部，距长春市15公里，距公主岭市区57公里。东与长春市绿园区西新镇接壤，北与农安县烧锅镇毗邻，西与怀德镇、永发乡相接，南与范家屯镇相邻。幅员面积157平方公里，辖15个行政村，128个自然屯，总人口约3.7万人，人口密度为243人/平方公里，人均耕地面积0.37公顷。

大岭镇区位优势明显，与长春市绿园区以新凯河为界隔河相望，是公主岭面向长春的"东大门"。邻近长春的区域位置是大岭镇发展的重要资源，与长春在产业、市场、人员上的密切联系也是其发展的最大潜力所在。大岭镇交通便利，是联系公主岭市和长春市的重要通道，长郑公路从大岭镇横贯而过，此外还有烧大路、永东路、范大路等公路，沟通烧锅镇、大屯镇、范家屯镇等。在公主岭市的区域版图中，大岭镇是长郑公路次要工业发展轴的桥头堡，这条发展轴是公主岭市的第二大经济发展轴线，为大岭镇的发展提供了重要机遇。

大岭镇自然条件优越，地势平坦，属平原地貌。土壤以黑土、黑钙土、草甸土及冲积土为主，肥力较好，有机质含量0.4%~3%。年平均气温5.5℃，平均降雨580mm，有效积温3000℃左右，雨热同季及良好的光热水条件为农作物的发展奠定了良好条件，适宜玉米等粮食作物的生长，是公主岭建设的四个禽业基地和五个蔬菜基地之一。

大岭镇经济发展迅速，具有一定基础，发展潜力大。农业生产持续高速增长，尤其是以玉米为主的粮食作物和特色产业蔬菜发展迅速。畜牧业实现规模化和专业化养殖。工业经济也有了较大发展，形成了以汽车配件、家具、建材、粮食深加工、木业加工等为主的工业结构。与此同时，劳务经济和物流产业等第三产业也快速发展，成为区域经济发展的新亮点。

3. 秦家屯镇

秦家屯位于公主岭市中西部，北与双龙、杨大城子相连，东与怀德镇接壤，南与大榆树镇毗邻，西与八屋镇、梨树县为邻。镇政府距公主岭市区42公里，公长公路、长双公路交叉通境内。秦家屯镇经济实力较强，发展迅速，是公主岭市西部中心集镇，

2001年被评为吉林省"十强镇"。全镇辖区面积190平方公里，下辖22个行政村，1个街道办事处，159个自然屯。2009年全镇总人口5.2万余人。

秦家屯历史悠久，辽金时期于此建信州府，后废弃于元代。明初为陆路驿站，清光绪年间，由山东秦姓来此定居垦田，故后定名为秦家屯。1949年后，先后置为秦家屯农业社、秦家屯人民公社、秦家屯乡政府，1985年改为建制镇至今。现存有秦家屯古城等遗址，被列为全国重点文物保护单位。受此影响，秦家屯镇建筑风格独特，既有仿古风貌，又有现代气息。秦家屯镇是个多民族聚居地，有汉、朝鲜、满、蒙等几个民族，特别是朝鲜族饮食文化发达，现有朝族风味一条街，大小饭店20多个，吸引八方来客。秦家屯镇淡水养鱼业十分发达，现有水面150余公顷，年产淡水鱼613吨，有"鱼米之乡"美称。

秦家屯物产丰富、品质优良。秦家屯人均耕地面积4.25亩，远高于全国人均1.40亩和吉林省人均2.67亩。由于秦家屯地处肥沃的松辽平原，盛产多种物产。秦家屯是粮食主产区，粮食作物以玉米和大米为主。由于特殊的光照、降水和气温条件有利于粮食作物养分积累，所产玉米、大米品质优良。此外，秦家屯还盛产大豆、蔬菜等作物，牲畜和淡水养殖业也很发达。

矿产资源丰富。由于位于松辽盆地南部东南隆起区十屋断陷东北部，属非均质断块层状油藏，辖区内有丰富的石油、天然气资源，石油可探明储量1000万吨，天然气50亿立方米。秦家屯油田油藏浅，物性好，丰度与产量高，原油日产量100多吨。

秦家屯工业基础好，招商促进了地区经济的快速发展。机械加工是秦家屯的传统工业，近年来兴起了油气开采、造纸、食品加工、畜产品加工、木材加工等产业。招商引资在促进产业发展中起到了重要作用，天合禽业、光大纸业、顺辉木业等大型项目的引入极大地促进了地区经济的发展，带动了大量的劳动力就业。

4. 怀德镇

怀德镇位于公主岭市中部，东邻大岭镇永发乡，南与大榆树镇交界，西与双龙镇、秦家屯镇接壤，北枕双城堡镇，东北与长春市相邻接。怀德镇交通便利，省道105横贯东西，公永公路纵贯南北，公杨公路等也在此相交。怀德历史悠久，文化厚重。清朝嘉庆年间，对蒙地驰禁，原怀德城址八家子开始繁荣起来。光绪三年（1877）置怀德县，八家子改名为怀德，寓"怀之以仁德"之意。1950年，设立怀德镇政府；1953年归公主岭市管辖。平安乡、四道港乡、双榆树乡、和气乡先后并入怀德镇。怀德镇辖区面积4391平方公里，耕地面积493056亩，下辖1个街道办事处，9个居民委，49个行政村，412个自然屯。截至2008年，怀德镇域共有人口103748人，其中户籍人口92449人，外来人口27403人。

怀德区位优势明显。怀德地处公主岭市中部，东至省会长春32公里，西至四平市区80公里，南至公主岭市45公里，北至长岭县40公里，距京哈高速公路和102国道45公里。由于公主岭市区位置偏于市域东南，所以怀德的发展在公主岭的发展中起到一个承东启西、沟通南北的作用，贯通其中的省道105更是联系公主岭市东西的一个重要通道，大岭镇、怀德镇、秦家屯镇、八屋镇、十屋镇、桑树台镇都位于这一轴线上，怀德镇在地域上又临近长春，经济基础好，所以怀德的发展在这个轴线上有着重要的带动作用。这一轴线将与102国道（京哈铁路）轴线一起发展成为公主岭市的两大发展轴线，从而带动整个公主岭市经济的均衡发展。

怀德资源丰富。怀德镇耕地面积广大，地势平坦，土质肥沃，位于著名的"黄金玉米带"之上，具有发展农业的良好条件，农副产品资源丰富，主要农作物有玉米、高粱、豆角、土豆及其他蔬菜。怀德劳动力富足，共有劳动力资源55000人。怀德还是重要的生猪、禽类生产基地。

怀德具有一定经济基础。怀德经济发展迅速，2008年全镇社会总产值26.3亿元，国内生产总值达到15亿元。在农业持续发展，规模化、产业化水平不断提高的同时，逐步发展起汽车零部件加工业、食品加工业、畜产品加工业等工业产业，豆角批发、牲畜交易、物流业等商贸服务业也蓬勃发展。1999年怀德镇被省委、省政府批准为"综合配套改革试点镇"、"吉林省十强镇"。

5. 杨大城子

公主岭市杨大城子镇位于公主岭市西北部，距公主岭市65公里，距长春75公里。先后由杨大城子镇、五星乡、宝泉乡合并而成，总面积256平方公里，下辖21个村、6个居委会、160个自然屯，截至2008年全镇户籍人口达52085人，外来人口3107人，其中镇区人口12360人。1999年被省委、省政府批准为"综合配套改革试点镇"，2000年被省委、省政府命名为"吉林省十强镇"。

杨大城子镇有着悠久的历史积淀和厚重的文化传承。杨大城子有百年建镇史，历史上就是区域内重要的农畜商品集散地，素有"拉不败的杨大城子"之称。是著名爱国人士杜仲远、经济学家关梦觉的出生地。

杨大城子自然条件优越，农副产品丰富。杨大城子土地肥沃，地形以平原为主，现有耕地306555亩，境内水系主要为辽河水系，有杨大城子水库等重要水源，区域水资源达3028.5万立方米。杨大城子是公主岭市商品粮生产基地、公主岭市最大的大棚蔬菜生产基地。

境内有杨玻公路、杨长公路、杨双公路、杨八公路，交通便捷，四通八达，是联系公主岭市、松原市和白城市的重要城镇和交通枢纽。杨大城子农业和商业历史悠久，工业快速发展，经济发展潜力大。

杨大城子镇是公主岭重点产粮镇，玉米年均产量12万吨以上。近年来又建立了杨城高效农业科技示范园区，温室蔬菜生产成了杨大城子镇又一主导产业。杨大城子还建立了专业市场主营农产品、牲畜、轻工产品、出租车和蔬菜等。近年来，工业经济快速发展，建起了汽车配件厂、砖厂、食品厂、酿酒厂等。

6. 双城堡镇

双城堡镇1952年划归怀德县，1958年成立人民公社，1961年双城堡公社改制为双城堡、莲花山、育林三个公社，1983年改制为双城堡乡，1984年改制为双城堡镇，2004年并莲花山乡、育林乡为现在的双城堡镇。

双城堡镇距公主岭市区77公里，距省城长春60公里，东与农安县三岗镇交界，北与长岭县永久镇接壤，西与杨大城子相连，南与怀德镇毗邻，幅员面积384公里，耕地面积23484公顷，地处松辽平原分水岭脊骨上，土地肥沃，四季分明，各业兴旺，物埠民丰，素有公主岭边陲重镇之称。镇内地势东高西低，镇政府驻双城堡街。双城堡镇现辖37个行政村，1个居民委，8个居民小组，305个村民小组，约7.5万人。

7. 陶家屯镇

陶家屯镇位于公主岭市东20公里处，东和范家屯接壤，距长春30公里，高速公路、铁路、102国道横镇而过，交通十分便捷。

全镇总人口3.09万余人，其中非农业人口3836人；辖区面积127平方公里，下辖15个行政村，一个街道，驻镇单位有：中学、中心小学、信用合作联社、邮政、邮电、农电、农机、农业、卫生院、畜牧、派出所，是以汉族为主的民族乡镇。

8. 八屋镇

八屋镇位于公主岭市西北部46公里处的东辽河北岸，距省城长春市69公里，距四平市72公里。东与秦家屯镇为邻；南与梨树县以东辽河为界；西与十屋镇接壤；北与杨大城子、毛城子镇相连。全镇东西长12.5公里，南北跨度17.6公里，辖区面积127平方公里；耕地面积7702公顷，其中水田面积2843公顷；共辖11个行政村1个街道，全镇总人口为3.3万人，非农业人口为4583人。民族构成为：汉族、朝鲜族、满族、壮族、回族等。

八屋镇自然资源丰富，以油气开发为主的驻镇单位主要有：东北石油局所辖的天华公司、天源公司、油建二队、采输一厂、测试一队和测试二队；通辽市新奥燃气有限公司和为长春市居民供气的曙光气站等。

9. 响水镇

响水镇位于公主岭市东南部，东邻长春市，南接伊通县景台镇，西连公主岭市陶家屯镇，北靠公主岭市范家屯镇。总面积139平方公里，下辖20个行政村，172个自然屯，2008年人口共计3.8万余人，其中户籍人口37260人，外来常住人口数百人。响水镇经济和社会事业不断发展，曾先后被授予"全省小城镇建设模范单位"、"全国双百文明集镇称号"。

响水镇地处松辽平原，土壤肥沃，水热条件较好，农产品资源丰富。响水镇现有耕地144060亩，地势平坦，土质肥沃，位于黄金玉米带，有良好的农业种植条件。尤其是区域内水资源较为丰富，有湾龙河等5条主要河流，水资源总量达1875万立方米，为发展农业生产提供了水资源支撑。响水镇种植业以玉米为主，蔬菜以黄瓜、西红柿为主，此外还有大豆等经济作物。农产品品质优良，享有盛名，是公主岭市重点商品粮基地之一，也是长春市蔬菜生产基地之一。

响水镇第一产业多部门发展，工业和商业不断推进，经济结构逐步优化。在保持粮食作物稳定发展的前提下，以蔬菜种植为代表的棚膜经济和以生猪、肉牛、羊、家禽等为主的养殖业也快速发展，规模化和基地化程度不断提高，成为第一产业新的增长点。在大力推进工业发展的政策指导下，响水镇近年来逐步发展起了机械加工、农副产品加工产业，招商引资和工业园区建设工作也不断推进。以综合农贸市场、观光农业、餐饮、物流等为主的现代服务业也不断发展，推进着区域产业结构向高级化发展。

响水镇区位优势得天独厚，为经济和社会发展提供了重要支撑。响水镇地处公主岭、长春和伊通三县市交界处，境内有怀王线、伊范线等过境公路，还有响八公路、响四公路、凤凰坨至万山公路等，交通极为便捷。响水镇东距长春10公里，北距长平高速公路出入口处2公里，其中最近的万山村距长春市区仅3公里。临近长春为响水的经济发展提供了巨大优势和潜力，围绕长春市区的市场需求，响水镇逐步建设成为长春市的蔬菜和副食品生产基地，并有发展成为长春市卫星镇的巨大潜力。

10. 龙山满族乡

龙山满族乡地处公主岭市最南端，二龙湖北岸，东与伊通县靠山镇、伊通县火山"落地七星"西尖子为界，西与梨树县孟家岭镇隔辽河相望；北与二十家子镇接壤，辖8个村，以满族为主。乡政府驻地距公主岭市区25公里，全乡沿二龙湖30华里，有上千公顷草场，沿辽河28华里，总辖区面积为133平方公里，其中，耕地面积3620公顷，林地面积5078.2公顷，苹果梨树地800公顷，荒山804公顷，是典型的"六山一水三分田"的半山区。

龙山乡境内风光秀美，山水相映，有公主岭市最高峰——鸡冠山，市级文物保护景点——神仙洞，凭牛头山可眺望赫尔苏旧址。二龙湖沿岸现有三处集餐饮娱乐于一体的大型钓鱼区。境内交通便利，2002年开通的公主岭——二龙湖旅游专线，全长70公里。

龙山乡境内物产资源丰富，有国家二级花岗矿5处，可开采储量1亿立方米；河沙年流积量达4000立方米；野生动物资源有梅花鹿、野兔、山鸡等；野生植物有蕨菜、桔梗等。

11. 桑树台镇

桑树台镇位于吉林省公主岭市西北部，距省城长春93公里，距市城公主岭84公里，南与四平市辽河农垦管理区以东辽河为界，西与双辽市的新立、秀水两乡接壤，北与本市玻璃城子镇相连，东与本市十屋镇为邻。南北长21.25公里，东西宽11.5公里，面积142平方公里。

全镇有11个行政村，1个镇办农场，1个街道办事处。现有居民6581户，总人口约2.5万人。耕地5869公顷，林地1721公顷，林木覆盖率为14.7%。草场2110.2公顷，精养鱼塘2座，水面达58公顷。全镇有镇办企业6家，村办企业25家，小卖店300余处，商贸、畜牧交易市场10处，个体经商业户679户，占总户数的9%。

12. 二十家子满族镇

清顺治元年（1644），先后从山东、浙江一带迁入郭、张、王、范几姓人家近20户在此建屯，取名二十家子。

二十家子满族镇位于公主岭市西南部13公里处，距省城长春60公里，距四平市50公里，全镇有二十家子、边沿、西地、南山、猴石、全结、东岗、小顶山等9个行政村，1个街道居民委员会；总人口约2.3万人，其中满族人口占总人口的30%；面积113平方公里，山地占50%，耕地面积4429公顷，是"五山一水四分田"的半山区。

13. 黑林子镇

黑林子镇地处公主岭市中部，距市区25公里，地势平坦，土质肥沃。全镇辖区面积248平方公里，下辖28个村，230个屯，5.7万人。东与永发乡为邻，西与朝阳坡镇隔河为界，北与大榆树镇、怀德镇接壤，南与陶家屯镇、刘房子镇相连。镇域南北平均距离18公里，东西平均距离14公里。镇所在地距长春市69公里，距四平市65公里。

14. 玻璃城子镇

玻璃城子镇地处公主岭西北边陲，北接长岭，西邻双辽，全镇面积254平方公里，现有耕地面积10653公顷，辖15个行政村，约有城乡居民3.1万，是公主岭市产粮超双亿斤的大镇。清顺治年间此地为蒙古王达尔罕王属地，并建有土城。此地生长大片玻璃树，因而得名。

几年来，镇先后荣获国家产粮大镇（年产玉米3亿斤）、市养羊大镇（存栏3万只）等称号，连续三年被市评为精神文明建设先进镇。被市委评为社会治安综合治理优秀单位，获招商引资金奖。

15. 朝阳坡镇

朝阳坡镇位于公主岭市城区西北13公里处的东辽河右岸，东邻黑林子镇，西邻梨树县，南同环岭乡接壤，北与大榆树镇相接。南北长11.5公里，东西宽11.7公里，全镇辖区面积125平方公里，下辖18个村，约3.2万人。从地质面貌上看，朝阳坡镇南高北低，绝大多数是平原，只有南部7个村（八家子、玉川、清水、辽河、孔家、九间房、山嘴子）有少量的丘陵和山地，最高处是山嘴子村的西山头，最低处是东北部的岭上村沿卡伦河的2个屯。

朝阳坡镇有三大产业基地。一是以八家子村牧业小区为龙头和数百个规模养殖户为基础的养猪基地；二是以孔家、徐家为重点的大面积陆地蔬菜，种植业已形成强劲优势，产品占据岭城的半壁江山，成为市民菜篮子的常货，并远销黑龙江、俄罗斯；三是大房身村种植面积达150公顷的苹果梨基地，其产品连续三次在省农博会上参展，产品质量备受消费者青睐。

16. 大榆树镇

大榆树镇位于公主岭市西部，辖区面积108平方公里，镇区建成区面积2平方公里。2009年末，总户数7142户，总人口约2.7万人，其中非农人口3642人，主要民族为汉族。大榆树镇辖14个行政村，56个村民小组。14个村分别为怀榆村、孙平房村、韩家店村、太平桥村、老柜村、福盛广村、围子村、团结村、涌泉村、兴家村、新河村、两半屯村、于家窝堡村、陈家河口村。

17. 毛城子镇

公主岭毛城子镇位于科尔沁草原南端，公主岭的西北部，属季风区，北与长岭接壤，西与玻璃城子镇，南与十屋镇、八屋镇、东与杨大城子镇毗邻，长茂柏油路贯穿全镇。面积165平方公里，下辖11个行政村，83个自然屯，总户数5904户，人口约2.5万人。全镇以汉族为主，还有朝鲜族、蒙古族、满族及少量日本侨民。

18. 十屋镇

十屋镇位于公主岭市西北部，距公主岭市区 75 公里，距长春市 87 公里，距郑家屯 75 公里，距四平市 87 公里。东西分别与八屋镇和桑树台镇接壤，北与玻璃城子镇和毛城子镇接壤，南隔东辽河与梨树县小宽镇相望。全境辖区面积 163 平方公里，下辖 13 个行政村，约 2.9 万人。南北平均距离 13 公里，东西平均距离 13.2 公里，长郑公路东西贯穿镇区。

19. 双龙镇

双龙镇位于公主岭市的西北部，东与怀德镇毗邻，西与杨大城子镇相连，南与秦家屯镇交界，北与双城堡镇接壤。双龙镇东西宽 13 公里，南北长 17 公里。全镇辖区面积 110 平方公里，辖 14 个行政村，63 个自然屯，93 个村民小组，总人口 2.3 万余人。主要民族有汉族、朝鲜族、回族。主要乡镇企业有公主岭市三奇酿酒有限公司、双龙糠醛厂、双龙酱菜厂等。

20. 永发乡

永发乡位于公主岭市东北部，东邻大岭镇，南接范家屯镇，西南接壤黑林子镇，北靠怀德镇，长郑公路、范怀公路纵横贯穿于本乡，是一个以粮食生产为主的农业乡镇。辖区面积 131 平方公里，下辖 14 个村，约 2.4 万人，民族以汉为主。域内建有公主岭市万犇乳业公司和在建的金柱工业园，主要特色产品有大蒜、豆角、毛葱等，大蒜曾获 2006 年长春农博会金奖产品。

（四）文化

1. 历史文化

据《大清一统志》和《辽东志》等书记载，秦家屯古城始建于辽圣宗开泰七年（公元 1018 年），时称信州。辽金时期，信州位于金代中都（今北京）至上京（今黑龙江阿城南）交通线上，控扼宋金来往之交通要道，信州古城遗址（秦家屯古城）说明在辽金时期这里已经是东北地区的政治、经济、军事重镇。至元代，该城大约毁于战火。明初，信州为陆路驿站，清末时称新集城，后演变为现在的秦家屯古城。除了秦家屯信州古城外，在公主岭市范围内还有龙山满族乡的康熙放马沟（龙山满族乡原名放马沟满族乡）。据传清康熙二十一年（1682年）三月，29岁的康熙皇帝来吉林巡游视察，准备反击沙俄侵略。回京路过今龙山满族乡境，在某山沟休息、放马。之后，人们将此山沟名为"放马沟"。

2. 名人故居文化

南崴子大泉眼村于凤至故居：于凤至（1897年6月7日～1990年3月20日），字翔舟，富商于文斗之女，少帅张学良原配妻子。1897年于凤至出生在这里，1916年于凤至嫁给了张学良。于凤至故居修缮重建工程已经启动，一期工程主要修缮、重建于家四合院，占地2600余平方米，预计投资1000万元；二期将向西、向北扩建，重建于家祖宅，新建于凤至展馆等，占地面积大约两万平方米，预计投资2000万元。要发挥名人效应，打造特色文化旅游产业，充分挖掘人文历史文化资源，依托于凤至故居的效应，打造旅游产业。

3. 民族文化

公主岭市是一个多民族的县级市，全市现有满族、朝鲜族、回族、蒙古族、彝族、维吾尔族、藏族、布依族、锡伯族、苗族、侗族、壮族、瑶族、达斡尔族、土家族、白族、鄂温克族、鄂伦春族、畲族、黎族、普米族、俄罗斯族、哈尼族、傈僳族、保安族、赫哲族、珞巴族、基诺族、土族等29个少数民族，少数民族约占全市总人口的3%，民族成分多、分布广，呈小聚居、大散居状态；公主岭市现有民族乡镇两个，为二十家子镇和龙山乡，朝鲜族村共四个，为南崴子大兴村、鲜丰村、秦家屯丰源村、永丰村，朝鲜族聚居屯一个为黑林子立新屯，市区有一所朝鲜族专设学校。秦家屯朝鲜族的饮食文化体现在朝族风味一条街，有大小饭店20多个，吸引了八方来客。

三 经济社会发展现状与基本特点

(一) 公主岭市经济社会发展现状

1. 总量持续快速增长

考虑到市场化的进程,我们梳理了公主岭市自20世纪90年代以来经济成长的轨迹,得出的结论是:公主岭市经济发展迅速,取得了较大的成绩。1991年GDP为13.5亿元,2009年达到230亿元,增长大约16倍,扣除物价因素,增长近7倍。尤其是2000年以来,GDP增速逐年提高,2009年甚至达到31.9%(见图5)。

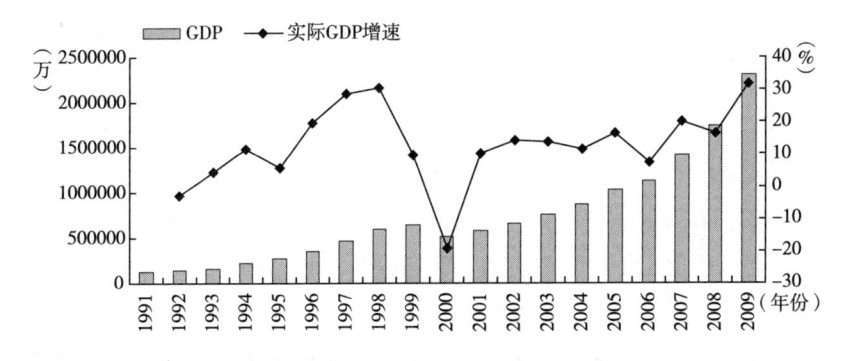

图5 公主岭市GDP及增速变化趋势(1991～2009年)

资料来源:根据各年《公主岭市国民经济统计资料》整理,GDP为当年价,GDP增速按照吉林省相应年份的CPI进行平减,因此数据与官方数据不一致,但不影响结论。

进一步分析,增长最快的是最近10年。以1999/2000为分界点,公主岭市的经济增长过程可以分为两个阶段。前一个阶段受国家宏观环境和自身产业结构的影响,经济增长波动比较明显,名义GDP增长约3.8倍,实际GDP增长1.6倍。后一个阶段,随着宏观环境的改善,经济平稳增长且速度逐年提高,名义GDP增长3.5倍,实际增长2.7倍。

人均GDP及其增速的变化与GDP的变化趋势基本上是一致的(见图6)。

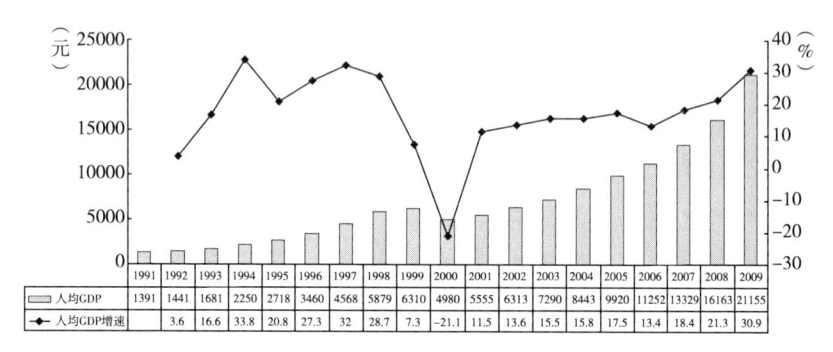

年份	1991	1992	1993	1994	1995	1996	1997	1998	1999	2000	2001	2002	2003	2004	2005	2006	2007	2008	2009
人均GDP(元)	1391	1441	1681	2250	2718	3460	4568	5879	6310	4980	5555	6313	7290	8443	9920	11252	13329	16163	21155
人均GDP增速(%)		3.6	16.6	33.8	20.8	27.3	32	28.7	7.3	−21.1	11.5	13.6	15.5	15.8	17.5	13.4	18.4	21.3	30.9

图6 公主岭市人均GDP与增速变化趋势(1991~2009年)

资料来源:根据各年《公主岭市国民经济统计资料》整理,人均GDP为当年价,增速为不变价。

2. 结构演变缓慢

总量增长总是伴随着结构变动,基本趋势是第一产业比重不断下降,第二、三产业比重不断上升。公主岭市也不例外,其三次产业结构比由1991年的55.78:24.94:19.28演变为2009年的27.42:32.38:40.20,一产比重下降了28.36个百分点,二产和三产分别提高了7.44和20.92个百分点(见图7)。

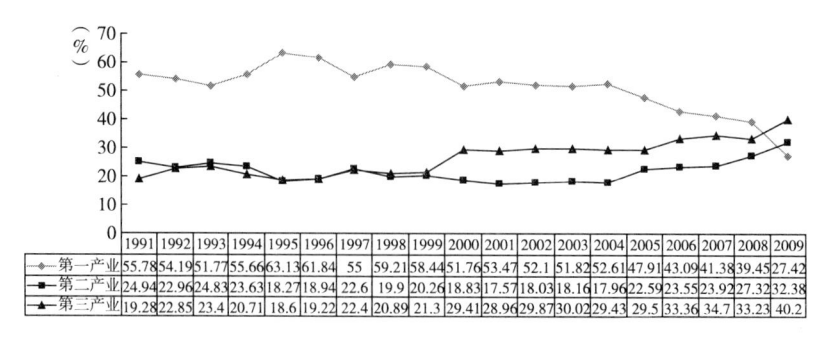

年份	1991	1992	1993	1994	1995	1996	1997	1998	1999	2000	2001	2002	2003	2004	2005	2006	2007	2008	2009
第一产业	55.78	54.19	51.77	55.66	63.13	61.84	55	59.21	58.44	51.76	53.47	52.1	51.82	52.61	47.91	43.09	41.38	39.45	27.42
第二产业	24.94	22.96	24.83	23.63	18.27	18.94	22.6	19.9	20.26	18.83	17.57	18.03	18.16	17.96	22.59	23.55	23.92	27.32	32.38
第三产业	19.28	22.85	23.4	20.71	18.6	19.22	22.4	20.89	21.3	29.41	28.96	29.87	30.02	29.43	29.5	33.36	34.7	33.23	40.2

图7 公主岭市产业结构变化趋势(1991~2009年)

资料来源:根据各年《公主岭市国民经济统计资料》整理。

从图 7 可以看到，1999 年以前，三产结构运行的曲线基本上是水平的，也就是说三次产业之间的比值基本没有大的变化。1999 年以后，一产比重才开始明显下降，二产尤其是三产开始缓慢上升，三次产业比值也开始发生变化。但二、三产尤其是二产一直保持在远低于一产的水平，直到 2009 年才开始升到一产以上。

3. 城镇化水平保持在高位但进展缓慢

根据美国著名经济学家 H. 钱纳里和 M. 塞尔昆关于工业化与城镇化关系的定量模型，即钱—赛"发展模型"，公主岭市的城镇化水平基本与工业化水平适应（见表 2）。

表 2　钱—赛"发展模型"下的城镇化与工业化关系

单位：%

人均 GNP （1964 美元）	城镇化水平	制造业占 GDP 的比重	从业人员比重
<100	12.8	12.5	7.8
100	22	14.9	9.1
200	36.2	21.5	16.4
300	43.9	25.1	20.6
400	49	27.6	23.5
500	52.7	29.4	25.8
800	60.1	33.1	30.3
1000	63.4	34.7	32.5
>1000	65.8	37.9	36.8

资料来源：H. 钱纳里、M. 塞尔昆：《发展的型式（1950 - 1970）》，李新华译，经济科学出版社，1998。

从表 2 看出，按照钱—赛"发展模型"，当制造业在 GDP 中的比重达到 25% 时，城镇化水平应在 44% 左右。公主岭市 2009 年第二产业占 GDP 的比重是 32.38%，制造业占比大约为 23.69%。当年城镇化率根据实际调研计算约为 42%[①]，城镇化水平与工业化水

---

① 42% 的城镇化率是调研组根据公主岭市政府刘明副市长、发改局靳晓波局长提供的数据计算得到。

平与钱—赛"发展模型"高度吻合。与全国大部分地区尤其是农区城镇化远远滞后于工业化的情况相比，公主岭市的城镇化水平明显偏高。但有一个值得注意的问题，就是公主岭市的城镇化率增幅缓慢，多年变化不大（见图8）。

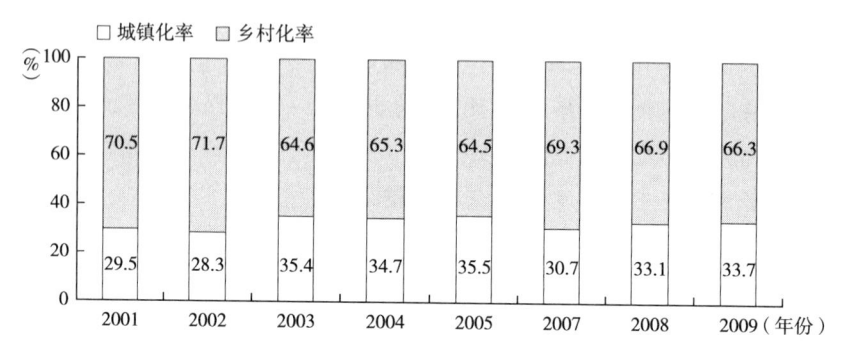

图8　2001年以来公主岭市城镇化率走势

资料来源：根据相关各年《公主岭市国民经济统计资料》整理。

从图9可以看出，近10年时间，公主岭市的城镇化率只增加了4.2个百分点，而同期同是农区的河南省城镇化率增加了12.83个百分点（36.03~23.2），全国的城镇化率增加了10.37个百分点（46.59~36.22），公主岭市的城镇化速度滞后于河南省乃至全国平均水平。公主岭市的城镇化率变化幅度较小。从图9还可以看出，公主岭作为一个农业大市，2000年的城镇化率反而超过作为农业大省的河南省平均水平6.3个百分点，经过9年的时间变迁，公主岭市的城镇化率滞后于河南省2.33个百分点。综上，相对于其他农区来说，公主岭市乃至整个吉林省的城镇化率进展缓慢是其发展过程中的一大特征。

（二）公主岭市经济社会发展的阶段性特征

一个特定区域以什么路径由农业与乡村文明社会走进工业与城市文明社会，取决于该区域的自然地理环境、资源条件、区位、

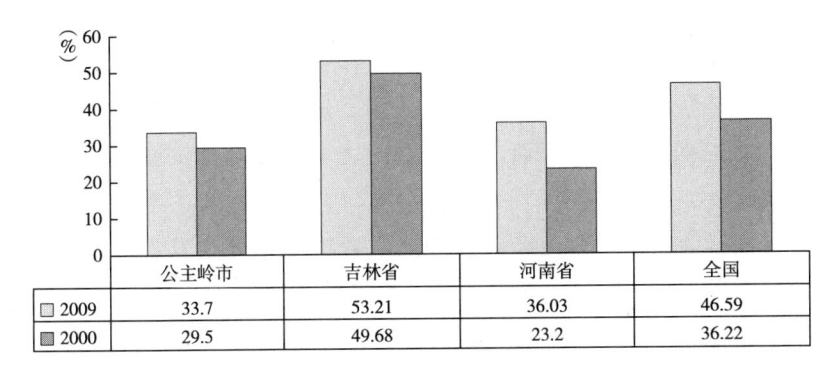

	公主岭市	吉林省	河南省	全国
2009	33.7	53.21	36.03	46.59
2000	29.5	49.68	23.2	36.22

图 9 公主岭市城镇化率对比

资料来源：根据《中国统计年鉴 2010》、《公主岭市国民经济统计资料》整理。

历史文化积淀和经济社会发展阶段等因素所决定的区域特征和区域类型。根据对公主岭市相关情况的分析可知，其经济社会发展呈现六大特点。

1. 结构特点异常突出

这表现在两个方面：一是产业结构两头大，中间小；二是三产结构层次低而城镇化水平高。

从图 7 可以看得很清楚，一产比重下降并没有导致第二产业比重迅速提升。自 1990 年以来将近 20 年中一产比重下降 28.36 个百分点的同时，二产比重只上升了 7.44 个百分点，倒是三产升幅较大，达到 20.92 个百分点！三次产业结构比呈现两头翘起、中间凹陷的特征。这与工业化初、中级阶段工业比重快速上升，三次产业结构中间凸、两头凹的一般特征差异明显。造成这种特征的原因可能源自两个方面：一是对农业的过度依赖导致农业产值比重居高不下，同时也刺激了涉农服务业和生活服务业的发展，导致三产比重异常升高；二是工业市场转型出现障碍，国有企业没有活过来，民间企业也没有发展起来，导致产值比重持续处在低水平。

一般来说，一产比重高、二产比重低意味着更多的农民滞留在农业和农村地区，城镇化水平相应比较低。公主岭市确实没有农民大规模进城的明显证据，但城镇化水平竟达42%，远高于典型的农业地区。这只能解读为城镇人口多并不是由农民进城造成的，而是原本集中于城镇的人口就多。这或是由于计划经济时期较好的工业基础所致，而二产比重与之不匹配则是工业转型不畅所致。

这样的结构特点无疑意味着公主岭市未来面临着农民离土进城和重新振兴工业的繁重任务和巨大压力。

2. 农业优势突出，造成对农民的"锁定效应"

公主岭市的农业优势突出表现在三个方面：一是耕地面积大。公主岭市国土面积4028平方公里，而耕地面积就占到国土面积的54.1%，绝对量达2178平方公里，农民人均耕地0.38公顷，户均1公顷。二是土地肥沃。公主岭市位于松辽平原腹地，是著名的东北黑土地的中心地带。三是粮食产量大。2010年粮食产量预计突破65亿斤，是吉林省的11.61%，是全国第一产粮大省河南省的1/16，是全国第二产粮大县。四是产值比重大。2008年第一产业产值在生产总值中的比重高达39.45%，即使按照可能出于统计上的原因陡然下降的2009年的数据，一产比重仍然高达27.42%，而同期吉林省第一产业比重仅为13.6%[①]，河南省也只有14.6%。五是农民人均纯收入高。2009年农民人均纯收入达5525元，高出吉林省平均水平5个百分点，高出全国平均水平7.2个百分点。

过分优越的农业生产条件与来自农业经营的较高收入，导致农民对土地的过度依赖和对现有小规模家庭经营方式的过度依恋，形成了对农民的"锁定效应"。不管是离开土地还是改变现有土地经营方式都有相当的阻力。以至于直到目前，公主岭市农业领域就业的人数仍占全社会劳动力总量的53.7%（2008年数字），农民从事非农产业所获得的工资性收入占总收入的比重仅为18.1%。

---

① 数据来源：《2009年吉林省国民经济和社会发展统计公报》，2009年数据不加特别说明均来自相应行政区域2009年统计公报。

3. 工业源远流长，但规模偏小、结构单一、吸纳就业能力有限

公主岭市具有较好的工业基础，在计划经济时期，一些企业在全省乃至全国就小有名气，有的工业产品早就打入国际市场。但是，在向市场化转型过程中受损较大，以2008年三次产业比（39.45∶27.32∶33.23）来看，第二产业明显垫底。即使从2009年由于统计方法改变而大幅度修正后的数值来看（27.42∶32.28∶40.2），第二产业也仍然不足国内生产总值的1/3，且只稍高于第一产业，却大大低于第三产业。这与处在同一发展阶段的其他县域相比，工业短板仍显突出。

工业结构单一表现在四个方面：一是产业结构单一。工业基本上集中在农副产品加工、汽车零部件和油气煤膨润土等资源采掘及初级加工业。这三个产业产值占整个工业总产值的74.44%，利税总额占整个工业利税的67.42%。二是规模结构单一。三个主导产业内部企业数量都比较少，规模小、层级少，集中度高。尤其是粮食加工业，实际上只有中粮生化和黄龙（中粮控股）两个企业。三是空间结构单一。工业基本上集中在城区，农村地区基本上没有工业，城乡界限分明，二元结构特点突出。四是产权结构单一。在粮食加工和能源原材料采掘加工业中国有产权占绝对比重，即使汽车零部件产业，也是法人资本占有较大比重，典型的私人资本比重较小。

由于结构单一且企业多属资本密集型，工业吸纳就业能力较弱。2009年工业就业人数只占全部就业人口的15.5%。

4. 中小企业少，民间创业活动缺乏

目前，公主岭市民营企业在数量、注册资本、企业规模等方面与发达县市相比，还存在较大的差距。而且从事个体零售批发等商贸性质经营的企业占绝大多数，为农业服务的小个体企业众多，直接从事工业生产、生产性服务业和为工业服务的稍大规模的民营企业数量较少。民间投资不活跃、民众创业热情与动力不足，也缺乏闯荡市场的企业家。

5. 服务业集中于涉农以及日常生活消费类型，生产性服务业发展不足

公主岭市的服务业散而小，涉及领域层次低，对本地区高质量的经济支撑能力有限。生产性服务业尤其是高端生产性服务业如金融、科技信息、物流等比重较低，金融业占比4.3%，低于梨树（5.1%）和四平市平均水平（5%）；交通运输仓储及邮政业只占12.8%，低于梨树（17.5）和伊通（14.8%）；信息传输、计算机服务和软件业占比3.5%，低于双辽（6.2%）和梨树（5.9%），也低于四平市平均水平（5.4%）。旅游及商务服务设施落后，服务方式跟不上时代步伐。

6. 温饱意识浓厚，计划经济痕迹明显

经历了多年市场因素的浸润，相较于改革开放初期，致富、城市文明及优质的公共服务，也正在成为越来越多的公主岭人的追求。但由于来自农业的收入足以维持低水平小康，农村居民缺乏足够的压力和动力改变目前的状况，小规模农户家庭经营至今仍是公主岭市农业生产的基本组织形态，缺乏迅速改变的紧迫感。由于计划经济留下的遗产较多，城市居民也尚未完全从慢节奏、被动型和依赖型生产生活方式中走出来，主动适应市场经济规则的意识还有所欠缺。

（三）公主岭市经济社会发展面临的机遇与挑战

1. 面临的机遇

（1）长吉图开发开放带来的机遇

2009年11月国务院正式批复《中国图们江区域合作开发规划纲要——以长吉图为开发开放先导区》，长吉图开发开放先导区建设上升为国家战略，成为迄今唯一一个国家批准实施的沿边开发开放区域。该规划的实施，将全方位提升长吉图区域基础设施建设水平，构筑一条贯通东北经济区的陆—海—空立体式联网式的国际运输通道，该区域经济社会发展的政策环境将更为宽松，极大提升长吉图区域中、日、韩、俄四国经济技术合作水平。不久的将来，该区域将会成为我国面向东北亚开放的重要门户和东北亚经济技术合作的重要平台，成为东北地区新的重要增长极。

公主岭市位于吉林省中部城镇发展核心经济区，东北部的范家屯、大岭与响水三镇与长春市的绿园西新工业集中区、汽车产业园区和朝阳经济技术开发区接壤，市区距长春市区仅50公里，是长春经济社会发展的重要战略腹地。近年来，长春市围绕西客站综合开发揭开了西部新城大规模开发建设高潮，围绕着汽车工业加快了西南工业区的发展建设速度，长春对公主岭市的辐射带动作用日益强大。尤其重要的是，《中国图们江区域合作开发规划纲要》（以下简称《纲要》）明确提出长吉图区域要加强与吉林省南部地区的协调发展，南部地区要承接长春、吉林的产业梯度转移和产业链延伸，建设汽车零部件配套基地、现代农业和农产品加工基地，这给公主岭市的产业发展带来了机遇。尤其是，吉林省为推动《纲要》的贯彻落实，于2010年5月制定了《长吉一体化实施方案》，在这一方案中，公主岭市的范家屯镇被划入长吉一体化区域，并被规划为仓储物流区，成为十八个功能区的有机组成部分。方案中明确提出要推进公主岭融入长吉一体化建设，打造为一汽配套率达到30%的汽车零部件生产基地，建设200万辆汽车仓储物流基地、200万吨粮食物流仓储基地，建设以糖醇为主的200万吨玉米深加工及200万吨玉米生物产业基地。积极融入长吉图区域、主动接受长春的辐射带动作用、全力承接韩日俄等国家和国内产业转移，是公主岭市地缘优势的集中体现。

（2）国际国内产业转移带来的机遇

随着科学技术的发展和国际分工体系的深化，世界范围内的产业转移已经进入一个新阶段，进一步呈现出层次高端化、产业链整体化、企业组团化的趋势，发达国家在继续向发展中国家转移本国已失去竞争优势的劳动密集型产业，同时，开始向发展中国家转移资本密集型和资本技术双密集型产业，高端制造业、高新技术产业、金融保险业、贸易服务业,以及资本密集型的钢铁、汽车、石化等重化工业日益成为国际产业转移的重点领域。本轮国际产业转移给我国汽车产业、金融产业、石化等产业带来了重要机遇。从国内来看,东部沿海发达地区与内陆地区的产业梯度差已越来越大,随着劳动力成本的迅速上升、国际需求的低迷,东部沿海发达地区劳动密集型、资源密集型、外向型产业向内陆地区转移的迫切性日益增加。公主岭市具有重要的区位和交通优势,具有劳动力、土地等生产要素的低成本优势,有丰富的农副产品资源、矿产资源等资源优势,积极主动承接国际、国内产业转移,优化本地产业结构,提升本地产业层次和发展水平,将为公主岭市的经济社会发展提供强大的动力。

(3) 国内相关产业发展带来的机遇

从国际国内产业发展的现状与前景看,公主岭市的粮食生产与加工、畜牧业、汽车零部件加工以及石化等产业都有广阔的发展空间。

玉米产业。目前,我国玉米产业已经从单一的口粮、饲料用粮发展到了食油、工业原料、能源等多种用途,这些产品的开发,大大提高了玉米加工的附加值,玉米种植及深加工前景十分广阔。同时,国内玉米产业发展的重心正在由销区向产区转移,近年来沿海发达地区粮食加工资本正在向北方转移,江苏、广东、福建等省的玉米加工企业以及中粮、华润等大型企业在产区的投资不断增加,公主岭市的玉米产业的发展水平仍有巨大的提升空间。

畜牧业。公主岭市依托雄厚的玉米生产与加工业,大力发展畜牧业,已经取得了一定效果。2009年,畜牧业总产值达到75亿元,占农业总产值的一半以上,标准化的牧业小区建设已经有450多个。随着人民生活水平的提高和城乡经济联系的日益密切,在未来一段时期,城乡市场对畜牧业产品的需求仍然会保持稳定增长。当前,传统畜牧业正处在向现代畜牧业转型的关键时期,规模化生产、标准化管理、产业化经营已经成为畜牧业发展的大趋势，公主岭市是长春重要的经济腹地，有条件成为长春乃至全国的肉、蛋、奶供应基地，大力发展畜牧业和畜牧产品深加工是公主岭市做强农业、提升农业的重要途径。

汽车零部件产业。近年来，我国汽车产业发展十分迅速，2009年全年汽车产销量突破1300万辆，跃居全球第一位，我国已经真正成为世界第一汽车生产和消费国。汽车产业的飞速发展，给汽车零部件产业带来了前所未有的机遇。2009年，我国汽车零部件及配件制造行业共实现工业总产值1.08万亿元，比2008年增长20.39%，2010年将达到1.4万亿元。同时，良好的产业前景，使得汽车零部件企业的利润率普遍保持在8%~10%左右，这一水平是全球平均水平的两倍，比整车企业的利润率也高出2至3个百分点。巨大的市场需求与较高的投资回报率，将保证我国汽车零部件产业在未来一段时期仍可保持高速增长势头。公主岭市与长春一汽集团相邻，汽车零部件产业有着悠久的历史和较强的实力，有着无与伦比的地缘优势，借一汽集团和我国汽车产业快速发展的机会，其汽车零部件产业的发展正面临前所未有的重大机遇。

石化产业。目前我国已经成为世界上最大的能源消费国，而且原油对外依存度已经超过50%，石化产业作为国民经济的造血产业，其发展已经上升到国家能源安全这样一个战略层面。公主岭市已探明原油储量在4000万吨以上、天然气储量在50亿立方米以上，而且是中石化东北局天然气输送中枢，油气资源的开采、利用、开发等产业正方兴未艾，随着中石化东北石油局天然气母站、油气调控维护中心、天吉压力调控站等一批项目的建设和投产，一座现代化的石化新城将在公主岭市西南部迅速崛起，为公主岭市的经济社会发展注入新的动力和活力。

膨润土产业。公主岭市拥有钠基和钙基两类膨润土资源，钠基膨润土储量在2000万吨以上，而且是我国质量最好的膨润土，钙基膨润土储量尚未查明。目前，膨润土可以广泛用于建筑、冶金、铸造、钻井泥浆、化工等领域,在市场上具有较旺盛的需求,国内市场年产约400万吨,供不应求,每年还需从美国大量进口,公主岭市发展膨润土产业具有广阔的市场空间。提升膨润土产业的深加工水平,重点发展人工改性钠基膨润土、有机膨润土等系列产品,增加产品附加值,提高经济效益,高起点、高标准打造膨润土深加工特色产业园区,就能够将该产业打造成公主岭市的新兴优势产业。

(4) 国家政策带来的机遇

独特的区位优势和产业优势,使公主岭市的经济发展有了良好的政策环境。

一是国家实施东北地区等老工业基地振兴战略。2003年10月,中共中央、国务院下发《关于实施东北地区等老工业基地振兴战略的若干意见》,2007年8月国务院正式批准《东北地区振兴规划》,2009年8月,国务院又通过了《关于进一步实施东北地区等老工业基地振兴战略的若干意见》。为贯彻落实这些重大决策,国家有关部门陆续发布了一系列优惠政策,在社会保障政策、国企改革政策、财税政策、金融政策以及土地利用政策等方面给予了特殊的安排。

二是国家对粮食主产区的扶持优惠政策。2008年,十七届三中全会通过了《中共中央关于推进农村改革发展若干重大问题的决定》,2009年4月国务院审议通过了《全国新增一千亿斤粮食生产能力规划(2009~2020年)》,2010年9月,国务院在山东省烟台市召开全国粮食主产区农业生产座谈会,研究了进一步支持粮食主产区的政策措施,要求各部门不断加大对主产区粮食和农业发展的政策扶持力度,国家支持"三农"发展的各项政策措施要进一步向主产区倾斜,农业发展项目要优先安排自主产区,资金投入要重点用于主产区,加快建立健全主产区利益补偿机制,加大一般性转移支付力度。国家对粮食生产大县的奖励政策要进一步强化,中央财政安排的公共事业发展和基础设施建设等方面的投资要优先用于粮食主产区。

三是国家区域发展总体战略的实施。为协调区域经济发展，国家在东北地区先后批准了《中国图们江区域合作开发规划纲要——以长吉图为开发开放先导区》和沈阳"新型工业化"综合配套改革试验区，这些地区的经济社会发展在政策环境、基础设施建设、重大项目投资、对外开放和利用外资等方面得到一定的扶持，并且将成为东北地区的经济增长引擎。公主岭市在沈阳经济区的辐射范围之内，更与长吉图经济区接壤，其中范家屯镇又划入长吉经济一体化区域，公主岭市的发展有着良好的政策环境。

四是国家《汽车产业调整和振兴规划》的实施。该规划的宗旨是扩大汽车消费，鼓励汽车产业发展。规划强调关键零部件技术要实现自主化。发动机、变速器、转向系统、制动系统、传动系统、悬挂系统、汽车总线控制系统中的关键零部件技术要实现自主化，新能源汽车专用零部件技术达到国际先进水平，支持企业技术创新，实施技术改造专项，这为公主岭市的汽车零部件产业的发展提供了条件。规划还强调了要发展现代汽车服务业，加快发展生产性物流、汽车零售和售后服务等服务业，这为范家屯汽车物流产业的发展提供了政策支持。

2. 面临的挑战

（1）农业发展面临的挑战

公主岭市是传统的粮食生产基地，是我国三大农业生产县之一，年产粮食50亿斤左右，2010年有可能突破65亿斤。全市耕地面积27.66万公顷，农业人口人均占有耕地0.38公顷，是全国农业人口人均耕地面积的2.75倍。良好的土地条件、较大的人均耕地面积，使得农民务农收入处于全国领先水平，单靠务农收入，农民的生活水平就能得到充分的保障，农民从事非农产业的积极性在一定程度上受到了抑制，土地对农民的"锁定效应"很强。农业生产的规模化、专业化和组织化程度较低，一家一户的个体生产经营方式仍是主流，全市较大规模的农业产业化经营组织很少，高附加值的农产品种类和数量仍然较少。农业机械化水平不高，2009年全市农业机械总动力80.65万千瓦，农业人口人均农业机械总动力仅为1.12千瓦，低于全省平均水平17个百分点，与农业大县的地位很不匹配。农业发展的现代化水平亟待提升。

(2) 经济活力面临的挑战

公主岭市民间投资不活跃、人民创业热情与动力不足，民营企业家群体规模小，造成整个县域经济活力与竞争力不强，严重阻碍了全市经济社会发展。在工业企业方面，技术创新、管理创新和产品创新严重不足。比如汽车零部件产业，企业生产主要依赖引进国外技术或依靠主机厂的设计图纸，相当一批企业用仿制的方法开发和生产零部件，缺乏核心竞争力，缺乏拳头产品和附加值高的产品。多数企业生产规模小，经营品种单一，技术含量低，只能担任二级或三级配套供应商，造成全市汽车零部件企业未能形成集群优势和竞争合力。

(3) 城镇化面临的挑战

城镇是现代社会经济发展的最重要的平台，是实现资源和要素聚集、转化和利用的最重要的场所，对区域经济发展起着核心的作用。公主岭市目前的城镇化率虽然高于一般农村地区，但城乡界限分明，农民进城愿望不强，城乡之间尚未形成要素快速顺畅流动的渠道，城镇化进展缓慢。同时，城镇布局层次不清、重点不突出，城镇规划和建设缺乏特色，城镇创造的就业机会较少，是目前公主岭市城镇化发展面临的主要困难。由于缺乏城乡统筹规划，公主岭市镇域之间工业布局分散、结构雷同，服务业发展缓慢，金融、物流、仓储等产业对整个经济体系的支撑带动能力严重不足。同时，农村传统生产要素不能有效地向城镇聚集，无法转化为更高的生产力，资本和要素的收益水平得不到提升。

(4) 发展观念面临的挑战

公主岭市老工业基础较好，计划经济体制的影响根深蒂固，发展市场经济还需要突破发展观念上的各种障碍。首先是风险观念。传统的计划经济使得人们对"组织"的依赖性非常强,工人依赖企业和单位,农民种粮卖粮依赖国家,干部依赖上级,人们因为怕冒风险而不愿意走出既有的生活环境和做事规律,使得整个社会缺乏积极进取的气象。其次是发展观念。长期小农经济生产方式造成了广大农民老守田园、狭隘封闭的价值观念,传统的计划经济造成了人们墨守成规、循规蹈矩的思维和行为方式,以行政权力为中心的官本位思想仍然是行为规则的重要塑造因素,而人们对于发展的渴望仍然不够强烈,视发展为自然而然的过程,务实、高效、长远的发展理念尚需加强。最后是创业观念。公主岭市人具有典型的东北人的特征,为人义气豪爽,做事粗放,但这与市场经济条件下的创业行为还有很多不相适应的地方。市场经济追求经济效益,重视成本核算,创业更重视细节、讲究规则、尊重市场、精打细算。因此,树立符合市场经济需要的创业观念、弘扬新时代的创业文化、彻底打破思想观念方面的束缚,才能够为经济社会发展提供不竭的动力与活力。

四 经济社会现代化发展的基本路径与总体目标

(一)"三化"协调推进是实现文明转型的基本路径

理论思考和实践经验都证明,典型农区走进现代工业与城市文明社会的基本路径是工业化、城镇化、农业现代化"三化"协调推进。

所谓"三化"协调推进,有两层含义:一是相互促进。工业化对城镇化和农业现代化是促进,城镇化对工业化和农业现代化是促进,农业现代化又对工业化和城镇化是促进。二是均衡。也就是工业化、城镇化、农业现代化均衡发展,齐头并进,而不是错位发展。

（二）以城镇化为突破口统领"三化"协调发展

1. 工业化是原动力

工业化本质上是劳动力由农业转向工业的过程，大致分为区域外的工业化和区域内的工业化。其中区域外的工业化，即劳动力从区域内农业产业中流出转向区域外非农产业就业；区域内的工业化，即劳动力从区域内农业产业中流出转向区域内非农产业就业。农区的工业化一般是从区域外的工业化开始，然后逐步向区域内渗透的过程。公主岭市的特殊性在于：计划经济城乡封闭时期城市的工业化已有相当的基础，市场化过程中这些工业却没有实现脱胎换骨的转换，没有重新焕发出活力，也没有总量的明显扩张，所以，计划经济时期形成的城市工业在市场经济时期并没有对农业劳动力产生吸纳能力，从而没有对农区的工业化作出明显的贡献。在这种情况下，公主岭市农区的工业化只能有三条路：一是促使传统产业和传统企业焕发活力，实现总量扩张，吸纳农民就业；二是吸引新的企业和新的项目，吸纳本地就业；三是本地企业家创业。三条路同步走，近期以前两条路为主，远期重点是培育本地企业家。

2. 城镇化是突破口和统领

不管是原有产业的增量扩张，还是外来企业数量增加，或者本地新企业的培育，都需要有落地空间，而这样的空间必须由城市提供，或者说必须通过推进城镇化来解决。因为在国家对18亿亩土地红线看管越来越紧的情况下，像20世纪沿海地区工业化过程中那样随便租用或征用农田即可建设工厂，工业企业在田间地头遍地开花发展的时代已经一去不复返了，工业项目只能在依托城市或与城市融合在一起规划的工业区内落地。而工业区的规划是城市规划的一部分，只能先启动城市和工业规划，才能比较容易地获得工业建设用地的指标，从而给出工业项目落地的空间。这一点，公主岭市自然也不例外。这是其一。

其二，城镇化是获取稀缺建设用地的重要源泉。即使城市和工业规划到位，建设用地指标也极难满足需要。而城镇建设用地最具潜力的源泉是农民的宅基地。据测算，一个农村居民转变为城镇居民，由农村生活方式转变为城市生活方式以后，只需占用原来宅基地1/4的面积，3/4的面积就可富裕出来用于城镇公共设施和工业建设用地。以公主岭市农民户均占地330平方米计算，一个农户转换为城镇居民后就可腾出240平方米的土地供基础设施和工业建设使用。如果按2015年118万总人口和55%城镇化率测算，未来五年将会有20万左右的农民大约4万~5万个家庭（每个家庭4~5人）转换成城镇居民（按2009年末总人口108万人，城镇化率42%，城镇人口45万人计算），腾出960~1200万平方米，也就是10平方公里左右的城镇基础设施和工业建设用地，足可满足一个小型城市建设的需要。据了解，在公主岭市农民恋土恋家情结很深的背景下，农民进城工作和生活的愿望也在日益增长，尤其是40岁以下的青年人。所以，通过城镇化吸引农民进城挖掘城镇建设用地资源的前景还是具有一定可行性的。

其三，城市为工业企业提供基础设施和公共服务平台。城市可以降低单个企业主体经济活动的成本，提升企业的市场竞争力和扩张发展的能力。工业产业和农业生产活动最大的不同有两点：一是工业生产需要水、电、路、气等基础设施支撑。而这些基础设施只有在多企业共享的情况下，才会使单个企业分摊的成本最低。要共享基础设施，就必须多企业在同一空间点聚集，这种聚集本身就是城市发展的方式和过程。进一步说，在现代城市建构式发展模式中，这些企业所共享的基础设施往往是在企业出现之前就规划和提供出来的，这也是城市发展之所以先于产业发展的一个很有说服力的理由。除了特大型企业的特大型项目外，如中石油的千万吨级炼油厂，可能是基础设施和生产设施同步建设的，绝大多数企业都是在已有基础设施的条件下才开始建设和落地的。从这个意义上讲，规划建设城市是先提供基础设施，即所谓筑巢引凤的过程。二是单个生产主体可以独立进行农业生产活动，无需社会公共服务支撑，工业生产活动一开始就是在社会分工体系中进行的，需要公共服务体系支撑，没有公共服务体系支撑，工业企业一刻也不能运转。

其四，城市可满足民众对高质量、高层次、多元化的公共服务的需求，提升人的生活质量，促进人的全面发展，促进发展终极目标的实现。经济社会发展的基本内核和终极目的是人的发展，人的发展水平可以用马斯洛的需求层次论来衡量，即满足需求的层次越高，人的发展水平也就越高，同一层次需求供给的质量越高，越有利于人的发展。高质量、高层次、多元化的需求只有通过人口的聚集才能产生出来。因为只有一定规模的人口聚集，不同层次服务的供给才有一定规模的市场，市场规模越大，供给成本越低，高端需求的供给才能产生出来，需求层次才能多起来。比如国际会议系统只是少数人的需求，如果人口聚集规模小，此类需求可能只是小概率事件，满足此类需求的投入可能就无法维持，于是这种供给就不会被提供。如果聚集规模足够大，少数人的小概率事件就成为多数人的大概率事件，此类需求就有一定规模，从而诱使此类供给产生。当前民众需求强度最大的是高质量公共服务。拥有此种需求的人聚集规模越大，满足此类需求的供给质量就越高。聚集规模越小，此类供给的质量就越低。就公主岭市来说，教育的问题最突出。随着农民收入水平的提高和其对优质教育需求的增加，原来各村散布的小学教育供给模式已经远远落后于农民对子女享受高质量教育的需求，为了获取高质量的教育资源，越来越多的家长将孩子送到距离家乡更远的镇区或市区就读，村级小学生源大量流失，这就进一步降低了村级小学的规模，降低了村级小学的教育质量，导致更多的学生流失，形成恶性循环，直至无法维持。据调查，杨大城子镇一村级小学仅剩4名学生，却有5位教师。有几个乡镇初中全校学生不足50人，老师50人，每个老师教1个学生，教学质量无法保证，但单个学生使用的教学资源却很多,造成严重的低效率。所以,中小学进一步向城镇集中已迫在眉睫。另外,城市由于拥有更加完善的公共服务体系,可以吸引更多更优秀的教师,提升教学质量,满足民众对高质量教育服务的需求。从这个意义上说,促使学校和学生向城镇集中,即这部分人群的城镇化,既是城镇化的推动力,也是实现城镇化核心目标的要求。

其五,城镇化是农业现代化的前提条件。农业现代化的基本内容是规模化、专业化和市场化。规模经营就是单个生产单元要有足够大的面积;专业化就是单个主体甚至是特定区域专注于某一种产品的生产;市场化是为满足市场需求而生产,且以成本收益核算为基础,以收益最大化为目标。可以说,没有大量农民的离土,耕地就不可能向少数经营者集中,规模经营就无从谈起,没有越来越多的人口脱离农业,就不会有足够大的农产品市场,以收益最大化为目的的市场化生产也无从谈起。所以,农业现代化的前提是更多的农民离开土地,而农民离土的前提又是城市为农民提供足够的生存空间。所以,城市化是农业现代化的前提和条件。

其六,城市化也是现代服务业发展的原动力。城市化导致人口聚集,人口聚集导致分工和需求的扩大,从而推动服务业发展。实际上,人口聚集不仅放大同一种需求的市场,也会把更多更高端的需求激发出来,从而增加市场的层次,纵向放大市场规模。

(三) 经济社会现代化发展的总体目标

经济社会现代化发展的远期目标(2030~2050年)无疑是实现工业化、城镇化和农业现代化,从而在财富总量及财富创造力、公共服务体系和社会管理架构等方面全面与现代社会对接,实现社会转型。近中期目标(2015~2020年)是在城镇化统领下加快"三化"进程,实现跨越式发展,各项指标都提升一个量级,跻身吉林省乃至全国县域经济体先进行列。

1. 经济总量力争在"十二五"末或"十三五"初期达到全国百强水平

延吉市为吉林省唯一一个全国百强县,我们可以以延吉市为参照,测算公主岭市未来五年或更长一段时间实现进入全国百强县的目标所需要达到的总量指标水平。延吉市2009年在全国百强县中排名第82位,人均GDP为34473元。一个基本判断是:公主岭市要在"十二五"末或"十三五"初期进入全国百强县,届时人均GDP至少要达到延吉市2009年的水平,即34473元(2009年价格),按照过去六年吉林省的CPI指数进行趋势外推,这个数字以2015年价格计应为40678元,则那时的GDP测算为480亿元,亦即6年时间翻一番多(2009年公主岭市GDP 230亿元),根据对过去6年公主岭市GDP增速的加权平均计算,同时考虑到近两年不断加速的因素,以及未来城镇化统领带来的巨额投资与消费需求,至"十二五"末或"十三五"初期达到这一总量水平应该是可能的。

当然,由于延吉那样的百强县未来也会以相当的速度继续增长,所以,公主岭市要在"十二五"末或"十三五"初期进入全国百强县,需要以更快的速度来获得更高水平的总量指标。

2. 城镇化水平大幅提升,建成现代化宜居城市

2009年公主岭市城镇化率为42%,城镇人口45万人。根据吉林省委省政府的要求和公主岭市的实际,将"十二五"末的城镇化率目标确定为55%是适当的。这意味着未来每年城镇化率平均要增长2.1个百分点。以2015年人口118万人测算,2015年末城镇总人口则为118×55% = 65万人,也就是5年要向城镇转移20万人,每年转移4万人。

若"十三五"期间城镇化率仍以年均2个百分点的速度递增,则2020年城镇化率可达到65%,测算当年总人口按123万计,城镇人口应为123×65% = 80万,也就是2015~2020年要再转移15万人,平均每年转移约3万人。

表3 "宜居城市"的评价指标

需求层次	属性指标	
生理需求	住宅状况	面积、服务配套设施、私密性等
	环境污染	空气质量、水质量、噪音状况等
	气候状况	温度、降水等
安全需求	自然灾害状况	洪水、地震、火灾、滑坡等
	经济状况	经济发展情况、失业率等
	社会状况	犯罪率、事故率、社保体系等
社交需求	公共空间状况	开放空间、公园、购物中心、社会空间等的位置、数量、种类以及利用情况等
	交通系统状况	公共交通种类、便利性，人行道、自行车道等的设置状况，街区大小、交叉口的形式及通行质量等
	邻里环境状况	邻里和谐程度，邻里交往空间，邻里单位关键部分的可达性（公园、服务设施等）等
尊重需求	城市设计	建筑、街道等设计状况（即是否人性化设计）
	社会成员的平等性	平等享有教育、社会保障等权利，资源分配的平等性
	对弱势群体的关怀	方便残障人士设计（如残障通道），方便老年人的设计（如老年人活动中心）以及孕妇儿童的设计等
自我实现需求	自然景观	优美的城市天际线、海岸线、山脊线等
	历史状况	城市历史街区、历史建筑、历史地段、著名文物古迹等
	现代文化	现代建筑文化（如著名的标志性建筑），现代精神文化（为全体市民所认同并感到自豪的城市文化等）

资料来源：朱鹏等著《基于人的"需求层次"理论的"宜居城市"评价指标初探》，《河南科学》2006年第1期。

经过5至10年的努力，最迟到"十三五"末，将主城区及若干镇级市和重点镇建成基础设施优良，交通、通信、教育、医疗、文化、餐饮住宿、娱乐休闲等各种公共服务功能完善，环境优美的现代化宜居城市。城市人居环境是为人所使用和享受的，其优劣、美丑要根据人使用后的效果和感觉来评价。同时，人居环境也会对人的情绪、心理乃至性格特征产生潜移默化的影响。因此，现代化宜居城市评价指标应该考虑人的心理和行为规律以及人的各种需求。按照马斯洛的"需求层次"理论，我们把不同阶段的宜居城市指标分解成表3所示的体系。公主岭市要建设成现代化宜居城市，应该根据经济社会发展的实际设定宜居城市目标。

3. 经济结构明显改善

根据描述制造业水平与城镇化水平关系的钱—赛"发展模型"，当2015年公主岭市城镇化率达到55%时，制造业占GDP的比重应该达到30%。

2009年公主岭市制造业占GDP的比重大约是24%，这意味着，至"十二五"末，制造业占GDP的比重至少应该增加6个百分点，年均增加1个百分点以上。考虑到未来城镇化所带来的建筑需求，建筑业占GDP的比重由现在的6%提高到2015年的10%。这样，至2015年，制造业和建筑业加在一起的第二产业占GDP的比重达到40%应该是没有问题的。如果第二产业比重的上升与第一产业比重的下降相对应，则"十二五"末三次产业比的调整目标应为20：40：40。

一般来说，当工业化发展到一定阶段后，第三产业会基本保持平稳。所以，合理的推断是，"十三五"期间第二产业继续提升10个百分点，且第一产业同步下降，则2020年三产结构比应为10：50：40。

五 区域空间发展战略和城镇布局

（一）公主岭市空间发展战略

公主岭市空间发展战略的基本思路可以用两句话来概括：

一句话是：以长春为基点，向心发展。打造两轴（长平线和长郑线）两带（环长春半小时经济带和1小时经济带）扇形经济区。主动对接，积极融入长春经济圈，建设特色鲜明的"长春西部卫星城"和"长春经济圈重要节点城市"。

另一句话是：以城镇化为统领，"三化"协调发展。做大主城区（中心市区和范家屯），做强镇级市（大岭、怀德和秦家屯），扶持商贸重点镇（杨大城子和双城堡），建设农村新社区（其他乡镇政府所在地）。推动农民进城，完善四级城镇体系。

（二）建设哑铃形组团式主城区

主城区包括中心市区与范家屯城区。

作为全市的经济、政治、文化中心，中心市区人口规模大，具备较为齐全的基础设施与城市功能，但由于城区扩张速度快，形成的大量棚户区、城中村亟待改造；另外，新规划的岭西新区需要加快发展。因此，总体思路上公主岭中心城区要把改造提升老城区与建设新城区并重。老城区要对棚户区、城中村进行改造，同时抓好城市公园、绿地、广场、街景等的改造建设，完善城市功能，提高城市品位。岭西新区本身就是中心市区的一部分，也是未来做大中心市区的重要依托，所以不必再单列为市区内独立的区域单元。岭西新区要坚持高标准规划、高质量建设的原则，以行政服务、商贸办公、文化休闲、教育等公共功能组团重点建设项目为依托，逐步完善基础设施，加快商业小区建设，构建城市未来的行政、商务、文化、休闲中心。此外，对于已被规划在城区范围内的南崴子与刘房子两个街道进行规划，南崴子可以依托其水系、名人故居、民族文化等资源建成宜居宜游的精品风情小镇；刘房子可结合塌陷区治理将部分居民安置在市区，逐步融入市区。

范家屯不但具备较好的产业基础与较大人口规模，而且区位优势突出，长春市对范家屯的辐射与带动作用甚至强于公主岭中心城区，初步判断"十二五"期间范家屯城区扩张与人口膨胀的绝对速度要快于公主岭中心主城区。因此，范家屯城区的建设要依托经济技术开发区，推动产城融合。当务之急是要完成道路与其他基础设施方面与长春的对接。加速与长春接壤村屯的改造，沿边建设休闲、娱乐、美食等多元化服务中心，率先启动十家子风情小镇建设，吸引长春人入住。将响水镇纳入范家屯城区覆盖范围，打造成服务长春的生鲜蔬菜供应基地、生态农业体验基地、鲜活农产品供应配送基地。

目前设计的主城区除了中心市区和范家屯之外，还包括中心市区与范家屯之间的陶家屯镇和刘房子街道、环市区的环岭和苇子沟两个街道，以及市区西南侧与梨树县接界处的南崴子街道，涵盖了公主岭辖区内长平线上的所有乡镇，面积达686.9平方公里。在这样大的一个区域范围内，究竟该怎么做就成了值得研究的问题。我们的认识是：膨胀两端，做实支点，形成哑铃形组团式城市结构。即倾力做大做精中心市区和范家屯，集中将陶家屯打造成两市区中间的一个强有力的支点。这样做的理由是努力促进要素向最少的空间点聚集，降低城市基础设施建设成本，提高基础设施使用效率。之所以选择陶家屯做支点，一是陶家屯正好位于两市区中间，二是即将建设的投资230万元的大唐电厂能够对陶家屯提供较强支撑。同时，位于陶家屯和中心城区之间的刘房子，可结合塌陷区治理将部分居民安置在陶家屯，通过逐步推动两镇融合，可以迅速形成一定规模的城市社区。

（三）强力发展镇级市

镇级市是四级城镇体系中的第二级，重要性仅次于主城区。目前初步圈定的镇级市是长郑线上从长春依次向外辐射的三个镇，即大岭、怀德和秦家屯。选择标准主要是拥有产业支撑和具备较大的发展潜力。

大岭距离长春仅12公里，是长春的西大门，有较好的汽车零部件加工业基础，长春市的扩张已经涵盖了该镇，产业对接、基础设施对接、城市功能对接迫在眉睫。因此，大岭镇可定位为长春市的延伸或长春市的附着体，在全力承接长春产业转移的同时，依托新凯河、四清河等自然景观，高标准规划建设商住小区、休闲娱乐设施，做美环境、做好服务，打造服务长春的集商住、旅游度假与休闲娱乐于一体的卫星小镇。

怀德处在公主岭整个市域的中心位置，是长郑、公长公路交会处，历史上是公主岭老县城，商贸、物流较为发达，城区人口将近3万人，且也有汽车零部件产业开始落地成长。因此，怀德作为"镇级市"的定位是连接周边乡镇的交会点，具有一定产业基础的、服务周边农区的商贸物流中心。

秦家屯辽金时代的信州古城遗址保留完整，文化底蕴丰厚，朝鲜民族风情特色鲜明，也有南北向公路交叉，商业繁荣，尤其是油气资源开发潜力大。因此，将秦家屯定位为能源工业、商贸文化旅游协调发展的综合城镇。

以上三个镇都有很好的发展前景且各具特点，适合作为镇级市重点建设。

这里有一个待研究的问题，就是秦家屯西15公里处长郑线上的八屋镇也有丰富的油气资源，且是中石化在整个东北地区的输气枢纽，已有好几个投资上亿元的油气企业进驻，产业发展前景看好，且与怀德之间距离较大，向西可辐射其他乡镇，所以有人建议将八屋作为重点镇建设。建议推动秦家屯向西发展与八屋对接，推进两镇产业一体化融合发展，并在适当时候将两镇合并。

（四）扶持商贸重点镇

商贸重点镇是四级城镇体系中的第三级，初步圈定的是杨大城子和双城堡两镇，可作为服务广大农村腹地的重点镇大力发展。选择标准是镇区规模、辐射范围和商业状况。杨大城子位于公主岭市域西北部腹地，在该区域内具有不可替代的地位，历来就是重要的商业汇聚地，镇区规模大、市场繁荣，且拥有全省唯一布局在镇上的省重点高中，教育基础较好，对周边生源吸引力大。双城堡位于市域北部与长岭县接界处，也是传统的区域中心，商业和城镇建设有基础，周边辐射范围大。因此，两镇要立足现有基础条件，发展和完善以日常生活资料、建材、农机及其他农业生产资料为主的商贸流通业，打造全市西北部、北部两个重要的、辐射周边乡镇的农产品与农业生产资料交易中心、农业人口生活用品交易中心。

（五）建设新型农村社区

未列入重点建设规划的其他乡镇政府所在地，定位为镇域（乡域）农业人口居住与集聚中心，发挥其服务于周边农业地区生产生活的功能。按照城镇居住小区标准设计，根据镇域（乡域）人口总量建设集聚5000~10000农业人口的新型农村社区，并根据预定的人口规模规划建设相应的道路、给排水等城镇基础设施，吸纳镇域（乡域）农业人口集中居住，改善农村居民生活与居住条件。同时，培育商品交易市场，发挥其服务于周边农业地区生产生活的功能。

六 推动农民进城

农民进城是落实城镇化统领、"三化"协调发展战略的核心内容之一。应当结合公主岭市经济社会发展水平，通过制度、机制创新消除阻碍农民进城的各种障碍，通过农村宅基地换城镇住房的政策设计，尽可能为农民进城安家落户创造条件，用吸引与推动相结合的办法使具备条件的农民尽快进城。

制定推动农民进城相关政策的基本原则是"改善民生、农民受益、政府主导、政策配套、有序推进"，总体思想是让农村人口向更高层级的城镇集聚，"能进主城区，不进镇级市；能进镇级市，不进重点镇；能进重点镇，不进新型农村社区"。牵涉的具体问题可以归结为以下两个方面。

(一) 哪些人可以进城

按照当前42%城镇化率和45万城镇人口的规模，以及2015年55%城镇化率和65万人的规模，未来5年要有20万农民需要进城。每年进城4万人。哪些人进城呢？

从就业来看，全市农民大致可以分为两种：一类是已经实现非农就业的兼业农民，另一类是完全依靠农业生产的纯农民。

从公主岭市的具体情况来看，已经实现非农就业的兼业农民（以下简称兼业农民）总体具备了进城条件（农业在他们收入来源中的重要性不断降低，他们全年大部分时间也不在农村居住，这意味着他们已经不需要在农村居住），实际上目前对兼业农民进城条件已经成熟的判断并无太大争议。具体来看，兼业农民又可分为两类，一类是在市域以外的地方就业，一类是在市域内就业。在市域内就业的兼业农民进城的可能性最大，也最具可操作性，所以制定相关政策时应该优先考虑如何消除障碍、创造条件让他们尽快进城。对于在市域外工作与就业的兼业农民，如果能够全家顺利融入务工地，对市域内城镇化的推进也是有利的（一方面意味着市域内农村人口的减少，能够为市域内提高农业规模经营作出直接贡献；另一方面意味着市域内总人口减少，也就是计算城镇化率时的分母变小，从而能够为市域内城镇化率的提高作出间接贡献），但取决于务工地的制度与政策，不是公主岭市本身可以决定的。因此，对于已经在市域外就业、但不能融入务工城市的兼业农民，也可以作出一个基本判断，那就是他们也不需要继续在农村居住了，在制定相关政策时也要考虑他们进入本地城市问题（他们在农村的住宅与宅基地目前闲置，而且在农村人口逐步减少的趋势下将来也不可能有其他用途，所以宅基地没有流动性，也是土地资源的浪费。如果通过宅基地置换城镇房产将其置换到城市，一方面减少了土地占用量，另一方面流动性提高，即使他们不住也可以通过出租或者出售变现)。

完全依靠农业生产的纯农民(以下简称纯农民),不少人认为他们不具备进城的条件。但根据实地调研,按照公主岭市农业与农村的实际情况,如果把纯农民放到人口空间集聚与"三化"协调发展的总体趋势,尤其是放到农业规模经营与农业现代化的大框架下来看,也具备进城的初步条件,原因如下:①由于人均耕地较多,农民收入水平较高,农业支撑下的农民其实本身已经产生了改善居住条件的要求、产生了到城镇集中居住的要求(乡镇房地产业的发展就是一个很好的例证);②农业生产技术尤其是机械化水平的提高已经为农民脱离农业生产创造了条件。如果按户均1公顷土地、年收益20000元估算,农户使用机械、自身脱离全部生产过程需要支付的费用按3000元估算,减少的3000元收益相对于20000元的总收益比例并不算太高,而且农民可以因此摆脱繁重的体力劳动,并可以把节省出来的时间用于务工,得到的收入应该也可以与3000元相当甚至更多,所以农民应该可以承受。这样来理解纯农民脱离农业生产的条件已经初步具备,通过土地流转,纯农民也可以到城镇集中居住。

尤其要强调的是,很多人认为只有农民实现了非农就业才能集中居住,在公主岭持这种看法的人尤其多。由于人均耕地较多,公主岭农民人均收入相对较高(保守估计在人均6000元以上),农民的生活比较殷实。这既是公主岭的优势,也是公主岭城镇化与工业化快速推进的制约因素。公主岭农民较高的收入与生活水平造成他们对土地、农业的依恋程度非常之高,所以他们自身融入工业化进程的愿望不迫切。但根据调研,公主岭农民较为殷实的生活实际上是低水平的殷实,仍处于传统农业社会的生活状态与生活水平,而且在经济上主要依靠农业、空间上仍然保留传统自然村落分散居住状态的情况下农民是不可能实现现代化的。龙山满族乡同一个屯的两个年轻人截然不同的想法就是一个很好的例证:一个20岁的小伙子初中毕业后外出务工,现在在大连一个餐馆做烧烤师（已经干了三年）。小伙子一天都不想在家待，因为已经习惯了城市的生活方式，回家以后觉得什么都不方便（主要是生活设施与卫生条件）；该屯另外一个小伙子也是20出头，辍学后一直在家但怕累不想干地里的活，所以家里的土地由其爷爷耕种，其父母到浙江务工，小伙子在家里养几头猪。据其爷爷介绍，这个小伙子好逸恶劳，整天上网聊天、打游戏，虽然结了婚，也有了孩子，但主要仍依靠爷爷与父母生活。通过与这小伙子本人交谈，他对自己这种"老婆孩子热炕头"的生活相当满意，也没有觉得农村生活有什么不方便。这个鲜明的对比告诉我们，如果不用外力打破农村这种低水平的殷实生活，让其有走向外部的压力，很可能不少人就意识不到与城市比自身收入与生活水平的差距，也就没有融入工业化与城镇化的强烈愿望，这势必影响整个公主岭市的现代化进程。所以我们认为，通过推动纯农业人口向城镇集中来打破传统农业社会这种低水平的均衡，激发加快城镇化与工业化发展的内生动力，对于公主岭长远的发展非常必要。反过来说，如果不能打破这种低水平均衡状态，公主岭可能会成为中国工业化与城镇化最后波及的区域，发展进程可能至少会延迟5~10年。

此外，龙山满族乡那个已经在大连做了三年烧烤师的小伙子还告诉我们，他现在深得老板赏识，月工资1500多元（包吃包住），之所以回家秋收是由于父母的强烈要求，虽然他本人并不愿意但还是跟老板请了一个月假回来了（老板也不想让他请假）。这样他一个月工资（1500元）就没有了，加上来回路费要2000元左右，而实际上他家的土地全部请人或者用机械收也用不了2000元，这么做从经济上是不划算的。他父母的解释是虽然不划算，但是找不到人帮忙，还是要孩子回来帮忙。这实际上是机械化水平滞后的问题，是农业产前、产后服务的规模化、产业化水平低的问题，原因是土地经营规模小。公主岭土地经营规模扩大缓慢还是因为人均耕地多，农民对土地的依赖强，结果是农村劳动力被捆绑在土地上，与人均耕地较少的中部地区相比虽然得到相对较多的收入，但实质上仍是浪费性使用劳动力。要降低农民对土地的依赖，同样要靠推动农业人口向城镇集中以打破传统农业社会这种低水平的均衡。朝阳坡承包200公顷土地劳务的农机合作社的案例，表明即使不发生土地流转，也能通过规模经营将农民从土地上解放出来。该合作社承包了粮食生产的所有劳务，唯独没有承租农民的土地，土地使用权和粮食收获权仍在农户手中。但农民不需要在土地上有任何的劳动投入。如果将朝阳坡农机合作社的土地经营模式推广，纯农民完全可以从土地上解放出来，成为居住空间向镇区转移的主力军。

除了以上两类之外，还有以下三类特殊人群可依次进城：

一是学生，目前全市中小学生有10万人，通过村级小学撤并和镇级中学优化组合，所有学生均向主城区、重点镇和有条件的乡镇集中；二是伴读学生家长；三是区域外来城镇就业人员。

（二）如何促进农民进城

促进农民进城的制度与政策设计首先要尊重农民的利益，确保农民从进城过程中得利；其次要坚持科学的城镇化理念，即不仅仅是土地城镇化，从地域上做大城镇规模，更重要的是要着眼于人的城镇化。不仅仅是农民进城集中居住，还要割断农民与土地、与传统的农业生产方式之间的联系，帮助他们实现生活方式与思维方式的转变，真正由农民转变为城市人、转变为产业工人。

1. 不附加任何条件地为进城转户农民提供城镇普通居民的各种待遇

无论是兼业农民（包括在本市内、外就业的），还是纯农民，凡是愿意放弃农村户口转化为城镇非农业户口的，为其提供与城镇普通居民同等条件的养老、医疗、失业、工伤、生育等社会保障以及低保、教育等其他相关待遇，不附加任何条件。

根据我们的调研，这一点是完全可以做到的，因为相关保障均是城镇职工（用工单位负担一部分）或者城镇居民自己缴费，享受相关待遇，并不需要本级财政承担费用（实际上更多农民转户后整个城镇保险体系的总体风险反而会因为参保人数的增加而降低），只需要政府出台政策及落实办法。所以，这一点的关键是政府出台农民转户进城的相关政策，并责成执行部门制定具体操作办法、确保有效落实。

2. 保留进城转户农民的土地承包经营权

在农民进城落户享受城镇居民同等权利的同时，保留其在农村的土地承包经营权。

土地承包经营权如何处理是影响农民进城的关键因素之一。土地承包经营权是历史形成的，是农民的固有权利。过去城镇居民享有的权利远远多于农村居民，为此农民为中国工业化与城镇化作出了较大的牺牲，拥有土地承包经营权是对其牺牲的一种补偿。随着改革的不断深入，现在农民进城所享受的城镇居民权利在含金量上与过去比已经有很大不同，而且大多是自己掏钱买的，基本不需要政府财力的支持，所以没有理由在农民进城后把其土地经营权收回。退一步讲，即使将进城农民的土地承包经营权收回，收回后交给谁经营也是一个复杂的问题，也不一定能处理好，因此完全没有必要在农民转户进城后将其土地经营权收回。也就是说，收回转户进城农民的土地经营权只是一个想当然的想法而已，实际操作起来可能比不收回更难，所以既不合理也没有必要。此外，对于公主岭市来说保留农民的土地承包经营权还有一个意义，就是由于人均耕地多、农业收入高，农民转户后不会成为城市低保对象，不会因为低保户的增加而加大政府的财政负担。

反过来，如果在农民进城落户后保留其在农村的土地承包经营权，那么农民就没有了后顾之忧，土地承包经营权就不会成为农民进城的障碍。而且，一旦农民进入城市定居，自己耕种的成本会增加（即使对纯农民来说也是这样），他们自己就会想办法将土地流转出去。流转虽然会造成其农业收益减少一部分，但从土地上彻底脱离出来后也能够增加务工收入,更重要的是会激发他们寻找非农就业机会的主动性与积极性,而这恰恰是制约公主岭工业化与城镇化推进的重要因素。

只要土地不抛荒,农业生产就不会受到影响。根据公主岭的实际情况,保留进城转户农民土地经营权不但不会造成土地抛荒,而且会促进土地流转、促进经营规模提高、促进机械化水平的提高,是有利于加快农业现代化进程的政策设计。

3. 开辟农村宅基地换城镇住房的渠道

农村宅基地的处理是影响农民进城的另一个最为关键的因素,目前比较先进的做法是"宅基地换城镇住房"。与西南地区的重庆、四川及中部地区的河南等人口稠密省市相比,公主岭在"城乡建设用地增减挂钩"的基础上推行"农村宅基地换城镇住房"方面具有一定的优势,那就是村屯农户少,农户宅基地紧靠农田、复耕难度小,单户农民的宅基地退出后大多数可以直接复耕(在人口稠密地区只有整个村庄宅基地全部退出后才能复耕,难度要大得多)。从公主岭市建设用地的需求与价格来看,农户宅基地置换城镇住房在经济上也是可行的。农户宅基地平均按500平方米计算,通过城乡建设用地增减挂钩置换为城市建设用地以后每平方米可达600元以上,总价30万元以上,为转户农民在市区提供一套120平方米的住房没有问题。因此,该市具备条件通过制度与政策设计,推行农村宅基地换城镇住房,实现农民进城后"有所居"。主要思路是:

在争取申请成为国家或者省级的城乡建设用地增减挂钩试点市(县)基础上,市里成立一个专门统管全市城乡建设用地增减挂钩的土地收储中心与一个专门的投融资平台(公司)。土地收储中心将转户农民退出的宅基地集中收储后转化为城镇建设用地,然后将其作为资产注入投融资公司,投融资公司用土地质押向金融机构贷款,对集中收储后的土地进行一级开发,利用一级开发后通过"招拍挂"获得的土地出让金,为转户农民提供住房。以上操作有两个关键点，一是要申请成为国家或者省级的城乡建设用地增减挂钩试点市（县），获得政策操作空间；二是由于要先提供住房才能将农户宅基地收储，所以要先向投融资公司注入一笔资金为转户农民建住房（通过后期操作这些资金政府是完全可以收回的）。启动资金投入的规模决定农民转户的数量与速度。

具体操作中还需要处理的一个问题是有些转户农民倾向于进入县城（主要是兼业农民），有些转户农民倾向于进入镇级市、重点镇或者新型农村社区（主要是纯农民）。愿意进入县城的转户农民的情况比较简单，就是为其提供城镇住房；而倾向于进入镇级市、重点镇或者新型农村社区的纯农民，可能有人愿意要城镇住房，还有一些人可能要自己建房，这时就要考虑为这部分人口规划建房区域、统一设计房型等。

为了加快农户向主城区、镇级市、重点镇、新型农村社区集中的速度与强化效果，考虑采取以下举措与政策。

一是主城区与镇级市要启动转户进城农民的安置住房建设。制定农民转户进城相关政策（包括提供城镇居民社会保障、保留土地承包经营权及宅基地换城镇住房的具体办法）之后，首先充分宣传，了解有多少人有用宅基地置换城镇住房的意愿；然后，由土地收储中心与有意愿的农户签署置换协议，统计出置换宅基地的数量及城镇住房需求量，并根据城镇住房需求量计算安置农户需要多少土地；之后，在城镇先建房，等房子建好交付农户之后将农户退出的宅基地收回、复耕（这是可以做到的，因为国家城乡建设用地增减挂钩政策规定可以先占地为退地农民建房，在三年内完成退出宅基地的复耕就可以了），并把相应面积的建设用地指标拿到城市来用，进行一级开发，之后用招拍挂获得的土地增值收入支付与补偿为农户建安置房的费用。

二是在主城区之外的镇级市、重点镇与新型农村社区，专门规划转户农业人口集中居住区，建设道路、给排水等生活基础设施，并为愿意在规划集中区自建房的农户提供建房用地，统一设计房型等。

三是农村不再新批宅基地，所有符合申请宅基地条件的农户全部就近到重点镇或新型农村社区规划的集中居住区建房，或者自行购买城镇住房（政府给予一定补贴）。

四是现有宅基地不允许再翻盖住房。需要翻盖住房的农户，必须退出宅基地，或者按照转户农民的标准置换城镇住房，或者到就近的重点镇或新型农村社区规划的集中居住区自行建房（政府按照规划标准无偿为其提供土地，面积要比原来的宅基地小得多）。

五是要求新生儿必须登记为城镇户口（同时为其提供城镇普通居民待遇），且原则上规定其拥有在18岁以后在转户农民集中区取得建房用地的权利。同时规定，如果新生儿父母愿意提前到农民集中区居住，且在农村没有宅基地，新生儿在转户农民集中区取得建房用地的权利可以马上行使，不需要等到18岁；但是如果其父母已经有宅基地，新生儿在18岁之前就不能行使在转户农民集中区获得建房用地的权利，只有退出原有的宅基地才能获得。

六是鼓励中小学生登记为城镇户口，享受与新生儿同样的政策（但不是必须而是自愿），吸引中小学生及其家长到城镇居住。同时，配合将学校向主城区、镇级市、重点镇与新型农村社区集中的政策，鼓励教师随学校转户进城、向各级城镇集中居住。

七是把散居在农村的"五保户"集中到乡镇集中供养。各乡镇农村五保户的宅基地由土地收储中心收储，按与退宅基地农户同样办法操作后，土地溢价部分支付给五保户，从中抽取一部分由各乡镇在重点镇镇区或者新型农区社区内建设高标准的养老院，五保户集中居住，统一供养。

八是鼓励村镇干部等带头实施"宅基地置换城镇住房"，工作在农村，居住在镇级市、重点镇镇区或者新型农区社区，尽早享受城镇化推进的成果，并通过自身示范效应带动更多的农民向城镇转移。

九是鼓励抚拥对象家庭带头实施"宅基地置换城镇住房",到所在乡镇的转户农民集中区集中居住。

以上9项措施中,针对新生儿、学生、新住宅及翻盖住宅的政策基本涵盖了所有的年轻人(他们是进城的主体),针对五保户、抚拥对象的政策涵盖了农村的老龄与困难群体(他们进城的愿望也强),其余的40~50岁的农民进城愿意不强烈、近期可能也不会进城,他们将是在农村留守的主要人员,也是将来耕种土地的主体(实际上现在已经是了)。

4. 公共服务向各级城镇集中

健全公主岭市城镇体系的基础设施与城镇功能是吸引农民进城的一项重要工作。过去一直讲基础设施与公共服务要向农村倾斜,现在来看这是有问题的。以教育为例,现在农村教育面临的突出问题是学生流失、学校办不下去。据杨大城子相关负责人介绍,全镇有小学19个,其中2个中心校、17个村小学,差不多每村都有一所小学。虽然学校数量不少,但很多村小的生源流失非常厉害。如最大的宝泉村小学过去800人,现在剩下100多人;最小的靠山村小学现在只有4个学生,但有5个老师(其中有1个是校长),学校配置10个班,校舍挺好,每个老师都要教不同的班级、不同的课程,教学质量可想而知。实际靠山村全村有2000多人,并不是没有孩子要上学,而是孩子都去了中心校或者镇上的私立学校;还有福巨公村村小最大规模时有9个教师,后来只剩2个学生,8个教室,3个教师,4年前因办不下去被取消,合并到宝泉中心小学。据介绍,农村小学办不下去的原因如下:一是镇上私立学校的竞争,抢走了生源;二是村小是公共投入,在国家教育投资向农村倾斜的大背景下政府对村小的总体投入也不小,但由于学校数量多、投资分散,摊薄到每个村小的投入变得非常有限,造成教学条件差,加上农村生活条件更差(交通不方便,且教师中女同志多,吃饭、住宿等都是问题),对老师没有吸引力,外部素质较高的教师更不愿意去,教学质量自然无法提高,生源流失成为必然。但反过来看，镇上的私立学校办得很好，说明农村对高质量教育的需求很迫切。在这样的情况下，只有扭转公共服务盲目向农村倾斜的趋势，顺应人口集聚与城镇化发展的趋势，集中资源在城镇办学，改善办学条件、提高教学质量，才能真正满足人民群众对教育的需求，才是真正的公共服务均等化（均等化不应该是低水平的平均主义）。因此，在加快城镇化的背景下，应该将教育资源向城镇（主城区、镇级市、重点镇与新型农村社区）集中，这一方面有助于提高教学质量，另一方面可用城镇化优质的教育资源来吸引农户向城镇转移。

与教育的情况类似，建议今后道路、给排水等公共基础设施投资以及医疗等其他公共服务的投入都要与人口空间集聚的客观规律与加快城镇化进程的发展战略相适应，向主城区，向规划的镇级市、重点镇与新型农村社区集中，集中力量把各级城镇体系基础设施建设好、城镇功能完善好，以强化集聚优势，吸引更多的农村人口向城镇转移，形成良性循环。

（三）促进农民进城的经验借鉴——重庆市促进农民转户进城的主要做法与经验

作为国家级的统筹城乡发展实验区，重庆市在促进农民转户进城方面进行了有益的探索，在户籍制度改革与公租房建设方面有诸多值得借鉴之处。

1. 户籍制度改革

重庆在城乡户籍制度改革方面推出了一系列政策，取得了实质性突破，其主要做法与经验如下。

第一，针对本市籍农村居民转为城镇居民制定了宽严有度、分级承接原则，并出台了详细的转户操作流程。总体思路是"适度放宽主城区、进一步放开区县城、全面放开乡镇落户条件"，具体条件为：

（1）主城9区。凡符合"①购买商品住房；②务工经商五年以上，具有合法稳定住所（拥有产权的房屋、公租房、租赁私房、单位集体宿舍、亲属住所等都视为合法稳定住所，下同）；③投资兴办实业，三年累计纳税10万元或一年纳税5万元以上的，具有合法稳定住所"三个条件之一者，本人及其共同居住生活的配偶、子女、父母可向合法稳定住所地派出所提出转户申请，登记为城镇居民。

（2）远郊31区县城。凡符合"①购买商品住房；②务工经商三年以上，具有合法稳定住所；③投资兴办实业，三年累计纳税5万元或一年纳税2万元以上的，具有合法稳定住所"三个条件之一者，本人及其共同居住生活的配偶、子女、父母可向合法稳定住所地派出所提出转户申请，登记为城镇居民。

（3）其他乡镇。本乡镇农村居民本着自愿原则，可就近就地登记为城镇居民。

农村居民转户的具体操作流程为：凡符合条件的农村居民均可向入户地（即合法稳定住所地）派出所农转城窗口提出书面转户申请，并提交相关证明材料，派出所在受理之日起7个工作日内完成审批，并通知农村居民到入户地派出所农转城窗口办理转户手续。

第二，针对转户农民的社会保障制定相应的政策与落实办法，保证广大农村居民转为城镇居民后能够享有与城镇居民同等的社会保障待遇。由于农民在转户过程中可以自由选择退出宅基地（简称退地人员）或者保留宅基地（简称保留土地农转非人员），养老保险、医疗保险、失业、工伤、生育保险及最低生活保障等针对以上两种情况分别作了规定：

（1）养老保险。农村居民转为城镇居民、办理农转非手续后，可参加城镇企业职工基本养老保险或城乡居民社会养老保险。

保留土地农转非人员在城镇用人单位工作的，由用人单位为其转入城镇企业职工基本养老保险；无用人单位的，可自愿从转为本市城镇居民之月起，在户籍所在地以个人身份参加城镇企业职工基本养老保险或参加城乡居民社会养老保险，其参保登记及缴费按重庆市现行城镇企业职工基本养老保险和城乡居民社会养老保险相关政策规定执行。

退地人员享有与保留土地农转非人员同等权利，需按规定补缴一定年限的养老保险。不同的是退地人员应收的退地补偿费优先用于缴纳一次性基本养老保险费，由国有土地储备机构从退地人员应领取的退地补偿费中将资金一次性划转到各区县（自治县）开设的基本养老保险基金征缴分户，之后各区县（自治县）社会保险局按规定为其办理养老保险参保相关手续。

（2）医疗保险。农村居民转为城镇居民，可按规定参加城镇职工医疗保险，也可自愿选择参加城乡居民合作医疗保险。

农村居民转为城镇居民后，有用人单位的，用人单位应按规定将转户居民转入城镇职工医疗保险，由用人单位和个人按规定缴纳医疗保险费，并按规定享受城镇职工医疗保险待遇。

没有用人单位的，可以个人身份参加城镇职工医疗保险，其具体的缴费标准、个人账户划入标准、统筹基金的支付标准与有用人单位的参保人员一致，用药、诊疗项目、医疗服务设施范围和支付办法按照参保统筹区的规定执行。以个人身份参加城镇职工医疗保险的转户居民，在转户一年内参保的，不设待遇等待期，缴费次月即可按规定享受医疗保险待遇。

不愿或没有条件参加城镇职工医疗保险的转户居民，也可自愿参加城乡居民合作医疗保险。其具体办法、经办程序及待遇标准等按照市城乡居民合作医疗保险的有关政策及所在区县（自治县）的有关规定执行。

（3）失业、工伤、生育保险及最低生活保障。农村居民转为城镇居民，有用人单位的，用人单位应按规定助其参加失业保险、工伤保险与职工生育保险，并按规定享受相应的失业保险、工伤保险与职工生育保险待遇。

农村居民转为城镇居民后，符合条件的困难家庭，可按规定享受城市居民最低生活保障待遇。

第三，制定与开通城乡建设用地增减挂钩的政策与流转渠道，凡符合准入条件、自愿转为城镇居民的农村居民可自愿退出或者流转其农村宅基地使用权及房屋所有权、承包经营权，获得相应的补偿。

（1）农村居民整户自愿转为城镇居民、退出宅基地及建（构）筑物的（整户转为城镇居民的也可自转户之日起3年内继续保留宅基地），按照区县（自治县）人民政府制定的标准对农村住房及其构筑物、附着物给予一次性补偿，并参照地票（即转户居民宅基地退出后成为可在土地交易所交易的建设用地指标的凭证）价款分配政策一次性给予宅基地使用权补偿及购房补助。转户居民应按照协议约定的退地时限及时交付宅基地及建（构）筑物，同时获得退出宅基地及建（构）筑物的补偿费。

（2）家庭部分成员转为城镇居民的，保留其在以后整户退出时获得宅基地及建（构）筑物的相应补偿的权利，不再享有取得新宅基地的权利。待家庭成员整户转为城镇居民时，退出宅基地及建（构）筑物按整户退出时的标准补偿。

（3）转户农民退出的宅基地，位于土地利用总体规划确定的城镇建设用地扩展边界范围内的可直接作为城镇建设用地使用，位于土地利用总体规划确定的城镇建设用地扩展边界范围外的由农村土地整治机构复垦，复垦后产生的建设用地指标，由农村土地整治机构通过城乡建设用地增减挂钩或地票交易统筹利用。

（4）转户农民退出承包地（整户转为城镇居民的也可以在3年过渡期内继续保留承包土地）的农业用地性质与用途不变，仍归集体经济组织所有。退出承包地的补偿，首先由集体经济组织出资，集体经济组织确实不能出资的，可用区县（自治县）农村土地整治机构筹集的农村土地补偿周转金支付。由集体经济组织出资补偿退出的承包地，集体经济组织可以统一经营使用，并通过流转等方式筹措土地补偿资金或在重庆农村土地交易所交易；由农村土地整治机构支付补偿费的退出承包地，集体经济组织应与农村土地整治机构签订托管协议，由农村土地整治机构组织流转所托管的承包地，或在重庆农村土地交易所交易，流转收益用于归还农村土地补偿周转金。

（5）成立土地交易所，作为城乡建设用地指标增减挂钩的交易平台。在土地利用总体规划确定的城镇建设用地范围内的农村宅基地，由于整理后可以直接按照规划成为城镇建设用地，所以其土地溢价高、补偿多，转户农民因此愿意放弃宅基地。而在土地利用总体规划确定的城镇建设用地范围外的农村宅基地，由于整理后不能直接变成城镇建设用地，只能复耕，价值得不到相应提升。另外，在占用耕地必须实现"占补平衡"的政策背景下，农民转户进城后的宅基地复耕整理成为城镇新增建设用地指标的重要来源，国家也鼓励城乡建设用地增减挂钩，只是在现行的政策框架内，城乡建设用地指标的交易渠道不畅通。重庆利用作为国家统筹城乡发展实验区的政策优势，把成立土地交易市场作为统筹城乡户籍制度改革的重大创新，把农民转户、融入城市与城乡建设用地增减挂钩结合起来。通过将农民转户退出的宅基地复耕后增加的建设用地指标以"地票"交易形式从农村转向城市，既解决了城镇建设用地供应紧张的问题，又提高了农民转户退出宅基地的价值与获得的补偿，达到帮助他们更好、更快融入城市的目的。

综上，重庆在城乡户籍制度改革方面最主要的经验就是把农民转户、社会保障与农村宅基地整理统筹考虑，从城乡建设用地增减挂钩方面做文章，以"地票"交易的形式提升转户农民退出宅基地的价值，解决农民自身融入城市及城市为农民转户提供社会保障所面临的资金压力。

2. 建设公共租赁住房

作为户籍制度改革的配套工程，重庆市计划建设4000万平方米的公共租赁住房（以下简称公租房），以满足 200 万新生代产业工人、转户新市民及其他低收入群体的住房需求。重庆市公租房建设的主要做法与经验如下：

第一，公租房由重庆市政府组建的"八大投"（即城投、地产、水利、土地、高速公路、交通旅游、渝富、江河水利开发等八个市政府直属的国有投融资集团）负责开发建设。通过下拨国债、收费权与城市存量资产划拨、建设运营费用返还等方式，目前重庆"八大投"名下均有 400 亿～500 亿元已经量化的城市资产，具备了利用自身资产担保从银行融资的能力，解决了财政资金不能担保贷款的窘境，完全可以通过正常渠道从银行融资，所以开发公租房的资金来源不是问题。此外，经过多年的运作，"八大投"均储备了一定规模的国有土地，可以满足开发公租房的土地需求。以渝富公司为例，其成立的目的是化解重庆辖区内各级政府所背负的庞大债务：当时重庆辖区内各级政府所欠债务合计达 250 亿元，其中一些债务已拖欠多年、还款相当困难，金融机构也已经把其中很大一部分当做不良资产进行了处理。为了妥善处理这些遗留债务、尽量帮助各级金融机构减少损失，重庆市政府出面与金融机构谈判，由市政府出资组建的国有独资公司渝富按一定的折扣打包偿还 250 亿元不良债务，即渝富公司把市政府注入的 50 亿资金支付给各级金融机构，换取 250 亿债权。渝富公司拿到这 250 亿债权后，各级政府将一些国有土地及量化后的政府存量资产划入渝富公司进行偿还，这样渝富公司就拥有了清晰的资产与一定规模的土地储备，成为政府建设公租房的有效载体。

第二，符合条件的居民既可以租住公租房，也可以购买公租房。按照规定，公租房租期为每次五年（即符合条件的租户一次可以签 5 年租住合同，五年后仍符合条件的可以再签），租金为同类住房市场价格的 60%；符合条件者也可以购买的方式获得公租房，价格是同类住房市场价格的 60%，但是将来出售不能拿到二级市场，必须以合理的价格（参照购买价格）卖给公租房管理机构，也就是公租房买卖必须在自身的体制内运行。这样，公租房对自住型购房者有较大的吸引力，而规划公租房总量占全市商品房总量的1/5左右，在满足刚性住房需求、平抑重庆市普通商品房价格方面发挥了重要作用。

第三，公租房按照普通商品房的标准建设，以市场价格的60%出租或者出售。与各省市的廉租房建设不同，重庆的公租房按照普通商品房的标准设计建设，这样可以为租住或者购买者提供更高水平的居住环境。由于"八大投"已经储备了足够的土地，建设公租房时政府不再收土地出让金，4000万平方米公租房建设费用所需800亿元建设资金可以通过"八大投"资产抵押与公租房自身抵押从金融机构获得。按5%的利率计算800亿元贷款每年需支付40亿元的利息，而4000万平方米公租房按市场价格的60%出租每年可收到60亿元左右的租金，在归还贷款利息后还有部分结余。如前所述，不管是出租与出售，公租房都是在自身的体制内运行，最后仍是"八大投"名下的资产。如果将来更多的市民购买了普通商品房，那么"八大投"就可以把公租房拿到市场上公开出售，由于其是按普通商品房的标准建设的，完全可以按照商品房的价格出售，所以能够做到归还建设贷款后仍有盈余。

在重庆市公租房开发建设过程中，"八大投"作为经营主体运用了一系列资本运作的手段，这是政府参与资本运作的有益尝试与创新。而且，与一些地方政府单纯出卖土地的"经营城市"手段相比，重庆市在公租房建设过程中采用的资本运作手段比"经营城市"的方法显然要高明得多，也更有意义。因为重庆公租房建设既满足了新一代产业工业与转户新市民在融入城市初期对住房的过渡性需求，达到了帮助他们更好、更快地融入城市之目的，又加快了城市建设的步伐，还实现了城市公共资产的保值增值，为城市的进一步发展积累了财富。

七 城市建设方式及融资问题安排

(一) 规划先行,建设具有前瞻性的高标准宜居城市

公主岭市在全国县一级行政区划单位中,城市建设的水平相对较高。但是,无论从全国的层面来看,还是从公主岭市一级的层面来看,城市建设的水平远不能适应不断快速发展着的城市化进程。这是我国城市发展中的一个通病。长期以来,受制于我国金融深化程度低、金融发展层次浅的现状,城市建设基本上都依赖政府财政,量入而出,低水平建设。这一点在公主岭市也不例外。据相关资料显示,我国一般的城市建筑物平均使用年限仅30年。与我国城市建设形成鲜明对比的是,发达国家的城市公用设施和建筑物的使用年限则长远得多。其中英国建筑平均寿命可达132年;欧洲其他国家,住宅平均寿命在80年以上,美国住宅平均使用年限也接近50年。

低水平城市建设的表面原因在于城市规划短视、混乱和缺乏统筹;低水平城市建设的根本原因在于缺乏足够的金融支持,无法支撑具有前瞻性和全局性的城市规划;低水平城市建设的体制性原因在于城市规划设计与商业活动脱节。基于上述考虑,建议如下:

第一,在充分考虑未来城市化的发展进程的基础上制订城市规划。这就要求规划部门充分考虑未来50年内各个阶段的城市化目标,在此目标基础上设计各种公共设施和城市建筑。按每平方公里承载8000~12000人的目标进行规划。城市规划的实施可以分为多期进行,但要充分考虑好每期的衔接性。

第二,在充分考虑人均收入增长的基础上设计城市规划。这就要求规划部门充分认识到经济增长和居民收入增长的现状和前景。根据经济增长和居民收入增长的现状和前景制订城市规划。

一般来说至少应当依据20年以上人均实际收入贴现水平确定城市公共服务设施的服务质量水平；至少应当依据10年以上人均实际收入贴现水平确定城市住宅和商业地产的供给水平。

第三，在充分考虑市场要求的基础上设计城市规划。这就要求规划部门以制订城市总体规划、分区规划发展目标为根本要求。在城市总体规划和分区规划目标的要求下，与有实力的城市综合体开发商共同制订城市控制性详细规划和修建性详细规划。城市控制性详细规划和修建性详细规划的制订要充分反映市场的要求。建议遴选具有投融资能力和投资意向的开发商参与到上述两种规划当中。

（二）以融资为纽带的新型土地一二级联动开发，建设城市综合体

1. 公主岭市跨越式城市建设要通过城市综合体的开发来实现

在欠发达地区实施跨越式城市化建设，其主要困难在两个方面，其一是建设资金的融资问题，其二是城市物业的市场需求问题。这两个问题并不是割裂开来的，而是一个问题的两个不同层面。城市物业缺乏足够的市场需求，就难以吸引投资者进入城市建设领域当中；缺乏足够的资金投入，就无法形成高品质的城市建设水平和城市生活质量，也就难以激发市场需求。在公文岭的调研过程中，调研组切实认识到这一对矛盾给公主岭市城市化建设带来的阻碍。一个突出的例子是，距离长春市仅5分钟车程的大岭镇及仅15分钟车程的范家屯镇，其房地产的价格不足每平方米2000元，而一河之隔的长春市郊房地产价格已经高达每平方米5000元。相距如此之近，而房地产价格差别如此之大的根本原因在于长春市的公共服务基础设施和环境质量远高于公主岭市的这两个乡镇。

破解融资问题和市场问题的关键在于大规模的城市综合体开发。"城市综合体"是将城市中的商业、办公、居住、旅店、展

览、餐饮、会议、文娱和交通等城市生活空间的三项以上进行组合，并在各部分间建立一种相互依存、相互助益的能动关系，从而形成一个多功能、高效率的综合体。

房地产开发项目，其价值不仅依赖于其自身，同时也依赖于周边地块的价值及周边各种服务设施和公用设施的规模和质量水平，即项目价值不单取决于自身的价值，也取决于周边物业产生的外部性价值。高品质的小规模单一房地产项目会对周边产生溢价，却无法享受来自周边物业的溢价。而大规模的城市综合体开发可以同时提升大宗地块的价值，高品质项目开发产生的溢价大多受益于项目地块内部，因此对于有融资能力的大型开发商来说更具价值。

2. 公主岭市适宜开发什么样的城市综合体

城市综合体的分类包括：①城市CBD中心的城市综合体。这种综合体是典型意义上的城市综合体，是以商贸、办公、酒店等高端商业地产为核心的城市综合体。通常位于特大城市和大城市的核心地带，形成城中之城的商业中心。这类城市综合体依赖于特大城市或大城市强大的购买力和第三产业的发育程度，并不适合公主岭市的发展现状。②交通枢纽型城市综合体一般包括地铁、城市轨道交通、公交站点，人流量巨大，在大型城市商业圈具有较高商业价值。交通枢纽型城市综合体包括交通物业和商业物业，商业物业一般包含写字楼、酒店公寓、购物中心等。同样，此类城市综合体也大多存在于特大城市和大城市内部。有时也可以通过主要的轨道交通站点向较远的城区扩展。考虑到交通物业和商业物业是此类城市综合体的核心建筑，因此它依然要求有大城市强大的购买力和第三产业的支撑。③城郊结合部城市综合体。尽管城市综合体的基本特征是集中的商业物业，但是城郊结合部城市综合体有不少都强调宜居住宅物业和以购物中心为代表的商业物业及交通物业的组合。同时，此类物业更多地考虑了宜居城市的特点，因此公用绿地和环境建设的面积较大。

从公主岭市的经济发展状态看，第三类城市综合体的开发最有可能取得成功。但是需要注意的是，公主岭市打造城郊结合部城市综合体应以长春为核心城市，主要面向长春市的需求、依托长春市的购买力。在未来的规划中，公主岭市作为一个哑铃形城市，在范家屯市区最有可能打造出面向长春市需求、依托长春市购买力的城市综合体。这种综合体应强调居住、餐饮和交通三项核心功能。以宜居城区和生态城区为综合体开发的主要方向。

此外，交通枢纽型的城市综合体开发可能是未来公主岭市发展的另一个主要方向。随着长春市及公主岭市的发展，长春市城市化水平的不断提高，必定会导致城市轨道交通需求的上升。而沿城市轨道交通中心站点的交通枢纽型城市综合体的开发将会是未来的重要业态形式。公主岭市哑铃形城市结构中，连接两个中心城区的交通干线同时也是延伸至长春市的重要交通通道。长春市轨道交通的建设，特别是长春市内轨道交通向公主岭市的延伸，将会为公主岭市的交通枢纽式城市综合体开发创造适宜的条件。未来适合交通枢纽型城市综合体开发的地块也主要会集中于范家屯和目前沿未来的轨道交通线附近的公主岭市市区。

3. 土地一级开发和二级开发的体制变动历程及优缺点

以往国内的城市综合体开发往往集中于土地二级开发，这种模式主要体现在城市居民购买力较高的大中型城市商业中心或者新城区。而对于欠发达地区的城市建设来说，受制于地方政府财力的不足，土地一级开发的不足也会大大限制用于土地二级开发的土地供给。公主岭市的基础设施建设和土地一级开发还远不能满足城市发展的要求。

欠发达的城市应用城市综合体开发的模式依然在探索过程之中，而一二级土地联动开发将是一种较为具有优势的方式。

所谓一级土地开发，是指在土地出让前，对土地进行整理投资开发的过程。具体来说，就是按照城市规划功能、竖向标高和市政地下基础设施配套指标的要求，由政府统一组织征地补偿、拆迁安置、土地平整、市政基础设施和社会公共配套设施建设，按期达到土地出让标准的土地开发行为。土地一级开发是土地出让前的运作方式，开发的主体应是当地政府或由当地政府指定的土地开发企业，而土地一级开发的结果是要使"生地"成为"熟地"，达到出让的标准。以往土地一级开发在大多数城市主要是由政府来操作的，也有政府委托企业来操作，政府负责管理和监督。

土地的二级开发即开发商在通过"招、拍、挂"，从政府手中受让土地使用权之后，依据规划实现的房地产项目开发，即我们通常所讲的房地产开发。对于城市综合体的二级开发来说，其内容将不仅是住宅物业和商业物业的开发，还包含一些公用绿地等公益性项目的开发。

我国的土地一级和二级开发模式经历过一系列体制性的变迁，这种体制性变迁集中反映了政府在土地开发中的种种考虑，如融资安排问题、融资风险问题、土地供给调控问题、打破土地开发的垄断问题等。

2005年之前，土地开发的模式在许多地方是一级二级联动模式，即同一开发商一次性地取得某地块的一级土地开发权和二级土地开发权。完全由开发商去安排土地一级开发和二级开发的融资及项目实施。这主要考虑了地方政府土地储备机构缺乏融资能力，无力承担土地一级开发的巨额的资本支出；也是为了可以较为迅速地实施地块的开发，并且这种开发模式效率较高，可节省大约10%的总体开发成本。

这种模式易于导致以下几方面问题：①一二级联动开发要求开发企业有强大的融资能力，只有部分有规模和有资质的开发商可以从事一二级联动开发，特别是对较大地块的开发。这将导致土地开发市场的垄断度加强。②部分开发企业可能出现融资困境，导致项目失败。一级土地开发和二级土地开发的现金流特征完全不一样。一级土地开发的现金流是持续地大规模现金流出，然后一次性地收回，回款风险较小；而二级土地开发的现金流是持续地大规模现金流出,然后存在一个较长期的销售回款过程。对于自持的商业物业,其租金收入更是一个长期过程,并且回款的风险较高。一级和二级土地开发现金流的特征决定了完全不同的融资特点和风险特征。需要复杂的融资安排。③部分一二级联动的开发商,其目的在于倒卖二级土地开发权和开发收益,推高地价,使本来应当归于政府的土地开发溢价成为倒卖土地的收益。

2005~2010年,越来越多地方规定土地一级开发和二级开发分离。政府把土地一级开发权上收后就可以就土地一级开发进行招标,从而合理安排向市场年度供给土地的计划。而一级开发企业的利益则与土地招、拍、挂的价格没有直接联系,只按政府的招标条件完成开发工作,这种情况下,开发商做土地一级开发只是为政府打工,由政府出面平衡整体土地供应市场的情况。在土地一二级市场开发分开后,如交通论证、项目规划、容积率等二级市场开发的前期环节将由原来开发商自己来做改成由政府在土地上市公开交易之前完成。以后开发商不需要再为跑前期手续而为难,只需到土地市场直接拿地即可。从这个角度看政府将加强服务功能。

这种模式也存在着许多问题:①土地一级市场难以完全剥离。在利润导向下,开发商会想办法使土地两级市场联动。即使土地一、二级市场分开,这其中也是有操作空间的,可利用制度空白,以控制公开交易条件的"隐性手段"做到适合自己摘牌。②缺乏竞争,效率较低。土地一级开发利润稳定,回款安全,其招标程序与土地二级开发过程中招、拍、挂程序在严格程度上有差别。这往往导致与土地储备方有关联的开发商才有资格参与开发,其他开发商难以涉足。而土地储备方或者地方政府的关联公司往往在融资能力和融资工具上颇有欠缺,这使得土地一级开发的规模受限。③一级开发的效果难有保证。由于一级开发面积相对较大,开发商对于开发不完善的地方,往往信息披露不全面。而这种信息披露不全面,使竞买者在招拍挂时无法实现对土地整体价值的真实判断。

国土部提出的改革进程是,"2011年3月底前,土地储备机构必须与其下属和挂靠的从事土地开发相关业务的机构彻底脱钩,各地国土资源部门及所属企事业单位,不得直接从事土地一级市场开发;2011年10月底前完成清理和规范工作"。

国土资源部的新规定旨在打破土地供给垄断,更多地借助市场力量来进行土地的一级开发,通过竞争提高效率,提高土地供给水平。但新规定的推出并未给出未来合适的商业模式。调研组认为,新规定将迫使各地土地一级开发和二级开发市场创造新的商业模式和融资模式。公主岭市完全可以抓住这一契机,创造出适宜公主岭市土地综合体开发的新的商业模式和融资模式。

4. 以融资为纽带的创新型土地一二级联动开发

依据土地一级开发招标的相关规定,土地一级开发仅能得到8%的利润。土地一级开发8%的利润对控制融资成本有着非常高的要求,特别是对于较大区域面积的一级土地开发来说,融资成功与否将关系整个项目的成败。对于城市综合体的开发来说,大规模的建设势在必行。目前,土地储备部门及与土地储备部门有关联的开发企业往往缺乏融资工具和高等级的资信评级。因此,必须引入具有低成本融资能力的土地开发企业。但是,如果一级二级土地市场完全切开,一级开发企业的利益则与土地招、拍、挂的价格没有直接的联系,只需要按政府的招标条件完成开发工作、获取8%的利润,企业只相当于政府的临时工,这势必大大影响土地一级开发企业的投资兴趣。这相当开发企业将低成本融资工具贱卖给了地方政府,追求利润最大化的企业不可能不考虑资本成本问题。

传统的土地一二级联动开发之所以吸引开发商,根本原因在于破解了建设资金的融资与城市物业的市场需求之间的矛盾。开发商在二级土地开发过程中得到的较高溢价,补贴了一级土地开发过程中的资本成本，是一二级土地联动开发的核心利益所在。而土地一级开发与二级开发相分离的原则旨在避免原有模式的缺陷，但避免缺陷的同时不应将原有模式的优势抛弃。调研组认为，结合公主岭市城市综合体开发过程中的问题，可以考虑以下创新型的融资模式。此融资模式可实现一二级土地联动开发的优势，却不必承担政策风险及旧有模式的缺陷。

利用 BT 模式中的融资安排实现土地一级开发和土地二级开发的联动。BT 是 Build（建设）和 Transfer（转让）两个英文单词的缩写，BT 模式的含义是政府（或其授信机构）通过合同约定，将拟建的某个基础设施项目授予投资人，在规定的时间内由投资人按照政府要求承担工程的融资和建设，合同期满后政府（或其授权机构）按照合同的约定回购该项目。

这一模式的特点在于政府首先要求土地一级开发时在地块内预先建设规划技术指标条件所要求的辅助设施、配套设施等，例如道路、河流整治、学校或者其他政府要求建设的配套设施项目如医院等，或其他必须同步建成的设施如水文站、水闸之类的设施。这些设施及土地一级开发可通过 BT 模式实施，由一级开发商预先建设，并以较高的回购价格安排回购，而回购资金的担保主要来自该地块的二级土地出让价格。同时这一模式还要求，土地一级开发的地块作为整体在二级招、拍、挂市场上竞价。从而保证地块内各个公益性项目 BT 回购资金可以有效地筹集。

这一模式的关键在于合理安排地块内各个公益性项目的回购价格，以回购价格的形式补贴一级开发商，使具有较低成本融资能力的开发商愿意参与土地一级开发过程。同时，上述项目较高的回购价格使得土地一级开发商在竞购二级土地开发时具有成本优势，可以较其他独立的二级开发商以更高的溢价水平取得整幅地块。而 BT 项目回购价格的安排也不应过高，使得参与一级土地开发的开发商失去竞标二级土地开发的动力。回购价格应当鼓励具有成本优势的一级开发商进入该市场，从而规避 BT 回购过程中的政府融资风险。

通过上述方式可以实现整个地块的一二级联动开发，并且不违背国家的土地二级开发市场中的招、拍、挂程序。上述方式的根本目的不在于排除竞争者，只在于给予有意竞标土地一级开发的开发商以稳定预期——可以参与利润更为丰厚的土地一二级联动开发。从而将开发商竞争的主要领域从土地二级开发市场前置于土地一级开发市场。只有这样，才可以有效避免二级土地开发市场过热而一级土地开发市场较冷，最终导致供地不足、开发缓慢的旧有格局。

对于地方政府来说，城市建设的融资问题主要由开发商组织银团、项目公司和项目信托方式来进行。地方政府可以摆脱融资方面的具体事务和政策风险，但是这种开发模式依然要求地方政府积极配合。公主岭市应当主动把握这种机遇，认真做到以下几点：

其一，做好城市综合体开发区域的选址和分区规划。选址的依据应当是那些较易受益于长春经济辐射、合乎公主岭城市化布局方向的主城区——如范家屯。在选址的基础上做好分区规划。

其二，主动接洽具有实力的开发商，特别是上市的开发商——城市综合体的开发要求开发商或者银团具有低成本的融资能力，而上市公司的融资成本较低。推介公主岭的项目资源。

其三，政府在土地出让方面要本着让利于开发商的原则来进行，政府应更多地追求城市化发展水平，而非来自土地出让方面的收益。后进欠发达地区的吸引力只能在于政府给予较多的商业地产和住宅项目的开发面积及较低价格。

第四，在可能的情况下，积极联络商业银行给予开发商低成本融资的额度，并在政策允许的情况下支持开发商或者第三方发起房地产信托投资项目。

（三）利用创新型的直接融资工具，以商业地产的开发为突破口加速城市建设

城市综合体的开发只能是在具有一定实施基础的城区才具有吸引力。对于其他城区的开发来说依然存在问题。从根本上说，城区开发的融资主要应依托民间经济力量而非政府。调研发现，公主岭市现有金融中介并不能对公主岭市的发展提供太多的金融支持，要谋求城市建设的快速发展还应当更多依赖当地的直接融资机制的创新。调研组在调研过程中了解到，公主岭市现有的房地产开发公司很少，并且资产规模和融资能力都十分有限，特别需要指出的是主要的商业银行都不愿给予公主岭市开发商信用贷款额度。而目前公主岭市的城市开发建设企业普遍缺乏足够的可抵押资产。融资能力的低下限制了这些企业推动城市建设开发的能力。

随着公主岭市经济水平的不断发展、人民收入水平的不断提高，对不动产的需求也在快速增长。当前的供给并不能满足这种不断增长的需求。在杨大城子、秦家屯等地的调研中发现，尽管诸如杨大城子、秦家屯只是一个镇，镇上的商业地产品质很低，但镇上的商业地产价格已经达到每平方米7000元以上，部分地段的地产价格甚至逼近每平方米20000元。这充分说明了当前的商业地产供给远不能满足商户的需求。调研组还了解到，公主岭市民间并不是十分缺乏资金，银行系统巨额的存贷差足以说明民间蕴藏着大量可供公主岭市发展利用但未能有效利用的资金。而杨大城子的调研也显示，当地拥有400万~500万元现金类资产的居民为数不少，但这些资金往往滞留于银行，未能有效盘活。基于以上事实，调研组认为谋求城市发展的一个突破口可以是利用创新型的金融工具实施商业地产的开发，利用直接融资机制破解城市建设过程中的融资难问题。

在发展商业地产项目上，最适合公主岭市的直接融资机制当

属房地产信托投资,特别是"优先购买权项目信托"。优先购买权信托是众多的房地产信托投资工具中的一种,具体的做法是,由一家信托投资公司按较低的价格(通常是项目公司合伙人价格)向社会发行(或者定向封闭发行)某一不动产项目的购买权信托,发行对象可购买一份或者多份此项优先购买权信托产品。此项信托产品可与房地产项目的楼号房号相挂钩,买价相当于或者略高于该项地产的成本价格。委托人可以此项优先购买权信托取得该项不动产的所有权。

对于优先购买权信托项目来说,这种金融工具的积极意义在于使开发商完全摆脱金融中介的融资限制,并实现销售上的零风险。考虑到公主岭市当地居民和商户对当地商业地产需求状态的切身感受,此项产品应当具有足够的吸引力。做好这一项新型金融工具要求地方政府做到以下几点:

第一,利用政府背景寻求具有资质的信托公司发行该项信托项目。政府从中牵头可以大大提高该项项目成功的可能性,特别是有利于提高该项目向当地商户和居民销售的信用水平。

第二,可利用公主岭市现有的、具有政府背景的房地产开发公司进行开发,将利润降低到最小,让利于信托项目的委托人,以加快开发的进程。

第三,聘请了解此种项目操作的金融人才和法律人才,研究央行和其他监管部门的政策法规,设计具有针对性(如此信托产品是否封闭、是否定向等问题)的信托产品。

此外,城市住宅项目更多的还是依赖于传统的房地产开发模式。上述模式的主要逻辑在于商业地产的稀缺性和开发建设的高溢价有利于吸引当地商户参与此种具有一定风险水平的投资。而公主岭市的住宅价格较低,可替代性的住宅项目也远高于商业地产项目,因此不可能具有较高的风险溢价,对投资人的吸引力不足。传统模式的住宅开发模式较适用。

(四) 充分发挥城投公司的负债和运营能力，加速发展城市基础设施和公用设施

1. 地方政府财政收入有限，必须通过开拓融资渠道建设城市基础设施

城市建设中较难以商业化开发的项目，如城市基础设施等，最终还是要公共部门进行投资建设。但是我国大多数经济欠发达地区的地方财政仅仅是吃饭财政。分税制改革以后，这种局面得到了强化。单纯依赖地方财政的力量不足以支持城市的发展和建设，这一点对于公主岭市来说同样如此。调研组在访谈公主岭市财政局时得知，作为一个县级市，公主岭市农业在整个 GDP 中比重较大，因而全市 GDP 创造财政收入的能力很低，但城市中各项支出不少。2009 年市全口径的财政收入为 8.5 亿元，其中归属于地方财政 5.8 亿元，而支出却是 21 亿元。预算外的基金收入每年大约仅 2 亿元，主要来自土地出让金收入，城市基础建设配套费收入，消防、电费附加收入等。其中土地出让金收入所占的比例最高，2009 年占基金收入的 80%。公主岭市的财政收入和基金收入主要为"吃饭财政"，除此之外，支持城市建设的资金少之又少。由于历史的原因，全市财政供养的工作人员较多，达 31000 人，工资性支出将近 7 亿元（部分资金还要依赖上一级财政或者国家的转移支付），再加上公共办公经费支出近 1 亿元。实际可供地方财政用于市场建设的资金十分有限。2009 年全市的市政建设支出 2 亿元。根本不足以负担市场建设的开支，另有 10 亿元来自中央财政的专项资金，但专项的转移支付无法支持地方政府自主性的城市建设投入。

公共部门的融资任务依然繁重。当前公主岭市公共部门应用的现代化融资工具较为单一，规模也较小，目前公主岭市通过地方融资平台负债的余额不足 2 亿元，不足以支撑快速的城市化建设。

2. 地方政府投融资平台的国内外经验

国外发达国家的地方政府主要通过市政债券为公共基础设施及其他财政支出目标进行融资。以美国为例，市政债券项目涵盖了教育、交通、公用事业、福利事业、产业补贴以及其他项目。尽管市政债券项目涵盖的投资标的十分广泛，但是对于不同项目，市政债券的发行却有明确的区分。市政债券的发行者可以根据自身的信用状况来发行不同类型的债券。一般来说，市政债券主要分为两种类型：一般责任债券和收益债券。一般责任债券并不与特定项目相联系，而是以发行机构的全部声誉和信用作为担保的债券。其还本付息得到发行政府的信誉和税收支持。收益债券与特定项目或部分特定税收相联系。其还本付息来自投资项目，如高速公路和机场的收费。大部分收益债券是用来为政府拥有的公用事业如自来水、电力和煤气供应、污水处理，和准公用事业如公共交通、机场以及医院、学校等筹资。

地方政府何时发行一般责任债券，何时发行收益债权，主要依据融资项目本身的特征：某些项目在未来可以具有持续的经营收入，足以全额或者部分弥补项目建设的成本，那么此类项目即有利于引入PPP模式，通过发行收益债券进行融资，项目未来的经营现金流（当项目本身的现金流不足时，还有政府的财政补贴）用于偿付债券的本息，项目的经营和管理可通过公用事业公司进行，通常还要受到政府垄断经营保护并接受政府的价格管制。某些公用基础设施在未来不能产生经营收入，具有纯粹公共品的性质，如市政道路等；这类项目一般通过发行一般责任债券进行融资，主要以政府信用担保债券的发行，以政府税收支持其还本付息。

无论是一般责任债券还是收益债券，一般都不由地方政府直接发行，而是通过承销地方政府债券的专业投资银行来进行。专业投资银行发行地方政府债券的过程就是一个将地方政府资产证券化的过程。资产证券化可以为地方政府的公共基础设施的建设提供大量的资金。

通过市政债券为公共基础设施建设融资在美国、加拿大、日本和德国等发达国家已经发展得十分充分。但是这种模式并不适合我国的地方政府。我国的预算法要求地方政府必须平衡预算，不允许地方政府发债。近年来我国虽然已经开始发行地方债券，但也是通过中央政府代为发行。为了摆脱预算法的限制，我国的一些地方政府开始通过组建投资公司，通过投资公司举债或出售权益来为公共基础设施进行融资、建设和管理经营。这些模式主要有如下几种。

重庆模式：把原来由政府直接举债为主的投资方式，转变为由建设性投资集团向社会融资为主的市场化方式，从根本上改变了城市基础设施建设的投融资机制，形成了政府主导、市场运作、社会参与的多元投资格局。其运作模式可归纳为：政府把城市资产无偿划拨给投资公司，使公司的资产规模达到一定的贷款条件，公司根据政府建设的要求筹措资金后再将资金转借给项目法人。重庆城投模式的关键技巧是，"储地—融资—建设"循环，保证城市基础设施建设投资和投资公司自身投融资能力。重庆市通过组建八大投资公司构建了自己的投融资平台。这八大公司分别是：①重庆市水利投资（集团）有限公司简介（水投集团）、②重庆市地产集团、③重庆渝富资产经营管理公司、④重庆交通旅游投资集团有限公司（原名重庆高等级公路建设投资有限公司）、⑤重庆市城市建设投资公司、⑥重庆市水务控股（集团）有限公司、⑦重庆高速公路发展有限公司、⑧重庆市开发投资有限公司。

上海市则组建城市建设投资开发总公司，其业务涵盖了上海市各类公共基础设施，其下设立有多家实体公司。上海的融资模式涉及两个方面，一方面是通过上海城市建设投资开发总公司发行建设债券。另一方面上海市政府大力发展项目融资，通过与投资者签署"特许权协议"，利用公开招标方式选择投资者，对缺乏现金流量的城市基础设施项目给予投资者现金流量补贴，以吸引和保证投资者的利益。

与上海市的投融资平台类似，天津于2004年11月正式成立了天津城市基础设施建设投资集团有限公司（天津城投）。作为一家国有独资的国有资产授权经营的大型国有独资集团公司，天津城投更重要的意义在于成为一个负债主体。其最主要的融资功能是以城市基础设施和土地增值收益作为还贷保证，成为一个承贷主体，从而克服《预算法》对地方政府负债的限制。

除此之外，我国的其他一些地方政府融资平台也各有特色，如浙江省铁路投资集团有限公司独特的"浙铁模式"。浙铁主要通过银行贷款和发行中期票据进行融资，通过发展辅业来补贴铁路主业。同时利用其控制的上市公司直接在资本市场进行权益融资。

3. 对地方投融资平台建设经验的评述

从全球公共基础设施投资的发展现状来看，单纯依靠公共财政无力应付巨大的公众基础设施投资需求。通过PPP方式为公共基础设施进行融资、投资及管理经营是各国发展的共同趋势。而《国务院关于投资体制改革的决定》所体现的基本精神也是把投融资的权力和责任还给私人部门。地方政府对未来的关于公共基础设施的投融资平台建设也不能脱离这一大的背景。

西方发达国家的地方政府融资方式并不适合我国的国情，但其中有许多可借鉴的良好经验。最重要的经验应当是首先区分投融资项目的性质，那些纯粹公共品的项目，应当通过公共财政及抵押、出售政府所掌握的公共资源为其融资。为了最大化地利用公共财政和政府所掌握的公共资源，可以专门设立一个一般性的投融资平台。这个平台的主要业务是接受政府的各种各样的资产，通过专业的金融机构将这些资产证券化，利用资产证券化提供的流动性对纯粹的公共品项目进行融资建设及维护。这个投融资平台及资产证券化的方式应类似于发达国家地方政府发行一般责任债券。

除了那些纯粹公共品的项目，其他的公共基础设施项目或多或少能够以公共设施的使用费来足额或者部分弥补建设和运营成本。这类项目完全可借鉴发达国家的公用事业公司模式来融资建设和管理运营。需要强调的是，考虑到这些项目一般都要涉及行政准入、垄断保护、价格管制和财政补贴，故而应按不同项目设立项目公司。通过各个项目公司进行投融资和管理运营。这可以降低监管的信息成本，从而为设计最优的监管合约、最有效地利用社会资源提供更好的条件。

总的来说，国内的投融资平台中，上海模式最接近于发达国家的公共基础设施投融资模式。上海城投的建设债券类似于发达国家地方政府的一般责任债券，而项目融资方式也同发达国家的PPP模式一致。选择上海模式的话，从长远看，公共基础设施的投融资平台效率最高，融资成本最低。但上海模式的成功运用需要一系列的条件：①财政收入雄厚并且持续增加。类似于一般责任债券的上海城投建设债券之所以可以成功发行，离不开上海市财政收入与经济发展所形成的良性互动，公共财政财力的不断提升，才可以使得其杠杆作用也不断加强。离开了具体收益项目的支持，投资者和债权人只能根据地方政府的财政收入和已经拥有的资产评估地方政府的融资能力。②PPP方式的运用要有完善的产权交易市场、专业的投资服务机构（投资银行）、发达的银行信贷市场和不同风险等级和风险偏好的投资者队伍。PPP方式运用涉及比较复杂的合约设计，其中的财务风险评估至关重要。离开了专业的金融服务机构和专业的投资者难以成功地进行。③地方政府的超然态度。上海市投融资平台要求政府由直接管理转变为间接管理、由微观经营转变为宏观调控、由经营转变为监管，政府由市场的直接参与者转变为市场的仲裁者。这一观念的不断转变的过程、不断创新的过程，也是政府管理模式按市场经济规律重构的过程。

由于各地条件与上海市比存在不小的差距。尽管上海模式更合乎未来的趋势，但地方能否成功移植上海模式却有待权衡。

天津模式更主要的目的是克服《预算法》限制，其融资更多还是依靠国家开发银行等传统的间接融资渠道。如果有国家政策性银行支持，这种模式是最易于施行的。只需要将地方政府所拥有的各类资产装入一个统一的投资公司，然后利用这些资产形成杠杆向银行借贷即可。而筹集来的资金也可以较为方便地统一筹划使用。但是，这种模式一方面要看地方政府所拥有资产的数量和质量，另一方面也要看国家政府性银行和其他商业银行是否对地方的建设大力支持。

重庆模式则比较特殊，其八大投资公司之间的关系是竞争性的，融资主要依靠城市土地在基础设施建成后的增值收益，以"渝富模式"为代表。但"渝富模式"却是一种粗放地利用国有土地资源的模式。政府的资产在划归八大投资公司的时候不可避免地面临着各公司的竞争，但是这种竞争难以通过市场化方式来进行。在重庆八大投资公司的投资领域内，许多项目在未来可以具有良好的现金流量。这些项目若能吸引私人部门的投资则不必过多依赖于政府的土地资源。土地资源作为政府所拥有的一项优质资产，更应当为那些缺乏未来现金流的纯粹公共品项目进行融资，这样才能充分地利用政府掌控的资源。

重庆模式的优点在于可以在较短的时期内迅速地为公共基础设施筹集大量的资金，对于现代金融服务业不够发达的内陆地区更具有操作上的可行性。

4. 公主岭市地方政府投融资模式选择

综合国内外经验，特别是国内经验来看，适合公主岭市的投融资平台应当是对上海模式和重庆模式的综合。综合的方式是：以上海模式为发展的目标，当前具体操作则以重庆模式为主要借鉴。

首先，对上海模式的借鉴。具体来说，可以将现有的"公主岭市城市基础设施投资公司"建设成一个全面接管地方所属资产的投资公司，履行地方政府的融资和投资事务（公司名称可考虑为地方建投）。公司的主要职能是以所拥有的资产做抵押，向金融机构借贷，为一般性的无特定项目现金流支持的公共基础设施的投资和维护进行融资。据调研组了解，目前公主岭市城市基础设施投资公司的资信评级很差，仅为 BB⁻ 等级，负债能力很差，融资成本很高。当前紧要的问题是将更多的资产，特别是优质资产注入这一融资平台，整合投资公司的资产包，通过优势资产的注入打包进行信用增级，从而增强其负债能力，降低融资成本。调研组在调研过程中发现，公主岭市在增强这一投融资平台融资能力方面还有很大的潜力可挖。如现存的"国有资产经营公司"的资产可以考虑注入城市基础设施投资公司。资产的整合存在着财务上的合成效应，即 $1+1>2$ 的效应。出于财务上的考虑应将其进行整合。另外，市土地收储中心持有较多的国有土地，但收储中心作为一个事业单位，其在资本市场上的融资能力受到种种监管文件的限制，负债能力很弱，更是应当将这一部分优质资产注入城市基础设施投资公司，以增强其融资能力，降低融资成本。同时，公司也应当随着未来我国及公主岭市金融的不断发展，演化成资产证券化的主体，向社会发行企业债，性质类似于发达国家地方政府的一般责任债券。国外地方政府资产证券化的经验告诉我们，承销一般责任债券的金融机构总是要求将地方政府的多个市政部门的融资打包，再向市场发行债券。其目的在于发行量较大的债券具有更好的流动性，较易为投资者接受。这样不仅有利于充分利用杠杆向商业银行借贷的间接融资，也有利于通过资产证券化向社会直接融资。从经济学的意义上来考虑，这一融资平台有利于充分利用规模效益，极大化地发挥存量资产的融资杠杆作用。

其次，对重庆模式的借鉴。公主岭市城市基础设施投资公司不宜直接参与具体项目的投资建设，而应当组建以项目为核心的公用事业公司。公主岭市城市基础设施投资公司通过控股这些公用事业公司参与到具体项目的融资、投资和经营中去。组建以项目为核心的公用事业公司的原因，主要是公共基础设施项目在未来存在持续的现金流。存在持续现金流的项目为公私合作提供了基础。此类项目有利于大力发展PPP模式，从而最大可能地调动社会资源为公共基础设施项目融资。考虑到不同项目在未来的现金流量不同，用于弥补成本的潜力也不同，这是设计具体的PPP模式中关键的因素。项目的不同性质要求有不同的PPP模式，特别是这些项目大多会涉及政府的专营权授权、价格管制、财政补贴以及资产回收等。从专业化的角度来看，以项目为核心组建公用事业公司将是效率最高的方式。以项目为核心组建公用事业公司，并不能完全以专营权和一定水平的财政补贴来吸引投资者，因为目前我国各地缺乏前述的一系列条件。考虑到各地区的实际发展水平和条件，为了加快发展，可以考虑向这些项目公司注入其他的一些优质资产（比如土地），借鉴重庆的"储地—融资—建设"循环模式快速发展。借鉴重庆模式可能会带来一些其他的风险：注入了土地等优良资产的项目公司的价值较难以评估，如果向社会公众或者私有投资机构进行股权融资可能会招至国有资产流失的非议，这样的公用事业项目公司往往需要100%国有控股。这并不利于充分调动社会资源的融资目标。另一个风险可能是公司不再关注公用事业项目本身，而更加关注那些注入优质资产的投资经营，从而浪费了政府所授予的专营权，不利于公共服务水平的提高。

对上海模式和重庆模式的综合是发展目标和现实条件共同作用下的一个折中。这种折中充分考虑到国内外的发展趋势及我国地方政府的实际情况。公主岭政府通过重组公主岭市城市基础设施投资公司及其旗下的一系列以项目为核心的公共事业公司，最终形成一个业务相互独立、经营范围不同的投融资体系。这一体系以公主岭市城市基础设施投资公司为中心，通过控股关系建立起联系，而各公用事业公司均是独立经营的独立法人。城市基础设施投资公司因其特殊的业务性质和独特的控股公司地位，需要国有资本100%完全控股。而其旗下的各个公用事业公司则可以根据自身业务特点，以各种方式吸引投资，其中包括股权融资。

城市基础设施投资公司需由国有资本100%完全控股，这一方面是出于政策原因，另一方面也是公司在日后不断获取注资的一个前提。城市基础设施投资公司的性质是一个投融资平台，其根本属性是一个利用国有资产的负债平台。在公司未来的业务当中，不断获取政府注资，不断出售其资产（主要是出售土地资产）将是公司滚动发展的根本要求。从当前我国地方政府的可担保资产来看，主要是可用于招、拍、挂的国有土地使用权。但国有土地使用权并不能直接地由政府注入融资平台。变通的方法可以是融资平台公司积极参与土地使用权一级市场的竞标，通过竞标获得可用于抵押的资产；而政府出让国有土地使用权的出让金，则可以通过增资扩股城市基础设施投资公司的形式不断地注入。因此，这一融资平台将是一个不断进行资产竞购、增资扩股、融资负债、资产出售及清偿债务的滚动发展平台。这个过程也会不断地增强这一平台的负债能力、降低这一平台的融资成本，实现良性循环发展。可以用图10来解释这一平台的发展和运营模式。

图10中，城市基础投资公司通过竞购国有土地储备中心的土地，形成自有的可抵押的优良资产，而竞购的资金可通过政府财政的渠道将土地出让金再返还给城投公司，使城投公司的现金流不会枯竭。这一过程中，政府对城投的增资形成相应权益。城投可以用其新增土地资产向金融机构抵押，从而获取可用于城市基础设施投资的建设资金。对金融机构的债务清偿则可以通过让渡土地开发权来实现。让渡方式可以通过设立土地二级开发项目公司，再出售该项目公司的股权的形式来实现。这种模式虽然本质上还是通过出让土地获得可用于公共基础设施的投资，但是却有效地规避了土地出让中的制度限制。将是一个有效地解决城市建设资金的办法。

近期应充分认识当前公主岭市融资平台功能和负债能力的有限性。解决眼前的问题可以通过与其他资信评级较好的金融公司

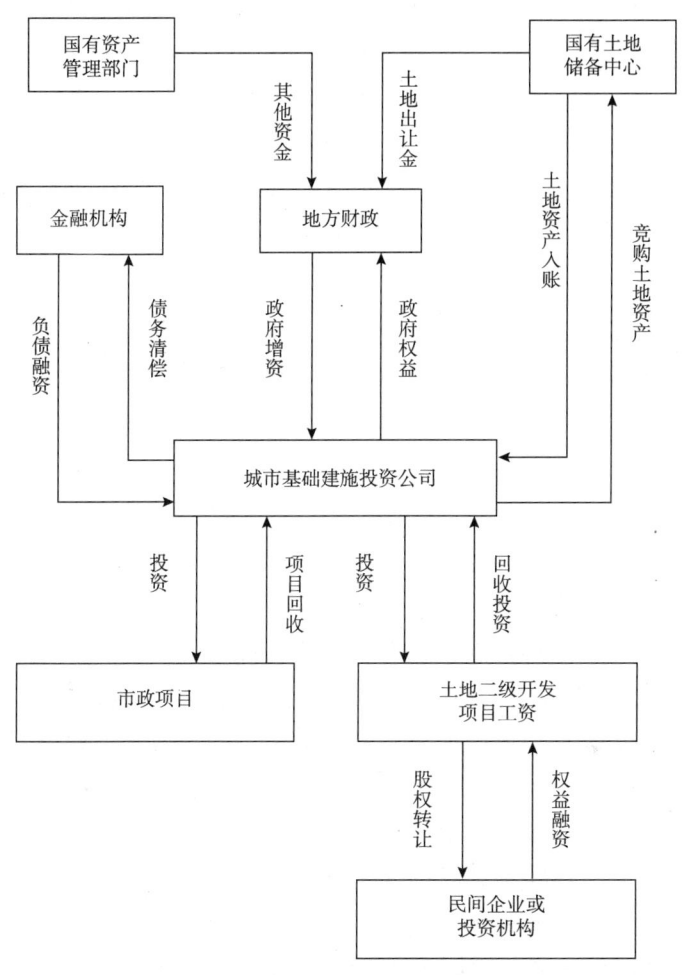

图 10 城投公司发展和运营模式

合作,以现有资产质押的方式,借用合作公司的融资渠道提高负债水平,但这意味着较高的融资成本。

5. 通过农村宅基地整理和收储壮大城投资产,增强其负债经营能力

在城市化过程中,可以通过土地制度的改革,在保证农业用地"占补平衡"这一基本政策的情况下,充分调动市场的力量,大规模推进土地资源和土地利用方向的置换、配置。从而一方面保证城市化的发展，另一方面保证农业用地及粮食生产的安全。而在这一过程中，城投公司作为一个中心交易环节，还可以不断通过土地收储来壮大其资产，提高负债经营能力。

具体而言，当前的"占补平衡"政策并未积极有效地调动各方的积极性，特别是复垦农村闲置宅基地的积极性。其根本的原因在于建设用地相对于农业用地存在着较大的土地利用方向上的溢价。这个溢价导致经济行为人在占用耕地上的积极性很高，而将闲置土地转化为农业用地这方面的积极性不高。虽然现在部分地方也通过经济补偿等方法进行建设用地和工业用地指标调配，以保证"占补平衡"，但是这种补偿机制却不是一种市场化机制，更多地依赖各级地方政府之间的协调。

改革方向：通过市场机制，使得开垦和复垦耕地的村民或者经济组织可以充分享受到土地利用方向上的溢价，而不是将这种溢价直接给予占用耕地的利益方。通过这种手段刺激各种利益主体积极参与"四荒"地的开垦和农村闲置宅基地的复耕。

改革方案：任何个人或者经济组织，凡是将非农用地合法转化为耕地，在得到土地管理部门的确认、纳入土地利用方向规划之后，即可同时获得政府赋予的特定数量的土地利用方向变更的权证。任何要将耕地转化为非耕地的经济主体都必须在市场上购买与其占地面积相符的土地利用方向变更权证。城投公司作为一个关键性的交易商，可以用现金方式收购这些土地利用方向权证，以这些土地使用方向权证行权的方式将城市周边适宜于开发建设的耕地转换为建设用地，为办理土地征用手续扫清用地指标上的政策限制。在改革的初期，城投公司可以通过这种方式征地及办理土地资产的过户，形成城投公司的资产，以此资产为抵押为城市建设进行融资，也可以转售此类资产直接进行城市建设。在改革的成熟期，土地利用方向权证的市场价值被交易方广泛发现之后，城投公司甚至可以将此权证直接作为可抵押或质押的资产，为城市建设融资。

土地利用方向上的溢价最终可以由进城农民、复垦土地的经济组织（也可以是进城农民自己）、作为关键交易商的城投公司及土地开发商共同享有土地利用方向上的溢价。新增的利益谁分得多、谁分的少，最终取决于土地利用方向权证在市场交易上的竞价行为。

一旦这种溢价在市场上有效实现，必将鼓励更多的经济主体积极参与到耕地的开发上去，也必将鼓励工业企业和地产开发企业更加集约地使用工业用地及建设用地。这样一种权证市场也为国家政策的实施提供了方便。比如，国家为了更有效地实施土地利用政策，可以委托相关金融机构以"做市商"的身份入市，同时申报土地利用方向权证的买入价和卖出价，从而实施有效管理。

我们甚至可以预期，一旦这个权证市场发展壮大，必将会有更多的专业的农业土地开发利用公司在市场上出现，专注于开发"四荒"以及复耕农村闲置宅基地，以获取可以在市场上直接变现的土地利用方向权证。这使得土地的开发和利用更加集约化和有效率。也将会有更多的交易商在市场上出现，以更有效地实现土地利用方向转变溢价水平。

纵观中国改革开放的历史发现，市场化方向的改革为中国的经济增长提供了强大的动力。回顾历史可以知道，商品的市场化改革，迅速改变了我国改革开放之初的短缺经济的局面，生产资料市场的改革、劳动市场的改革、企业股份制的改革等各项主要的市场化方向的改革大大增强了我国的经济活力，增强了企业的竞争力，推动了经济增长和发展。而今看来，还有一个重要的市场没有改革，这就是土地这种重要的生产资料市场没有改革。我们提出的改革方案并未触动我国基本的土地制度，也没有与我国的土地利用政策相冲突，在现在基本制度的框架内却有可能大大提高土地利用的效率，应当是一种切实可行的改革方案。

当然，这一改革的实施也存在着相应的风险。比如，农村村民的宅基地在当前还不属于村民私有。那么改革村落，将宅基地复耕为农田，从而取得土地利用方向权证，获取土地利用方向溢价的主体究竟是农村居民还是农村集体经济组织，对此还需要进一步研究论证甚至制度改革。但是，这些问题不会成为改革过程中不可逾越的障碍。还需要强调的是，如果同意将自己的宅基地复耕的农民家庭可以得到土地利用方向溢价（或者至少一部分）的话，那么这还将为农村居民积极转入城市化提供一个财务基础，使得农村居民的城市化彻底地得以实现。也可以推理出：越是城市化条件好的农村居民，越会积极地将自有宅基地复耕，从而积极地参与到城市化过程中。并且，市场上的自由交易机制也会保证越是城市化条件好的农村居民，越会积极地通过这一市场实现自己的城市化。

对于这样的改革，建议首先在部分地区进行试点。公主岭市政府应当积极争取这样的改革试点机会，抓住公主岭市发展的契机。

八　工业化

工业化是创造社会财富、提高人民收入水平和生活水平的重要手段，是实现"以城镇化为统领，'三化'协调"发展战略的动力。在当前历史阶段，工业化既是公主岭市经济社会发展的手段，也是目标。

公主岭市工业发展虽然有悠久传统，但由于缺乏大规模工业化的资源支撑，缺乏工业企业不断创新与提升产品结构的内生动力与外部需求，以致多数老工业产业发展缓慢甚至日益衰落。目前，公主岭市的工业化又重新面临着难得的历史机遇，粮食深加工、油气资源和膨润土资源的开发利用、汽车零部件产业的迅速发展、传统火电和生物发电、风力发电的巨大潜力等，为公主岭市工业化实现跨越式发展奠定了坚实的基础，公主岭市完全有条件成为松辽平原上一座新兴的现代化工业城市。

（一）工业化的功能定位与指导思想

1. 功能定位

充分利用丰富的玉米资源，大力发展玉米深加工产业，继续引进和壮大龙头企业，推动玉米深加工产业高端化发展，做大做强产业链条，不断提高玉米深加工产品的附加值，使之成为全国重要的玉米深加工产业基地。

充分发挥紧临长春汽车产业园的地缘优势，不断壮大汽车零部件产业，支持自主创新和技术引进，不断拓展产业链条，提升产品档次，提高产品竞争力和市场占有率，成为一汽集团主要的零部件制造基地和全国知名的汽配城。

依托丰富的油气资源和中石化东北局天然气输送中枢建设，大力发展石化产业，努力实现开采、存储、加工以及运输全产业链式的发展模式，适时建设大中型炼化一体化项目，打造为石化产业配套的管材、机械设备的生产基地，努力将公主岭市建设成为吉林省重要的现代化的石化新城。

大力发展电力产业，以 2×30 万千瓦热电联产项目为龙头，大力发展生物、风力发电等新兴能源产业，成为东北电网重要的电源支撑点。

充分利用独特的膨润土资源，引导膨润土开发利用向高端化发展，开发附加值高的终端产品，大幅扩大产业盈利空间。

抓住长吉图开发开放重大机遇和长春、四平以及周围县（市）城市建设扩张的有利时机，大力发展水泥、砖石等建材产业，全力打造吉林省重要的新型建材生产基地。

以服务工业化为目标，以范家屯镇纳入长吉一体化区域并被规划为仓储物流基地为契机，大力发展物流、金融等生产性服务业，将公主岭市建设成为我国北方最大的汽车仓储物流基地、粮食及粮食深加工仓储物流基地。

抓住长春城市扩张以及周围县（市）城镇化迅速发展的机遇，大力发展房地产业，以主城区建设为中心，以重点镇建设为支撑，以若干个风情小镇建设为标志，建设布局合理、层次分明、功能互补、特色显明的城镇体系，把推动农民进城和吸引外来人口结合起来，建设一座现代化的生态宜居城市。

2. 指导思想

立足于以城镇化为统领、"三化"协调发展的战略方针，以科学发展观为根本理念，促进经济与社会、人与自然和谐、可持续发展；坚持贯彻以人为本的发展理念，以保障广大人民的根本利益、不断提高人民群众的生活水平为出发点和落脚点，在推进工业化的过程中要更加注重社会公平，积极探索工业化与城镇化良性互动机制、工业反哺农业的有效途径，促进"三化"协调发展；充分发挥比较优势，抢抓新机遇、开拓新境界、谋划新思路，大力推进产业结构调整、发展方式转变，全力抓好立市、惠民的重大项目建设，努力实现跨越式发展；大力发展产业聚集区和特色园区，推动企业退城进区，形成科学合理的产业空间布局，促进县域经济协调发展；以各产业协调发展为基本目标，建设层次分明、重点突出、结构合理、功能互补的现代产业体系，为全市经济社会发展提供强大的动力，建设现代化工业强市。

（二）公主岭市进一步工业化面临的问题与困难

1. 如何实现劳动力的转移

如果工业和第三产业得到大力发展，就需要有大量劳动力做支撑。劳动力的来源无非有三个方面。首先是城镇闲散劳动力和下岗失业人员，其次是从农村转移的剩余劳动力，再次是吸纳的其他地方劳动力。从未来城镇化与工业化的需要来看，第二种人将起主要作用。第三种类型虽然也是需要的，但由于地缘和区位原因，短期内外来人口数量不会很大。从目前情况看，农民有转移愿望，但农民是否能转移还取决于一些现实因素。第一，对土地的留恋。第二，对收入的权衡。如果农民转移到城市以后，收入没有相应增加，那么转移对农民是没有吸引力的。第三，生活成本的变化。生活在城镇里，生活开支毫无疑问会增加，农民能否在心理上接受这种变化，也是影响其转移决策的一个因素。第四，子女教育。子女教育是有利于农民向城市转移的一面。第五，社会保障。社会保障也有利于农民向城市转移。在农民有转移愿望，并且也在考虑转移的情况下，农民更愿意向哪里转移，是需要考虑的一个问题。公主岭市不仅要采取措施让农民离开土地、到城镇定居生活，更重要的是要采取措施让农民留在公主岭工作与生活。

2. 如何提高产业吸纳能力

产业的吸纳能力实际上包含了几个方面，如产业对就业的吸纳能力、产业对技术的吸纳能力、产业对资本的吸纳能力、产业对资源的吸纳能力等。反过来看，如果产业对就业的吸纳能力很强，则可以判定该产业为劳动力密集型产业；如果产业对技术的吸纳能力很强，则可以判定该产业为技术密集型产业；如果产业对资本的吸纳能力很强，则可以判定该产业为资本密集型产业；如果产业对资源的吸纳能力很强，则可以判定该产业为资源密集型产业。

从与城市化相联系的工业化角度来说，既需要发展技术密集型产业，实现产业的升级换代，更需要发展劳动密集型产业，从而为大量剩余劳动力安排就业机会。同时，也需要发展资本密集型产业和资源密集型产业，为政府提供充足的财政收入。从产业基础角度来说，目前公主岭市缺乏技术密集型产业；从城镇化的现实需要来说，亟须发展劳动密集型产业。因此，最主要的就是要提高产业的技术吸纳能力和就业吸纳能力，最紧迫的是提高产业的就业吸纳能力。公主岭市在技术吸纳能力方面面临的局限性是：第一，缺乏高新技术企业，企业覆盖行业领域较窄；第二，缺乏高等院校和科研院所,难以为技术吸纳提供人才保证;第三,缺乏懂行的领军人物。公主岭市在就业吸纳能力方面面临的局限性是:第一,本地劳动密集型企业较少;第二,大型企业数量较少;第三,能够吸纳就业的服务业不够发达。

3. 如何解决工业化中的资金障碍

在如今这个时代,解决资金问题似乎已经不是一个障碍。但对于公主岭市而言,资金仍然是一个问题。资金问题的实质是,公主岭市能否成为一个资金"洼地",从而获得充足现金流,这是工业化进程中必须思考的一个问题。

当前资本收益率比较高的当属国有大型垄断行业、资源型行业、房地产业。公主岭市没有大型垄断行业,但是拥有石油、天然气、膨润土等资源,也具有房地产开发的潜力。公主岭市的石油和天然气集中在十屋和秦家屯一带,膨润土资源集中在陶家屯和刘房子地区。在毗连长春的范家屯、响水、大岭一线,未来土地升值的空间很大。融资手段多种多样,大体上包括向个人融资与向金融机构融资两种类型。向个人融资包括向个人借款和发行股票两种途径。向金融机构融资有多种渠道。一是通过抵押的方式直接向银行、投资公司或信托公司融资;二是通过担保的方式向银行、投资公司或信托公司融资;三是通过公司证券化的方式进行融资;四是通过民间借贷的方式进行融资。

4. 如何调整产业结构

从公主岭市目前的情况来看,第一产业所占比重较大,整个经济对第一产业具有一定的依赖性。这是由其特殊的地理环境和人口分布造成的。人均耕地多、农业收入高在公主岭市反而成为城镇化和工业化进程中的障碍。产业结构的调整需要遵循几个原则。第一,产业结构调整要符合国家相关政策。第二,要由封闭型调整转向开放型调整。所谓封闭型调整,指的是产业自成体系的调整,是针对已存在的产业结构矛盾,基于国内生产领域产业间的经济联系而进行的适应性调整。而开放型调整,则是在全球范围配置资源中，结合经济运行和市场发展而进行的产业结构战略性调整。第三，坚持增量调整与存量调整并重。所谓增量调整，是指通过产业政策的实施，把有限的投资投向急需发展的行业，把投资转向结构调整的目标方向，以促使产业结构优化和升级。而存量调整，则是指现有资产在部门与行业之间的流动重组。第四，坚持市场主导调整与政府引导调整相结合。

5. 产业如何布局

产业布局需要遵循以下原则。第一，向交通沿线分布。结合公主岭市现状，产业要沿着哈大线、102国道、长平高速、长郑公路分布。第二，向中心城区和节点镇集中。为了推动整体工业化，必须首先在中心城区和节点镇进行突破，最后以点带面，以小做大，成功完成工业化进程。第三，向工业集中区、特色产业园区和产业孵化园集中。公主岭市的工业集中区主要有两个，即公主岭市经济开发区和岭东工业集中区。规划的特色产业园区有10个，即汽车零部件特色产业园区、农产品玉米深加工特色产业园区、电力能源特色产业园区、油气特色产业园区、膨润土新材料特色产业园区、医药化工特色产业园区、现代农业特色产业园区、商贸物流特色产业园区、现代服务特色产业园区和文化产业特色产业园区。孵化园是指公主岭市准备建立的中小企业孵化基地。

（三）培育和发展重点产业

1. 传统优势产业

（1）以玉米深加工为主的生化产业

发挥在玉米生产方面的地域优势，以中粮、黄龙、国能发电、唐传生物科技等以玉米、副产品为主原料的重点企业为主体，依靠科技进步和自主创新，大力延伸产业链条，优化产品结构，实现由初级加工向高附加值精深加工转变，由传统加工向现代高新技术加工转变。围绕玉米、玉米秸秆、玉米芯转化利用，生产新材料、新食品、新能源，实现淀粉向果糖、麦芽糖、L乳酸、聚乳酸等延伸；实现秸秆向酒精、生物发电、肥料还田等延伸；实现玉米芯向木糖、木糖醇、阿糖、L核糖等高附加值产品延伸，拉长玉米生物工程高端产业链，继续引进和壮大玉米深加工龙头企业，形成玉米产业集群，打造岭东玉米生化产业集聚区。

（2）以农副产品加工为主的食品产业

以岭东工业集中区农产品及食品特色产业园为主要载体，规划环102国道饲料产业集聚区、岭西畜禽加工产业集聚区，培育以怀德为主的长郑线农产品及果蔬加工产业集聚区、张家街优质白酒矿泉水等饮品产业集聚区，引入一批有竞争力、成长性好的企业。打造优势突出、特色鲜明的绿色品牌，真正形成品牌开路、依托资源、技术支撑、龙头带动的产业集群。发挥高金食品公司、众品食品公司、五洲禽业公司等肉类加工企业的带动作用，在拓宽冷鲜肉销售市场的同时，深度开发皮、毛、骨、血、脏器等精深加工产品、生物制药产品和熟食加工等产品，提高附加值；利用优质水稻资源，培育壮大金凯乐米业、晓东米业、龙湘米业等加工企业，开发绿色健康营养大米，拓宽市场空间；大力发展绿色加工产品，依托祥裕食品公司、怀德果蔬加工等特色农产品加工优势，开发项目，开拓市场，培育公主岭特种农产品品牌，提高甜玉米、速冻豆角等特种农产品在国内国际市场的占有率；做大做强新怀德酒业及矿泉水生产企业，打造公主岭品牌，通过整合资源、深度开发和科技创新，拉长农产品食品产业链条、畜产品深加工产业链条和绿色食品精加工产业链条。到2015年，全市农产品食品加工企业发展到350户，规模以上企业发展到100户，实现产值280亿元，年均递增30%，跨入全国食品先进市行列。

（3）以汽车零部件加工为主的装备制造产业

汽车零部件产业是公主岭的支柱产业。汽车零部件产业的发展得益于毗邻长春汽车城的区位优势。汽车零部件企业主要集中在3个板块：市区支撑产业基础的传统"优势板块"；范家屯、公主岭经济开发区特色园区"地域优势"板块；大岭、怀德、响水工业集中区环长春"承接优势"板块。汽车零部件特色产业园区以公主岭经济开发区为主，打造集生产、研发、物流于一体，投资多元化、产品高端化、产业集群化的发展先导区。岭东工业集中区汽车零部件产业集群，主要依靠老企业退城进区，通过科技创新和技术改造，促进企业晋档升级，提高产品附加值，壮大企业规模。与长春接壤的怀德、大岭、响水经济带，以融入长春经济圈为主攻方向，承接汽车零部件产业转移，发展产业集群，实现"五个拓展"：一是向组装整车、生产专用改装汽车拓展；二是向车桥、总成等部件拓展；三是向汽车电子、新能源汽车零部件等电子化、智能化方向拓展；四是向模块化、系统化拓展；五是向轿车配件及关键零部件拓展。要进一步强化金融支持，加大招商引资力度，建立企业孵化器，扩大企业规模，加大研发力度，加强企业与研发机构的合作，提高企业生产的技术水平和科技含量，提高产品质量、档次和经济效益水平。到2015年，全市汽车零部件企业发展到300户，规模以上企业达到200户，为一汽大众等主机厂配套率由现在的2.3%提高到8%；汽车零部件产业产值实现300亿元，年平均递增37%。

2. 石油和天然气产业

依托秦家屯、八屋油气资源优势，培育以利用油气为原料的精细油化工、气化工项目，坚持高标准、高质量、发展循环经济、资源充分利用的原则，抓好奠基性、主导性项目建设，推动石化产业迅速起步。依托资源优势，以国家油气利用政策为指导，以市场为导向，上中下游协调发展，延伸产业链，推动产业结构升级和快速发展。优化天然气资源配置，尽量实现资源就地利用、综合利用、高效利用。优先发展城市民用事业，加快发展附加值高、市场空间大、具有竞争力的天然气化工产品。充分利用中石化东北局石化储运条件，发展地方石化产品以及与运输配套的管材、设备等产业，尽快形成具有特色的石化产业集群。到2015年，油气深加工产业初步形成规模，油气深加工企业发展到20户，年产值达到 30 亿元, 年均递增 30%。

3. 新兴产业

(1) 新能源产业

利用陶家屯的区位优势,以电力工业园为核心,沿长平经济带,打造公主岭主城区和范家屯副城区节点,加快公主岭推进大唐公主岭热电厂 60 万千瓦的热电机组项目,年发电 3.6 亿千瓦时的国能公主岭生物质电厂项目,年发电 50 万千瓦时的华电、龙源和中国风三个风力发电项目的步伐,带动粉煤灰和电厂余热等综合利用企业及直供企业的发展,培育集群优势。风力发电工程,生物质发电工程,太阳能发电工程,利用垃圾、农村粪便和污水处理厂处理的污泥发电工程,光伏小区工程,沼气工程,地源利用工程得到逐步实施。到 2015 年,全市发电量达到 34.65 亿千瓦时,实现产值 7.992 亿元,实现利税 1.75 亿元。

(2) 新材料产业

以膨润土的高端开发和精细加工为建设方向,围绕刘房子矿业公司得天独厚的膨润土资源,实施年产 3 万吨纳米黏土复合气密母胶添加项目、年产 5 万吨天然钠基膨润土合成洗涤剂助剂项目、水域污染治理和消除制剂膨润土产业项目、清洁用膨润土复合剂等项目,逐步引进膨润土提纯项目、膨润土在橡胶制品中的应用项目以及污水处理等项目,并适当发展相关下游产业;发展劳动密集型产业及物流等相关产业,开发高科技含量的新产品,扩大膨润土产品在航天、电子、机械、冶金、制药、建材和其他领域的应用,发展壮大膨润土特色产业园;围绕刘房子矿业塌陷区土地优势和煤矸石资源,以及能源产业粉煤灰等副产品,开发资源综合利用、促进循环经济的重点项目。引导重污染企业退城进区,把与能源产业优势互补、产业联动、可持续协调发展的项目放在膨润土特色产业园区,发展水泥、空心砖、防水材料、装饰材料等产业集群。到 2015 年,膨润土精深加工企业达到 8 户,以煤矸石等为原料进行加工的建材企业 5 户,塌陷地其他建材企业 5 户,实现产值35亿元，并以20%速度递增，发展循环经济。

（3）以商贸、仓储物流为主的现代服务业

根据公主岭市产业特点，特别是公主岭经济开发区与长春汽车产业园区、朝阳经济开发区接壤的地缘优势，以及四平市"一核三带"经济发展布局，重点发展汽车整车及零部件物流产业、粮食物流产业、农资物流产业、商贸物流产业和农副产品物流产业。以公主岭主城区为核心，以经济开发区为重点，发展五个现代商贸物流产业中心区，总面积5.88平方公里。一是在范家屯、陶家屯沿102国道区域，规划发展汽车及零部件仓储物流中心；二是沿长郑线和102国道，规划发展粮食仓储物流中心；三是在公主岭市区沿原102国道，西起西立交桥，沿线至公秦路与102交叉口，依托现有产业规模优势，规划发展种子、化肥、农药和农机及配件等农业生产资料物流中心；四是以温州商城、华生商城为依托，集商品批发、零售于一体，发展壮大商贸物流中心，发挥对副城区以及周边乡镇的辐射带动作用；五是围绕环长春经济带和长郑线，重点培育大岭、怀德、响水、陶家屯等特种农产品物流产业。目标是打造为长春经济圈服务的新兴现代商贸物流基地和宜居的城郊生活服务区。

（4）旅游产业

公主岭市拥有丰富的旅游资源，应充分利用这些资源，将其转化为文化旅游产业。一是龙山满族乡的自然山水资源，可以发展佛教经济、旅游度假村，吸引吉林省、辽宁省的佛教信徒和富裕阶层朝拜、游玩，随着旅游经济的开展，可以开发满族节目、满族特色产品、满族风俗街等。二是公主陵遗址和秦家屯的信州古城遗址，可以规划遗址保护区，建设遗址公园、博物馆，发展历史旅游，为此可以将公主故事、信州古战场的战事改编成电影、小品、节目等，增加旅游内容，同时利用朝鲜特色餐饮留住游客，增加游客的在地消费。三是南崴子的于凤至故居，结合朝鲜族民俗传统、餐饮，发展名人游，重点突出于凤至与张学良的传奇人生，塑造景点和挖掘故事。四是利用日伪遗址和抗战遗址（遗物），发展革命旅游，可以将其打造为爱国主义教育基地。五是发展生态旅游业。建设生态庄园，塑造田园诗话般的感觉，以绿色环保为主题，吸引公主岭、长春市民到此休闲，观赏现代农业，品味农家饭。

（5）文化创意产业

文化创意产业是一种从无到有的产业，依靠的是"头脑风暴"，不需要产业基础。公主岭市发展文化创意产业应从以下几方面入手：第一，发展"东北二人转"舞台，努力利用声光电技术推出一批精品节目，辅助旅游业的发展；第二，发展赛事、节事，利用赛事和节事活动推动商贸洽谈和招商引资活动；第三，深入挖掘柔然、辽、金、满等少数民族的故事和风俗，开发民族特色文化产品，将一些故事和风俗融入工业与农业产品之中，提高产品的文化附加值；第四，建设满族和朝鲜族民俗村，以民俗、民间工艺和民族食品为主要内容；第五，通过招商引资引入动漫、游戏、设计等成长速度快、收益率高的文化创意产业，将东北历史、传统、现代故事与生活融入其中，打造体现东北特色的系列产品。

（四）公主岭市进一步工业化发展的整体思路

1. 做大做强现有产业

现有产业已经具备一定基础，在此基础上进一步做大做强具有较大的可能性。一是盯紧国家在节能环保、低碳减排、重点扶持产业、特殊扶持产业、产业结构调整等方面的产业政策，在政策许可范围内进行发展，同时根据国家各部委推出的优惠政策及时向上申报，最大限度地利用国家资金与政策。二是加强企业内部管理，规范各项规章制度，积极防范和规避各种内部与外部风险，实行严格的成本管理、过程管理与目标管理。三是改变粗放管理模式，实行信息化管理，对员工、产品与客户信息建立电子档案，引进各种电子信息技术，如人脸识别系统、电子监控系统、财务自动化系统等，最终实现企业信息化。四是不断拓展产业链，提高主导产品附加值，促使企业"长个"，有条件的企业可以横向发展，实现业务多元化。五是鼓励类型相同、相近、相关企业的联合、兼并与集中，塑造集团企业、连锁企业与产业集群，加快企业发展。五是帮助具备条件的企业上市，力争在"十二五"期间，培育2家基础雄厚、成长快速的上市企业。六是加强与科研院所的合作，提高企业的研发与创新能力，增强其核心竞争力，以新产品开发和新技术推广为轴线，实现企业的标准化、专业化、规模化与品牌化。

2. 积极引进外来企业

公主岭市工业产值所占比重还不够高，第三产业比较零散，大型企业数量有限，因此要推进工业化进程，必须大力引进外来企业，特别是要引进规模以上企业、成长性好的企业、中国500强企业和世界500强企业。这需要通过招商引资来实现。

而外部企业是否愿意到本地落地受到几个因素的制约。首先是城市软环境，包括为客商服务的意识、市容市貌、劳动者素质、商业氛围、文化底蕴、社会治安等方面，在目前全国大招商的气氛中，城市软环境对于客商的吸引作用越来越大。第二是城市的基础设施。没有完备、运转良好的基础设施，企业的生产会受到较大的干扰，甚至难以为继。从公主岭目前的基础设施来看，岭东工业集中区和公主岭经济开发区的基础设施条件较好，但节点镇、重点镇的基础设施需要进一步改善。第三是人才瓶颈。现代企业的专业化程度、自动化程度越来越高，对于人员自身技能的要求也随之提高，而高技能人才、受教育程度较高的劳动力、熟练劳动力恰恰是公主岭市的人才软肋。解决这个问题主要靠职业和技能培训，同时应制定优惠的人才政策，从外部引进经济社会发展过程中急需的各层次人才。第四是关联企业的数量与质量。当一个地区集中了一定数量的相关企业后，再引进企业便比较容易,因为它们具有相似的要素需求、生产过程和市场,既然相关企业能够落地生根,同类企业也能落地生根。如果相关企业数量少,但是其资信较高、规模较大、市场占有度较高,那么即使引进一家,仍可能产生示范效应,从而吸引相关企业或相同资质企业进入。第五是城市的服务功能。如果缺乏必要的服务企业和设施,那么即使企业进入本地,其消费也难以留在本地。健全的服务功能包括出行与购物的便利性、银行与保险公司的网点分布、保健与医疗服务的可得性、信息咨询和中介机构的发达程度、餐饮娱乐服务的多样化、丰富多彩的文化产品与服务。第六是优惠的招商引资政策。之所以将其放在最后,并非因为它不重要,而是因为各地在招商引资方面的激烈竞争已经将优惠政策置于底线,从而使各地不仅难以在招商引资方面制造差异化,而且难以再进一步优惠。优惠政策制定的核心是将企业引进来,并且留下来,因此优惠时限至少应基于中期规划,决不能将其建立在短期目标之上。

3. 培育本地新生企业

本地与外地的区分主要是企业法人代表或所有权人的户籍。要培育本地新生企业,需要做到:第一,招商引资政策的制定不能打压本地有实力的企业家创办企业的激情,需要在企业规模相当时,对外来企业、本地新生企业、本地老企业一视同仁,给予相同优惠政策。第二,建立3~5家创业园或孵化园。创业园或孵化园的服务对象以长春的大学与科研机构为主体,同时不排斥其他有吸引力的创业主体。所服务的企业主要是中小企业,以汽车零部件企业和高科技企业为主,如软件企业、LED企业、感应器企业、生化企业等,同时也可以考虑动漫、游戏等成长较快的文化企业。创业园或孵化园的资金来源以风险投资为主,同时努力争取国家和地方政府的专项资金支持,公主岭市政府可以配套资金扶持的方式提供支持。第三,鼓励有成就的企业家返乡创业。利用同乡会和商会联络公主岭籍企业家,积极为他们提供创业环境，促使其返乡创业。

4. 鼓励小型创业计划

一些长期在外打工的人员，有的已经有了一定资金积累，有的已经具备了一技之长，有的已经积累了一定的购销渠道。这些人员有创业热情，也不乏朝气和经验，应制定小型创业计划鼓励这部分人回乡创业。小型创业计划主要面向食品餐饮、社区服务、营养保健、美容美发、手工艺品、物流服务、软件设计等领域。小型创业计划的特点是投资少、风险低、回收快，投资额从5000元到5万元不等。可以由担保公司担保或采取联合保证方式为创业人员提供小额信贷资金。在孵化园、经济开发区或工业集中区适当位置预留门面房，为小型创业人员提供场地，由此也可促进企业职工的就地消费。根据未来城镇化设想和企业分布密度，小型创业计划将吸收大量城镇闲散人员和农村剩余劳动力。

（五）公主岭市进一步工业化发展的方向

1. 发展高科技产业

公主岭市发展高新技术产业的现实策略是：首先，分析国际与国内高科技产业转移趋势，把握高新技术产业转移的契机，从美化硬件、优化软件入手充分做好承接准备。其次，积极走出去，与重点转移区域的企业家、工程技术人员对话，了解他们的心声和对于承接地的要求，建立与他们之间的互动和经常联系，以情动人，以事业动人，以宏伟的蓝图吸引人，最终使高新技术企业落户到公主岭。最后，加强与北京、上海和长春的高校与科研院所的联系，了解科技前沿，并在科学家、工程师与企业之间牵线搭桥，促进新思想、新技术转化为现实生产力，为企业技术创新注入动力，实现技术创新的升级换代和可持续发展。

2. 发展劳动密集型产业

公主岭市发展劳动密集型产业的现实策略是：首先，积极参与东部沿海发达地区有关产业转移的对接活动，加强与相关企业的沟通和往来,做好对外宣传;其次,制订多层次、多体系的就业、再就业、职业塑造计划,加强对劳动力的职业技能和职业素质的培养,使其能够适应劳动密集型企业的要求;再次,创造条件承接产业集群转移或产业链转移,突破东部产业转移的黏性;最后,发展社会服务业和文化产业,形成本地化的劳动密集型产业。

3. 发展高收益产业

选择一批有利于增加财政收入的产业。没有财力支撑,发展社会事业就成了一句空话,影响整个地区的社会福利水平。对于公主岭市而言,这样的高收益产业就是资源型产业和房地产业。资源型产业的发展受到储量的限制,房地产业的发展则受到了用地指标的限制。因此,这两个行业都不能保证财源的长期可持续性。因此,公主岭市在这两类行业之外,还应考虑医疗器械产业、设计产业、动漫产业、游戏产业等高收益行业。

(六)进一步工业化的动力机制

1. 加强职业教育培训

职业教育对于适龄劳动力找到就业出路具有十分重要的意义。但是,目前的职业教育学校较少,职业教育没有成为定例,往往是为了完成某项培训任务。今后应在如下几方面加强职业教育培训。第一,开展多种形式的职业培训。面向城乡各类有就业要求和培训愿望的劳动者开展就业技能培训,强化实际操作技能训练和职业素质培养,着力提高培训后的就业率。适应企业产业升级和技术进步的要求,健全企业职工培训制度,鼓励企业广泛开展在岗职工技能提升培训和高技能人才培训。针对创业者特点和创业不同阶段的需求,开展多种形式的创业培训,提高其创业能力和创业成功率。第二,切实提高职业培训质量。大力推行就业导向的培训模式,开展订单式培训、定向培训、定岗培训,增强培训的针对性和有效性。整合培训资源,提高职业培训机构培训能力，强化职业培训基础能力建设。加强职业技能考核评价、竞赛选拔和培训就业服务。鼓励和引导社会力量开展职业培训，推动民办职业培训健康发展。第三，加大资金支持力度。完善职业培训补贴政策。整合各项财政补贴资金，加大职业培训资金投入。督促企业按规定足额提取并合理使用职工教育经费。加强职业培训资金监管，确保资金安全。第四，根据社会需要，对需求量比较大的职业进行突击培训，加强对劳动力的职业教育，促使其转变就业观念，接受各种类型的非正规就业。

2. 积极开展招商引资活动

招商引资涉及招商引资政策和招商引资模式两个方面。招商引资政策又分为两部分，一是对引荐人的奖励，二是对落地企业的奖励。对引荐人的奖励要做到公平，奖励额度适中，精神奖励与物质奖励兼顾。对落地企业的奖励，要体现产业发展的倾向性。招商引资模式有多种，常见的有园区招商、委托招商、以商招商、坐地招商、网络招商、产业链招商、以情招商、小分队招商等方式。园区招商指以工业园区、产业园区、工业开发区、经济开发区、高新技术开发区等作为依托，将引进的企业都圈入园区之中。委托招商，是指通过授权委托形式聘请高级招商顾问和招商大使、设立招商代表处及通过协议方式对外开展的政府委托招商和企业自主委托招商等形式。以商招商，是指充分发挥已经在本地进行生产或落户企业的积极性，由这些企业联系与自己来往较多的企业到本地落户。坐地招商，就是在产业转出所在地设立办事处或者常驻该地，参与当地商务活动，传播自己城市的招商信息，等待企业上门洽谈，也可主动与当地企业洽谈的一种招商方式。网络招商是指搜索和收集各类企业网站，采取发放电子邮件、网上留言、论坛互动等方式宣传本地的投资政策、环境和优势；同时，加强本地的网站建设，广泛建立与本地网站的链接，提高本地网站的点击率，扩大本地的知名度。产业链招商是围绕构成一个产业的主导产品和与之配套的原材料、辅料、零部件和包装件等产品，吸引外来投资，谋求共同发展，形成倍增效应，以增强产品、企业、产业乃至整个地区综合竞争力的招商方式。以情招商就是以同乡会、商会、行业协会等为中介，加强企业联系，沟通感情，待双方达成共识后，招商也就顺理成章了。小分队招商是指同时在几个城市派出人员，长期驻扎在该地区实行坐地招商。

3. 依托产业平台

产业发展必须依赖于一定的平台，实现有序发展、合理发展、可持续发展。一是根据城市功能区规划，落户于公主岭市经济开发区和岭东工业集中区；二是根据十大特色产业园区规划，落户于特色产业园区；三是根据孵化园的规划，落户于产业孵化园。通过这些产业平台可以实现在基础设施建设方面的集约化，方便集中供热、供气、供水，同时可以形成集群效应和规模效应。企业在一定区域内的集中也可以降低对居民区的影响，同时在污染处理上也可以实现共享，从而节约成本。

4. 项目带动

为了实现产业集聚功能和特定的产业发展方向，在产业发展方面往往实行项目带动战略。项目带动战略，就是以项目带动为抓手，以项目工作带动项目生成和工作机制创新，以项目带动集聚生产要素，以项目带动促进投资增长，增强经济综合竞争力和发展后劲，以项目带动政府职能转变和廉政建设，带动工作作风改进，抓好各项工作落实，提高政府运作效率，形成想干事、能干事、干成事的工作和投资创业环境。

九　农业现代化

（一）农业现代化对于实现城镇化的基础作用

农业产业化经营实质上是农工商、产供销的一体化经营，它打破了传统农业孤立存在，与工、商脱节的旧格局，为了共同的利益，农、工、商实施"利益共享、风险共担"的新机制。从这个角度分析，现在的农村经济不仅关乎农业经济、农业的兴衰，还联结着农村工业、商业乃至整个区域经济的兴衰。这种农、工、商三产联动的经济规律，决定了城乡之间、工农之间的互动关系，也说明工业、农业与城镇化之间的内在联系。这种作用的效应表现在以下方面。

1. 农业产业化经营促进农业适度规模经营，促进农村剩余劳动力转移

我国人多地少和家庭经营的农业生产特点决定了现阶段我国农民为了生存而局限在一小块土地上，这不仅阻碍了农业本身的发展，同时也阻碍了城市化进程。产业化经营的规模性和公司制管理让一部分农民不再直接耕作土地而是从事与农业相关的工商业，或较远距离地转移到外省和城市打工。农村剩余劳动力转移是农村发展、社会进步的一个综合性标志。

2. 农业产业化经营促进区域工业经济快速发展，改善农村经济结构

农业产业化经营不但改变了农业生产方式，还解决了部分农民的就业，同时促进了农村工业的发展，改变着农村经济结构。由于农业产业化经营模式下的农业是"为工而生产"，更多的农业生产是针对市场和龙头企业的需求而生产的，这种农业生产模式为工业特别是当地龙头企业提供价廉物美的工业原料，发展本地特色工业，又将带动地方服务、交通运输、商业等第三产业的发展，从而改变农村经济结构。

3. 农业产业化经营带动农村就业结构调整和农村人口向城市聚集，促进农村城市化发展进程

农业产业化经营的上述两个功能产生的直接效果就是促进农村城市化进程。农村劳动力从土地上解放出来，他们并不会在当地农村"游手好闲"，而是大多数进城打工，这样，人口向城市聚集成为一种以进城就业为目的的正常而必然的趋势。另外，城市经济的发展，特别是工业的兴旺对劳动力产生大量的需求，进城务工的比较收益预期较高使更多的农民工持续不断地进城，促进城市化进程。

农业现代化为城镇化提供剩余劳动力，即提供了城镇化的对象。只有实现农业的规模经营，多数农民摆脱农业生产的束缚，才能使得农村剩余劳动力彻底转移到城镇中去。现有的农村剩余劳动力存在于各个农民家庭中，而整户农民的转移还涉及农民原有承包地的耕种问题，城市化的农民需要通过土地流转将自己承包的土地交给其他人经营。只有农业现代化，才能实现土地经营规模和经营收益的大幅度扩大，农业经营者才有能力耕作流转出来的土地，有更高的收益支付土地承包费用。

城镇化的一个重要制约因素是城镇建设用地不足，农民的宅基地占据了大量农村建设用地。通过促进整户农民进城，可以减少农村建设用地，将减少的农村建设用地转移到城镇，就可以解决城市建设用地不足的问题。

（二）对农业现代化的认识过程

自从20世纪中期我国提出农业现代化以来，研究者们从不同的视角出发，对其内涵作出了种种不同的界定。随着我国农村经济改革和农业现代化实践的发展，对农业现代化的认识也逐步深化。

1. 工业化论

20世纪五六十年代，有学者认为农业现代化的基础是现代工业技术在农业中的运用，现代农业可以叫做工业化农业，农业现代化也可以叫做农业工业化，进而将农业现代化概括为"四化"，即机械化、化学化、水利化和电气化。

2. 过程转化论

农业现代化既是一种从传统农业向现代农业转变的过程，同时也是为加快这一转变进程所采取的政策措施的总和。农业现代化是用现代思想指导农业发展，用现代科学技术和现代工业成就装备农业，用现代管理科学管理农业，从而使传统农业转变为现代农业的历史过程。农业现代化又是一种手段，即一国使其落后的农业生产部门尽快实现现代化以适应工业化迅速发展的需要的各种手段的总称。

3. 商品化论

中国社会科学院宣杏云、王春法等人在审视西方国家农业现代化过程的基础上，提出应从两方面把握农业现代化的内涵：第一，它是从以直观经验和手工工具为基础的传统农业转变为以现代科学技术、生产手段和经营管理方法为基础的现代农业的过程；第二，它又是从自给自足农业向商品农业转变和商品农业大发展的过程。在这一过程中，不仅农业的最终产品即各种农产品进入了市场交换领域，各种涉农中间产品、劳务和消费品以及其他各种生产要素也成为农业市场交换的主体，农业生产和农民的生活消费也都商业化了。于是，便在现代农业与第二、第三产业以及消费者之间形成多层次的、广泛的市场交换关系。从这个意义上讲，农业现代化的实质和核心，就是农业生产和经营的商品化。农业生产和经营的机械化和科学化是从属于农业生产的商品化发展需要的。

这一观点不仅扩展了单纯的"过程论"，把它看做是加快这一过程的手段，指出农业现代化的实质和核心是农业商品化，且这种商品化农业赖以形成的市场基础既包括国内市场，又包括国外市场，是两个市场高度一体化的开放型农业。这对"农业现代化"的理解在深度和广度上都是一个较大的突破。

4. 制度与转型论

农业部农村经济研究中心提出，农业现代化不仅仅是一个农业生产要素引入或技术进步的过程，更重要的也是一个要素优化配置过程或制度创新过程。它不仅包括生产技术（生产条件、生产手段）的现代化，而且包括作为资源配置基础的农地经营制度、农业金融制度及社区共同体职能和政府管理农业职能等一系列基本制度的现代化，这些制度从传统型向现代型的转变是农业现代化的关键。此外，农业现代化也体现为产业特征的转型，包括国内产业结构演变过程中农业比较利益状态的转型，对外贸易发展过程中农业比较优势的转型，工业化过程中农业产业地位和工农业间资源配置状况的转型。这种观点既考虑了中国国情，又放眼世界；既包括了农业部门生产方式的运作，又包括了制约、支撑农业部门发展的社会经济内容，较深入、全面地概括了农业现代化的内涵。

5. 农业现代化的特征——规模化与产业化

农业现代化具有历史性与世界性。就历史性而言，农业现代化始于大工业在农业中的逐步应用。随着社会进步与经济发展，它的标准与程度在不断提高。就世界性而言，参照国际水平，农业现代化应达到或接近中等发达国家的水平，而不应以某一个国家或地区今天的水平与自己的过去相比较。

第一，对农业现代化内涵的理解应考虑时间性和地域特殊性，用发展的观点认识"现代化"。事实上，"现代化"不是固定、理论性的概念，而是一个约定俗成、经验性描述的术语。对"农业现代化"概念的理解不能脱离提出这一概念的时间、地点及具体内容。对农业现代化概念的认识，是随着整个国民经济的发展而发展，随着农业和农村的全面发展而逐步深化，由浅入深，由单一到综合，由一般到特殊的。第二，农业现代化不仅仅是农业生产技术上的变革，有中国特色的农业现代化是用现代生产方式对中国传统农业进行全方位改造的过程，是农业生产技术、生产手段、经营管理、产权制度等多方面发生深刻变革的过程，是在维护生态环境、实行资源配置全球化的情况下使农村经济和农民生活水平不断提高的过程。农业现代化最终的落脚点在于农业经营的规模化与产业化。

（三）以规模化和产业化为突破口，实现农业现代化

调查发现，公主岭市的农业生产既未实现规模化经营，更未实现产业化发展。规模化经营的主要障碍在于：简单地以节约劳动力为目的的土地规模经营和农业机械化创造的农业附加值太低，无法向出租土地的农民支付较高的转包费，这就限制了土地流转的大规模推进。因此，调研组认为应该以农业产业化经营为突破口，提高农业规模化经营的附加值，并以此推动大规模土地流转。最终实现以规模化为形式、以产业化为核心的现代化经营。

1. 农业产业化概念

从有关农业产业化含义的界定和阐述中可以看出，人们对农业产业化的规定性和本质特征的认识应该说大体上是一致的，但各自强调的重点有所不同。其共同点主要集中在以下几个方面：一是认为农业产业化是以市场为导向，以提高经济效益和农民收入为目的。离开市场，就无法实现农业资源的优化配置和生产要素的优化组合，无法解决大市场和小生产的矛盾，也无法提高经济效益和农民收入。二是认为农业产业化是实行种养加、产供销、内外贸、农科教一体化经营，变部门利益分割为多部门利益合一。三是认为农业产业化是农业产业链的延长。农田种植仅仅是农业产业的第一车间，其后续产业既包括农产品加工，也包括农产品的分选、包装、储运和销售。

农业产业化作为市场经济条件下农村经济发展的理论概括，也应同其他经济学理论一样，要对其含义给予科学的界定。在此，我们综合理论界的各种意见，给农业产业化下一个定义：农业产业化是指以市场为导向，以效益为中心，对区域性的农业主导产业实行专业化生产、系列化加工、企业化管理、一体化经营、社会化服务，逐步形成种养加、产供销、农工商、内外贸、农科教一体化的生产经营体系，使农业走上自我积累、自我发展和自我调节的良性发展轨道。世界上一些农业经济发达国家如美国、欧

盟各国和日本等所实行的农业产业化经营，基本符合这个定义的要求。

2. 农业产业化的特征

（1）生产规模化

生产规模化是指在土地流转的基础上的大面积统一经营，克服农业小面积家庭经营的弊端，更好地利用现代化的科学技术和农业机械，特别是大型机械，从而有效地提高投入农业生产的劳动效率，大幅度地提高劳动生产率。

（2）产品专业化

产品专业化是指围绕某种商品生产，形成种养加、产供销、服务网络为一体的专业化生产系列，使每一种产品都经由原料、初级产品、中间产品制作成为最终产品。以制成商品品牌形式进入市场，从而有利于提高产业链的整体效率和经济效益。生产专业化已经成为农业生产社会化高度发展的标志，是农业产业化经营的主要特征。

（3）布局区域化

布局区域化是农业产业化的重要前提，也是基本特点之一。农业作为自然再生产和社会再生产相互交织的生产部门，受到自然和社会经济条件的双重制约，各地自然条件和社会经济条件的差异必然体现在产业和产品结构的差异上，所以各地应根据当地实际，按照区域比较优势原则，进行资源要素配置，确立主导产业，实行连片开发，建立生产基地，将一家一户的分散种养联合成千家万户的规模经营，创造区域的产品优势和市场优势，从而有利于充分发挥区域资源比较优势，形成区域化布局。

（4）经营一体化

农业产业化是以市场需求为导向，选择并围绕某一主导产业，按产业链进行系列开发，使产加销纵向结合、农工商结为网络。通过多种形式的联合与合作，把农业生产过程和生产资料供应、农产品加工、销售等环节纳入一个经营实体内，使各有关环节联结成"龙"形产业链，实行"农工贸一体化、产供销一条龙"综合经营，使外部经济内部化，从而降低交易成本，提高农业的比较效益。有了有效的市场，在经营一体化、合作社和政府的协同作用下，不仅能够从总体上提高农业的比较效益，而且能够使参与一体化经营的农户获得应得份额的交易利益①。

（5）产品商品化

农业产业化是面向市场，为市场需求而生产的商业性农业。无论是商品基地或者农户提供的原料或初级产品，还是龙头企业加工制作的最终产品，都要作为商品投向市场。只有在市场中才能实现产品自身的价值，然后在市场上购回自己所需要的商品，这才是产品商品化。高度商品化的农业和工业一样，是靠订单来决定生产规模、产品品种和规格的。

（6）管理企业化

管理企业化是指以市场为导向，借鉴工业企业的管理体系、手段和方法，实现农业生产、加工、销售、服务等一体化经营。在实施产业化过程中，通过多元化、多层次联结方式构成的一体化联合体，采取合同（契约）制度、参股分红制度、全面经济核算制度，互补互利，自负盈亏，讲求效益，对全系统的营运和成本效益实行企业式管理，尤其龙头企业要按照现代企业模式实行公司制度，以法人身份出现，带动农业产业经营企业化，实现龙头企业和农户互相依托，共同发展。

（7）服务社会化

服务社会化是指通过农业产业化组织模式，对共同体内各个组成部门提供产前、产中、产后的信息、技术、经营、管理、人才培训等全过程服务，促进各种要素直接、紧密、有效地结合。它是农业产业化成熟的标志。生产专业化达到一定程度后，服务产业也将更多地独立于生产环节之外，商品化农业也会吸收这些

---

① 牛若峰：《再论农业产业一体化经营》，《农业经济问题》1997年第2期。

社会化的服务。

由于我国各地经济发展的差异，农业产业化经营必然出现发展水平、组织形式、连接方式多样化的特点。这些特点是生产力发展到一定阶段所带来的必然结果，最终会引起生产关系的相应变革。

（四）农业产业化的组织模式

农业产业化要求农业走专业化、市场化、规模化的道路，形成规模经济，要求建立与之相适应的产业组织系统。即农业产业化必须依托一定的载体——组织模式，而且农业产业化的组织模式是对农业产业化进行领导、管理、监督的组织形式，是实现农业产业化目标的方式、方法和途径。一个适宜的组织模式是农业产业化顺利发展的基本保证。目前，国内外农业产业化组织模式很多，无论哪一种模式都离不开农户、企业、基地、市场等产业化发展的基本单位，都是对这些基本单位的组合方式。不同地区、不同产业，在不同的发展阶段，由于自身所处的发展环境、资源、条件、产业基础等不同，对基本单位的组合方式就不同，因而组织模式各异。

1. 农业产业化组织的概念

社会科学所说的组织，一般是指人们在共同目标的基础上，按一定形式联合起来的整体。组织的任务就是将分散的个人结合成一个有机整体，组织活动的结果就是形成一定的体制，包括"体"和"制"两方面的内容，"体"指组织实体，即由人构成的机构；"制"指组织内部机构之间、人员之间的相互责任、权力关系以及协作方式，即组织实体的运行制度。组织是实现农业产业化目标的载体，是农业产业化中最重要的内容，无论是提高农业比较效益，还是组织农民进入市场，都需要依托有效的组织。离开组织，农业产业化也就无从谈起。农业产业化组织是一个多元参与者自愿结成的利益联合体，多元参与主体包括公司、合作社、农户等，他们之间必然存在着建立在共同目标之上的相互依存、互助互利的经济关系，而不是超经济的行政管理关系或隶属关系。农业产业化组织也可以理解为政府职能部门、农业相关企业、农户等为实现农业生产的规模效益和经济效益在农产品的生产、供应与销售等活动中基于平等、自愿、互惠互利的原则而相互结合在一起的形式。

组织原则：我国农业产业化经营要达到很高的经营效率和经济效益，必须采用有效的组织形式。无论农业产业化经营采用多少种组织模式，其基本组织原则是一致的，即利益、效率、协调和平衡四大原则。这些原则对于任何产业化经营系统都是普遍适用的。

2. 农业产业化的组织模式

（1）龙头企业带动型是实践中最常见的农业产业化组织模式，它一般是以"公司＋农户"和"公司＋基地＋农户"为基本组织模式。

典型案例：皓月清真肉业股份有限公司。该公司是一家集良种繁育、肉牛饲养、屠宰加工、熟食加工、皮革加工、生物制药、饲料加工、有机肥生产、餐饮旅游于一体的现代化肉牛产业综合加工民营股份制企业集团。实行"零风险、稳收入"的养牛新模式，按照"统一规划、统一技术指导、统一饲料、统一保险、统一回收"（五统一）的原则，采用"公司＋基地带养户"的办法，只要符合皓月集团签约标准的，都可以申请签订订单。集团一旦与农户签订订单，农户就享受皓月集团"五统一"政策。在签约饲养期间，集团为养牛户提供育肥牛浓缩饲料、驱虫药、无偿的技术指导和免疫注射等，养户不用为没有饲养经验而发愁。并为养户代办育肥牛保险，即使肉牛在签约饲养期间出现意外死亡，养户也不会承担很大的经济损失，真正做到"零风险"。为了确保产品的安全、牛源优质，在签约饲养的3个月中，农户要按照皓月集团提供的饲料配方和饲养要求进行饲养,并遵守有关兽药和添加剂的使用规定,禁止使用违禁药物和添加剂,接受公司技术人员的现场指导。签约饲养期结束时要检查育肥牛膘情、体重,牛龄符合出栏条件时,养户提前提出出栏申请,确定出栏日期后,到当地畜牧兽医管理部门开具《出县境检疫证明》《运载工具消毒证明》,检查防疫耳标,并清洁牛体,装车运输到皓月待宰圈,由皓月公司负责卸车、检斤。皓月集团在与养户签订回收合同的同时,就确定了牛只出栏的标准价格,此价格不随市场行情波动,牛只出栏时参照合同价格以质论价,体现出优质优价、切实保护签约养户的经济利益,养户在签订合同的同时就可以估算到牛出栏后的经济效益,实现"稳收入"。

(2)专业市场带动型是顺应农业产业化经营的专业化和集中化而产生的,是联结农户和市场的一种具体直接的有效组织模式,一般以"专业市场+农户"形式为基本组织模式。

典型案例:洮南杂粮杂豆交易市场。洮南铁东杂粮杂豆中心市场经营业户有152户,规模较大,并且发挥出巨大的吞吐效益。这个市场的启动和运行,对洮南及周边地区的杂粮杂豆种植产生了重要的带动效应,仅洮南本地杂粮杂豆的种植面积就一举突破了13万亩,该市种植结构因之发生了重要变化。

(3)中介组织带动型组织模式是以专业性合作经济组织(含农民专业技术协会)、合作社等为中介,通过合作制或股份合作制等利益联结机制,带动农户从事专业生产,将生产、加工、销售有机结合,实施一体化经营。中介组织带动型又分为农民专业合作社带动型、专业协会带动型、科技服务组织带动型和农村经纪人带动型四种类型。中介组织带动型一般以"合作经济组织+农户"为基本组织模式。

典型案例:东辽县泉太镇养猪专业合作社。凡从事生猪养殖的农民、贩销户等,只要承认章程,经本人申请、理事会同意,即可入社。对于合作社发展的重大决策,实行民主管理,由所有社员集体投票决定，一般性事务由合作社理事会管理。合作社还实行了自己的财务管理制度、组织培训制度、社员接待制度。这些管理制度使社员们能享受到合作社提供的技术、信息、销售等方面的服务，还能保证合作社的平稳运行。合作社为了谋求自身的发展大力推行科学养猪，积极依托科研院所为养猪户提供信息、技术等服务。多次聘请吉林、沈阳农大和辽宁新源饲料厂的专家到这里授课，内容涉及生猪疫病的防治、科学饲养、生猪市场预测等方方面面的知识，从而提高了广大养殖户的养殖技术、增加了防病知识。首先就是同开原新源饲料公司签订了饲料购销合同，他们以每吨低于市场价格200元的价格卖给农户，并由代理商送货上门。其次是新源饲料公司派专家对养猪户进行培训。最后，由合作社出头，与市内屠宰厂联系，出栏肥猪按市场价格统一收购，合作社先后同开原肉联厂、华正集团签订了长期的生猪购销合同，做到了生猪出栏、收猪上门。

3. 农业产业化的利益联结方式

把市场交换关系和风险共担、利益同享的利益共同体内"非市场安排"两方面结合起来，统一于农业产业化经营的手段和目标之中，给予农民准确的市场导向，使各利益主体在平等互利的市场交换关系中实现与市场对接，实现效率和公平的统一，调动其参与农业产业化经营的积极性。

（1）资产整合型，主要表现在一些企业集团或企业以股份合作制或股份制的形式与农户结成利益共同体。农民以资金、土地、设备、技术等要素入股，在龙头企业中拥有股份，并参与经营管理和监督。双方签订合同，明确农民提供农产品的数量、质量、价格并持股分红。

（2）利润返还型（多次分配型），即龙头经营组织和农户间有严格的合同契约关系，确定农户提供农产品的数量、质量和收购价，同时确定龙头经营组织价格标准和返利标准，把加工、营销环节的一部分利润返还给农户。农户关心龙头经营组织的经营效果,在所负责的生产环节上都尽心尽责。龙头经营组织也注意在技术指导、资金借贷等方面支持农户。

(3)合作经营型,其组织形式有:由农户按某种专业需要自愿组织的联合体;由不同地区、不同部门、不同所有制单位同农户多方组成的专业化服务公司;由国营或集体商业、供销、资金、技术、信息等专业性服务实体与农户结成的利益共同体。合作经营型组织中,农民参与管理、决策和监督,由农民民主选举董事会,确保农民利益得到充分反映和体现,形成"资金共筹、利益共享、积累共有、风险共担"的利益机制。

(4)中介服务型,企业通过一些中介组织将某一产品的再生产合作过程置于各个环节,实行跨区域联合经营,生产要素大跨度优化组合,使生产、加工、销售相联结,实行产业化经营。

(5)价格保护型,即在农业产业化经营中,企业与农户签订合同或订单收购,以此与农户建立稳定的联系。保护价格按市场平均价格制定,当市场价低于保护价时,企业按合同规定以保护价收购产品。有的企业在合同价低于市场价时,以市场价收购农产品,或适当上浮收购价,以保护农民利益。合同由企业和农户双方协商签订,但企业处于主导地位。

4. 农业产业化的不同发展阶段

农业产业化的主要内容是让农民把生产的原料变成产品(商品),但在初始条件不成熟,农民尚不能建立自己的农副产品加工企业时,首先是与现有的非农民自己所有的农副产品加工企业和销售公司建立联系。

第一阶段为企业+农户,农户是通过龙头企业和市场产生联系,龙头企业的作用是解决农户生产的农产品销路问题。随着农业商品生产规模不断扩大,形成了一些具有一定经济实力和带动能力的农产品加工、销售型龙头企业和一批小规模、大群体的小型龙头企业群,基本可以解决农民的销售难问题。龙头企业同农户的关系基本是市场制约下的买卖关系,有一部分发展成为合同、协议下的契约关系，龙头企业可以承担一部分农户面临的市场风险，农户的收益与直接面对市场时相比相对稳定，可能还会有较大幅度的提高。但是，农户和企业是一种"多对单"的关系，农民在谈判和交易的过程中处于劣势。在市场发育不完善、法制建设不健全、企业和农户的市场经济意识和法律观念淡薄的情况下，市场买卖关系和合同、协议买卖关系的约束力是非常有限的，存在着农户和企业契约的不完全性、机会主义行为大量存在，企业和农户之间的运行机制容易遭到破坏。因为农户处于弱势地位，分散的、单个的农户不可能掌握千变万化的市场信息，更难以抵制公司、企业在商业利益驱使下的各个击破式的价格盘剥，农户利益往往易受到损害。

第二阶段是"企业＋中介组织＋农户"，当农业产业化发展到一定阶段时，农户组成一个整体参与经济活动的欲望增强，同企业的关系也将由单一的农户对企业的关系转变成一个代表大家共同利益的组织同企业的关系。中介组织的产生是农业产业化发展到一定阶段的必然产物。一方面，农户逐渐认识到自己在与企业进行经济活动中的弱势地位，有成立代表广大农户共同利益的组织的强烈愿望，于是农户开始形成一个整体同企业建立联系，提高了谈判的地位。另一方面，随着农产品加工企业和销售企业的不断发展，市场对农产品的要求不断提高，企业有降低原料收购的成本、保证原料供应的稳定性及保障品质等方面考虑，也有需要中介组织对大量分散的农户进行管理的内在需求。通过中介组织，企业同农户之间结成了相对稳定的利益共同体关系，农户在收入和利益保障上比单一家庭生产经营有了提高，这是农户首先看到并得到的好处，企业的货源供应在数量和质量上也有了一定的保证。

中介组织的出现使得农户的经济实力和谈判实力都大大增强，同时，企业发生的交易费用大大下降。其原因，一是企业和农户的合约已被企业与中介组织的合约替代，从而省去了和每一个农户签约的烦琐手续以及谈判费用;二是降低了企业对原料产品生产质量的监督费用和控制成本。但是在面对更大市场时,不同的中介组织之间缺乏统一协调,同样会在与企业竞争中处于不利地位,同时,企业在得到发展以后,也需要组织更大规模的生产。

第三阶段是"企业+中介组织联合体+农户",随着农业产业化的推进和中介组织的发展壮大,中介组织的自身建设有了可能,也有了进一步追求行业平均利润的愿望。中介组织要发展,必须壮大自己的实力,扩大组织规模,提高与企业的谈判地位。但单个中介组织在与企业的经济活动中缺乏协调,弱势地位比较明显。在与企业的交易过程中,不同的中介组织间的联系得到了加强,在利益目标一致的情况下,更高级的中介组织联合体的出现成为可能。产业组织结构更加合理:从龙头企业到中介组织联合体,再到中介组织,再到农户,形成了一个更加稳定的农业产业化组织结构。

第四阶段是"协会+企业+中介组织联合体+农户",随着各方追求利益最大化,互不相让,有可能出现"囚徒困境",造成谈判的交易成本显著增加。这时,就需要有一个组织进行协调,成立由中介组织联合体和企业组成的协会,可以通过制度安排降低交易成本。农业产业化协会是一个各主体之间交流的桥梁,一个协调组织。协会可以协调企业、农户在生产、经营、销售过程中发生的利益冲突,提高农民适应市场的能力,分摊市场风险和生产成本;可以代表农户与政府、市场对话,在沟通政府与农户、政府与企业、农户与企业、国内与国外的关系上起纽带和桥梁作用;协会还可以把分散生产和经营的个体组织起来,扩大同类农产品的生产和销售规模,促进外向型农业的发展,促进支柱产业和区域特色农业的发展。农业产业化协会的独特作用,对于保持农业产业化的健康持续发展、维护农村社会安定、巩固基层政权、促进农村经济发展有着至关重要的意义。

（五）公主岭市的农业现状

1. 农业规模化经营程度低，农业经营收益差

2009年，公主岭市乡村人口数为721599人，农村居民户为191598人，耕地面积为276625公顷，人均耕地面积0.38公顷，户均耕地面积1.44公顷。根据村内土地肥沃程度、交通便利程度和水利设施等条件的不同，每户农民的承包地分散在多块土地上，单个农户单幅地块的面积多数小于0.5公顷，严重制约了农业大型机械的使用。从2009年的数据看，全市玉米播种面积238318公顷，占粮食作物播种面积的91%，而玉米联合收获机仅有182台，农业规模化经营程度非常低。

现有农业合作化组织正处于萌芽和发展初期，主要分为土地转包、农机大户统一耕作管理、农机服务三种经营模式。其中土地转包实现了土地流转，但其规模非常小，每村仅为几户。参与土地转包的农户多数为常年在外务工且工作稳定、工资待遇较好的农民家庭。由于户数太少，转包土地难以集中连片，无法形成规模化经营。大多数土地转包期限仅为一年，转包关系非常不稳定；农机大户采用统一耕作、统一管理的形式。但是这种委托经营关系为每年确定一次，委托关系也很不稳定，农机大户无法进行长期投入，严重阻碍了其产业化经营；农机服务依然是当前农业经营的主要形式，由于农户每块土地面积过小，一方面造成农机空转时间长、使用成本高，另一方面还限制了大型农业机械的引入。

从农业收益情况看，2009年公主岭市农业从业人员为237610人，农业增加值630878万元。按农业从业人员数量计算，人均增加值为26550元。其中，种植业增加值277563万元，人均增加值11681元，平均每公顷土地的增加值仅为10033.95元，种植业收益非常低；畜牧业增加值320623万元，人均增加值为13493元。

2. 农业产业化程度低

农业产业化组织和农户作为农业产业化中的两个主体，其利益联结机制不规范、不完善、不稳固，组织与农户之间还没能建立起"风险共担、利益共享"的共享机制和风险共担机制以及运作这种机制的保障系统，没有形成真正意义上的利益共同体。

(1) 违约现象普遍

农业产业化组织并不是为农民免费服务的，它与农户的合作是为了让自己获得更大的利益，而履行订单或合约会给自己增加许多经营的风险和不确定性，失去经营的灵活性和机动性。产业化组织和农户的目的不一致，经常导致双方无法继续合作。而农户要通过农业生产获得更加理想的收益，不仅希望其生产的农产品顺利销售，还要追求在市场上获得更高的价格。然而，市场的竞争日趋激烈，单个农户的生产规模小，在与龙头企业发生交易时常常处于被动和弱势地位，还存在着与龙头企业的谈判地位、信息获取的不对称问题。因此建立完善的利益联结机制是产业化发展的基础，也是提高农民进入市场组织化程度的核心和关键所在。

农业产业化过程中企业和农户之间主要的利益联结方式是契约。违约率高一直是制约农业产业化发展的瓶颈，也是困扰企业发展和农民增收的主要问题之一。其根本原因是违约收益高于违约成本。目前公主岭市的农业产业化组织模式还是以龙头带动型组织模式为主，所以农户和企业之间违约现象比较普遍。一方面是农户不履行合同，虽然企业与农户签订了生产销售合同，但公司与农户的财产还是各自独立所有，完全分割，双方的利益并未真正联结成不可分割的一体。企业与农户联结的目的是获得比较稳定的原料市场，降低购进成本。农户与企业签订合同的目的是获得企业提供的价格保障，希望在生产过程中能降低风险和成本。对于农户来说，实行农业产业化之后，他们获得的只是价格的稳定，而仍然得不到加工、流通领域的利润，收入基本没有增加。对于企业来说，它们是把农户提供的农产品作为生产原料购入，原料成本越低，企业也就越能获得更大的收益。也就是说，农户利益与原料销售价格成正比，而公司利益却与之成反比。因此可以说企业和农户是产权独立的经济主体，是一种合作关系而不是合资关系，他们都以追求自己利益最大化为目标，双方并没有建立起市场上的信用关系。企业和农户这种合作关系决定了当市场价格高于合同价格时，农户把农产品转售给市场就会获得更大的利益；而当市场价格低于合同价格时，龙头企业更希望从市场上收购农产品，这样无论是合同的价格和市场上的价格的高与低，都有一方存在着违约的动机。由于我国农业产业化组织制度、法律不够健全，对农户和企业违约没有具体的处罚措施，农户和企业之间存在着合同约束的脆弱性和协调上的困难。

近年来，公主岭市虽然合同农业、订单农业等多种利益联结形式得到了大量的发展，但农业产业化组织和农户双方的购销关系，多数没有签订正式的合同，只是一种口头协议，缺乏法律约束力，违约现象时有发生。

在市场经济条件下，农户和企业没有真正建立起稳定规范的经济联系和经济约束机制，是两个独立的市场主体，二者之间只是停留在简单的一次性买断关系上，生产、价格、质量和服务等变化直接影响着联结的紧密度和双方行为。双方为了追求自身利益的最大化，矛盾仍会存在。

农户由于市场价高于双方协议价而私卖违约，以及企业因市场价低于协议价而拒收农户原料，使农户受损的违约现象大量存在。而农户作为市场上的弱者，往往在交易中处于被动地位。很多订单是意向性的，只有部分签约农户通过订单合同获得实惠，绝大多数农户没有从产业化经营中获得农产品加工增值的二次利润分配，多数龙头企业和农户尚未建立起真正意义上的"利益共享、风险共担"机制。

(2) 利益分配机制不够完善

农业产业化的目的是通过组成"风险共担、利益共享"的经济共同体，使各个组成主体都能获得整体产业链的平均利润，进而实现在统一市场条件下，同行业同产业的平均利润。也就是说农户加入产业化组织可以获得农产品增值后的相应利润，增加收益。

目前，从利益分配机制来说，处于产前阶段的生产资料供应部门和处于产后阶段的农产品加工销售部门对农产品利益的占有率大大高于处于产中阶段的农户，这种不均衡的利益分割使得农户与一些产业化组织的关系比较紧张，加上我国的相关法律对农民保护不够，农户经常因为利益问题和产业化组织发生矛盾。与市场和企业家相比，农民处于劣势地位。这一方面是由于目前农业生产还是初级产品总量阶段性剩余阶段，农产品"卖"难的现象普遍存在。解决产品销路也就解决了农民的头等大事。龙头企业和市场紧紧相连，了解市场供求，能指导农民合理地种植农作物，能按其可接受的价格将其生产的产品销售出去，保障他们的就业机会和收入，因此，农民即使分享不到由初级产品增值而产生的第二、第三产业的利润，仍然甘心受这种"剥削"，而不是和龙头企业"利益共享，风险共担"。另一方面，公司（龙头企业）相对于农户经济、技术实力强，有严密的组织和市场营销系统，掌握充分的市场信息，在市场上处于绝对优势地位。农户家庭小规模经营，资金、技术力量弱，他们的利益容易被侵犯。

当前公主岭市农业产业化组织的框架并没有从制度安排上提供让农户分享第二、第三产业利润的稳定联结机制及有效的载体，导致农户难以真正分享到农产品产后环节的收益；由于缺乏对龙头企业和农户的组织约束，双方时常发生违约或不履约的现象，特别是龙头企业常常会将自身在市场竞争中遇到的风险转嫁到农户头上，龙头企业和农户的利益分配常常处于一种难以预期的诚信风险之中。

(3) 生产过程中存在着不协调

农业产业化组织与农户利益上的一致性，决定着双方应协调生产、共同进退，现实却不是如此。农户只顾初级农产品原料的生产，组织则集中精力搞农产品的加工和销售。在公主岭市农业产业化组织模式中，以龙头企业带动为主体，这种组织模式只为农户提供了一个稳定的销售渠道和不完全确定的生产导向。在生产过程中，龙头企业虽然迫于形势不得不进行技术创新和标准化生产，然而其技术创新很少延伸到农产品生产基地，其标准化很少执行到基地农户，多数农户由于信息闭塞、素质较差、抗风险能力弱，在直接面对龙头企业时，往往处于被动和弱势地位，在产品价格、质量和数量等重要问题的谈判上少有发言权，缺乏主动权；同时，农户为实现其产品的销售，经常处于无序竞争状态，致使农产品难以符合企业的收购标准。此时，龙头企业若不收购这些原料则影响了双方的信任关系，若收购不合格的农产品，用于生产则会影响产品质量，若不用于生产、加工，则会加大企业的成本。这种情况下让企业履约的可能性很小。尤其是获得国际质量认证的龙头企业和获得绿色食品标志的龙头企业的履约率比较低。这不是因为这些龙头企业不讲信用，而是因为获得质量认证和获得绿色质量标志企业对初级农产品的质量要求较高，而由于企业在农户生产中指导较少，致使农户生产出来的产品合格率低，影响双方的履约率。这充分说明了双方在生产过程中存在着不协调的问题。

（六）公主岭市农业现代化面临的阻碍

1. 土地分散，阻碍土地规模化经营

以农户为主体的经营模式导致每个经营单位的土地规模多数处于 1~2 公顷之间，且没有集中连片，农户单幅土地的面积一般小于 0.5 公顷，如果需要集中 100 公顷的土地进行规模化经营，需要从大约 200 户居民手中转包土地，其谈判与交易成本非常高，以

致几乎无法实现。

2. 土地流转水平低，限制土地规模化经营

由于存在对未来农产品涨价的预期，现有的土地转包和农机大户经营合同多为一年一议，签订合同的成本很高，而且受市场价格波动的影响，承包关系非常不稳定，土地的综合利用和长期投资难以开展，反过来，简单的统一机械化耕作仅仅可以节约劳动成本，却无法提高农业经营的附加值，这又进一步限制了确立长期稳定的转包关系。

3. 工业就业机会少，收益低，影响规模化经营发展

2009年，公主岭市在岗职工平均工资仅为18598元。而根据市统计局农调队的资料，农村居民户均收入为33576.62元，按每户农村居民1.69个从业人员计算，平均每人收入为19899.51元，尽管农民收入中包含了相当一部分来自打工或季节性打工的收入，但毕竟其总额高于城镇居民。从从业人员平均工资水平来看，农民收入中有相当大一部分来自农业经营。因此多数农民不愿放弃土地经营。在没有更高、更稳定的收益吸引的情况下，农民表现出对土地的强烈依恋。

4. 缺乏农业和农副产品加工业龙头企业，制约了农业产业化和规模化经营

在缺乏品牌农业和农副产品深加工企业作为农业产业化支撑的情况下，即使实现农业的规模化经营和简单机械化生产，农业本身产生的附加值也不会很高，也无法向农民支付较高的转包费。缺乏龙头企业不仅意味着农业产业化无法实现，也意味着难以实现规模化经营。

现有农副产品加工企业一类是先成立农产品加工企业，企业具有一定的市场份额和经营规模后，再逐步实行"公司+农户"的经营模式，建立企业的农副产品生产基地；另一类是从规模化种植起步，等当地某种农产品的种植规模与品质达到一定水平后，再设立农副产品加工企业。从实际运行结果看，第一种模式要优

于第二种模式，首先设立农副产品加工企业，可以先一步占据市场份额，为农产品的规模化种植提供更明确的技术标准和资金支持。因此，利用公主岭市现有资源优势，迅速建立具有自己品牌优势的农产品加工企业，再逐步推行"公司＋合作社或公司＋农户"的经营模式，迅速推动农业现代化。

农业现代化包括横向的经营规模扩大和纵向的农产品产业化与市场化经营，拥有自己的农产品品牌，提高农产品品质，才能获得较高的农业收益。从现有情况看，怀德的豆角和毛葱、龙山的良种培育、双城堡的西瓜都具有很高的知名度，却未能作为一个统一的品牌打出去，缺乏企业化的运作。

5. 缺乏资金、抗风险能力差，难以实现农业的产业化经营

尽管国家通过提供农机补贴大力推动农业合作化经营，但是农民购买大型农业机械、建立牧业小区、种植棚膜蔬菜时，依然需要自己支付几十万甚至上百万元资金，多数农民受到自有资金不足的困扰。由于规模化经营而产生的经营风险和市场风险也是一个重要的因素，一个投资上百万元的项目，一旦亏损，对一个家庭造成的影响是非常巨大的。

（七）公主岭市推进农业现代化的思路

1. 分步推进农民土地的流转，逐步推进农业规模化经营

第一步，逐步实行农民承包权与实际承包地的分离。首先大力推动每户农民承包地的集中，可以先选择比较富裕的村子进行试点，由村民代表大会根据历年产量确定不同肥沃程度地块的换算比例，比如以1.2亩劣等地兑换1亩优等土地，随后在保持农民现有耕地面积不变的情况下，鼓励农民相互交换不同位置的承包地，通过交换，将每户农民的承包地集中在一个地块上。这样既可以减少农业机械的使用成本，又可以减少谈判成本。

第二步，设立农村居民承包地的流转平台，以村内不同等级地块的土地互换为基础。设立一个信誉可靠的农民土地承包权收储平台,愿意转租自己承包地的农户可以将自己的承包权流转给该收储平台,而需要规模化经营的农户可以从该收储平台转租土地,为使这一收储平台可以市场化运作,可以为承包权的流入与流出价格设置一定的差额。在此基础上,逐步建立农民土地承包权的估价和流转机制。

2. 进一步推进农业合作化组织

首先将农民从繁重的体力劳动中解放出来,使农民在不放弃土地承包权的前提下,可以选择进入城市居住,摆脱农业生产对农民迁移的束缚。在条件成熟时,逐步推动农民土地承包权的流转,建立更为稳固的农业合作化组织。

在种植业方面,以农机大户作为合作化的目标,大力推进高产示范区建设。

在畜牧业方面,以牧业小区建设为主要目标,同时鼓励畜产品加工企业的进入和发展,通过"公司+农业合作组织"的形式,提高畜牧业的抗风险能力和收益。

依托公主岭市的区位优势,大力发展棚膜经济,分别在长春附近和北京方向建立高标准的蔬菜集散中心,打造棚膜经济的交易平台;通过建立行业协会,提高农民议价能力;同时建立蔬菜收储中心,进行蔬菜的深加工处理,发展无公害蔬菜,打造自己的品牌优势。

合理规划新型农村社区,通过村内土地置换,在居民点附近建立棚膜小区和牧业小区,做到两者集中连片,实现产出的综合利用,不断提高社区环境质量。

3. 建立产业化平台,提高农业经营的附加值

(1)培育主导产业是实施农业产业化经营的长远性基础。

(2)农产品生产基地是龙头企业所需的原料和销售的农产品的集中产地,是农产品批量、均衡供给的保证,遵循因地制宜的原则。

(3)龙头企业作为推进农业和农村经济结构战略性调整的重

要力量，它的发展壮大直接关系到农业生产效益的提高和农业增效、农民增收和农产品竞争力的增强。龙头公司掌握着比较充分的市场信息，拥有比较雄厚的资本、技术、人才优势，直接参与并有效组织农户参与农业产业化经营，是最强有力的市场主体和产业化经营主体，它内连农户、外连市场，是带领农民开拓农产品市场的主力军。龙头加工企业是加工业的骨干，是带动贸工农一体化的启动点，其经济实力和服务功能强弱直接关系到农业产业化的进展。

（4）强化利益联结机制，组成"风险共担、利益共享"的经济共同体，使各个组成主体都能获得整体产业链的平均利润，进而实现在统一市场条件下，同行业同产业的平均利润。

（5）发展合作经济组织，合作经济组织作为实施农业产业化经营的必备条件，是龙头企业联结农户、农户与市场连接的纽带，各地应当逐步建立和发展农民合作经济组织。合作组织与农民的经济联系在于：合作组织从事的事业是成员生产经营活动的延伸或向成员的生产经营活动提供各种配套服务，而并非取代成员的生产经营活动。农业产业化经营客观上要求把农民组织起来，实行统一种植、规模经营，使种养加、产供销联为一体。农民专业合作经济组织，既可以通过在组织内部发展龙头企业实现产业化经营，又可依托自身组织优势，成为联结政府、龙头企业和农民的桥梁和纽带；既可以引导农民将国家的产业政策和措施落在实处，减少生产的盲目性和无序性，提高农民进入市场的组织化程度，有效保护农民利益，也可以培育农民的科技意识、营销能力和合作精神，提高农民自我组织、自我服务、自我管理和自我教育的能力。

大力发展品牌农业，建立农业产业化平台，通过建立农产品加工企业孵化器培育本地企业和引入区域外成熟的大型农产品加工企业，利用本地优质的生猪、蔬菜、玉米、水稻等农业资源发展高品质农产品的加工，提高农产品附加值。

4. 发展以观光农业为代表的都市农业

"都市农业"的概念，是五六十年代由美国的一些经济学家首先提出来的。都市农业是指地处都市及其延伸地带，紧密依托并服务于都市的农业。它是大都市中、都市郊区和大都市经济圈以内，以适应现代化都市生存与发展需要而形成的现代农业。都市农业是以生态绿色农业、观光休闲农业、市场创汇农业、高科技现代农业为标志，以农业高科技武装的园艺化、设施化、工厂化生产为主要手段，以大都市市场需求为导向，融生产性、生活性和生态性于一体，高质高效和可持续发展相结合的现代农业。对内为现代化都市经济发展提供服务功能，对外为整个农业和农村经济的现代化发挥示范带头作用。

观光农业也称旅游农业，是农业和旅游业结合、城市生活与农村生活相互交织的产物，体现了现代城乡生活的需要。在城市近郊或风景区附近开辟特色果园、菜园、茶园、花圃等，让游客入内摘果、拔菜、赏花、采茶，享受田园乐趣。观光农业形式多样，其本质是充分发掘农业的环境功能，把农业从传统的为人们提供食物的生产部门转向与环境、憩息、教育、文化相联系的，多产业相结合，多学科相渗透的综合产业部门，并提高农业收入。按照公园的经营思路，把农业生产场所、农产品消费场所和休闲旅游场所结合为一体。就公主岭市的现实来看，在范家屯、大岭等靠近长春的地域最有发展观光农业的市场潜力。可结合范家屯、大岭等地的房地产开发，与风情小城的建设有机结合。具体形式可以考虑以下几种。

农业公园：这种类型的特点是把公园与农业生产场所、消费场所和休闲场所结合起来，利用农业生产基地来吸引市民游览，主要是供观赏和旅游，面积比较大。一般选择依山傍水、有林草的地方，以地形和农产品种类而形成自己的风格特色。农业公园分专业性农业公园和综合性农业公园。

观光农园：这种类型的特点是，开放农业园地，让市民观赏，采摘或购置。有的主要是供观赏农村景观或生产过程，有的可以购买新鲜产品（如花卉），有的还可以参加采摘果实。有的农户开放自家的花卉种植温室，有的观光农园集中区建立了展览室，让游人在观赏之余还能增长知识。

市民农园：这种类型的特点是，让没有土地所有权的市民承租农地，直接参与农业植栽，亲身体验农业劳动过程。市民农园一般设在市区较近、交通、停车都便利的地方。农园经营者把整个园地划分为若干块，分租给不同的市民，供他们进行耕作体验，有的可以解决一些吃菜或就业问题。

休闲农场：这是一种综合性休闲农业区，以吸引旅客住宿为特点。农场以生产果、菜、茶等农作物为主，经过规划设计，充分利用农场原有的多种自然景观资源，如溪流、山坡、水塘，以及植物、动物、昆虫，引进一些游乐项目，开发为休闲农场（或度假农庄），把市民的观景、采摘果实、体验耕作、住宿餐饮和娱乐等多种活动结合在一起，适应他们度假游乐的需要。如日本的"民宿农场"，澳大利亚的"度假休闲农场"。

教育农园：这是兼顾农业生产与科普教育功能的农业经营形态，即利用农园中所栽植的作物、饲养的动物以及配备的设施，如特色植物、热带植物、农耕设施栽培、传统农具展示等，进行农业科技示范、生态农业示范，传授农业知识。代表性的有法国的教育农场，日本的学童农园，台湾的自然生态教室，北京的少儿农庄。

森林公园：这是一个以林木为主，具有多变的地形，开阔的林地，优美的风景和山谷、奇石、溪流等多景观的大农业复合生态群体。以森林风光与其他自然景观为主体，在适当位置建设狩猎场、游泳池、垂钓区、露营地、野炊区等，是人们回归自然、休闲、度假、旅游、野营、避暑、科学考察和进行森林浴的理想场所。

民俗观光园：选择具有地方或民族特色的村庄，稍加整修提供可过夜的农舍或乡村旅店之类的游憩场所，让游客充分享受农村浓郁的乡土风情和浓厚的泥土气息，以及别具一格的民间文化和地方习俗。

民宿农庄：主要是帮助已退休或将退休的城里人租住农村房屋，或迁居农家。这些人中有教授、导演、设计师、工程师等，他们在城里有较好的住房，但向往农村的风光，喜欢游览田园景观，希望在林间散步，呼吸农村新鲜空气，过着宁静淡泊、无噪音、无污染的世外桃源式生活。

此外公主岭市还应利用公主岭市的资源优势和区位优势，提升标准和品位，大力发展绿色农业、生态农业、良种繁育等现代农业。在范家屯、响水、龙山等地建立旅游观光农业；大力发展西辽河沿岸的绿色水稻，建立绿色农业基地。

5. 资金支持

小额信贷，从外部法律环境和内部经营管理监控两方面完善农业产业化小额信贷融资；项目融资，加强法律建设、制定项目融资的支持政策、发展机构投资者、充实资金来源、规范资产与资信评估业等发展项目融资的途径；商业性融资，完善的农业产业化融资需加强股权市场、银行信贷市场、企业债券市场、期货市场建设，采取利率市场化，建立民营商业银行，建立中小龙头企业贷款登记制度和中小龙头企业信誉链措施等缓解信贷配给、企业债券市场发展滞后于国民经济的发展，从制度安排入手为企业债券市场的发展拓展空间。

政策性融资：农业发展银行对农业产业化的服务范围相对狭窄、功能单一、资金来源渠道狭窄、经营风险较高、缺乏稳定经营的法律保障，应该完善相关立法、扩大服务范围、拓宽资金来源渠道、完善管理和补偿机制。建立和利用农业产业化投资基金，以更高的资金使用效率实现部分政策性金融的职能。在发展的初级阶段，成立区域性农业产业投资公司，由该类公司作为农业产业投资基金发起人，支持农业产业投资基金采取公募方式发行，采用公司型基金组织形式，加强外部环境建设。农业保险要建立高效率的包括政策性农业保险机构、商业性保险机构、合作社和相互会社在内的以政策为导向的、多层次、各种模式相互补充的复合农业保险体系。

投资基金：通过民间金融合作化和规范化，建立多层次的信用合作社组织，同时建立多层次的行业管理的自律组织。

政府可以拿出少量资金作为启动资金，发起设立农业产业化投资基金，吸引大量的社会资本投资龙头企业。从这一角度来说，农业产业化投资基金是政府扶持龙头企业的一种方式、一种手段，它不同于政策推动、协调服务、资金支持、信贷支持等传统扶持方式，是扶持方式的一种创新。同时，农业产业化投资基金也是产业投资基金与农业产业化经营相融合的一种制度创新。

针对农民缺乏资金、抗风险能力差等问题，加大对农业现代化的资金支持。通过建立银行、政府、农业合作组织三方共同参与的农民信用评级体系，减少银行收集农民诚信信息的成本。建立涉农贷款保险体系，争取银行的配合，建立或引入保险公司，实行涉农贷款强制保险制度，解决各种风险造成的消极影响。

十 推动规划实施的保障措施

（一）规划要点概括

在战略思想上：以城镇化为切入点和统领，"三化"同步推进，协调发展；做大主城，完善四级城镇体系，为工业提供充裕的发展空间和优质的基础设施及公共服务平台，为离土农民提供舒适的新家园；做大工业，创造财富，吸纳就业，为城镇提供支撑，为农业现代化创造前提条件；推动土地流转和规模经营，引导农民离土离乡，为工业和城市扩张输入强大的动力。

在空间布局上：遵循要素流动的基本规律，以长春为基点，主动对接，向心发展；打造两轴（长平线和长郑线）两带（环长春大岭—范家屯—响水半小时经济带和大外环一小时经济带）扇形发展先导区；做大哑铃形主城区（中心市区—陶家屯—范家屯），做强镇级市（大岭、怀德和秦家屯），扶持商贸重点镇（杨大城子和双城堡），建设农村新社区（未纳入上述规划的乡镇政府所在地），完善四级城镇体系。

在产业发展上：拉长链条，提升品质，迅速做大农产品加工和汽车零部件两大传统支柱产业；充分利用油、气、煤、膨润土、风能等资源优势，积极运作，推动开发与加工，尽快使能源原材料形成新的支柱产业；统筹规划，系统开发，做大做强劳动密集型食品工业，使之成为能够将农业生产过程囊括进来的龙头，吸纳就业，带动农业产业化发展，推动农业现代化进程；做大以汽车物流为代表的生产性服务业，开发山水及民族文化资源，提升品质，做优商务旅游性服务业；推动农民进城和土地流转，扶持规模经营，加快农业现代化步伐；研究比较优势，作出产业规划，定向定点招商，放大引资效果；建立孵化园，鼓励民间创业，培育本地企业家，夯实工业化的基础。

（二）转变观念，统一认识，形成合力

实施以城镇化为统领推动"三化"协调发展战略，核心是要打破城乡界限分明、自成体系、自我循环的状态，推动农民进城，在城乡之间形成要素流动机制，在更高层次上形成工农及城乡之间发展的联动机制，从而形成螺旋上升的区域发展格局。这涉及体制机制和社会生活的方方面面，需要解决的问题和遇到的困难是前所未有的。要顺利解决这些问题和困难，首先要转变观念，统一认识，形成合力。如果观念不转变，认识不到该战略实施的重大意义，行动就不会主动。如果认识不统一，就难免摩擦和内耗，在如此艰巨的任务面前，形不成合力，捏不紧拳头，就很难达到预期目标。尤其是在目前工业化瓶颈约束显著，很多人对工

业化发展与城镇化统领的关系还充满疑问的情况下，转变观念，统一认识尤为重要。为此，要通过专家讲座、会议讨论、媒体宣传、外出考察等多种方式开阔视野，解放思想，解读战略思想和相关政策措施，以达到尽快统一认识，排除思想障碍的目的。

（三）建立强有力的协调机制

城镇化统领下的"三化"协调发展战略的实施，是一项复杂的系统工程，涉及思想观念、体制机制、利益关系的方方面面，牵一发而动全身，任何一个细小动作可能都需要付出巨大的协调努力。因此，在实施这一战略的过程中，必须建立起强有力的组织保障体系和协调机制。为此，建议建立以市委市政府主要领导为组长的城镇化领导组，领导组下设办公室，作为具体办事机构。可以现设在发改委的办公室为基础，加以充实改造，提升规格，提高其权威性，提升其协调能力。

（四）以城市综合体建设为突破口

成片规模开发、商业地产与城市公共基础设施同步设计建造的城市综合体建设模式，具有营造环境、提升品质、提升地产价值的良好效果，已成为高品位城市建设的一种流行模式。范家屯作为重点建设的主城区部分，面向长春，有着巨大的潜在市场，有条件依托十家风情小镇设计，率先启动城市综合体的开发。为此，要加大与有实力的开发商联系的力度，尽快促成该建设模式在此落地。

（五）以学校及学生集中为先导

由于农村人口向城镇的迁徙和农民对分享优质教育资源的愿望越来越强烈，农村中小学生源流失日趋严重，多数农村学校已经举步维艰，所以，学校进城和学生进城迫在眉睫。以学校及学生向城镇集中为先导，推动人口向城镇聚集，将会收到很好的效果。应立即启动这方面的统筹规划,尽快实施学校及学生进城项目。

(六) 推动农村宅基地收储与置换

农民进城的主要障碍除了对土地的依恋之外,现实利益的考虑主要有两个,一个是承包地的合理收益不减少,一个是宅基地不能在没有总额补偿的条件下丧失。而宅基地是城市建设用地的重要源泉,理论上说,农民放弃宅基地进城可大大节约居住占用空间,挤出大量建设用地供工业项目落地和城市基础设施建设使用,这是一举两得的事情。但要排除宅基地利益造成的农民进城障碍,就必须充分保障农民宅基地的利益不因转让而受损。办法是建立宅基地收储与转让置换机制。

(七) 尝试行政管理体制创新

随着大规模城镇化的推进和人口大量向城镇集中,农村居民数量会日益减少。而且一般来说流出的农民并不会就近进入镇区,而是更多地进入辖区内外各级中心城市或中心镇区。这样,广大的纯农业地区人口就会愈加稀少,必然导致农村地区的行政区划和行政管理架构的调整。总的趋势是层级减少,机构变小。极端的情况可能是撤销乡级组织,最现实的办法是撤乡并镇,减少县级以下乡级行政组织的数量。顺应这一趋势,不妨借助五级城镇体系建设的实施,在有迫切需要而又条件许可的情况下,将行政管理体制改革纳入城镇化进程中,选择若干个案进行撤乡并镇改造。

十一 后记

典型农区承担着维护国家粮食安全的责任,保持农业的优势地位和保证粮食产量稳定增长是长期不变的国家战略。典型农区又是人口密度较大、农民聚集较多的地区，这些地区人民收入不断提升并走向富裕，是整个中国社会完成工业化和城镇化、实现现代化转型不可分割的一部分。可以说，占总人口很大比例的典型农区没有实现现代化，就不可能实现整个中国的现代化。然而，典型农区现代化的路子该如何走？这至今仍然是一个有待探索的重大课题。

以城市化为统领，实现"三化"协调发展，是最具代表性的典型农区公主岭市王亚晖书记谋划的现代化重大战略。为寻求理论支撑，2010年8月上旬，公主岭市发改局张军副局长和朱廷文科长在松花江抗洪抢险的紧张时期，挤出时间千里迢迢赶赴古城开封，盛邀我就此战略前去研讨谋划。8月下旬，我们一行两人首次抵达公主岭，在对范家屯和怀德两镇初步考察并举行了有若干综合部门负责人参加的座谈会之后，与王书记进行了深入的交流，就城镇化在现代化进程中的重要性、农民进城、新农村建设误区等一系列重大问题达成了共识，王书记当即诚邀我院就城市化统领"三化"协调发展战略进行系统谋划。

9月中旬至10月中旬，由中原发展研究院组成的9人课题组两次来往于河南与吉林之间。研读梳理了反映当地自然地理特征、资源状况、历史文化和经济社会发展水平的各类文献。进行了广泛的实地调查研究，几乎走遍了所有的乡镇社区。与几十位综合部门负责人及乡镇党委政府领导进行了座谈。在占有大量第一手资料和有价值信息的基础上，课题组成员经过反复切磋提炼，形成了基本思路和主要观点。然后分工协作，撰写成篇。在研究报告初步思路框架形成后及初稿完成后，以王亚晖书记为首的市委市政府主要领导先后两次听取汇报，在充分肯定报告思路和观点的前提下，提供了很多有价值的思想和指导意见。在随后的修改中，我们充分吸纳了这些思想和意见，从而大大提升了报告的水准。实际上，本研究报告是王亚晖书记为首的市委市政府领导关于公主岭市发展颇具气势的前瞻性谋划、课题组成员关于农区工业化与社会转型研究雄厚的专业知识积累与公主岭市发展实际有机融合的产物，相信会对公主岭市未来的发展具有参考价值。

最后，需要特别指出的是，在整个调查研究和报告思路观点形成的过程中，刘明副市长、发改局靳晓波局长、张军副局长和朱廷文科长等不但在生活上给予无微不至的关怀照顾，在工作上亦全力配合，而且在随时随地切磋的过程中提供了很多有价值的思想和观点，为高质量完成本报告作出了无可替代的贡献。

河南省获嘉县经济社会发展研究报告[*]

获嘉县地处中原，北依太行，南临黄河，辖8镇3乡、214个行政村。总面积473平方公里，总人口40.4万人，城区规划面积18平方公里，建成面积9.9平方公里，城区人口8.1万人。获嘉县交通便利，区位优势明显。京广、新焦铁路贯穿全县，济东高速穿境而过，薄口公路直通107国道。北距首都北京600公里，东距京珠高速20公里，南距郑州国际机场80公里。获嘉县位于中原城市群"豫北工业走廊"中部，是郑州、新乡、焦作三地接点城市。

一 获嘉经济社会发展历程与结构变迁分析

（一）1978年以来获嘉经济总量及人均生产总值的变化及横向比较

改革开放以来，获嘉县经济发展迅速，取得了较大成绩。从

---

[*] 2010年秋，应获嘉县委县政府之邀，中原发展研究院承担了为其编制"十二五"规划的任务，为了高质量完成规划编制，我们对获嘉县经济社会发展状况进行了系统的调查研究，理清了发展思路，明确了发展方向，并形成了本报告。报告由我主持，宋伟、蔡胜勋、张建秋参与调研并撰写了相应部分，由宋伟统稿。——耿明斋注

纵向来看，1978年全县生产总值仅为0.7亿元，到2009年已经达到47.5亿元，增长了约66.9倍（见表1）。

从与新乡市、河南省的横向比较看，获嘉县经济发展可分为两个阶段。

1978~2000年为第一阶段，这一阶段获嘉经济发展的速度快于新乡市及河南省的平均水平。1978年，获嘉县的人均生产总值和新乡市、河南省基本处于同一水平线上；而在20世纪八九十年代获嘉县的人均生产总值多数时候要高于新乡市和河南省，1980年获嘉县人均生产总值为421元，同期新乡市和河南省的人均生产总值分别为385元和317元；2000年获嘉县人均生产总值为5516元，而同期新乡市和河南省的人均生产总值仅为5160元和5450元（见表1）。

2001年至今为第二阶段，这一阶段获嘉经济发展速度开始下滑。从2002年开始获嘉县的人均生产总值便被新乡市和河南省赶上，2002年获嘉县的人均生产总值为6099元，同期新乡市和河南省的人均生产总值分别为6139元和6487元；而2009年差距则进一步拉大，2009年获嘉县的人均生产总值为12197元，但同期新乡市和河南省的人均生产总值却分别达到17992元和20597元。

表1　获嘉县GDP、人均GDP与新乡市及河南省对比（1978~2009年）

单位：亿元，元

年份	获嘉县		新乡市		河南省	
	地区生产总值	人均生产总值	地区生产总值	人均生产总值	地区生产总值	人均生产总值
1978	0.7	327	12.7	329	162.92	232
1980	1.2	421	15.4	385	229.16	317
1985	1.9	611	28.1	646	451.74	580
1990	4.4	1276	61.2	1264	934.65	1091
1995	14.6	4012	210.7	4119	2988.37	3297

续表

年份	获嘉县		新乡市		河南省	
	地区生产总值	人均生产总值	地区生产总值	人均生产总值	地区生产总值	人均生产总值
2000	18.7	5516	276.6	5160	5052.99	5450
2001	20.8	5670	303.3	5604	5533.01	5959
2002	21.7	6099	333.5	6139	6035.48	6487
2003	23.0	5891	369.3	6763	6867.70	7376
2004	29.6	7375	450.3	8209	8553.79	9201
2005	35.7	9027	544.2	9876	10587.42	11346
2006	35.7	9031	640.0	11557	12362.79	13172
2007	39.6	9881	779.7	14095	15012.46	16012
2008	47.3	10968	949.5	16105	18407.78	19593
2009	47.5	12197	992.0	17992	19480.46	20597

数据来源:《中国统计年鉴》(2009)、《河南省统计年鉴》(2009)、《河南省统计年鉴》(2010)、《新乡市统计年鉴》(2009)、《获嘉县统计年鉴》(2009)。

从图1也能清楚看出这种变化。进入21世纪以前,获嘉县人均生产总值高于新乡市和河南省的水平。进入21世纪后,情况发生了明显的变化,2001年获嘉人均生产总值开始低于全省平均水平,2002年开始低于新乡市平均水平,而且这种差距越拉越大(见图1)。

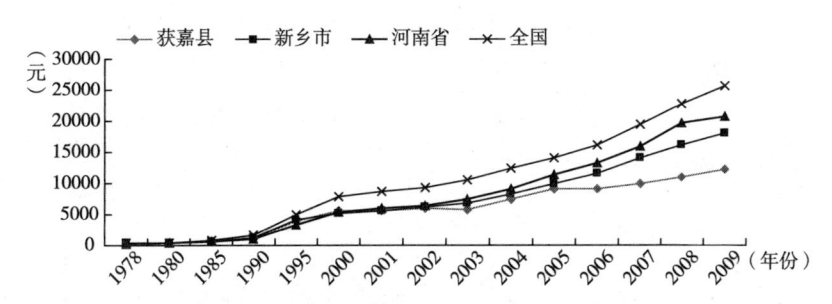

图1 获嘉县、新乡市、河南省及全国人均生产总值对比(1978~2009年)

资料来源:同表1。

从获嘉县在河南省的综合位次排名看①,1990 年,获嘉县在河南省的位次为第 52 位,1996 年曾经排第 33 位,但此后便有所下降。进入新世纪以来,这种下降趋势更为明显,2008 年,获嘉县在河南省的综合排位下降到了第 81 位(见表 2)。

表 2 获嘉县在河南省的综合位次排名表

年度	1990	1992	1995	1996	1997	1998	1999	2000	2001	2002	2003	2004	2005	2006	2007	2008
位次	52	61	37	33	45	45	46	47	49	51	45	47	42	—	81	81

数据来源:《获嘉县志》(1986~2000)、《获嘉县统计公报》(2001~2008)。

(二)2000 年以来获嘉县居民收入的变化及横向比较

随着经济的发展,获嘉城镇居民人均可支配收入以及农村居民人均纯收入逐年提高。2000 年获嘉县的城镇居民人均可支配收入仅为 3124 元,到 2009 年已达到 9687 元,增长了 2.1 倍;获嘉县 2000 年的农村居民人均纯收入为 2275 元,到 2009 年已达到 5756 元,增长了约 1.53 倍。

从获嘉县和新乡市的对比看,城镇居民人均可支配收入获嘉县一直低于新乡市的平均水平,但从农村居民人均纯收入看,获嘉县自 2000 年以来一直高于新乡市的总体水平(表 3 和图 3)。综上所述,虽然 2002 年以来获嘉县的总体经济发展水平低于新乡市的总体水平,但农村经济的发展水平却高于新乡市农村经济的总体发展水平。从中可以看出,获嘉县农业基础较好,农村经济发展水平较高。

---

① 1991 年,河南省委、省政府建立了综合经济实力评价制度,每年对全省县(市)综合经济实力进行位次排序。1991~1993 年,评价指标 2 项:地区生产总值和人均地区生产总值;1994 年起,又增加 5 项指标,即财政一般预算收入、人均收入、居民储蓄存款余额、人均储蓄存款余额和农民人均纯收入。

表3 获嘉县和新乡市人均收入情况

单位：元

	年份	2000	2001	2002	2003	2004	2005	2006	2007	2008	2009
获嘉县	城镇居民人均可支配收入	3124	3317	3594	3921	4564	5218	5953	7219	8664	9687
	农村居民人均纯收入	2275	2345	2369	2515	2920	3390	3872	4635	5363	5756
新乡市	城镇居民人均可支配收入	4700	4967	5642	6231	7146	8312	9455	11236	13000	14170
	农村居民人均纯收入	2165	2220	2294	2409	2748	3133	3653	4355	5038	5431

数据来源：《获嘉县统计年鉴》(2009)、《新乡市统计年鉴》(2009)、《河南省统计年鉴》(2010)。

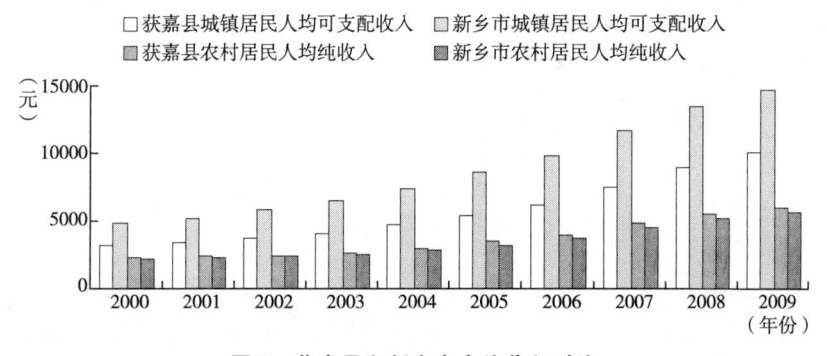

图3 获嘉县和新乡市人均收入对比

（三）获嘉三次产业结构变迁

在经济发展的同时，获嘉县的三次产业结构也发生了显著变化。三次产业的结构比例从2000年的25.8∶41.9∶32.3，变为2005年的21.7∶54.6∶23.7，2009年进一步变为19.4∶55.2∶

25.4。同期河南省三次产业的结构比例分别为 23：45.4：31.6（2000 年）、17.9：52.1：30（2005 年）、14.2：56.5：29.3（2009 年）。其中最明显的变化是第一产业的比重，2000~2009 年获嘉县第一产业的比重一直明显高于河南省的平均水平，2009 年获嘉县第一产业的比重高于全省平均水平 5.2 个百分点（详见表 4）。

表 4 河南省与获嘉县三次产业比重（2000~2009 年）

单位：%

年份	获嘉县			河南省		
	第一产业	第二产业	第三产业	第一产业	第二产业	第三产业
2000	25.8	41.9	32.3	23	45.4	31.6
2001	25.1	43.6	31.3	22.3	45.4	32.3
2002	26.2	42.6	31.2	21.3	45.9	32.8
2003	23	47.8	28.2	17.5	48.2	34.3
2004	23.7	50.3	26	19.3	48.9	31.8
2005	21.7	54.6	23.7	17.9	52.1	30
2006	23.4	51.3	25.3	16.4	53.8	29.8
2007	21.1	53.2	25.7	14.8	55.2	30
2008	20.9	54.2	24.9	14.4	56.9	28.6
2009	19.4	55.2	25.4	14.2	56.5	29.3

数据来源：《获嘉县统计年鉴》（2009）、《河南省统计年鉴》（2009）、《河南省统计年鉴》（2010）、获嘉县"十二五"规划提供资料。

从表 5 可以看出，1980 年，获嘉县生产总值曾经占到新乡市的 7.8%，仅低于辉县和卫辉市，高于新乡市的其他地区。总体上看，这一时期，获嘉县综合实力还排在新乡市的第一方阵，此后一直到 2000 年左右，获嘉县的生产总值一直占新乡市生产总值的 7% 左右，处于新乡各县市的中游偏下的位置，但从 2000 年以后，获嘉县的生产总值占新乡市的比例开始逐年下降，2009 年获嘉县的生产总值占新乡市的比例只有 4.8%，居全市倒数第一位。

表 5 新乡市各县生产总值及产业分布表

单位：亿元，%

	年份	1978	1980	1985	1990	1995	2000	2001	2002	2003	2004	2005	2006	2007	2008	2009
新乡市	地区生产总值	12.7	15.4	28.1	61.2	210.7	276.6	303.3	333.5	369.3	450.3	544.2	640.0	779.7	949.5	992.0
	第一产业	4.7	5.9	9.9	21.1	53.9	67.0	72.0	72.6	63.4	78.9	89.0	97.5	110.7	130.8	131.8
	第二产业	5.5	6.3	11.6	23.8	104.0	114.1	126.0	145.6	178.1	220.7	280.4	335.6	416.9	521.2	559.0
	第三产业	2.6	3.2	6.6	16.3	52.8	95.4	105.3	115.2	127.8	150.7	174.7	206.9	252.1	297.5	301.2
获嘉县	地区生产总值	0.7	1.2	1.9	4.4	14.6	18.7	20.8	21.7	23.0	29.6	35.7	35.7	39.6	47.3	47.5
	占新乡市的比重	5.5	7.8	6.8	7.2	6.9	6.8	6.9	6.5	6.2	6.6	6.6	5.6	5.1	5.0	4.8
	第一产业	0.4	0.8	0.9	2.2	4.3	4.9	5.5	5.5	5.5	7.0	7.8	8.3	8.3	10.0	10.0
	第二产业	0.2	0.2	0.6	1.1	6.9	7.6	8.6	9.1	10.6	14.9	19.6	18.3	21.1	25.6	26.5
	第三产业	0.1	0.2	0.4	1.1	3.4	6.2	6.7	7.1	6.9	7.7	8.3	9.0	10.2	11.8	10.9
新乡县	地区生产总值	0.9	1.0	2.4	5.6	26.0	27.0	28.8	31.4	33.9	42.1	54.7	69.7	94.7	122.7	133.5
	占新乡市的比重	7.1	6.5	8.5	9.2	12.3	9.8	9.5	9.4	9.2	9.3	10.1	10.9	12.1	12.9	13.5
	第一产业	0.6	0.6	1.0	1.9	5.2	5.8	6.0	6.2	4.4	5.3	5.9	6.4	6.9	8.1	8.3
	第二产业	0.2	0.3	0.9	2.5	15.3	14.1	15.1	16.9	20.8	27.0	37.2	50.1	72.5	96.8	107.9
	第三产业	0.1	0.1	0.5	1.2	5.5	7.1	7.7	8.3	8.7	9.8	11.6	13.2	15.2	17.8	17.3

续表

年份		1978	1980	1985	1990	1995	2000	2001	2002	2003	2004	2005	2006	2007	2008	2009
长垣县	地区生产总值	0.9	1.0	1.8	5.3	13.7	26.3	29.2	32.1	37.4	48.2	60.0	73.2	87.2	109.3	119.1
	占新乡市的比重	7.1	6.5	6.4	8.7	6.5	9.5	9.6	9.6	10.1	10.7	11.0	11.4	11.2	11.5	12.0
	第一产业	0.2	0.5	1.0	2.3	5.5	9.1	9.6	9.8	8.8	11.4	13.1	14.5	15.5	18.2	18.6
	第二产业	0.5	0.3	0.4	1.4	3.9	7.1	8.3	9.8	13.4	19.1	24.0	30.4	37.7	52.6	60.0
	第三产业	0.2	0.2	0.4	1.6	4.3	10.1	11.3	12.5	15.2	17.7	22.8	28.3	33.9	38.5	40.4
延津县	地区生产总值	0.6	0.7	1.5	3.1	9.1	13.7	15.2	16.9	19.4	26.3	32.1	38.1	46.2	56.3	62.4
	占新乡市的比重	4.7	4.5	5.3	5.1	4.3	5.0	5.0	5.1	5.3	5.8	5.9	6.0	5.9	5.9	6.3
	第一产业	0.4	0.4	1.0	1.7	4.4	5.3	6.1	6.3	6.3	7.9	9.5	10.9	11.8	14.4	14.6
	第二产业	0.1	0.1	0.3	0.7	2.7	4.5	4.9	6.0	7.8	12.0	14.4	16.5	22.0	27.6	32.1
	第三产业	0.1	0.2	0.2	0.7	2.0	3.9	4.2	4.6	5.3	6.3	8.1	10.7	12.4	14.3	15.7
原阳县	地区生产总值	0.6	1.1	1.8	4.6	12.1	20.7	22.1	22.2	22.3	28.2	32.5	42.2	52.0	64.1	66.0
	占新乡市的比重	4.7	7.1	6.4	7.5	5.7	7.5	7.3	6.7	6.0	6.3	6.0	6.6	6.7	6.8	6.7
	第一产业	0.4	0.8	1.1	3.0	6.9	9.1	9.6	9.2	7.6	9.1	10.6	12.1	14.6	17.2	17.1
	第二产业	0.1	0.1	0.3	0.7	3.2	6.2	6.4	6.7	7.7	10.5	12.4	16.7	22.4	29.3	31.2
	第三产业	0.1	0.2	0.4	0.9	2.1	5.4	6.1	6.3	7.0	8.3	9.5	12.4	15.0	17.6	17.6

续表

	年 份	1978	1980	1985	1990	1995	2000	2001	2002	2003	2004	2005	2006	2007	2008	2009
辉县	地区生产总值	2.0	2.1	3.9	8.4	36.1	43.6	48.4	54.0	59.3	74.5	84.8	97.8	118.3	151.6	166.9
	占新乡市的比重	15.7	13.6	13.9	13.7	17.1	15.8	16.0	16.2	16.1	16.5	15.6	15.3	15.2	16.0	16.8
	第一产业	1.0	1.0	1.7	3.0	9.0	9.8	10.2	10.4	9.1	11.6	13.3	14.5	18.4	22.6	22.5
	第二产业	0.8	0.8	1.5	3.4	19.1	22.3	25.6	29.5	35.2	45.4	52.1	60.9	74.2	97.6	114.9
	第三产业	0.2	0.3	0.7	2.0	8.0	11.5	12.6	14.0	15.0	17.5	19.4	22.3	25.8	31.3	29.4
卫辉市	地区生产总值	1.2	1.6	2.7	6.3	23.4	22.1	23.2	25.0	26.9	32.4	37.0	42.6	54.0	66.4	67.2
	占新乡市的比重	9.4	10.4	9.6	10.3	11.1	8.0	7.6	7.5	7.3	7.2	6.8	6.7	6.9	7.0	6.8
	第一产业	0.5	0.7	1.0	2.0	7.4	7.9	8.5	8.6	7.8	9.0	10.1	10.5	12.6	14.0	13.8
	第二产业	0.5	0.6	1.1	2.5	10.7	5.5	5.5	6.3	7.6	10.0	12.9	15.8	20.9	27.8	29.6
	第三产业	0.2	0.3	0.6	1.8	5.3	8.7	9.2	10.1	11.4	13.4	14.0	16.3	20.5	24.6	23.8
封丘县	地区生产总值	0.8	1.1	2.3	5.2	12.4	18.9	20.5	20.6	23.2	29.5	34.1	39.1	46.6	58.3	59.9
	占新乡市的比重	6.3	7.1	8.2	8.5	5.9	6.8	6.8	6.2	6.3	6.6	6.3	6.1	6.0	6.1	6.0
	第一产业	0.5	0.7	1.5	3.5	7.5	10.6	11.2	9.1	9.8	12.7	14.3	15.7	18.2	21.8	22.1
	第二产业	0.1	0.2	0.4	0.9	2.7	3.5	3.9	5.1	6.3	8.6	10.2	12.2	15.0	20.4	22.9
	第三产业	0.2	0.2	0.4	0.8	2.2	4.8	5.4	6.3	7.2	8.2	9.6	11.2	13.4	16.1	14.9

从三次产业结构来看，获嘉县的三次产业都在增长，但第二、三产业的发展明显滞后，尤其是第二产业的发展更为滞后。根据工业化与城镇化发展的客观规律，工业发展滞后意味着本地创造的就业机会有限，这种情况必然制约居民收入水平的提高，并进一步制约第三产业与城镇化水平的提高。可见，进入21世纪以来获嘉经济发展速度下滑最主要的原因是工业发展滞后了。

获嘉工业发展的基础还是不错的，比如农业机械、高压电器、阀门等产业起步都很早，只是由于种种原因到目前为止还不成规模，也没有形成大个头的龙头企业，产品档次也没有较大提高。进入21世纪后获嘉工业发展落后至少有以下两个方面的主要原因。

一是忽视了工业的发展或者说对发展工业的重要性认识不够。由于获嘉县的农业基础较好，因此长期以来获嘉都以农业的发展为重心，试图依靠农业带动获嘉的发展和飞跃。事实上，在进入工业化社会以后，这种想法已经不适应社会发展的需要了。因为农业的发展受自然条件的约束较大，土地不可能大量增加，产量的增加也受到很大限制，试图以农业来支撑整个经济发展的重任显然是不现实的。

二是改革开放意识不强、力度不够，滞后于全国乃至全省的平均水平。具体来说分为以下方面。

(1) 国有企业改制没有及时跟上市场经济的改革进程。在计划经济时期，获嘉县的工业曾经是比较辉煌的，如获嘉拖拉机厂就盛极一时。但由于改革意识不强、力度不够，随着全国市场经济改革进程的推进，获嘉县的国有企业的改制没有及时跟进，因此，那些曾经辉煌的国有企业很快在激烈的市场竞争中陷入困境，不仅没有为获嘉的经济发展作出贡献，反而成为获嘉的发展包袱。

(2) 民间工业没有成长起来。从调研看，获嘉县的民间工业有着较好的基础，但这些年来始终没有成长起来，没有发展壮大。原因是多方面的，既有行业方面的原因，也有外部环境政策等方面的制约因素，但至关重要的一点是企业缺乏开放思维，即开放意识不强、力度不够：表现为企业在资金、技术、管理、人才等方面均在获嘉这样一个相对封闭的小环境下运转，发展空间不可能太大、发展水平也不可能太高，所以企业成长缓慢，既没有实现正规化，也没有上规模，对地方经济发展的贡献自然受限。

（3）招商引资效果不太好。对河南多数县市来说，工业发展的内生力量较弱，要加快发展要靠招商引资、靠承接发达地区的产业转移。根据对全省各县市的了解来看，发展较快的大多是在招商引资、承接产业转移方面比较成功。就获嘉的实际情况来看，多年来在招商引资上虽然也做出了很大的努力（包括丧失了两次好的机遇），但除了煤化工产业的成功引进以外（楼村的精细化工也算一个），已经形成气候尤其是形成一个成熟产业的还乏善可陈。这实际上也是一个开放意识不强、力度不够的问题。

由于上述原因，近年来获嘉县工业发展严重滞后，获嘉在新乡市的地位明显下降。依托现有的产业基础，进一步解放思想、加大改革开放的力度，尤其是加大承接外部产业与资本转移的力度，迅速壮大工业，是当前获嘉经济社会发展面临的最根本的任务。

二 获嘉经济社会发展面临的机遇与挑战

（一）获嘉经济社会发展面临的历史性机遇

1. 宏观环境

（1）在我国经济发展重心向中部地区转移的总体趋势下，获嘉将迎来一个工业快速发展、城镇快速扩张的最佳机遇。

改革开放以来我国凭借后发优势与丰富的劳动力资源，迅速成为世界工厂与全球劳动密集型制造业的中心，为全世界提供物美价廉的消费品，并将数以亿计的农村劳动力吸纳到工业化进程中。同时，我国的消费市场也逐步扩大，尤其是2008年金融危机以来中国市场成为拉动全球经济复苏与发展的越来越重要的因素。但是，以上生产与消费两方面的增长在空间、时间上是不平衡的。从空间上看，过去我国工业发展的重心主要在东部沿海地区，并吸纳中西部大量农村劳动力到东部沿海就业（但并未融入城市）；从时间上看，先有外向型（主要依赖国外市场）制造业发展，后有国内市场的形成与扩大（进入21世纪以后中国市场才开始被关注）。

目前上述空间与时间上的不平衡给中国经济社会发展带来的影响与制约越来越明显、越来越突出，表现如下。

从需求看，一方面，国际金融危机以来全球市场萎缩，出口拉动的发展模式越来越难以为继；另一方面，我国内部消费市场的扩大主要发生在城镇化水平较高的东部发达地区与大城市，受户籍制度限制，大多数在东部发达地区与大城市就业的农村劳动力无法真正融入城市，他们的消费需求不能有效释放，所以内需扩大受到限制，将实现非农就业的劳动力城镇化成为中国进一步发展的现实要求。

从生产看，一方面，东部地区的工业化与城镇化发展水平已经达到甚至超过中等发达国家的水平，随之而来的地价与生活成本上升使东部发达地区在劳动密集型制造业方面的竞争优势逐步消失；另一方面，随着中国工业化向纵深推进，低价劳动力供应充足的状况已经发生了很大变化，中西部地区劳动力需求也大量增加，选择就业区域的主动权正在向劳动者转移。在这样的背景下，只有将在东部地区逐步失去竞争优势的制造业与相关服务业向人口稠密、劳动力供应仍相对充足的中部地区转移，产业才能获得持续稳定发展的条件。

所以，只有通过产业区域转移，同时将非农就业人口纳入城镇化进程，改变长期以来劳动者就业空间与家庭生活空间分离的状况，才能扩大内需，产业才能获得持续发展的动力与空间。从这个意义上说，加快中部地区工业化与城镇化进程并实现两者的良性结合，不仅是中国经济持续发展的必然要求，同时也意味着中国经济发展重心向人口众多的中部地区转移是一种不可逆转的趋势。在这一变化过程中，河南省在中部地区人口总量最多、密度最大，市场发展潜力最大，可能的劳动力供应也最多，最有可能成为中国经济新的增长中心。

顺应中国经济发展重心向人口稠密的中部地区转移的客观要求，国家对中部地区的政策支持力度（支持中部崛起的相关政策）必将进一步加大，这必然将给中部地区、给河南省，也必然给获嘉县带来一个工业快速发展、城镇快速扩张的历史机遇。在这样的背景下，获嘉县只有未雨绸缪、深入研究、早做谋划，将内生发展力量与承接外部产业、外部资本有机结合起来，以工业发展为根本动力，通过工业化、城市化与农业现代化同步推进、协调互动，才能抓住机遇，争取早日实现经济社会转型。

（2）中原经济区、中原城市群的规划建设为获嘉发展提供了良好的外围条件与政策环境。

省委省政府正在酝酿中原经济区这一重大战略规划。规划的核心是以城镇化带动"三化协调"，这是国家"中部崛起"战略在河南省的进一步细化，也是今后5~10年指导河南省经济社会发展的重要战略。中原经济区就是要遵循"三化协调"发展的基本规律，改变过去就工业讲工业、就城镇讲城镇、就农业讲农业的状况，以产业集聚区、中原城市群为载体，在承接产业转移、大力发展制造业的同时推进城镇化与第三产业发展，通过产业、人口、城镇等各种要素在空间上的同步集聚实现产城融合，达到以城镇化来连接工业化与农业现代化、最终实现"三化"协调的目标。因此，按照"加快推进城镇化、工业化及两者良性互动"的原则制定鼓励承接产业转移与集聚发展、鼓励农民工进城等方面的相关政策，必将给河南各个县市带来良好的政策环境。哪个县市将这一趋势领悟透，并据此制定相应的发展战略，就能够更好地抓住这个机遇，抢占先机。

中原城市群是河南省建设中原经济区最重要的载体之一，将在产业、人口、资本等要素空间集聚方面发挥核心性作用，群内各城市也将在吸引要素集聚的同时形成明确的分工和互补关系，成为河南、整个中部地区乃至全国最具发展活力的地区。

获嘉县位于中原城市群"豫北工业走廊"中部，是郑州、新乡、焦作三地接点城市。南距郑州市仅50公里，不但在郑州1小时经济圈辐射范围之内，而且还处于中原城市群"新焦济产业带"的中部，是新乡与焦作两大都市区的一个重要连接点，具有承东启西的重要功能和区位优势。获嘉县南部工业重镇亢村镇与新乡市平原新区相接，而平原新区在产业、人口和基础设施建设等方面主动与郑州对接。所以，获嘉客观上具备了融入中原城市群的先天区位优势，应当可以通过在经济、科技、信息等方面积极主动地与郑州、新乡对接，将自身纳入中原城市群的分工体系，实现工业化与城镇化加速发展、进入新乡市第一方阵的目标。

2. 自身优势

一是获嘉有较好的工业基础，民间创业活动活跃。豫北过去一直是河南工业基础较好的地区，获嘉也不例外。阀门、高压电器、农机制造等行业在获嘉起步相当早，其中新乡"一拖"一度很辉煌。虽然由于种种原因这些产业在获嘉并没有形成较大的规模，但还是有一批与之相关的中小企业顽强地生存了下来，形成了一定的产业基础（培养了一批市场营销人员、技术人员与熟练的产业工人），更重要的是培养了一些有创业激情及一定经验的中小企业主，所以获嘉本地的创业活动一直比较活跃。在我国产业区域转移与中部地区工业化加速推进的大背景下，本地企业及中小企业主将成为获嘉承接外来产业、外来资本的重要载体，是支撑获嘉工业化快速推进的一大力量。

二是获嘉有较好的交通区位优势。获嘉地理位置优越，交通便利，铁路、高速公路四通八达，京广铁路、新焦铁路、济东高速公路纵横贯通，境内有亢村、忠义、获嘉、狮子营四个火车站。紧邻107国道、郑焦高速，县城距郑州市仅50公里，距新乡市14公里，其中工业基础较好、有一定人口规模的亢村镇毗邻桥北新区，距郑州黄河大桥仅20分钟车程，在郑州发展用地严重不足的情况下，可凭其良好的区位优势成为郑州产业的拓展地。

三是产业集聚区为获嘉承接产业转移储备了一定规模的建设用地。在国家保护耕地的大背景下，目前建设用地供应成为制约河南省各县（市）承接产业转移、加速工业化城镇化进程的关键因素。由于获嘉有一定的工业基础，不但有一个省级产业集聚区（规划面积7.8平方公里），还有亢村（规划面积4平方公里）、楼村（规划面积6.44平方公里）两个市级产业集聚区，为项目落地打下了基础。

四是煤化工产业大型项目的进驻。新乡煤化工基地进驻获嘉后的大规模投资、大规模生产将在短时期内扩大获嘉的经济总量，提高财政收入，为其他产业、为城镇化、为获嘉经济社会的整体发展提供重要支撑。

五是农业基础好，农民收入高、生活殷实。虽然2000年以后获嘉经济发展速度下滑，但同期获嘉农村居民人均纯收入一直高于新乡市平均水平（见表3与图3），这反映出获嘉较高的农业发展水平。农民收入高、生活殷实的一个突出表现就是目前县城的房地产业需求旺盛、发展势头良好，为获嘉城镇化的加速推进创造了一定条件。

（二）获嘉经济社会发展面临的挑战

一是区域竞争压力增大。虽然在中国经济发展重心向中部地区转移的大背景下，获嘉面临工业化与城镇化加速发展的机遇期,但这个机遇期对河南省的众多县(市)乃至中部地区众多县(市)是一样的,周边县市都在抢抓机遇,都在争先恐后地引进外部产业与外部资本加快发展,所以中部县(市)之间的区域竞争日趋激烈,给获嘉带来较大竞争压力。在这样的竞争面前,谁研究清楚了形势,谁早做准备、科学决策并及时实施,谁就能积累优势加快发展,所以这就要求获嘉必须深入研究自身的优势与不足,科学确定产业发展方向,以达到预期的发展目标。

二是企业规模小,缺乏具有绝对竞争力的拳头产业与龙头企业。不管是齿轮、高压电器、农机装备等在获嘉有较长发展历史的行业,还是精密机械加工、新能源、新型包装、造纸等新兴产业,在获嘉都没有形成规模较大、在行业内有较大影响乃至绝对优势的龙头企业,获嘉现有的这些产业行业竞争力有限,在业内扮演参与者及跟随者的角色。培育若干个能够支撑获嘉长期持续稳定发展的拳头产业的任务相当艰巨。

三是产业环境不佳与配套能力不强。获嘉的齿轮、高压电器、农机、汽车配件等行业,虽然有一定产业基础,但企业之间竞争多(甚至是简单的恶性价格竞争)、合作少(缺乏有效分工协作),所以产业链条短、配套能力差,产业发展环境并不太好。而其他如精密机械加工、新能源、包装材料、造纸等行业多是单个企业,还谈不上产业链条与配套能力,这些都成为产业进一步发展的制约因素。

四是现代煤化工基地对城市环境的影响。现代煤化工基地离城区太近,基地北侧靠近获嘉县城区,距离获嘉火车站400米,距离新太铁路最近为250米,站在城区最繁华地段就可以看到煤化工项目的立柱设备。煤化工企业排污是不可避免的,即使经处理达到排放标准,总还是有"三废"排放,这是不可回避的问题。居民对煤化工项目污染的担心已经有所表现,据城关镇负责人介绍说,在其县城西南毗邻煤化工基地的商品房的入住率不足30%,

出售率不足50%。随着煤化工项目的建成投产，污染排放与环境容量将会成为制约城市发展的一个主要瓶颈。

总的来看，未来获嘉发展虽然面临一些压力，但只要抢抓机遇、克难攻坚，谋划解决经济社会进一步发展面临的关键问题，必将迎来一个经济社会快速发展阶段、进入一个工业化与城镇化快速发展期。

三　工业发展

（一）产业功能分析

对一个区域来说，工业的发展至少应该发挥两个方面的功能：一是要能够创造大量就业机会，吸纳本地劳动力。因为只有实现非农就业，老百姓的收入与生活水平才能提高，城市商贸与其他各种经济活动才能繁荣。二是要能够提供税收，增加地方财政收入。因为只有政府有钱了，才能建设更好的基础设施、提供更好的公共服务。但是现实中不少工业要么在创造就业机会方面贡献大，要么在增加地方财政收入方面贡献大，同时具备以上两个功能的并不多。这就要求地方政府在工业发展上两方面兼顾，既要考虑大力发展能够扩大财政收入的工业，也要考虑发展能够创造大量就业机会的工业。就获嘉的现状来说，煤化工、电池与新能源等显然属于财政贡献大、创造就业机会能力有限的行业，而高低压电器、阀门等属于创造就业机会较多、财政贡献较少的行业，新型包装、农机装备制造、汽车零部件等则是既能创造较多的就业机会、财政贡献也不小的行业。

（二）产业前景与发展建议

某一产业在某一区域的发展至少取决于两个方面的因素：一是有没有市场空间，也就是产业的市场规模能不能扩大。如果不能扩大，产业的发展前景肯定非常有限。二是本地有没有较好的产业环境，也就是有没有配套能力，有没有相关的技术人员、熟练工人、市场营销人员等。如果有，行业在某一区域就可能得到很好的发展，反之就存在困难。要在产业环境较差时发展某一产业，就必须在引进一些大企业的同时下工夫培育与营造较好的产业环境，这样产业才能较好地生存、持续地发展。下面从市场空间与产业发展环境两方面对获嘉目前的工业逐一进行分析。

1. 煤化工

从市场空间看，我国工业化与城镇化的快速推进对化工产品仍有巨大需求，而且我国是一个多煤少油的国家，煤化工是国家鼓励的方向，所以总体来看煤化工产业有着巨大的市场发展空间。但同时也要注意某些具体产品的供需平衡，如甲醇项目就由于上马项目太多、累积产能放大而从高利润项目变成了微利甚至无利项目。因此，获嘉煤化工产业的发展应该充分考虑所上项目市场供求状况变化的可能，及自身产品调整的能力。

从产业发展环境或者市场竞争力来看，虽然获嘉本身的煤炭资源还存在一些不确定性，但可以依托赵固煤矿及附近其他煤炭资源，还可以利用晋煤外运通道及晋煤资源，所以煤炭资源是有保证的。但是，除了煤炭资源的可得性以外，煤化工产业的发展还受制于煤炭和石油的比价。据专家估算，当原油价格在50~80美元/桶的价格时，煤化工产品的经济性有赖于充足、稳定和低价的煤炭供应。也就是说，当原油价格较低时，煤化工产品可能因为成本高于石化产品而失去市场竞争力（煤化工行业自身不赚钱），需要煤炭向化工让利来支持煤化工产业的发展。

总体上看，煤化工产业对获嘉未来的发展是一个重大的机遇与支撑，既有较好的发展前景，也会面临一些市场风险。

2. 精细化工

从市场空间看，楼村精细化工的产品以化工中间体、医药中间体为主。随着化工、医药产业的发展，一方面中间体市场需求有扩大的趋势，另一方面其总体市场容量不会很大（因为中间体毕竟只是化工、医药产业原料的一小部分，其市场总体规模不可能像普通消费品那样广阔）。不过由于楼村是全国为数不多的在精细化工方面通过环评的特色工业园区，所以竞争对手不多，其市场空间应该是比较乐观的。

从产业发展环境看，楼村的精细化工产业起步较早，已经具备一定规模与良好的发展条件。但现有企业的集体产权与管理体制在市场经济条件下如何持续发展？初步考虑后认为，越来越多外来民营精细化工企业进驻园区，必然会逐步影响与推进原有集体企业的发展与演化，促进精细化工产业在楼村的持续发展。

3. 高低压电器

从市场空间看，随着工业化与城镇化的持续快速推进，高低压电器需求增长的空间很大。从产业发展环境看，获嘉高低压电器行业起步较早，有一定的发展基础，如相关的技术人员、熟练工人、市场营销人员等。但产业总体规模不够大，中小企业之间缺乏有效分工协作，竞争大于合作，没有形成竞争力强的龙头企业。

获嘉高低压电器产业的持续发展壮大至少要解决两个问题：一是要引进或者培育龙头企业，带动整个行业的发展与素质提高；二是要成立行业协会，加强企业之间的联系协调与分工合作，尽快形成良好的配套能力、拉长产业链条。

4. 阀门

获嘉的阀门产业与高低压电器有很多相似之处。从市场空间看，获嘉县域阀门企业的主要产品是城市建筑物排水系统及城市公共道路排水管道等配套的阀门，在城镇化快速推进背景下其市场空间很大。从产业发展环境看，获嘉阀门产业也起步较早，有一定的发展基础，但产业总体规模不够大，中小企业之间缺乏有效分工协作，竞争大于合作，也没有成长出竞争力强的龙头企业。

获嘉阀门产业的持续发展要解决两个问题：一是要引进或培育龙头企业，带动整个行业的发展及装备技术水平、产品层次的提升；二是要成立行业协会，加强企业之间的联系协调与分工合作，尽快形成良好的配套能力、拉长产业链条。

5. 农机装备制造

获嘉农机装备制造起步也比较早，目前产品有四轮拖拉机、联合收割机、玉米收获机、免摇起动机等。从市场空间看，这些产品的总体需求都很大，关键是提高产品的竞争力。从产业发展环境看，这些企业大多是在原来中原"一拖"的基础上发展起来的，有相当的技术能力与营销能力，但产品档次低、企业布局分散、没有形成产业链。而且企业由于规模较小融资能力也不强，发展后劲不足。

农机装备行业发展的关键是通过提升装备能力与工艺水平，提高产业档次与增强市场竞争力，以求持续稳定地发展。

6. 精密机械加工

以博世泰尔与宏达为代表的精密加工是获嘉工业的一个亮点。这两个企业原来都是装备水平较低的小企业，经过多年的积累与努力，目前企业已初具规模，装备水平与加工能力都上了一个档次。

从市场空间看，精密重型机械尤其是汽车产业的发展前景非常大，所以汽车零部件、精密机械加工的市场前景非常广阔。从产业发展环境上看，这两个企业共同的特点是各自为政，与本地企业的联系几乎没有。

7. 其他产业

除了大规模的现代煤化工产业，以及精细化工、精密机械制造、高低压电器、农机制造、阀门等有一定历史积淀且空间上也相对集聚的产业以外，近年来获嘉县域范围内还引进或成长了一些规模较大的企业，如中国国红新能源有限公司的风电项目、河南省捷和新能源材料有限公司的锂电池材料项目、比得力高新能源有限公司的锂电池项目及以新能源、腾飞纸业为代表的无碳复写纸项目，以青岭公司为代表的新型包装项目等。这些企业均是顺应市场需求创立的，市场空间问题不大。但是，这些行业在获嘉没有历史积淀、与本地企业的经济联系少，在某种程度上具有"飞地"的性质。如何为这些企业创造在本地持续发展的条件、培育出更多企业、最终形成一个具备相当规模与市场竞争力的产业，是获嘉工业持续发展必须思考与解决的一个问题。

8. 具备极大发展前景的体育产业

在获嘉现有产业中唯一定位不太明确的是体育产业。目前各方面对体育产业园（规划面积1.5平方公里）的介绍仍停留在打造集体育用品研发、生产与销售于一体的国家级体育产业园区，但体育产业大、门类多，更具体的产业发展方向并不明确。根据体育产业市场空间与获嘉实际情况来看，应该将体育产业园定位于体育服装、鞋帽与球类的生产加工上，理由如下：

第一，体育服装、鞋帽与球类有巨大的市场空间。与体育器械等专业性极强的门类相比，体育服装、鞋帽与球类属于大众消费品。随着人们生活水平的提高，健康休闲类的体育服装、鞋帽业是国内发展最快的行业之一，匹克、安踏、361度等国内著名体育服装、鞋帽品牌发展非常迅猛，大有赶超耐克、阿迪达斯等国际品牌之势，显示了体育服装、鞋帽与球类在我国的巨大发展空间。

第二，获嘉具备生产制造体育服装、鞋帽与球类的潜在优势。国内体育服装、鞋帽等的需求增长非常迅猛，匹克、安踏、361度等国内著名品牌厂商扩张的速度非常快，国内市场的地域分布非常广阔,人口密度最大、数量最多的中部地区是各大厂商争夺的重点,所以厂商自身具有在中部地区布点的现实需要。目前全省各地确定的以体育产业为主导的园区非常少,如果获嘉能够及早定位、早下手,利用本地良好的区位优势与丰富的劳动力资源,率先承接几个国内较大体育服装、鞋帽与球类的生产制造商进驻,应该很快就能集聚竞争优势,形成一个非常有发展前途的行业。

第三,体育服装、鞋帽与球类的生产制造能够创造大量的就业机会。体育服装、鞋帽与球类生产属于典型的劳动密集型制造业,产业发展需求大量的劳动力,当然也能创造大量的就业机会。根据我们的了解,目前获嘉仍有着丰富的劳动力储备,这既是获嘉的优势,也是获嘉经济社会发展急需解决的问题。通过以上对获嘉现有各个产业的逐个分析可以发现,以煤化工、精细化工为首的大部分行业都属于创造就业机会不太多的行业,而真正属于劳动密集型制造业的还没有,这对于解决获嘉老百姓的就业是非常不利的。

综上,无论是从市场前景、发展机会,还是解决就业来看,获嘉都应该将体育产业具体定位为体育服装、鞋帽与球类的生产制造,通过积极引进国内著名的体育服装、鞋帽与球类生产制造品牌厂商,来发展体育产业,为获嘉经济社会发展提供强有力的支撑。

(三) 空间布局

空间集聚是工业发展的基本规律,同类及相关产业空间集中形成的规模经济与集聚优势是产业竞争力的重要来源,所以获嘉工业空间布局必须遵循相关产业集聚的基本规律。要根据获嘉的工业基础与现有工业用地状况,重点调整和优化"一区两园"的工业空间格局。

"一区"指的是新获快速路以南、南环路以北,东起获嘉县界，西至县城西环路的获嘉县产业集聚区，要重点发展五大产业集群：以煤化工为主的煤化工产业集群，以农机生产、汽车零配件为主的机械制造产业集群，以电力设备、电器制造为主的电力电器产业集群，以新能源、电子电池为主的电子科技产业集群，以体育服装、鞋帽、球类等体育用品制造为主的产业集群。

"两园"即亢村镇南部规划面积4平方公里的亢村特色工业园与楼村南部规划面积6.44平方公里的楼村特色工业园。

亢村特色工业园以机械精密加工和新能源装备制造为主导产业。依托亢村园区大型机械设备精加工的优势，逐步向风力发电、光伏发电设备深加工、成套化方向发展。依托亢村园区阀门企业众多的优势，规划建设阀门产业园，引进技术先进、装备精良大型阀门企业进驻，提升阀门产业的整体素质与总体规模，形成产业链条。

楼村特色工业园以精细化工和新材料为主导产业。楼村园区经过多年与高校和科研单位合作，已初步形成以医药中间体、农药中间体、染料和有机颜料、新材料等为主导的产业结构，工业园区已初具规模。要依托现有产业基础，继续做大做强精细化工产业，并进行产业拓展，完善产业链，把园区建设成为一个现代化的、城乡协调发展、独具特色的获嘉县重要功能区。

四 城镇化

（一）城镇化是当前我国经济社会发展的主要推动力

美国经济学家西蒙·库兹涅茨把现代经济增长归结为工业化和城镇化过程，而且城镇化与工业化之间存在密切关系。库兹涅茨认为城镇化发展轨迹随着产业的发展表现为S形上升曲线，即在工业化初期，工业化速度高于城镇化，工业化是经济社会全面发展的主要动力；进入工业化中期以后，城镇化速度加快，其对经济社会全面发展的综合作用开始超过工业化,成为带动经济社会发展的更重要的推动力,如图4所示。

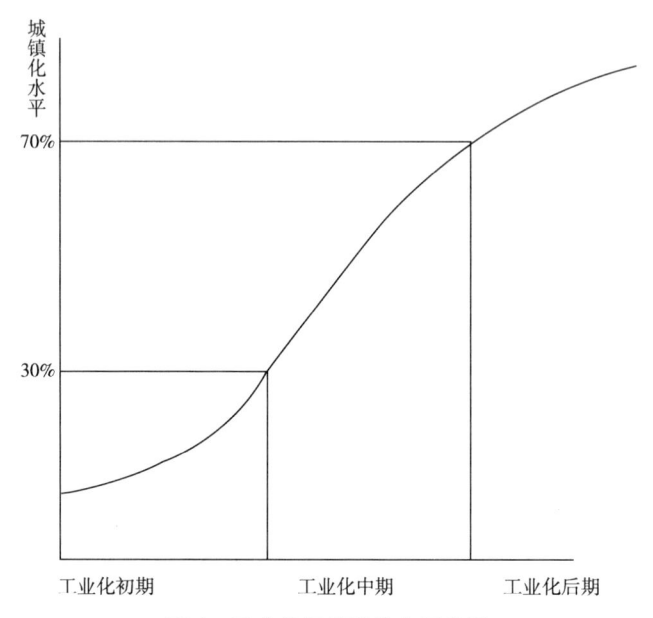

图 4 工业化与城镇化水平关系

在库兹涅茨曲线的基础上,著名经济学家 H. 钱纳里和 M. 塞尔昆将工业化与城镇化之间的 S 形关系定量化,提出了钱—赛"发展模型"(表6)。

表6 钱—赛"发展模型"中的城镇化与工业化的关系

单位:%

人均 GNP (1964 年美元)	城镇化水平	制造业占 GDP 的比重	工业从业人员比重
<100	12.8	12.5	7.8
100	22	14.9	9.1
200	36.2	21.5	16.4
300	43.9	25.1	20.6
400	49	27.6	23.5
500	52.7	29.4	25.8

续表

人均 GNP（1964 年美元）	城镇化水平	制造业占 GDP 的比重	工业从业人员比重
800	60.1	33.1	30.3
1000	63.4	34.7	32.5
>1000	65.8	37.9	36.8

资料来源：H. 钱纳里、M. 塞尔昆：《发展型式（1950-1970）》，李新华译，经济科学出版社，1998。

根据钱—赛"发展模型"，工业化与城镇化发展历程是一个由紧密到松弛的发展过程。发展之初的城镇化是由工业化推动的。在工业化率与城镇化率共同达到 13% 左右的水平以后，城镇化开始加速发展并明显超过工业化。到工业化后期，制造业占 GDP 的比重逐渐下降，工业化对城镇化的贡献也由此逐渐减弱。

受二元户籍及相关制度的约束，改革开放后中国工业发展的重心主要在东部沿海地区，并吸纳中西部大量农村劳动力到东部沿海就业，但这些劳动力并未融入城市，也就是没有城镇化，所以城镇化率明显滞后于工业化率。目前，城镇化作为工业化集聚要素的平台、释放与提供现代化消费需求的平台、社会转型的平台，已经不能为工业化与经济社会持续发展提供强有力的支撑，甚至开始成为工业化与经济社会持续发展的制约因素。在当前我国严格保护耕地（占补平衡）的大背景下，只有通过加快农民进城与城镇化的速度，用城镇化来带动"三化"协调，才能为工业发展与城镇建设提供空间，为农业现代化的推进开辟道路。所以，城镇化是当前中国工业化与经济社会全面发展的主要推动力。

（二）获嘉县城镇体系现状及发展方向

1. 获嘉县域城镇体系现状概览

获嘉县共有 8 镇、3 乡、218 个行政村。8 个建制镇分别是：

城关镇、照镜镇、黄堤镇、史庄镇、中和镇、徐营镇、冯庄镇、亢村镇；3个乡分别是：位庄乡、大新庄乡和太山乡。获嘉县城地处县域北部，截至2007年底，县城建成区面积达9.9平方公里，约8.1万人，是全县政治、经济、文化、交通中心。

表7　2007年获嘉县乡镇规模

乡镇名称	2007年各乡镇人口规模			所辖村庄个数（个）	总面积（平方公里）
	总人口（万人）	驻镇人口（万人）	驻镇人口比重（%）		
城关镇（县城）	5.0	8.1	162	10	14.3
照镜镇	3.3	0.3	9.09	22	42.8
黄堤镇	2.0	0.2	10	11	41.7
史庄镇	3.9	0.4	10.26	24	48.6
中和镇	2.9	1.1	37.9	14	22.4
徐营镇	3.2	0.7	21.88	25	46.2
冯庄镇	4.1	0.9	21.95	23	55.5
亢村镇	4.3	1.3	30.23	23	56.2
位庄乡	2.7	0.22	8.15	14	35.8
大新庄乡	3.9	0.28	7.18	24	48.2
太山乡	3.9	0.45	11.54	24	61.6
总　计	39.2	13.95	35.6	214	473.3

数据来源：《获嘉县统计年鉴》和乡镇情况调查表，不含西工区。

获嘉县所辖11个乡镇中，城关镇履行的是一个区的功能，获嘉县城区的80%都在城关镇，县委县政府驻地也在城关镇，县城的快速膨胀已经把城关镇整体纳入城区，驻镇人口已经超过8万人，成为获嘉县要素聚集中心。除了城关镇外，镇区人口比例较多的是亢村镇、中和镇，这两个镇的驻镇人口都超过了1万人。另外，冯庄镇驻镇人口规模也较大，达9000人；人口最少的是黄堤镇、位庄乡、大新庄乡，这三个乡镇驻镇人口不足3000人。人口聚集功能的不足意味着经济功能较弱，这些乡镇的城区只是作为一个行政中心而存在。

获嘉县2009年城镇化率为37.1%，低于全省（37.7%）和新乡市（40.9%）的水平。"十二五"时期，获嘉县面临着工业化和城镇化快速发展的大好时机。以现代煤化工基地建设为契机，以获嘉县产业集聚区、楼村精细化工新材料工业园区和亢村新能源及机械精细加工产业园区为依托，获嘉县的经济社会将会有跳跃式发展。

城镇体系是经济社会的一部分，其发展要受到经济状况、区位、人口以及资源禀赋等诸多条件的限制，在未来城镇体系规划中需要充分考虑这种综合因素的影响，使城镇体系规划建立在要素流动符合经济规律的基础上。要合理地规划城镇体系，就有必要对获嘉县县域城镇体系的经济社会条件进行一个综合分析。

2. 获嘉县各乡镇经济社会条件分析

（1）县城（城关镇）

概况：获嘉县城位于新乡市西20公里，建成区面积9.9平方公里，人口8.1万人（城关镇总人口5万），是全县政治、经济、文化、交通中心。东临107国道，新济、新洛、获亢、获辉公路连接贯通，焦兖铁路穿镇而过，城区新辟的凯旋路、北环路、东环路、西环路与拓宽改造后的建设街、健康路纵横交错，布局合理，形成了四通八达的交通网络。

产业概况：县城产业优势明显，获嘉县产业集聚区是省政府审批的省级产业集聚区，主导产业为煤化工和农机装备制造。截至目前，区内入驻企业185家，经济总量80亿元，利税8亿元，固定资产28.6亿元，实现企业营业收入40亿元，其中规模以上企业29家。现代煤化工基地建设主要依托国内100强企业河南煤化集团和全国联碱行业前五强河南金山集团，预计总投资210亿元，综合生产能力将达到年产化工产品570万吨，实现工业产值106亿元、利税42.6亿元，争取到2015年成为百亿元特色基地。目前，河南金山集团年产40万吨纯碱、40万吨氯化铵和3万吨三聚氰胺的项目已竣工投产；河南煤化集团投资20亿元的年产40万吨甲醇的项目正在紧张建设中，投资26亿元的年产20万吨乙二醇项目和总投资10亿元的中科化工集团整体搬迁入驻项目已经奠基。现代农机装备制造基地建设进展顺利，免摇启动器生产龙头企业恒达科技年产200万台免摇启动器项目即将动工。世界500强企业英国联合营养集团年产18万吨饲料项目、新乡阳光油脂化工有限公司年产4000吨亚油酸项目已竣工投产。嘉苑新区建设稳步推进，新区规划面积3平方公里，按照膨胀城区规模、产业集聚发展的思路，将建成集企业科技研发、三产服务和办公居住于一体的城市新区。

获嘉县城关镇工业企业发展迅猛，第三产业生机盎然，已形成化工、机械两大行业集团和建材、运输、家电、服装、蔬菜等大型专业市场10余家。获嘉县鑫源化工有限公司，是华东地区最大的海绵生产厂家，年产值达到7000万元，上缴税金连续5年突破150万元；新乡市拖拉机制造厂是生产四轮拖拉机的专业性厂家，产品出口蒙古、俄罗斯等国家，年产值达亿元；鑫亚机械厂是三轮摩托车定点生产厂家，"小飞鹿"牌三轮车以其质优价廉而受到用户的青睐。

（2）亢村镇

概况：亢村镇位于获嘉县、原阳县、新乡县和桥北新区结合部，是获嘉县南大门。辖23个行政村，4.3万人口，其中镇区1.3万人。亢村镇东距新乡市16公里，北距获嘉县城区17公里，南距桥北新区（107国道）1公里。京广铁路横贯东西，1座上跨立交桥、6座下穿立交桥连接铁路南北，省级干线公路汲詹、薄口公路在此交会贯通。

工业概况：亢村镇拥有工业企业159家，规模以上企业13家，固定资产超千万元企业8家，投资规模500万元以上的企业20余家。1992年建成了以阀门产业为主的工业园区，2006年被确定为市级产业集聚区。近几年来，亢村镇充分发挥区位优势，大力发展民营企业，已经形成机械制造、阀门加工、供热设备、化工四大支柱产业，崛起了以河南宏达数控机械有限公司、河南新封热力有限公司、河南谢人安防门帘有限公司、新乡市豫通环保鼓风机有限公司、新乡市宝昌科技实业有限公司、新乡天祥药业有限公司为龙头的一批民营企业，成为全镇经济大发展的助推器。2008年全镇乡镇企业总产值达到8.9亿元，全镇民营经济占全镇财政收入的80%以上。

商业概况：亢村镇处于获嘉、原阳、新乡三县交界处，历来就是货物集散的商贸重镇（亢村驿），镇区摩托车销售及维修、家用电器、农副产品交换及副食品批发市场初具规模。据不完全统计，镇区固定商户超过400家，有建材市场、蔬菜市场、集贸市场等6个专业市场，镇区店铺林立，商品交易活跃，居民购销方便，辐射大新庄乡、冯庄镇、太山乡以及原阳县北部、武陟县东南部的部分乡镇，惠及人口10万人以上。

（3）照镜镇

概况：照镜镇位于获嘉县东北角，北与辉县接壤，东与新乡县相邻，镇政府驻地距县城4公里。该镇辖22个行政村，3.3万人，新焦铁路、新济公路和薄亢公路穿境而过，以此为框架，全镇形成以贯穿镇区的彦安路为纽带的四通八达的乡村公路网络，成为获嘉县对外的一个重要窗口。

工业概况：照镜镇工业企业起步早，发展快，已形成了化工、机械、纺织等三大支柱产业。楼村精细化工专业园区位于该镇，园区距县城约6公里，辐射人口1.4万人，主要涉及楼村、安村、冯村、西仓、照镜等村。楼村工业园区初步形成以医药中间体为主的精细化工产业结构，主要骨干企业有新乡市巨晶化工有限公司、新乡市锦盛新材料有限公司、锦源化工有限公司、隆盛纺织有限公司、博创化工有限公司、长虹机械有限公司、凤祥机械厂等，年产值均达到了5000万元以上。其中锦盛新材料有限公司的高纯氧化铝项目被纳入"国家级新产品"，达到国内最大市场占有率。巨晶化工有限公司用高科技抢占市场制高点，创出高效益，年利税达到 1200 万元,步入了"研究一代,开发一代,生产一代,储备一代"的良性轨道。

(4) 中和镇

概况:中和镇区东北距获嘉县城 9 公里,北距中州铝厂生活区 7 公里。新(乡)洛(阳)公路、中(州铝厂)郑(州)公路、获嘉县花卉路在该镇交会穿境而过,辖 14 个行政村,约 2.9 万人,其中镇区人口 1.1 万人。

工业概况:形成了化工、橡胶、纺织、造纸、包装、机械制造、建筑建材等 13 个行业、10 多个系列、30 多个品种的生产经营格局,产品远销 20 多个省、市、自治区。其中最突出的当属包装业,目前年产值已达 2 亿元,这些企业都为海尔、美的、新飞等国内知名企业配套,其中为海尔配套 600 万套,拿到新飞 90% 的订单。这些包装品不是传统意义上的泡沫材料,而是既环保又耐冲击的新型材料。高压电器行业也有所突破,正在和许继电气合作,准备在中和投资建设新厂。物流业比较发达,地理位置居中,拥有大型运输车辆 400 余辆。

商业概况:中和镇历史悠久,自古交通便利,地理位置优越,商贾云集。已形成独具特色的中和集贸市场、中北果品批发市场、建材市场和农机市场四个专业市场。每年农历十月二十二至二十六举行大型物资交流大会,吸引湖南、湖北、山东、山西、河北等 10 个省、市和本省其他地区的客商,市场辐射获嘉、武陟、修武三地近 20 个乡镇,年商品成交额可达 1.3 亿元以上。

(5) 其他乡镇

史庄镇、冯庄镇、黄堤镇、徐营镇、位庄乡、太山乡、大新庄乡等 7 个乡镇产业基础比较薄弱,农业所占比重较大,基本属于劳动力输出地,人口在不断外流。这些乡镇经济社会特征大同小异,故在此不一一赘述。

3. 获嘉县各乡镇城镇人口预测

在全面分析了各乡镇的经济社会现状后,有必要按照要素流动规律来预测城镇人口,据此得出获嘉县未来城镇体系的发展方向。

(1)《获嘉县城市总体规划(2009~2020)》对城镇人口的预测及其缺陷。

《获嘉县城市总体规划(2009~2020)》中对县域各乡镇人口有详细的预测,见表8、表9。

表8 人口预测结论

年份	全县人口(万人)	全县城镇人口(万人)	城区人口(万人)	其他镇区人口(万人)	城镇化水平(包括流动人口,%)	城镇化水平(不包括流动人口,%)
2007	40.2	13.67	8.1	5.57	34	—
2015	42.5	22	15	7	51.7	46.5
2020	44.0	28.3	19	9.3	64.3	57.9

表9 获嘉县城镇等级规模结构

单位:万人

等级	城镇名称	2007年城镇人口规模	2015年城镇人口规模	2020年城镇人口规模
一级	获嘉县城	8.1	15	19
二级	西工区	0.7	0.8	1.2
	亢村镇	1.3	1.7	2.3
	中和镇	1.0	1.1	1.3
	冯庄镇	0.9	1.2	1.4
	史庄镇	0.4	0.6	1.2
三级	照镜镇	0.3	0.4	0.5
	黄堤镇	0.2	0.35	0.5
	徐营镇	0.7	0.8	0.9
合计		14.4	22	28.3

这个规划虽然对获嘉县各乡镇人口作了详细的预测,但是经过研究发现,该规划对县城人口的预测是合理的,而对各个乡镇

的预测却没有建立在要素流动的基础上。

(2) 对《获嘉县城市总体规划 (2009~2020)》的预测的纠正。

具体分析如下。

第一，《获嘉县亢村镇总体规划 (2009~2020 年)》提供的数据显示 2013 年亢村镇镇区人口达到 2.1 万人，2020 年达到 3 万人。在该规划中，对镇区人口的计算考虑了人口的自然增长与机械增长和城镇化率等因素，该预测结论建立在科学分析的基础上，故我们认为《获嘉县城市总体规划 (2009~2020)》中低估了亢村镇的人口规模。如果考虑到亢村镇机械精加工园区聚集要素的能力越来越强，那么预测 2020 年镇区人口达到 3 万人还是保守的。因此，2020 年达到 4 万人的城镇人口规模将会是合宜的估计结果。

第二，《获嘉县亢村镇总体规划 (2009~2020 年)》对照镜镇城镇人口的预测显然没有考虑其与楼村的对接，仅仅是把楼村当做一个传统的村集体单元来考虑。楼村精细化工园区对劳动力的吸纳将产生巨大的非农化效应，其生产方式已经发生了根本性变革，故从经济规律来看，应该把楼村也纳入城镇人口统计口径之内。因此，照镜镇的镇区人口应该包括两个部分，一个是传统镇区人口，按照《获嘉县照镜镇整乡推进新型工业化城镇化农业现代化实施方案》提供的数据，到 2020 年传统镇区人口将达到 5000人；另一个是楼村人口，据楼村党支部书记许福卿介绍说，楼村精细化工园预计可吸纳 1.6 万人就业。所以新镇区人口在 2020 年将达到约 2 万人，如果考虑到就业人口的家庭因素，未来新镇区人口将超过 2 万人。

第三，《获嘉县城市总体规划 (2009~2020)》预测中和镇镇区人口为 1.3 万人，1.3 万人的人口规模与中和镇的重点镇身份极不相称，从这一点就可以否认其数据的合理性。而据中和镇书记介绍，目前镇区人口就已达 1.3 万人，已经接近辖区人口的一半，镇区规划 20 年后成为拥有 5 万人的小城市，按此计算，平均每10年将会吸纳约2万人,也就是说2020年将会达到3万人。所以说,中和镇镇区人口将会是3万人,而不是1.3万人,两者相差甚大。

按照我们的分析,可以对《获嘉县城市总体规划(2009~2020)》中的相关数据进行修正。2020年全县总人口为44万人,其中县城人口19万人,亢村镇区可达4万人,照镜镇区2万人(含楼村),中和镇区3万人,县城加上三个重点镇的镇区人口共28万人,则还剩下16万人。其余乡镇城区要素聚集效应较弱,可以按照目前的人口数上浮一定比例,目前7个一般乡镇镇区人口共3.2万人,2020年假设达到4万人,那么还剩余12万人,再去掉西工区的约1万人,剩余约11万人。也就是说,到2020年全县总人口为44万,县城、亢村、中和、照镜四个重点镇镇区人口为28万,一般乡镇(含西工区)人口为5万人,则非镇区人口将剩余$44-28-5=11$万人。

表10 对《获嘉县城市总体规划(2009~2020)》预测人口的纠正

单位:万人

年 份	2007	2020
县城	8.1	19
亢村镇	1.3	4
照镜镇	0.3	2
中和镇	1	3
其他	3.9	5
城镇人口合计	14.6	33
非城镇区人口	25.6	11
全县总人口	40.2	44

第四,《获嘉县城市总体规划(2009~2020)》没有充分考虑要素流动对新型农村社区建设的影响,只是单纯谈建设新型农村社区。《获嘉县城市总体规划(2009~2020)》确定的新型农村社区共54个,按照我们修正后的数据(即非镇区人口剩余11

万人），则每个新型农村社区到2020年平均约为2000人。也即是说，经过10年的变迁，每个农村社区平均人口约为2000人。而目前规划的新型农村社区人口少于2000人的不到9个，未来10年农村社区人口将会大幅度减少甚至全部转移，新型农村社区建设如果不考虑这种因素，将会制约获嘉城镇化的推进并造成土地与资源浪费。即使按照《获嘉县城市总体规划（2009～2020）》预测的数据，新型农村社区的人口也将是这种发展趋势，只是程度不同而已。

4. 获嘉县城镇体系发展方向

综合考虑获嘉县的工业基础和经济区位等条件，我们得出的结论是获嘉县县域城镇体系应该是以县城为中心、以亢村镇为副中心、以照镜和中和两镇为重要支点、以新型农村社区为有效补充的四级城镇体系。

（1）拉大城市框架，明确城市发展方向，提高县城要素聚集能力

《新乡市城市总体规划（2006～2020）》（送审稿）对获嘉县县城的定位是：获嘉县城是新—焦—济产业发展带重要的小城市，是新乡都市区"一体多翼"中的一翼，是新乡市工贸园林型卫星城。从经济规律和现实情况来看，对接新乡、拉大城市框架也就成为获嘉县城未来发展的趋势。

县城建设要加快进程，扩大县城规模。在尊重客观经济规律的基础上，完善城市结构，拓展发展空间。围绕"东迁、西延、南移、北扩"的发展思路，向东对接新乡，将政治文化中心向东转移；向西延伸至位庄、史庄两乡镇的城乡结合部，重点发展餐饮、居住、商贸物流、旅游等；向北扩至北二环（新乡北环至获嘉高速连接线）；向南移至铁路以南，建设县产业聚集区综合楼及工业商居新区。

受多种因素影响，获嘉县目前向东对接新乡还没有实质性进展，而向西、向南发展的框架比较清晰，但向西、向南发展有两

个问题是未知之数：一是城区扩张与现代煤化工基地之间的关系，煤化工行业是高污染行业，势必对城区环境造成很大压力，即使环保达标，对环境的担心也会持续存在；二是向西发展还会遇到以后煤炭开采带来的诸如采煤沉陷等问题。这些问题虽说都是潜在的，但是为了长远发展也必须未雨绸缪，否则城市规划与建设的调整可能造成大量的资源浪费。

获嘉县之所以没有向东发展是因为若干条件阻碍了新乡向西发展，单凭获嘉一县之力无法完成与新乡的对接。现在这些障碍逐步得到解除，向东对接新乡，拉大城市框架将会是增强获嘉县城要素聚集能力的主要抓手。

值得注意的是史庄镇和位庄乡的城镇建设应该纳入到县城整体规划框架中，位庄乡的东南部和史庄镇的东北部已经成为县城扩张版图的一部分，这两个乡镇政府所在地离规划之中的边界很近，尤其是位庄乡，几乎在规划中的边界上。其中，位庄乡东南部可作为房地产开发，可以大力发展第三产业。而史庄镇的东北部靠近的是产业集聚区，未来规划应该立足产业集聚区做文章，比如可以依托平原水库发展休闲观光旅游业等。总之，这两个镇应该依托县城的规划做文章，合理引导资源与县城无缝对接。

（2）把亢村镇打造成获嘉县的副中心城市

亢村镇的阀门产业是从计划经济时代传承下来的传统优势产业，在业界有着良好的口碑，欠缺的是生产管理现代化和质量体系的升级换代。近年来，面临阀门产业产品低端的不利状态，镇政府着手规划阀门工业园区，目前该园区已经成为市级产业集聚区。同时，该镇为了提高机械制造的整体水平，依托毗邻郑州的地理优势，积极吸引相关优势企业进园，目前正在与长沙机械商会洽谈整体合作事宜（三一重工等），力争把机械精密加工做成特色产业群。

阀门等机械加工业属于典型的劳动密集型产业，产业发展与人民生活紧密联系。目前，13家规模以上工业企业吸纳就业1000

多人，146家规模以下工业企业吸纳3000多人。镇域外就业人数占25%~30%（目前主要是技术工人）。随着亢村镇机械精密加工园区建设进度的加快，对劳动力尤其是镇域外劳动力的吸纳能力将会越来越强。

在工业化的过程中，人口和要素围绕产业聚集，产业的发展和人口的聚集形成了对第三产业的需求。而亢村镇历来就是商贸重镇（覆盖获嘉及周边县市的数10个乡镇），可以围绕城市建设和公共服务方面为第三产业发展提供支撑。

可以看出，亢村镇的地理位置和产业优势决定了其在获嘉县的副中心城市地位，获嘉县整体城市布局要利用这一既定基础，形成北有县城（照镜—楼村）、中有中和、南有亢村"三位一体"的空间发展轴。力争经过五年努力，把亢村镇打造成获嘉县名副其实的副中心城市。

（3）把照镜与中和两镇打造成县域经济板块中的重要支点

推进照镜——楼村一体化：照镜镇楼村精细化工新材料工业园区位于镇区北部，目前已形成以精细化工、机械加工、纺织印染等为特色的三大支柱产业。园区规划面积4.07平方公里，可吸纳1.6万人就业，而目前照镜全镇才3.6万人，楼村工业园已经成为吸纳镇域内外农村剩余劳动力的重要载体。按照"镇区合一，产城一体"的理念，照镜镇应着力推进照镜——楼村一体化发展，把园区建设纳入城镇发展序列来，实现产城融合。规划中的工业园区4.07平方公里，镇区面积2.33平方公里，"产城融合"后的新镇区面积达到6.4平方公里。

把中和镇打造成商贸物流重镇：商贸物流在中和镇有悠久的历史，目前四个专业市场已经辐射周边省市。商贸属于典型的劳动密集型产业，镇政府所在地人口已经达到1.1万人，占全镇人口的37.9%。目前镇区框架已经拉开，形成了两纵四横的空间布局。远期目标是10年之内达到5.6平方公里，成为能够容纳5万人的小城镇。

综合多种因素，获嘉县应该着力推进照镜镇与楼村一体化，并加强与县城的联系；同时把中和镇打造成商贸物流中心，并以此为基础，壮大专业市场，使其成为附加值高的商贸物流重镇。经过"十二五"，努力把照镜与中和两镇打造成获嘉县县域经济板块中的重要支点。

（4）在一般乡镇建设新型农村社区

从第二部分的分析可知，除亢村、照镜、中和以外的其他乡镇规模偏小，乡镇工业基础比较弱，经济实力不强，基础设施和社会服务较差，对周边农村地区的辐射和带动作用不明显。随着劳动力不断向外输出，这些乡镇的人口会绝对减少。因此，这些乡镇政府驻地只是作为行政中心存在，其作为经济中心的要素集聚功能应该淡化。

目前，新型农村社区建设推进速度很快，但是在具体规划设计上与人口流动、人口集聚的规律有冲突。要素流动规律是各种要素与农村人口不断向城镇集聚，而不是几个村庄简单的合并，经过若干年后，将会有很大一部分农村人口转移至城镇（见获嘉县各乡镇人口预测部分），大部分村庄也会消亡。因为大部分村庄并不具备承载非农产业发展的条件，在村庄居住的人口大部分仍要外出务工，他们全年的大部分时间并不会在村庄居住。所以新型农村社区的建设应该与人口空间集聚的规律相一致，而不应该是目前这种以现有的农村人口为基准，否则必然会造成土地与其他资源的闲置。照镜镇提供的资料也印证了这种情况，该镇每年约有2%的农村人口向镇区集中，3%的农村人口向县城集中。

我们认为新型农村社区可以建，但不应该太多，更不应该一刀切，而是应该量力而行、逐步推进，一个新型农村社区的人口规模应该至少在1万人以上，并且尽量建在镇区，将其定位为镇域（乡域）农业人口居住与集聚中心，发挥服务于周边农业地区生产生活的功能。按照城镇居住小区标准设计，根据镇域（乡域）人口总量的不同，建设集聚1万以上农业人口的新型农村社区，并根据预定的人口规模规划建设相应的道路、给排水等城镇基础设施，吸纳镇域（乡域）农业人口集中居住，改善农村居民生活与居住条件。同时，培育商品交易市场，发挥其服务于周边农业地区生产生活的功能。

（三）获嘉县域城镇体系建设需要解决的问题

明确获嘉县域城镇体系发展方向后，有必要对与城镇化有关的城市形象塑造、城中村改造、新型农村社区建设、资源环境容量约束等问题进行深入探讨。

1. 改善城市形象，提高城市品位

随着人们收入与生活水平的提升，群众对健康、文明生活方式的追求越来越强烈，对城市建设管理提出了更高要求。根据我们的调研，获嘉市民目前对城市建设的期望很高，其中对城市交通、绿化、卫生环境的改善要求最迫切。据房地产开发商介绍，在获嘉交通条件、绿化与卫生条件好的楼盘能卖上好价钱（其实在其他县市也是这样），这是市民对城市建设的需求最基本的反映。所以，无论是从为市民创造更好的生活环境的角度，还是从加快城镇化的进度来看，改善交通、绿化与卫生条件都是获嘉加快城镇化的当务之急。因为只有交通、绿化与卫生条件改善了，才可以吸引更多人到获嘉居住，房地产开发才会有更多的利润空间。也意味着政府有更多的财政收入，可以更好地投入城市基础设施与公共环境的改善，从而进入城镇化快速发展的良性循环。因此，在新的发展机遇下，获嘉要利用自身优势，努力打造"生态县、花木乡、园林城"的宜居型城市。

2. 有序推进城中村改造

（1）城中村改造的迫切性

①解决工业化与城镇化发展空间不足问题

城市向外扩张的主要原因是建成区面积不足以支撑快速发展

的工业化和城镇化对劳动力和要素聚集平台的需要，城市向外扩张需要占用耕地，而国家对耕地的保护越来越严格，土地红线成为制约地方经济发展的主要瓶颈之一。

随着获嘉县经济社会的发展，人口和要素向县城聚集非常明显，原有的城市格局逐渐被打破，城市空间不断拓展，越来越多的县城近郊村庄成为城中村，其范围主要包括城关镇所辖的10个行政村，位庄乡的东南部、史庄镇的东北部（获嘉县产业集聚区）和照镜镇的西南部共7个村庄（据获嘉总体规划文本）。在城市发展空间受限的背景下，通过城中村改造集约使用土地，是获嘉拓展发展空间的重要渠道。

②改造城中村居民，提升城市形象与品位的需要

城中村居民基本脱离了传统农业生产方式，工作形态已经转向第二和第三产业，在村庄之外享受的公共服务与城市居民并无两样，也就是说从生产方式上看城中村居民已经城市化了。但由于体制因素，城中村居民的生活环境和身份还没有发生转换，其居住的村庄仍然被冠名农村，其户口簿上仍然是农民身份，其生活方式与行为方式并没有变化，既影响自身生活水平与生活质量的提高，也影响城市形象与城市品位的提升。通过城中村改造可以提升城市品位，解决城中村居民的生活环境较差、基础设施较差、安全隐患突出等社会问题。

（2）城中村改造面临的问题

与中心城市相比，县城城中村改造面临的突出问题是土地溢价相对较低，不足以抵偿改造的资金支出。

在城中村改造过程中，普遍的拆迁补偿原则是拆迁户原有房屋的使用价值应该保持不变或略有提升，在建筑成本与容积率一定的情况下，房价较低会压缩开发商的预期利润，开发商的积极性不高。

获嘉县商品房开发成本大概为：建筑成本、各种税费共1100元/平方米；容积率按1.7计算，则1亩地的建筑面积约为1133平

方米，而土地成本14万/亩，则每亩土地成本平摊到建筑面积上约为124元/平方米，则每平方米总成本共1224元。而获嘉县商品房价区间为1370~1600元/平方米（均价为1370元/平方米），开发商的利润率区间为11.9%~30.7%。但是，城中村改造还需要付出额外的成本（拆迁补偿、安置费用等），还要受拆迁安置比、容积率等方面的制约。也就是说，由于土地溢价较少（房价较低），在城中村改造方面开发商基本没有利润空间，所以自身没有主动参与城中村改造的动力。

（3）城中村改造问题的政策建议

根据上面计算的成本（每平方米总成本1224元），只要房价达到1600元/平方米以上，开发商参与城中村改造就可以获得合理的行业利润，城中村改造就可以实现居民、开发商、政府三方共赢。因此，我们认为获嘉应该积极探索城中村改造的新模式，建议采取整片开发方式。

所谓整片开发是对全部城中村进行整体开发。城中村改造涉及道路、绿化、管网建设以及商业地产开发、商品住宅开发等，每个开发商都期望自己进入低投资、高利润的商业开发领域，而商业开发的价值又依赖于基础设施的完善程度，每一个开发商都期望别人把基础设施建设好，自己获得由此带来的好处，而不愿意在道路、绿化、管网建设与养护等方面投资。根据我们的调研，获嘉房价较低的主要原因就是道路、绿化、管网等公共基础设施跟不上、卫生条件有待提高等。基于此，建议引进实力强大的开发商，将县城全部城中村及道路、绿化、管网等公共基础设施打包（也可以把县城分成几块分别打包），交给一个开发商（或者几个开发商）统一开发、统一维护与经营。开发商先把基础设施与环境建设好，这样房价提高，商品房与商业地产的收益就会提高（可以据此收回公共设施投资），而且可以将道路、绿化、管网等公共基础设施的管理与维护费用分摊到整个区域的物业费用上，使公共基础设施的后续维护与管理没有后顾之忧。

3. 审慎推进新型农村社区，使人口和要素流向符合空间集聚的基本规律

各地建设的新型农村社区既不同于传统农村社区（行政村），也不同于一般的城市小区。传统农村社区建设相对滞后，公共服务设施匮乏，基础设施不完善，是与传统农业社会相适应的一种社会形态，在这些方面新型农村社区有所改善。另外，新型农村社区也不同于一般的城市居住区，它是在农村营造一种新的社会生活形态，出发点是让农民享受到与城里人一样的公共基础设施与服务。

农村社区的形成是一个长年累月的历史性变迁过程，具有复杂的社会经济结构。新型农村社区归根结底仍然与农业生产联系在一起。因此，新型农村社区除了公共服务设施改善了外，并没有彻底割裂社区居民与农业生产方式之间的紧密联系。

然而，在实际的村庄整治过程中，大多新型农村社区的规划单位只是从土地、基础设施等方面进行规划，而对社会、经济方面等采取回避态度。所以，新型农村社区在规划与建设方面向城市社区看齐，套用居住小区模式，无视农村居民的职业特点和具体生活方式，从根本上弱化了农村社区的生产功能。

在新型农村社区的实际建设过程中，一些中心村本身不具备兼并其他村的能力，所以村庄合并过程并不顺利。虽然新型农村社区建设类似于村庄的改造，但与城中村改造和旧城改造本质不同的是，现有机制下村庄合并后整理出的土地直接转化为工业与城镇建设用地的渠道不通畅，土地溢价很少，农户旧住宅的拆迁补偿较低（有的根本就没有补偿），地方政府财力有限也不可能大规模支持，结果是农民在旧住宅不能获得充分补偿的情况下还要自掏腰包建新房。这样，新型农村社区的建设很可能给农民带来新的负担。

当然，总体来说农民生活与居住条件的改善是一个趋势，建设新型农村社区让农民享受与城里人一样的公共基础设施与公共服务的初衷是正确的，但具体规划与实施过程中要考虑要素空间

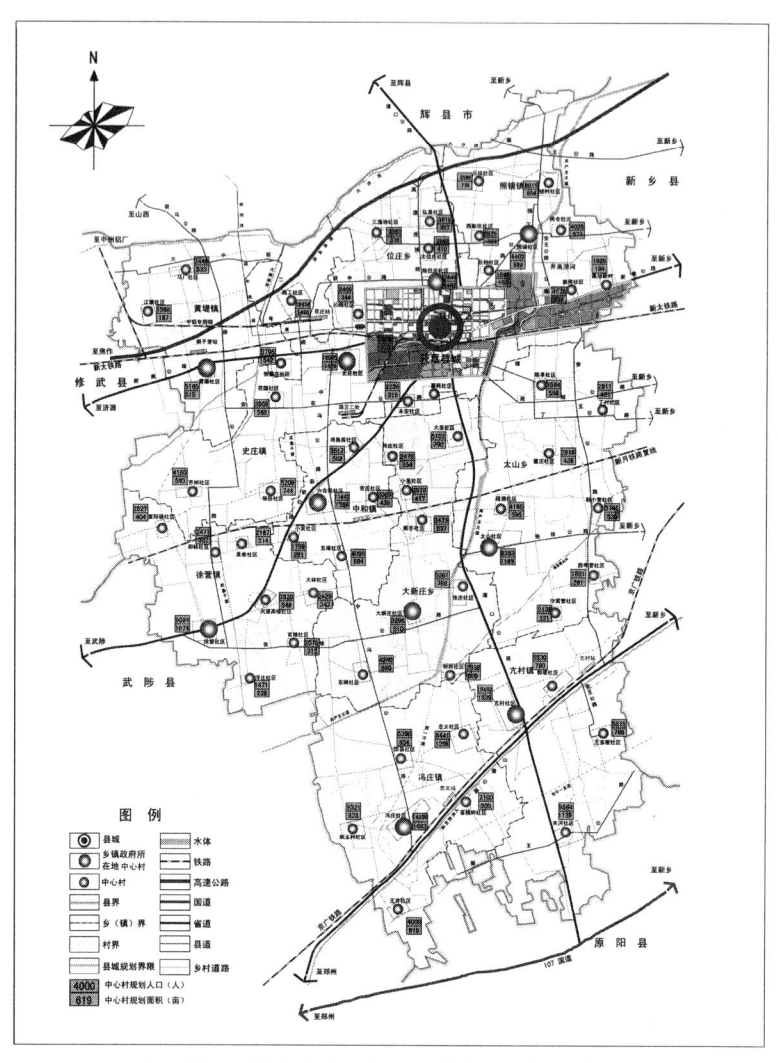

图 5 河南省获嘉县中心村布局规划示意

资料来源:《河南省获嘉县域村镇体系规划(2008~2020年)》中的12中心村布局规划图。

集聚的基本规律。新型农村社区的建设要依赖于工业化、城镇化和农业现代化"三化"协调发展的大背景,离不开工业化和城镇化对农村剩余劳动力的吸纳,必须考虑农村人口大幅度减少的趋势。

综上，我们认为，新型农村社区的建设应该审慎推进，至少应该符合两个基本前提：一是新型农村社区建设整理出的农村建设用地应该有工业或者城镇建设用途，这样可以保证整理出的土地有较高的溢价；二是应该做到农民在拆旧房并交出宅基地以后可以在不需支出任何费用的情况下在新社区得到一处标准住房（或者不低于旧房面积的新房）。如果不能做到以上两点，可能就意味着新型社区建设的条件不够成熟。

4. 化解现代煤化工基地对城区环境的消极影响

（1）现代煤化工基地对获嘉环境的影响

现代煤化工基地离城区太近，环境污染问题备受关注。现代煤化工基地位于获嘉县城区南部，北到金化路，东临获（嘉）武（陟）公路，西到规划西环路，南部边界为六支渠以北400米处。基地北侧靠近获嘉县城区，距离获嘉火车站400米，距离新太铁路最近距离为250米，站在城区最繁华地段就可以看到煤化工项目的立柱设备。

煤化工企业排污是不可避免的，即使经处理达到排放标准，总还是有"三废"要排放的，这是不可回避的问题。据获嘉县产业集聚区负责人介绍说，煤化工项目对居民、牲畜和不同企业有不同的安全距离，其中居民的安全距离是800米。现代煤化工基地距离获嘉火车站400米，距离新太铁路最近距离为250米，也就是获嘉县最繁华的地段大部分在不安全距离范围之内，原则上位于不安全距离范围内的要搬迁。目前的搬迁只涉及产业集聚区内的村庄居民，而在产业集聚区范围之外但也处于不安全距离范围内的村庄搬迁还没有引起足够的重视。居民对煤化工项目污染的担心已经做出了回应，据城关镇负责人介绍说，在其县城西南毗邻煤化工基地的商品房的入住率不足30%，出售率不足50%。随着煤化工项目的建成投产，环境容量将会成为制约城市发展的主要瓶颈。

（2）化解现代煤化工基地对环境制约的建议

①煤化工基地未来空间布局与煤层联动发展

获嘉县之所以有煤化工基地是因为在其境内发现了约9亿吨的

煤炭储藏量，覆盖黄堤、位庄、照镜三个乡镇，形成了东西走向约36平方公里的煤带，这条煤带也正好处于沿新太铁路发展轴上。由于多种因素的影响，从环保方面来说，煤化工项目选择的位置不甚合理，这一既成事实是无法改变的，但可以改变的是，后续项目的建设要考虑这种因素。考虑到煤炭资源的分布以及煤化工项目与县城环境的关系，把环境压力较大的项目尽量沿新太铁路以西布局，不宜向东向北发展，以期最大限度降低对环境的压力。

②集中处理煤化工污染源

化工行业的治污成本很高，根据国际经验，石油化工厂用于环境安全设施的投资约占全厂基建总投资的20%以上，一个现代化大型化工厂的环境安全设施投资约需16%以上，而煤化工的污染比石油化工更重，其环境安全设施的投资更大。因此，治理环境污染靠单个企业成本是非常高的，应该超前规划公共环保设施，集成采用各种先进适用的新技术和新装备，这样既可以发挥规模效益，又能使绝大部分的污染得到治理和控制。

③发展循环经济

资源型行业的增长方式已经由传统模式（资源—产品—废物）逐渐向循环经济模式（资源—产品—废弃物—再生资源）转变。我国是一个资源消耗大国，煤化工行业在带来经济利益的同时，也造成了严重的生态破坏。目前，我国的能源利用率只有33%，工业用水利用率为55%，矿产资源总回收率为30%，分别比国外先进水平低10%、25%和20%。在环境瓶颈制约下，循环经济已经成为一种趋势，已从理念变为行动，在全国范围内得到迅速发展。在具体的操作细节上，可以借鉴鹤壁市宝山循环经济产业集聚区和许昌市襄城县煤化工循环工业集聚区的成功做法，力争把获嘉现代煤化工基地打造成循环经济的一大亮点。

④把环保监督放到第一位

由于煤化工基地离县城太近，稍有不慎它对居民生产生活造成的影响将会是不可估量的。因此，不能只顾经济增长而忽视居民的生存，随着项目的进展，应该做好对周边环境影响的评价工作。这就要求改变环保部门工作"说起来重要，做起来次要，忙起来忘掉"的不正常状况，强化环保的问责机制与干部考核机制。

五　农业发展

（一）获嘉农业经济发展概况

1. 农业经营的规模较小

我国农户生产经营的最大特点是超小规模，而获嘉县农户小规模经营问题更加突出。2008年底的统计结果显示，全国农村居民家庭人均耕地面积为2.18亩（见表11），河南低于全国水平，而获嘉县又低于河南，只有1.41亩/人。从全国范围看，低于人均1亩耕地面积的地区全部集中在城市化进程很快的沿海发达地区和直辖市。农村改革以来，获嘉农村居民人均耕地面积呈现出减少的趋势，改革开放初期的1978年，获嘉县的人均经营耕地面积为1.6亩，2008年获嘉县的人均经营耕地面积降为1.41亩（见表12）。

在推进农业现代化的进程中，获嘉县首先面临的是如何改变这种超小、分散、细碎的经营方式，加快土地流转，实现规模经营和集约经营的挑战。

表11　农村居民家庭人均土地经营情况（2008年底）

单位：亩

地　区	全国	北京	上海	浙江	广东	福建	河南	获嘉
经营耕地面积	2.18	0.57	0.27	0.64	0.66	0.87	1.59	1.41

数据来源：《中国统计年鉴》（2009年），《获嘉县统计年鉴（2009）》，农村住户抽样调查资料。

表12　获嘉县农村居民家庭人均耕地经营变动情况（1978~2008年）

单位：亩

年份	1978	1985	1990	1995	2000	2002	2005	2006	2007	2008
人均经营耕地面积	1.60	1.43	1.27	1.20	1.14	1.11	1.38	1.37	1.37	1.41

数据来源：《获嘉县统计年鉴》（2009）。

2. 农民人均纯收入状况

从农村居民家庭人均纯收入情况看（见表13），2001~2009年，获嘉县农民人均纯收入均高于河南省平均水平。截至2009年底，获嘉县农民人均纯收入为5756元，不仅高于河南省平均水平（4807元），而且还高于全国平均水平（5153.2元）（见表13），它说明近年来获嘉县经济尤其是农村经济发展较快。

表13　农村居民家庭人均纯收入变动情况（2001~2009年）

单位：元

年份	2001	2002	2003	2004	2005	2006	2007	2008	2009
全国	2366.4	2475.6	2622.2	2936.4	3254.9	3587.0	4140.4	4760.6	5153.2
河南	2097.9	2215.7	2235.7	2553.2	2870.6	3261.0	3851.6	4454.2	4807
获嘉	2345	2369	2515	2920	3390	3872	4635	5363	5756

数据来源：《中国统计年鉴》（2010年）、《河南统计年鉴（2010）》。

表14　获嘉县农民家庭总收入主要来源构成情况（2008~2009年）

单位：元，%

年份	2008	2009
农民家庭人均纯收入	5363	5756
家庭经营收入	3741	3936
家庭经营收入占农民人均总收入比例	69.76	78.37
工资性收入	1398	1515
工资性收入占农民人均总收入比例	26.07	18.67

数据来源：《获嘉县统计年鉴（2008）》。

进一步分析可以发现，从近年来获嘉县农民家庭纯收入主要来源的构成变化看（见表14），家庭经营收入所占的比例一直大大高于工资性收入比例（2008~2009），2008年家庭经营收入占家庭人均纯收入的比例为69.76%，工资性收入占26.07%；2009年家庭经营收入的比例进一步上升为78.37%，工资性收入所占比例则下降为18.67%。因此，家庭经营收入在获嘉农民家庭收入来源中的地位举足轻重，工资性收入在获嘉农民家庭收入中并不占重要地位，它意味着农户脱离农业家庭经营的机会成本较高，说明获嘉农民的劳务输出不活跃，农民在本地的务工收入不占重要地位，农户家庭经营收入是农户经济的支撑点。

3. 农户家庭生活消费水平

近年来，获嘉县的城乡居民的收入差距呈现逐步扩大的态势（见表15），2000年城乡居民可支配收入的差额为849元，到2008年城乡居民可支配收入的差额进一步扩大为3301元。因此，缩小城乡居民收入差距是获嘉县目前亟待解决的问题。

表15 2000~2008年获嘉县城乡居民可支配收入（纯收入）变动情况

单位：元

年 份	农村居民	城镇居民	差 额
2000	2275	3124	849
2001	2345	3317	972
2002	2369	3594	1225
2003	2515	3921	1406
2004	2920	4564	1644
2005	3390	5218	1828
2006	3872	5953	2081
2007	4635	7219	2584
2008	5363	8664	3301

数据来源：《获嘉县统计年鉴（2008）》。

（二）获嘉县农业经济发展特征分析

第一，从总体判断，获嘉处于农业现代化的启动阶段。处在向现代化转型时期的获嘉农业经济与农户行为,在一个较长时期内,将继续保持部分参与市场化、部分参与现代化的状态。从总体上看,获嘉县的农业经济呈现多样化、多元化的综合性特征。首先,在水果、蔬菜、花卉和畜产品等市场化程度高的产业生产中,农户主要是舒尔茨描述的"形式主义"小农——与资本主义企业相同,是追求利润最大化的"经济人"。从实际调查看,这些农户也是最早介入农民专业合作社创新、当前获嘉县发展农民专业合作社的主力军。

第二,玉米、小麦等大宗粮食产品的市场化水平低。这部分小农的行为更符合恰亚诺夫的"实体主义"农民理论——家庭既是一个生产单位也是一个消费单位,农户生产首先是为了满足家庭的消费需求、维持家庭生计。劳动力的边际投入以提高家庭效用、补偿维持劳动力生存的个人消费支出为均衡点,而不是等同于劳动力的市场工资价格。但在获嘉县的大宗农产品如小麦、玉米等生产领域也出现了农民合作社,如获嘉县的民顺祥种植专业合作社,目前这个合作社已有4000多个农户参与,涉及4万多亩农田。

第三,那些直接参与农业公司农业产业化经营的小农,更体现出马克思主义理论中被雇佣的受剥削小农的特征。因为龙头企业还处在原始积累阶段,它们的整体效益并不乐观,特别是一些城市工商资本,由于对农业产业的特殊性了解不足,农产品市场价格的大幅波动和自然风险的无可抵御导致部分投资商血本无归。参与非农化经营的劳动力,往往由于土地缺乏,只能打工谋生。尽管非农就业受到剥削,但是与农业相比,可以获得更大的收益,总体上讲,与全国欠发达地区的小农状况相类似,获嘉县农户仍是处在市场化程度偏低的兼业农户状态。获嘉农户经营的多样化、多元化特征突出,异质性强,部分参与市场的实体小农与商品型专业农户、生存型小农并存。这种情况使得政府政策目标的制定更加复杂。

（三）获嘉县农业现代化推进路径分析

获嘉县是一个典型农业县，辖11个乡、镇，1个集聚区，215个行政村，总农业人口34.4万人，总耕地面积42.9万亩。全县家庭承包总面积为41.7万亩，家庭承包户数81538户。获嘉县农业基础较好，旱能浇、涝能排，近年来获嘉县的农业现代化取得了明显成效。

1. 农业结构调整取得了显著成效

近年来，获嘉县以粮食、蔬菜、花卉、食用菌及畜牧业为重点，大力推进农业和农村经济结构的战略性调整，取得了显著成效。粮食产量连续五年稳定在30万吨左右，保持在历史高位，优质小麦面积已达到29万亩。蔬菜种植面积达8.7万亩，花卉面积达6000亩。2009年肉类产量达2.6万吨，预计2010年达到2.8万吨。大用肉鸡养殖基地落户获嘉县，以生猪、牛、家禽为主的畜牧养殖业发展势头良好，畜牧业增加值比重达41%。2009年全县农业增加值达5.36亿元，比上年增长1.7%；粮食总产达3.1亿公斤，单产502公斤；畜牧业稳步发展，生猪存栏19.7万头、羊2.33万只，分别增长7.7%和16.5%；畜牧业总产值达2.1亿元，增长8.8%，占农业总产值的41%。全县发展优质强筋小麦21.8万亩，优质水稻面积达到14.7万亩；新增蔬菜面积8000亩，总面积达到6.2万亩；新增花卉面积1000亩，总面积达到2000亩；新增食用菌种植户3450户，食用菌年产量达1000万公斤；红提葡萄、雪枣、肉兔、肉鸽、填鸭等高效种养业已迅速兴起。围绕粮食、蔬菜、花卉、食用菌、畜牧养殖等产业，形成了太山蔬菜批发市场、史庄花卉大市场、北马厂食用菌交易市场等7家市场。

2. 土地流转初步启动

近年来，随着我国农业和农村经济的发展，特别是农业产业化经营的兴起和农村劳动力转移的推进，越来越多的农村剩余劳动力逐步脱离传统农业生产，常年性转移到城镇打工或从事第二、三产业，由此腾出一大批闲置土地在村组农户之间自发或有序流转。被誉为农村"第三次土地革命"的农村土地经营权流转速度明显加快，规模不断扩大，形式多种多样，这是对家庭承包责任制的有益补充和完善，也是我国农业迈向现代化的必由之路。

获嘉县土地流转目前主要采取转包、转让、出租、互换几种形式。其中转包11772亩，转让3611亩，出租1491亩，互换2288亩，入股40亩，其他形式10318亩。全县农村土地经营权流转期限比较长，最长到2028年，其中10年以上的15321亩，10年以下的13313亩。获嘉县土地流转后主要用于花卉、林果及粮食种植，种植花卉苗木3050亩，种植林果830亩，其余主要种植粮食作物。目前全县签订土地流转合同1560份，签订率达到83.3%。

3. 获嘉县农民合作组织初具规模

随着经济市场化和市场专业化的快速发展，市场需求结构不断完善，产品结构快速转换，市场竞争日趋激烈，小规模家庭经营的弱点逐渐显现，例如，不能适应市场专业化的趋势、无法获得新技术来满足市场需求等。如何提高家庭经营化解市场风险的能力、实现小规模的经营与国内外大市场相衔接，是当前农村在产业组织变革方面要探讨的问题。近几年农民专业合作组织的兴起，切实解决了农村经济发展中遇到的问题。

获嘉县11个乡、镇，215个行政村，目前已登记注册各类农民专业合作社142家，其中种植类63家，养殖类61家，农机类15家，其他3家，吸收社员17219个，其中村内11015个，乡内2082个、跨乡109个、跨县1个，带动农户29703家。

获嘉县农民专业合作社大体可归纳为四类：

（1）科技能力型。由具有一定专业知识及管理经验的农民专家领头创办。如获嘉县天行草莓专业合作社，是2003年8月由亢村镇草莓种植户、科技带头人赵彦伟发起组建的，由开始的4户发展到如今的128户,由亢村镇辐射到太山乡和相邻的原阳县部分村庄。目前草莓种植超过550亩,亩收入达万余元。

(2)经营能人型。由具有丰富营销经验、商品意识强的能人创办。如生猪营销大户陈连芬牵头创办的获嘉县万家生猪合作社,现拥有社员158户,建成良种示范养殖场10处,带动养殖户300余家,年外销生猪10万头,年销售额达9600万元。

(3)组织能力型。由具有很强组织领导能力的带头人组织创办。如获嘉县兴发养殖专业合作社,在发起人秦军仁的组织下,22家农户养殖场、兽药销售门市部、饲料销售门市部以股份合作形式自愿联合,合作社采取统一供料、统一防疫、统一销售的模式经营管理,经营生猪生产、种猪培育、人工受精、畜禽药物销售、疫苗销售、饲料销售等,所产生猪除满足本地市场外,还远销上海、天津等省市和地区;获嘉县幸运养殖专业合作社是获嘉县创业培训学员李会富在参加了获嘉县新型农民科技培训之后,利用自己的养猪技能和威望组织起来的农民专业合作社,虽然合作社成立时间不长,但是合作社发展势头迅猛,2009年合作社生猪出栏8000余头,取得了很好的经济效益,社员得到了很大实惠。

(4)资格威望型。指在一定区域内,在某个行业具有很高威望及影响的带头人领办的。如史庄镇陈庄冯全武组建的获嘉县缤纷花卉苗木专业合作社,是凭着资格威望把具有传统种花历史的陈庄村农民及周边的118家养花农户组织起来,带动460户,实现基地加农户产、供、销全程服务的一种组织形式,有效解决了统分结合与散漫无序状态,促进了花卉业的规模发展。如今,经营规模已经达到1200余亩,固定资产1100万元,产品畅销山西、山东、内蒙古等省市区,市场前景良好。获嘉县春生鑫丰农业专业合作社是亢村镇的致富能手秦春生等人发起组织的,合作社自注册以来,发展社员150人,带动农户8900户,种植基地达50000余亩,统一为社员供种、统一培训、统一购买农资、统一机收、统一病虫害防治、统一销售,降低了生产成本,增强了抵御市场风险的能力，2009 年，种植基地生产粮食 5000 万余吨，带领农户净增收 1500 万元。

（四）获嘉县农业发展存在的问题

1. 农业结构调整有待进一步推进

虽然获嘉县的农业结构调整已经取得一些成效，但总的来看力度不够。目前，除粮食外，其他特色农产品的生产经营规模尚小，没有叫得响的拳头品种和品牌。史庄镇的花卉、太山乡的蔬菜虽然经营历史较长，但一直没有做大，无法和鄢陵的花卉及山东寿光的蔬菜相提并论。目前，无论是花卉还是蔬菜的生产规模都比较小。在经营过程中相关服务远远落后，比如技术、销售等，太山乡的大白菜历史悠久，品质较好，但近年来品质明显下降，其中一个重要原因是育种技术跟不上，导致品种质量的下降。

2. 农业产业化、农民组织化尚处于起步阶段

获嘉县的农民合作组织数量近年来虽然增长较快，但真正规范运作的合作社较少，大部分打着合作社的旗帜，实际上只是合伙或者股份公司，这些合作社对普通农民意义不大。在合作社运作过程中，相关的政策措施远远没有落实，即使真正按照规范运作的合作社也享受不到相关的政策优惠，如我们在调研过程中了解到有一个民顺祥种植专业合作社，这个合作社基本是按照合作社法来运作的，运作比较规范，目前已发展到 4000 多个农户，涉及土地 4 万多亩，受到广大农户的好评和欢迎，但据合作社负责人介绍，合作社在成立和运作过程中没有享受到任何政策方面的优惠，而且该县的税务部门还屡次上门要求合作社缴纳相关的税款，但根据合作社的规定，合作社是享受税收优惠的。

在农业产业化方面，获嘉县刚刚开始起步，目前该县的龙头企业数量较少，而且有实力的龙头企业数量更少，这导致其农业产业化的发展较为滞后。

（五）推进获嘉县农业发展的政策建议

1. 加快推进农业结构调整

在确保粮食生产的前提下，加快推进农业结构的调整。推动以史庄镇为中心的花卉产业、太山乡为中心的蔬菜生产经营的发展，首先扩大其规模，然后以品牌建设为重点，扩大相关产业的影响力，争取在"十二五"期间形成几个能叫得响的品牌。在技术方面，可以采取和高校及科研院所合作，培育适合本地生长的相关品种，并对生产经营过程进行指导。

2. 培育龙头企业，落实相关政策措施，扶持运作规范的农民合作组织的发展

筛选出一批有潜力的龙头企业加以重点培育，使之形成农业产业化主力军，同时要引导龙头同农户及合作社建立起规范公平的利益联结机制。

在农民组织化方面，对那些运作较为规范的合作社进行重点扶持，使之成为示范社。政府部门要加强相关内容的学习，对合作社有一个正确的认识，了解合作社法的相关内容，同时应落实对合作社的扶持政策，至少不能人为阻碍其发展。

抓住生态林建设机遇 推动产业升级和人口集中 实现经济社会的转型[*]

一 为什么要对白寨镇域经济社会发展进行规划

(一) 从白寨镇的区位特征看规划的必要性

白寨镇是新密市辖下的14个乡镇之一。全镇总面积91.8平方公里,63227亩可耕地。辖23个行政村①,301个村民小组,58907口人,绝大多数是农业人口(56298人)。它是新密市第一个中共党支部的诞生地、郑州市小城镇建设重点镇。

白寨镇位于新密市东北部,镇域北部与郑州市二七区的侯寨、马寨镇接壤,东部与新郑市龙湖镇为邻,西部与荥阳市贾峪镇相

---

[*] 本研究报告是新密市白寨镇2008~2020年的经济社会发展规划,随着郑州城市扩展和城市规划的完善,这个靠近郑州市二七区的镇全部被划入了郑州市生态区范围,所有耕地均被以"退耕还林"形式转换成林地,农民自然"失业"与再就业。在这种背景下,为了回答整个镇域经济和社会发展该走向何方,特设一个课题,并形成了该研究报告。报告由我主持,主要完成人为李燕燕、宋伟、刘涛、张建秋、李永东等,完成于2008年末2009年初。——耿明斋注

① 依次为韦沟、堂沟、史沟、光武陈、周家寨、油坊庄、杨树岗、东岗、白寨、良水寨、翟沟、王寨河、牌坊沟、张楼沟、黑峪沟、三岔口、寨沟、山白、皇帝岭、西腰、刘堂、高庙、柳沟。

抓住生态林建设机遇　推动产业升级和人口集中　实现经济社会的转型

接。西南距新密市区 18 公里，东北距郑州市区 15 公里。属浅山丘陵地区（见图1）。

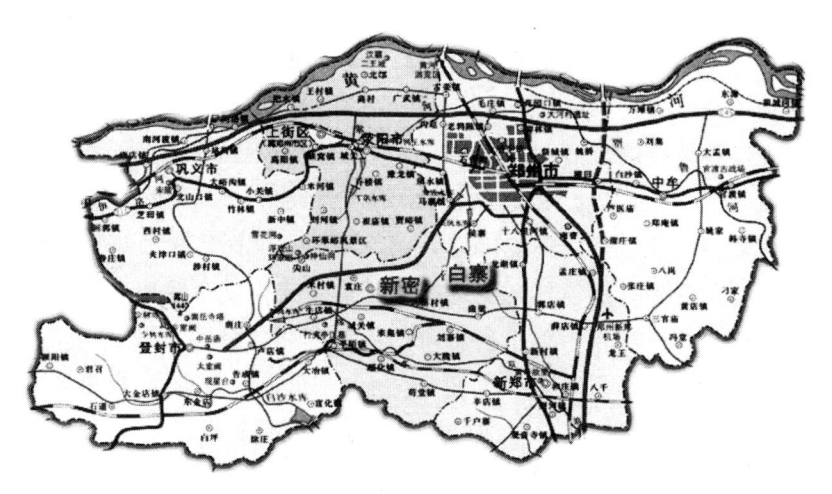

图1　郑州—新密—白寨区位关系示意

从图1可以看到，白寨镇最显著的区位特征是距离郑州市区近，是郑州周边方圆 10～20 公里范围内城乡交界处的一系列独立乡镇之一，属于典型的郑州经济辐射圈，又处在郑州西南方向新密、登封、汝州乃至洛阳一线进入郑州的咽喉地带。处在这样一个区位上，白寨镇的经济社会发展应该很容易搭上郑州这班快车，进入快速通道，跃上较高水平。可事实却相反，与新密市所属 14 个乡镇比，白寨镇的经济社会发展水平仅高于最落后的尖山和袁庄，处在倒数第三、第四的位置（参见表1～表5的有关数据），更无法与处在同样区位上的新郑市龙湖、荥阳市贾峪、郑州市二七区马寨等经济社会发展水平较高的镇相比。在新密市乃至整个郑州市近郊与新郑、荥阳比邻的区域范围内，白寨镇形成了明显的发展洼地。成为郑州周边高水平发展区域内的一个明显的塌陷区。造成这种状况的原因是什么？究竟有多少是客观因素形成的，又有多少是人为因素导致的？对此无疑需要作出深入系统的剖析。

(二) 从新密市产业调整规划对白寨镇发展的定位看规划的必要性

应李成玉省长和郑州市委市政府领导的要求，受新密市委市政府委托，省社科联组织专家于2007年10月完成了一份《新密市产业结构调整调研报告》，李成玉省长高度重视这份调研报告，亲自批示说，"新密市要认真吸收采纳研究成果，在调整产业结构、做大做强企业、全面环境治理方面下工夫，全面实现经济转型"。就是这份受到省市领导高度重视并且被新密市委市政府采纳的调研报告，把白寨作为整个新密市融入大郑州经济圈、搭上郑州发展这班快车的两个桥头堡之一（另一个是东边的曲梁），提出"在这样一个大格局中，白寨的经济发展定位应重新思考"，"白寨的产业发展方向和区域功能定位已迫在眉睫"。提出应把白寨放在"大郑州经济圈中进行重点规划"。既然需要对白寨镇的"产业发展方向和区域功能定位""重新思考"，且已"迫在眉睫"，那究竟应该如何定位？既然应该把白寨放在大郑州经济圈中进行"重点规划"，那究竟应该如何规划？必须对白寨镇的发展现状进行评估，对周边可能影响白寨镇发展的各种因素进行分析，并在此基础上做出相应的规划。

(三) 从郑州市近郊生态林区的规划看白寨镇规划的必要性

郑州市最新的城市规划已把白寨全镇规划为城市近郊生态林区，且于两年前就已开始实施该规划。2008年底，该项规划将全部实施完毕。届时，白寨镇所属23个行政村将全部成为林区，其中紧贴郑州市的12个行政村为密植林区，离郑州市区较远、靠近新密市一面的11个行政村为生态涵养林区。在密植生态林区，除居住以外的土地几乎全部被种植密度较高的树林覆盖，传统农作将全部退出。在生态涵养林区，居住以外的土地也全部被树林覆盖，只是树林种植密度较疏，林下尚可继续进行部分农作，但正常的农业种植活动基本退出。因此，居民的生产生活方式将彻底转变，劳动力会大量从传统农业活动中退出，必须进行职业的重新选择，劳动者如何进行就业和生产生活方式的再选择？农业从经济活动中退出以后，将会产生什么样的替代产业？同时，这些离开了土地的农民是否还有必要延续传统的在田间地头居住的方式？这些问题都需要通过规划来回答和界定。

（四）从镇内产业升级的迫切性看规划的必要性

白寨镇的非农产业都是依托资源发展起来的，其中以石子开采业最为典型。白寨镇有大量的石灰石资源，又距离郑州市场近，运输距离短，运输成本低，所以，早在20世纪70年代，白寨镇就发展起了石子开采业，辉煌时期500多家，现在还有200余家。依托石子开采又发展起了运输业，有3000多台车、6000多人从事运输。石子开采和运输二者加起来，波及白寨镇一半以上的家庭和人口。近年来，煤炭产业也逐渐崛起为镇内的支柱产业。但是，这些依赖资源发展起来的产业，随着资源的枯竭，必然会逐渐萎缩，白寨镇现在就已经面临这样的问题。这些产业萎缩和退出以后，白寨镇需要发展和培育什么产业来替代？这也是规划所要解决的问题。

（五）从中部崛起、中原崛起和郑州城市规模迅速膨胀角度看规划的必要性

中国经济社会目前正处在工业化快速发展和向现代化转型的新时期，根据发达国家工业化的经验和中国的实际情况推算，中国要基本实现传统社会向现代社会的转型，从而进入发达国家的行列，至少还需要30年左右的高速增长期（年均增长8%以上）。另外，中国经济的高增长也需要不同区域之间相互推动甚至相互替代来维持。改革开放前几十年，中国经济增长的重心在沿海地

区的珠三角、长三角和京津冀环渤海地区，可以预计，这些地区在今后若干年内还会保持持续高增长的态势。但是，21世纪以来，中部地区在中国经济新一轮高速增长的过程中开始扮演越来越重要的角色。于是中部崛起应声而起，已经成为国家战略的重要组成部分。河南省是中国的第一人口大省，经济总量长期稳定在全国第五的位置，是全国最大的省级经济体之一，自然也是中部地区最大和最重要的经济体。过去十多年中，河南经济在中部地区一直保持领先增长的地位，无论是总量指标还是人均指标、增长率都持续居中部第一的位置，河南省按人均指标衡量的经济发展水平也已经走在中部地区的最前列。郑州是河南省的省会，也是河南省乃至中西部地区最大和最具活力的区域经济中心城市，近年来，郑州以前所未有的速度扩张着城市规模，现在常住人口总量已接近300万，预计未来5～10年，人口数量再翻一番，至2020年左右达到500～800万人不是太大的问题。在郑州城市快速扩张的过程中，周边近郊区会越来越多地被卷入城市发展的浪潮中，并不断成为城市的有机构成部分。同时，郑州作为一个巨大的市场平台和基础设施供给平台，早已不止步于一个建城区的概念，而是越来越成为一个辐射区和经济圈的概念，其周边至少30～50公里的范围内，都可以很方便地依托郑州的市场和基础设施服务平台，布局产业和谋求发展的空间。可以预见，随着中部崛起和中原崛起步伐的加快，沿海地区原有传统的低技术含量、高劳动密集度的加工工业会越来越多地涌入中部及中原地区，寻求生存和发展空间。郑州周边近郊地区无疑是这些产业落地的最佳点。白寨虽然作为郑州近郊的生态林区，与郑州市区间隔数公里宽的林带，但这并不会成为郑州市场和基础设施服务平台辐射的屏障，反而可能为一些寻求优良生态环境的企业和产业所青睐。看看周边的马寨镇、贾峪镇、龙湖镇和曲梁镇，就可以知道郑州市场和基础设施服务平台辐射的威力，可以知道郑州周边类似区域相关产业的自生能力和对外部涌入产业的吸引吸纳能力有多大。

同样拥有区位优势甚至拥有更大区位优势的白寨镇完全有条件和有可能成为类似产业成长和聚集地。关键是未雨绸缪，提前作出规划，提供相应的空间和基础设施。

综合上述五个方面的因素，我们可以说，对白寨镇的经济社会发展重新进行功能定位和规划，确实是当务之急。

二 白寨镇经济社会发展现状、问题及未来定位

（一）白寨镇经济社会现状

白寨镇位于新密市东北18公里、郑州市区西南15公里处，属浅山丘陵地区，东连新郑，西接荥阳，北临郑州。白寨境内石灰石资源丰富，全镇共有石子厂等建材企业260余家，是郑州市重点建筑石料供应基地。此外镇内还有丰富的煤炭资源，已探明储量3617万吨，可开采储量1523万吨，现有煤矿企业8家，年产120万吨原煤。省道S316公路和郑少高速公路贯穿全境，在镇域内形成了长度为135公里的"中"字形公路网。

2006年全镇GDP为62164万元，人均GDP为10533元，在新密市所辖17个乡镇（街道办事处）中分别排在第11位和第13位，其人均GDP仅相当于新密市人均GDP的38.33%，郑州市人均GDP的37.67%，河南省人均GDP的79.26%（见表1）。可见就目前经济发展水平而言，白寨镇较河南省平均发展水平低，更是远远落后于新密市、郑州市的平均经济发展水平。白寨镇三次产业产值结构、三次产业就业结构分别为7.71：56.51：35.68和43.69：36.06：20.25，相对于新密市的三次产业产值结构，一产比重高出4.81个百分点，二产比重低11.44个百分点。仅就三次产业产值结构而言，白寨镇符合一个工业地区的三次产业结构。但其人均GDP以及三次产业就业结构远远没有达到一个工业地区经济发展水平对三次产业就业结构的要求（见表2）。

表1　2006年末白寨镇经济发展水平与新密市所属各乡镇、办事处的比较

	总人口（人）	一产产值（万元）	二产产值（万元）	三产产值（万元）	一产就业（人）	二产就业（人）	三产就业（人）	GDP（万元）	人均GDP（元）
袁庄乡	22212	1745	10501	3728	6056	3497	1293	15974	7192
尖山乡	46490	669	216	795	3237	566	1365	1680	361
牛店镇	47820	4748	122435	43378	11430	8195	4698	170561	35667
平陌镇	40137	4129	65847	25138	8361	9372	2881	95114	23697
超化镇	77116	4989	216399	81188	16269	19316	2764	302576	39236
苟堂镇	55362	5706	90799	30636	11159	11978	4317	127141	22965
大隗镇	61011	5432	192353	76612	12500	11071	8531	274397	44975
刘寨镇	45145	4842	101799	28353	9111	10056	3301	134994	29902
曲梁乡	70901	8105	110870	41698	13458	11508	9463	160673	22662
白寨镇	58907	4790	35193	22181	12529	10343	5808	62164	10553
岳村镇	39745	3775	91078	21680	8291	5136	1938	116533	29320
城关镇	33162	2650	38870	15212	6396	4691	4614	56732	17108
来集镇	54828	3723	171016	54964	11540	12129	4711	229703	41895
米村镇	36524	2535	24071	9054	8824	6014	3927	35660	9763
新华路	46714	738	14624	32426	—	—	—	47788	10230
青屏街	55676	540	25605	38070	—	—	—	64215	11534
西大街	18976	1497	27055	8598	—	—	—	37150	19577
新密市	774202	60615	1423740	607863				1933055	27529
郑州市	657	30.45	608.4	393.45	120.48	127.85	158.06	2013.48	27961
河南省	9820	743.4	4262.08	1972.03	3050.03	1350.07	1318.12	12496	13313

注：郑州市、河南省总人口、三次产业就业人数单位为万人；郑州市、河南省三次产业产值、GDP单位为亿元。

资料来源：新密市2007年统计年鉴，郑州市2007年统计年鉴。

分析与结论：白寨镇2006年末人均GDP为10553元，远低于郑州市27961元和新密市27529元的平均水平，也低于河南省

13313 的平均水平,在新密市属 17 个区域单元中排在第 13 位,仅高于尖山、袁庄、米村等 3 个综合经济社会发展水平最低的乡镇和 1 个市区(新华路)办事处,显然属于综合经济发展水平最低的区域单元之一。

表 2 白寨镇三次产业结构与新密市属各乡镇及新密市、郑州市、河南省平均值的比较

单位:%

	三次产业产值结构			三次产业就业结构		
	一产比重	二产比重	三产比重	一产比重	二产比重	三产比重
袁庄乡	10.92	65.74	23.34	55.84	32.24	11.92
尖山乡	39.82	12.86	47.32	62.64	10.95	26.41
牛店镇	2.78	71.78	25.43	46.99	33.69	19.32
平陌镇	4.34	69.23	26.43	40.56	45.46	13.98
超化镇	1.65	71.52	26.83	42.42	50.37	7.21
苟堂镇	4.49	71.42	24.10	40.65	43.63	15.72
大隗镇	1.98	70.10	27.92	38.94	34.49	26.57
刘寨镇	3.59	75.41	21.00	40.55	44.76	14.69
曲梁乡	5.04	69.00	25.95	39.09	33.43	27.49
白寨镇	7.71	56.61	35.68	43.69	36.06	20.25
岳村镇	3.24	78.16	18.60	53.96	33.43	12.61
城关镇	4.67	68.52	26.81	40.74	29.88	29.39
来集镇	1.62	74.45	23.93	40.66	42.74	16.60
米村镇	7.11	67.50	25.39	47.02	32.05	20.93
新华路	1.54	30.60	67.85	—	—	—
青屏街	0.84	39.87	59.29	—	—	—
西大街	4.03	72.83	23.14	—	—	—
新密市	2.90	68.05	29.05	33.87	36.35	29.79
郑州市	3.83	53.19	42.99	29.65	31.46	38.89
河南省	16.40	53.80	29.80	53.34	23.61	23.05

数据来源:新密市、郑州市、河南省 2007 年统计年鉴。

分析与结论：就三次产业产值结构来看，白寨镇第一产业产值 7.71% 的比重比河南省平均比重 16.40% 的数值低了近 9 个百分点，比全国 11.73% 的比重也低了 4.02 个百分点。一般认为，一个国家或地区第一产业产值降到 10% 以内，就进入了工业化中后期阶段，从这个意义上说，白寨镇也已进入工业化发展水平较高的阶段。其第二产业占 56.61%、第三产业占 35.68% 这样的高比例也可以印证这一点。但是，白寨镇第一产业比重远高于郑州市 3.83%、新密市 2.90% 的平均水平，因此，放在郑州市和新密市的区域背景中比较，白寨镇又属于农业比重较高、工业化发展水平较低的区域单元。尤其是在新密市属 17 个乡镇区域单元中，白寨镇第一产业比重只低于尖山（39.82%）和袁庄（10.92%），处在倒数第三的位置，属于工业化发展水平最低、对农业依赖程度最大的区域单元之列。从三次产业的就业结构看，白寨镇第一产业就业人员比重仍高达 43.69%，在新密市属所有区域单元中也属于比重最高的区域单元之一，从而也佐证了白寨镇在新密市属各区域单元中属于工业化水平最低的区域单元的结论。

白寨镇第三产业 35.68% 的产值比重虽低于郑州市 42.99% 的平均水平，却远高于新密市及河南省 29% 左右的水平，在新密市各乡镇区域单元中除了 3 个市区办事处之外，在 14 个乡镇中属于最高的，仅从该数据看，似乎与其较低的工业化水平不相称，但仔细分析其三次产业的构成，会发现是石子资源产业直接拉动的运输业拉高了第三产业的比重，就像尖山依靠特殊资源发展的旅游业拉高了第三产业的比重一样，都属于特殊情况，与其工业化发展水平其实没有太多的关联。

白寨镇的镇域面积是新密 14 个乡镇中第二大镇，但其镇域内的公路里程却仅列在第 8 位，只相当于镇域内公路里程最多的超化镇的 43.54%，其镇内交通也处于新密境内相对落后的水平。在镇区建设方面，白寨镇镇区人口、城市化率、自来水普及率等镇区建设指标均居最后一位。其镇内固定资产投资、财政收入在新密市也处于倒数第三的位置（见表3）。我们以占人口绝大多数的农业人口的人均纯收入代表各个乡镇的人民生活水平，2006年白寨镇农民人均纯收入仅相当于新密市农民人均纯收入的71.91%，绝对额相差1523元。在新密17个乡镇、街道办事处中排名倒数第4位。在有数据可查的15个乡镇中，白寨镇自1998到2006年农民人均纯收入的年均增长率这一指标，也处于倒数第四的位置（见表4）。

表3 白寨镇与新密市属各乡镇在基础设施和镇区建设方面情况的比较

	区域面积（公顷）	耕地面积（公顷）	财政收入（万元）	固定资产投资（万元）	公路里程（公里）	自来水普及率（%）	镇区面积（公顷）	镇区人口（人）	城镇化率（%）
袁庄乡	5300	1089	855	16149	77	21.31	—	—	—
尖山乡	5310	540	180	790	82	7.96	—	—	—
牛店镇	7600	3200	3989	81474	190	48.52	719	7023	14.69
平陌镇	6050	2400	1194	46651	126	43.99	350	4733	11.79
超化镇	7860	2717	5984	78360	310	86.00	600	30338	39.34
苟堂镇	8930	3040	1993	41585	185	52.36	370	8860	16.00
大隗镇	5880	3100	2518	67054	106	63.79	400	28900	47.37
刘寨镇	6100	3280	3178	49210	250	52.72	450	7105	15.74
曲梁乡	10200	5241	3554	128202	306	65.38	—	—	—
白寨镇	9200	3725	1172	36386	135	6.73	230	3801	6.45
岳村镇	6200	2589	2444	49954	285	28.82	110	5460	13.74
城关镇	2430	1112	1742	52020	100	76.66	150	7605	22.93
来集镇	6300	3000	2932	89274	160	40.13	310	9862	17.99
米村镇	5800	1556	1380	33817	113	38.33	800	9808	26.85
新华路									
青屏街									
西大街									

注：城镇化率为镇区常住人口占全镇总人口数比例。
数据来源：新密市2007年统计年鉴。

分析与结论：在11个有数据的乡镇中，白寨镇的城镇化率居倒数第一。在无数据的3个乡镇中，从其他方面的数据比较，估计尖山和袁庄2个乡镇的城镇化率会低于白寨。3个市区办事处没有数据，但由于其位于市区，城镇化率一定是最高的。综合考虑各种因素，白寨镇的城镇化率在新密市属各区域单位中应该处在倒数第三的位置。

基础设施方面：白寨镇面积在市属14个乡镇中（9200公顷，91.8平方公里）中排第二位，仅次于曲梁（10200公顷）；人口（58907人，见表1）排第四位，仅次于超化（77116人）、曲梁（70901人）和大隗（61011人）；财政收入1172万元，排第12位（倒数第三位）仅高于尖山和袁庄；固定资产投资36386万元，排第11位，仅高于尖山、袁庄和米村3个乡镇；公路通车里程135公里，排第8位，高于尖山、袁庄、平陌、大隗、城关、米村等6乡镇；自来水普及率仅有6.73%，远低于其他乡镇，甚至低于尖山，排倒数第1位；镇区面积230公顷，在11个有数据的乡镇中排在倒数第3位，仅高于岳村、城关2镇；镇区人口3801人，在有数据的11个乡镇中倒数第1；城镇化率6.45%，在有数据的11个乡镇中倒数第1。综合上述诸项指标，可以看出白寨镇作为面积和人口大镇，在财政收入、固定资产投资、公路通车里程、自来水普及率、镇区面积、镇区人口、城镇化率等反应基础设施建设水平和社会发展水平的诸项指标中，在新密市属14个乡镇中排在最后几位，这表明白寨镇在基础设施建设和社会发展水平方面处在新密市属各区域单元的最低层次！

表4 白寨镇与新密市属各乡镇1998～2006年农民人均纯收入增长情况比较

单位：元，%

年 份	1998	1999	2000	2001	2002	2003	2004	2005	2006	年均增长率
新密市	2486	2592	2802	2972	3122	3407	3953	4558	5422	10.24
袁庄乡	1594	1675	1196	1169	1175	1177	1006	1008	1028	-5.34
尖山乡	1281	1230	863	878	886	825	826	828	829	-5.29
牛店镇	2460	2624	2829	3105	3216	3452	4372	5338	5970	11.72

续表

年份	1998	1999	2000	2001	2002	2003	2004	2005	2006	年均增长率
平陌镇	2325	2462	2651	2909	3066	3297	3825	4131	4585	8.86
超化镇	2976	2983	3218	3539	3745	4038	4692	5677	6433	10.12
苟堂镇	2216	2336	2518	2745	2898	3120	3613	4220	4693	9.83
大隗镇	3076	3052	3293	3540	3715	4002	4682	5066	5875	8.42
刘寨镇	2106	2786	2998	3285	3473	3755	4056	4401	5085	11.65
曲梁乡	2140	2265	2439	2649	2795	3003	3340	3714	4140	8.60
白寨镇	2278	2100	2135	2330	2453	2637	3072	3502	3899	6.95
岳村镇	2796	2845	3067	3330	3501	3778	4385	4762	5387	8.54
城关镇	2871	3065	3320	3368	3524	3793	4370	5200	5832	9.26
来集镇	2752	2604	3150	3392	3583	3857	4536	5443	6095	10.45
米村镇	2086	1915	2187	2385	—	—	—	3091	3465	6.55
新华路	3146	3055	3288	3190	3353	3604	5203	6316	—	
青屏街	—	—	—	3550	3765	4047	6329	7045	—	
西大街	—	—	—	2369	2490	2677	4889	6022	—	

数据来源：新密市2007年统计年鉴。

分析与结论：表中1998～2006年农民人均纯收入增长率在有数据的14个乡镇中，除了尖山和袁庄2个乡镇负增长外，12个正增长的乡镇中白寨的增长率仅高于米村，处在倒数第二的位置。3个市区办事处农民人口比例很小，又贴近市区，估计应居于农民人均纯收入增长率较高的区域单位之列。整个算来，新密市属17个区域单位中，白寨的农民人均纯收入增长率也居于倒数第四的位置。

由上述分析可以清楚看到，白寨镇的经济发展水平不仅远远落后于郑州市、新密市，而且较河南省平均发展水平也存在着不小的差距。在新密境内，白寨无疑已是一个经济发展洼地，这与其处于新密进入郑州的交通要道、是未来新密产业与郑州产业进行对接的桥头堡的地位是严重不符的。

(二) 白寨镇主导产业分析

1. 白寨镇主导产业现状

白寨镇是一个石灰石资源丰富并蕴藏一定量煤炭的地区，目前镇域内有经济开采价值的石灰石资源储量近9000万立方米，广布于镇内18个行政村、41个开采点；煤炭资源已探明储量3617万吨，可开采储量1523万吨。依托石灰石和煤炭两大资源，白寨镇逐渐形成了石子建材、煤炭开采以及以石子运输为主的运输业等三大主导产业。

至2007年末，白寨镇共注册且拥有开采证的石子企业207家，按每家企业每天平均生产200立方米，每年正常开采时间180天计算，每年可生产石子654万立方米。按每立方米出厂价25元计算，年销售额达18630万元。按每个企业平均吸纳10个人计算，共吸纳本地劳动力就业约2000人。按每家企业每年平均10万元利润计，石子行业每年利润总额可达2000万元左右。石子企业每年上交镇财政70万元，村管理费约200万元，为本镇居民提供务工收入约2400万元。各项收入加在一起，全镇每年从石子行业获取净收入总数大约将近5000万元，人均850元左右。仅劳务收入一项，全镇人均约400元，占镇人均农民纯收入的10%左右[①]。

石子运输的各类车辆约3000辆，每辆车按2个人计，从事运输的劳动力总数约为6000人。每人每月按2500元计，每年有效工作时间按10个月计，运输行业每年的劳务收入可达15000万元。全镇人均从运输行业获取收入2546元，占农民人均纯收入的

---

① 有关石子开采行业的基本情况，并没有得到官方的权威统计数据，有关企业数、全年生产天数、日产和年产量、出产价格、雇用人数、劳务收入等基本数据，都是我们通过座谈会、个别走访以及与相关知情人深入讨论后所得出的，该行业的总收入是根据上述相关数据推算，免不了有误差。比如每个石子开采企业每天平均产量，同样是从业内权威人士那里，我们得到的就有200立方米和100立方米两个相差一倍的数据，最后，我们根据其他相关数据分析，采用了200立方米的数据。好在我们关注的只是该行业在白寨镇人民日常经济活动中的影响，所以，数据的误差一般不会影响相关的结论。

60%。这还不算车主劳务收入以外的利润①。

镇内现有煤矿企业8家，按每个企业最低生产能力15万吨计算，全镇年原煤生产能力120万吨，吨煤均价按300元计，年总销售额3.6亿元。吨煤利润按100元计，利润总额1.2亿元。提供约500万元镇财政收入，占全镇财政收入的约80%，吸纳本地劳动力约1000人②，每人每月平均劳务收入按3000元，每年工作按10个月计算，全镇每年从煤炭行业获取劳务收入约3000万元。

目前，三大主导产业吸纳了本镇非农劳动力的近60%，劳动力总量的约32%，是镇内居民就业和非农收入的主要渠道和来源（见表5）。

表5 白寨镇三大产业主要数据及对居民收入的影响

三大产导产业	企业/车辆数量（个/辆）	财政贡献（万元）	利润总额（万元）	就业总量（人）	劳务收入总额（万元）	人均劳务收入（元）	占农民纯收入比重（%）
石子企业	207	70	2000	2000	2400	850	10
煤炭企业	8	500	12000	1000	3000	505	12
石子运输	3000	—	60000	6000	15000	2546	60
三大产业合计	3215	570	74000	9000	20400	3901	82

为了更加深入地分析白寨镇目前三大主导产业对本地经济的影响，在全镇23个行政村中按照密植林区和生态林区两种区域类型及有资源和无资源两种资源类型，选取4个行政村作为样板进行抽样调查，共涉及900多个村民家庭。结果也显示煤炭、石子开采及石子运输业共吸纳了四村劳动力总量的36%、非农劳动力的66%，与前文课题组通过座谈估算的数字基本吻合（见表6～表10）。

---

① 据有关知情人员估计测算，除掉折旧及各项劳务费用等成本因素，每辆车每年可实现利润约20万元。
② 2007年煤炭企业面临整改，许多本地煤炭工人在本镇以外的地方务工，现在在本地煤矿务工的本镇人并不多，详见表7。

表6 三岔口村调查情况

户主	人口（个）	劳动力（个）	耕地（亩）	农业收入（元）	非农收入（元）	本村	本乡	郑州	其他	煤炭	石子	运输	个体商业	建筑	其他
白俊杰	4	2	7	2000	13000	1					1				
白留山	4	3	5	2000	16000									1	
李 香	3	1	4	1000	9000	1		1			1				
白广华	3	1	2	1000	9000	1							1		
王美菊	5	2	9	3000	15000		1								1
白国勋	6	3	10	3000	22000		1			1					
白营长	8	3	10	3000	25000	1					1				
丁春枝	3	1	4	1000	11000	1									1
白国亮	6	2	10	3000	27000	1					1	1			
赵 能	4	1	8	3000	22000	1									1
白岭清	5	1	7	2000	13000	1							1		
白宗章	5	1	8	3000	17000	1					1				
白俊锋	5	1	6	2000	11000	1									

续表

户主	人口（个）	劳动力（个）	耕地（亩）	家庭年收入		非农就业空间				非农就业行业				
				农业收入（元）	非农收入（元）	本村	本乡	郑州	其他	煤炭	石子	运输	个体商业	建筑	其他
白国俊	4	2	9	3000	12000		1				1				
白殿卿	4	3	10	3000	22000			1							1
白世杰	6	3	10	3000	22000				1			1			
白俊伟	4	1	6	2000	10000		1							1	
白建民	5	1	5	2000	10000	1					1				
白建伟	5	1	6	2000	11000	1					1				
白志恒	6	2	7	2000	10000	1					1				
白俊龙	6	3	7	3000	15000	1					1				
白国民	5	2	8	3000	12000			1						1	
白有民	4	1	5	1000	9000	1					1				
白俊轮	4	1	7	2000	3000						1				
白建国	4	1	6	1000	10000	1					1				
白智民	4	1	7	1000	9000	1					1				

续表

户主	人口（个）	劳动力（个）	耕地（亩）	家庭年收入		非农就业空间				非农就业行业					
				农业收入（元）	非农收入（元）	本村	本乡	郑州	其他	煤炭	石子	运输	个体商业	建筑	其他
白智业	6	1	7	1000	7000	1					1				
李南俊	4	1	4	2000	18000	1							1		
赵万营	5	1	7	5000	8000	1							1		
李东方	3	1	4	2000	10000	1								1	
李国顺	4	3	5.2	2500	17500			1		1					
李俊卿	4	1	4	2000	6000	1								1	
李保才	4	1	5.8	4000	6000			1				1		1	
李宏亮	6	2	8	5000	25000		1							1	
赵万利	3	1	4	1300	5700	1								1	
李向阳	4	1	4	2000	18000	1							1		
…	…	…	…	…	…	…	…	…	…	…	…	…	…	…	…
合计	837	349	1043	594	2020	180	79	66	23	36	115	41	45	26	86

表7 堂沟村调查情况

户主	人口(个)	劳动力(个)	耕地(亩)	家庭年收入		非农就业空间				非农就业行业					
				农业收入(元)	非农收入(元)	本村	本乡	郑州	其他	煤炭	石子	运输	个体商业	建筑	其他
陈景栓	5	2	12	6000	14000		1					1			
陈国栋	3	2	8	4000	8000		1		1	1					1
陈卫锋	4	2	8	4000	16000				1	1		1			1
张长林	6	2	15	8000	17000	1	1			1					1
陈成群	4	2	12	8000	8000	1									
马俊涛	3	2	7	4000	11000		1		1	1					1
陈金秀	5	2	12	6000	9000	1	1								
马小顺	5	3	15	7500	22500				1	1					1
马驹	6	3	16	8000	12000			1							
马长安	5	3	15	7000	13000				1					1	1
乔新年	5	2	10	5000	10000				1			1			1
司马忠	4	2	8	4000	12000	1									

续表

户主	人口（个）	劳动力（个）	耕地（亩）	家庭年收入 农业收入（元）	家庭年收入 非农收入（元）	非农就业空间 本村	非农就业空间 本乡	非农就业空间 郑州	非农就业空间 其他	非农就业行业 煤炭	非农就业行业 石子	非农就业行业 运输	非农就业行业 个体商业	非农就业行业 建筑	非农就业行业 其他
司振力	5	2	12	6000	14000	1			1						1
司发祥	6	4	14	8000	22000	1			1						1
司彦青	6	2	12	6000	14000		1					1		1	
司发民	4	2	9	5000	7000	1			1	1					1
司留海	4	3	10	5000	15000	1			1	1					1
司二套	3	2	7	4000	9000		1		1	1					1
司宝义	6	3	13	7000	13000		1			1		1			
司海州	4	2	8	4000	16000		1			1					
孙明德	4	2	9	5000	15000		1							1	
孙明团	3	2	6	3000	9000		1			1					
司万姓	7	3	16	10000	15000		1		1						1

续表

户主	人口(个)	劳动力(个)	耕地(亩)	家庭年收入		非农就业空间				非农就业行业				
				农业收入(元)	非农收入(元)	本村	本乡	郑州	其他	煤炭	石子	运输	个体商业	建筑	其他
孙明强	4	2	9	5000	8000		1			1					
司发财	4	2	8	4000	11000		1			1					1
司 全	6	4	12	7000	23000			1	1			1			1
司玉忠	4	2	8	5000	10000		1			1					
孙明发	4	2	7	4000	8000		1								1
孙保富	3	1	7	4000	6000	1									
乔永年	6	2	9	5000	7000	1				1					
乔遂长	3	2	5	3000	9000		1			1					
乔遂年	4	2	6	4000	9000	1				1					
王全振	4	3	8	5000	20000		1								1
印石军	7	3	10	6000	17000		1			1					
…	…	…	…	…	…	…	…	…	…	…	…	…	…	…	…
合 计	1691	944	3004	973	4363	436	343	47	117	255	4	95	71	82	437

表 8 白寨村调查情况

户主	人口（个）	劳动力（个）	耕地（亩）	家庭年收入 农业收入（元）	家庭年收入 非农收入（元）	非农就业空间 本村	非农就业空间 本乡	非农就业空间 郑州	非农就业空间 其他	非农就业行业 煤炭	非农就业行业 石子	非农就业行业 运输	非农就业行业 个体商业	非农就业行业 建筑	非农就业行业 其他
路书现	5	3	4	3500	11000							1			
路新义	4	3	2.5	3000	10000			1				1			1
路居应	5	3	4	3000	9000	1		1							1
陈国全	4	4	3	2500	8500	1									1
陈面战	4	2	1.5	1500	6000	1									1
陈全治	4	2	2.5	2500	8500	1									
路改名	4	3	2.8	2300	9000	1								1	
白天顺	4	2	2.5		35000	1							1		
白中民	6	3	4	6000		1									1
刘振群	4	2	2.5		16000	1						1			
陈松伟	4	2	3		16000	1						1			
陈长保	4	2	2.5		6000	1						1			

续表

户主	人口（个）	劳动力（个）	耕地（亩）	家庭年收入 农业收入（元）	家庭年收入 非农收入（元）	非农就业空间 本村	非农就业空间 本乡	非农就业空间 郑州	非农就业空间 其他	非农就业行业 煤炭	非农就业行业 石子	非农就业行业 运输	非农就业行业 个体商业	非农就业行业 建筑	非农就业行业 其他
白军伟	5	2	3	10000		1									1
陈永灿	4	2	1300	10700		1									1
陈佰军	4	2		1200	6800	1						1			1
陈永峰	5	2		1600	2900	1									
陈书敏	5	3		1600	13400	1									
陈书军	4	2		1300	8700	1							1		
陈春生	4	2		1200	11700	1						1	1		
陈春和	4	2		1600	7400	1						1			
陈永恒	3	2		1000	9000	1						1			
陈永录	3	2		1200	7800	1								1	
丁书明	6	4	1.5	2000	10000			1							
丁包现	3	2	1	1000	7000	1							1		

续表

户主	人口（个）	劳动力（个）	耕地（亩）	家庭年收入		非农就业空间				非农就业行业					
				农业收入（元）	非农收入（元）	本村	本乡	郑州	其他	煤炭	石子	运输	个体商业	建筑	其他
陈更有	6	2	1.8	1000	23000	1									1
丁长见	5	2	0.8	1000	9000	1							1		
陈志伟	3	2	0.6	1000	7000	1									1
陈怀恩	5	4	1.3	2000	7000	1							1		
白红森	4	2	1.1	500	17500								1		1
白万松	8	4	3.5	2000	6000	1									1
白顺山	5	2	1.5	2000	10000	1							1		
白石群	5	2	1.2	800	9200	1									1
张铁强	4	2			5000				1			1			
张水池	7	3			8000				1						1
张连锋	5	2			15000				1			1			
…	…	…	…	…	…	…	…	…	…	…	…	…	…	…	…
合计	530	279	1446	399	2077	204	44	13	18	5	16	58	45	19	136

表 9　柳沟村调查情况

户主	人口(个)	劳动力(个)	耕地(亩)	家庭年收入		非农就业空间			非农就业行业					
				农业收入(元)	非农收入(元)	本村	本乡	郑州	其他	煤炭	石子	运输	个体商业	建筑	其他
楚秀枝	2	1	1.6	500	5500			1							1
申电伟	4	2	4.5	2000	4000			1				1			1
申春伟	5	1	3.6	2000	8000	1									1
尚宗殿	3	1	4.5	2500	3500	1									
申智信	8	2	6.1	3000	7000			1					1		1
申连强	4	2	3.6	2000	5000	1						1			
张凤英	5	2	1.3	500	7500			1							1
白铁妞	3	1	5.7	2000	5000			1					1		1
朱秀珍	3	1	2.7	1000	3000			1							1
申金明	5	1	3.4	2000	6000	1						1			
申宗朋	5	2	5.8	3000	5000									1	
申新电	4	2	2.8	1000	6000			1							1

续表

户主	人口(个)	劳动力(个)	耕地(亩)	农业收入(元)	非农收入(元)	本村	本乡	郑州	其他	煤炭	石子	运输	个体商业	建筑	其他
张爱凤	2	1	1	300	700	1									1
申伟杰	5	2	4.2	2000	4000	1									1
申进伟	2	1	3	600	6000	1									1
申建增	4	2	3	600	7000	1									1
申留令	4	2	6.5	1000	15000			1							
申明现	4	2	7.5	1200	10000			1	1						
申国山	6	4	5.5	1000	15000			1							1
申进峰	5	2	7.5	1200	6000			1				1			
申万杰	4	2	5.5	1000	10000			1							1
申红军	3	2	7	1200	6000			1						1	
申长鹏	7	4	9	1400	18000			1						1	1
申小明	4	2	4	800	18000			1							1

续表

户主	人口（个）	劳动力（个）	耕地（亩）	家庭年收入		非农就业空间				非农就业行业					
				农业收入（元）	非农收入（元）	本村	本乡	郑州	其他	煤炭	石子	运输	个体商业	建筑	其他
申中央	5	2	6.5	1300	6000		1								1
李小软	3	1	5.5	1100	2000	1									1
申利伟	5	1	4.4	880	5000	1									1
申小安	2	1	2	400	5000	1									1
申台林	3	1	4	800	7000	1									1
侯六成	6	2	8.5	1700	13000			1							1
侯天增	3	1	7	1400	9000	1									1
申志刚	3	2	3.5	700	13000	1									1
申彦春	4	3	4.5	900	11000		1							1	
申子停	4	2	5	1000	10000		1							1	
申成林	4	2	7	1400	7000		1								
⋯	⋯	⋯	⋯	⋯	⋯	⋯	⋯	⋯	⋯	⋯	⋯	⋯	⋯	⋯	⋯
合计	899	391	974	308	2089	146	35	203	8	21	2	59	36	30	243

将上述4个样板村的相关数据汇总,结果如表10所示。

表10 四样板村相关数据汇总

	三岔口	堂沟	白寨村	柳沟	总计	
家庭人口(人)	837	1691	530	899	3957	
劳动力数量(人)	349	944	279	391	1963	
人均年均收入(元)	2614	5336	2476	2398		
农业收入(元)	594	973	399	308		
非农业收入(元)	2020	4363	2077	2089		
从业地区						比重(%)
本村	180	436	204	146	967	49.24
本镇	79	343	44	35	501	25.53
郑州市	66	47	13	203	329	16.78
其他	23	117	18	8	166	8.45
从事行业						比重(%)
煤炭	36	255	5	21	317	16.15
石子	115	4	16	2	137	7.00
运输	41	95	58	59	254	12.92
个体商户	45	71	45	36	196	10.01
建筑	26	82	19	30	157	7.99
其他	86	437	136	243	902	45.94

数据来源:课题组对本镇千户居民就业地区、就业行业的随机抽查。

2. 白寨镇主导产业发展面临的困境

(1)石子建材业:自20世纪70年代开始,白寨镇依托其区位优势和资源优势,逐渐发展壮大了以加工石子为主的建材业,在2000年前后的辉煌时期,白寨镇所提供的石子占郑州市石子市场的一半以上。但近年来,受到白寨境内的石子开采主要以坑采为主,资源日渐枯竭,开采难度与开采成本不断增加;石子品质差;企业规模小,内部恶性竞争严重;荥阳的贾裕、新乡的辉县石子产业的发展壮大等因素的影响,白寨镇的石子建材业受到了很大的冲击，企业数量已由最多时的500多家锐减到2005年的252家和2007年末的207家。目前在郑州建材市场，白寨石子业的市场占有量已不足1/10。

据了解，白寨镇的石子企业普遍规模较小，经营惨淡。在207家有资质的石子企业中，年生产能力6万立方米（日产200立方米，日产能力最大的也不足250立方米）的石子厂仅有130家左右，其余多为年生产能力不足6万立方米的微型小厂。而即使是规模相对较大的石子厂，一年的利润也仅为10万元左右，规模小的厂一年仅两三万元的利润，不少小厂甚至还处在亏损的状态。反观具有较强市场竞争力的荥阳贾裕和新乡辉县的石子厂年生产能力普遍达到90万立方米（日产3000立方米），是白寨石子企业生产能力的15倍。市场竞争不力直接导致白寨镇石子行业的萎缩，而各种管理成本的上升（比如每个企业需支付30万元的安全生产保证金）、资源枯竭和开采难度增加对白寨镇石子行业而言更是雪上加霜。据有关方面提供的信息，现有207家石子企业中近期还会有近6成面临停产。在调查中我们了解到，很多经营者已经做好了逐步淡出石子行业的思想准备，有的经营者甚至已经拟订好退出的日程表，靠石子产业发家的东岗村，已明确提出2008~2009年要完全退出石子产业。实际上，促使白寨镇石子产业逐步萎缩并最终彻底退出的因素除了上述市场、资源、成本等因素外，一个更重要的、长期起作用的因素是，郑州市城市规划已经启动的对整个白寨镇辖区的林区定位（密植林区和生态林区）。这种定位注定了未来很长时期内白寨镇的基本功能是为郑州市提供西南方向的绿色屏障，为郑州市生态环境的优化作贡献。这样一种功能的实现与破坏资源、破坏生态、破坏道路、污染空气的石子产业的发展是相矛盾的。换句话说，白寨镇作为郑州市郊林区的功能定位注定会对其石子产业的发展造成持久的外部强约束。因此，石子产业从白寨镇经济中的逐步淡出是不可逆转的结局。

为了更直观地表示石子产业萎缩对居民就业和收入的影响,我们制作了表 11 和图 1。从表 11 可看出,石子产业在白寨镇分布面极广,23 个行政村中 18 个拥有石子企业,大约涉及 2000 户和近 10000 人的生计,如果再加上 3000 台车和 6000 户、20000 余人的生计,整个石子产业为白寨镇一半以上的人口提供就业渠道和生活来源(见表 11)。根据调查,未来两到三年,是石子产业中大量企业退出及重新整合的高峰期,该高峰期过后,白寨镇的石子企业数量可能会锐减至两位数乃至个位数。与此相应,围绕石子产业的就业和收入也会锐减。图 1 是一个示意图,显示了随着石子企业数量的急剧萎缩,围绕石子产业的就业随之萎缩的基本趋势。根据我们的了解和测算,每个石子企业吸纳就业数按 10 人计,每人每月按 1000 元收入计,每关闭一家企业,就会减少 10 人就业和每月 10000 元的劳务收入。减少 3~5 台车的运输业务量,影响 6~10 人的就业,以及每月 25000 元左右的运输劳务收入。开采和运输环节加起来,每倒闭一个石子企业,会涉及约 20 个家庭、80 人的生计。根据实际情况测算,近两年可能是石子企业快速退出的时期,也是其对白寨镇居民就业和收入影响最为剧烈的时期,到 2010 年以后,所剩石子企业可能仅有几十家甚至几家,石子产业作为白寨镇支柱产业的历史使命基本完结(见图 2)。

表 11 石子企业分布

单位:个

村名	光武陈	皇帝岭	良水寨	张楼沟	寨沟村	西腰	牌坊沟	柳树沟	油坊庄
2005 年	18	27	13	24	16	20	9	1	1
2007 年	17	21	10	21	16	16	9	1	1
村名	白寨村	三岔口	王寨河	史沟村	黑峪沟	周家寨	东岗村	高庙村	白山
2005 年	7	32	9	8	22	6	26	8	5
2007 年	7	18	6	8	21	6	20	7	2

数据来源:白寨镇国土资源管理所。

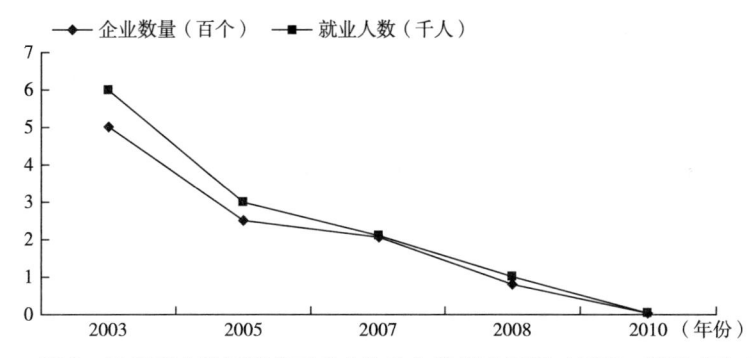

图 2　石子产业发展演化对就业和收入的影响示意（2003~2010 年）

（2）运输业：伴随石子产业的发展，白寨境内形成了大量以运输石子为主业的运输专业户，镇内共有 3000 辆以运输石子为主的车辆，解决了镇内 6000 人的就业问题。运输业是目前三大主导产业中吸纳劳动力数量最多的产业，也是镇内居民非农收入的主要渠道。但是随着石子产业的萎缩，石子运输业也会受到巨大冲击，许多车辆能否再以石子运输为主也成为一个疑问。同时大量的石子运输车辆对本镇的道路带来了巨大的破坏，镇内多数道路坑坑洼洼，而镇政府限于财力有限又很难及时对路面进行维修，这对于白寨镇吸引外部投资带来了极其不利的影响。更重要的是石子运输造成了空气污染和环境破坏，与白寨镇域的生态林区功能相悖。所以，不管从内部资源制约还是从外部环境制约角度看，运输业在白寨镇的萎缩都不可避免。运输车辆和运输业未来的出路无非两条：一条是车主和就业人员继续以运输为业，但在镇域外从事经营；一条是退出运输业转从其他行业。

（3）煤炭业：当前白寨镇域内共有 8 家煤矿企业（见表 12），已探明储量 3617 万吨，可开采量 1523 万吨。以现有各煤矿实际开采能力，再有八年左右时间，七家煤炭企业会因资源枯竭而停业。白寨镇内的煤矿企业多为外地人投资兴办，其矿工也多雇用外来人员，八家煤矿企业仅吸纳本地劳动力 125 人，相对于整改前，煤矿企业对吸纳本地劳动力就业的作用大幅度下降,但是八家煤炭企业还是提供了镇财政收入的 70%~80%,是镇财政的主要来源。有关信息显示,每家煤炭企业每年向镇财政提供的收入为 60~200 万元,这就是说,每关闭一家煤炭企业,镇财政就会减少收入 60~200 万元。根据测算,未来 8 年左右,镇域内的煤炭企业就会有 7 家逐步关闭,从而使镇财政收入逐年减少。8 年以后,镇财政也就基本无法依靠煤炭产业了(见图 3)。

表 12 煤炭业基本情况

企业名称	设计年产量(万吨)	实际年产量(万吨)	可开采储量(万吨)	预计开采年限(年)	本地就业人数(人)	纳税额(万吨)
新密振阳煤业有限公司	15	10	373	8	13	100
新密恒成煤业有限公司	15	10	160	6	13	60
新密永伟煤业有限公司	15	10	140	4	15	80
新密昶达煤业有限公司	15	15	300	10	23	100
郑州三基煤业有限公司	15	10	220	8	15	100
新密油坊庄煤矿	15	20	1200	20	15	200
新密长景煤业有限公司	15	15	150	10	15	100
新密王寨河煤矿	15	10	100	4	16	80

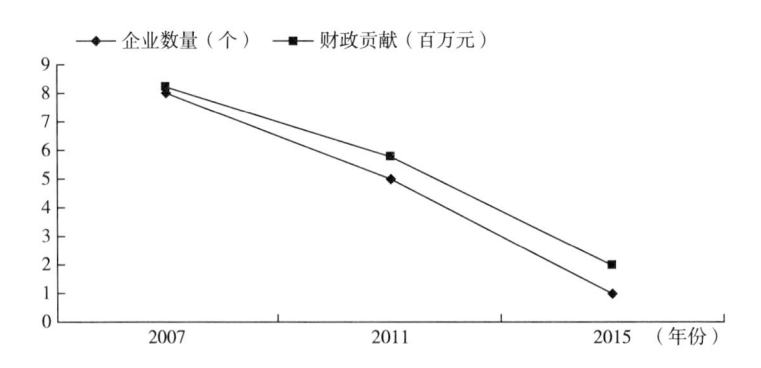

图 3 煤炭产业未来发展轨迹及其对镇财政的影响示意

3. 白寨镇第二产业发展状况总体评价

总体上来看，白寨镇内的企业数量多，规模小，技术含量低，对资源依赖度高，可持续发展能力不足。我们把白寨镇与新密市属其他13个乡镇的工业企业发展情况作了对比，发现白寨镇企业数量高达435家，且全部为工业企业，为新密市工业企业数量最多的乡镇。但规模以上工业企业数仅为4家，远远落后于新密其他乡镇，规模以上企业产值也仅比袁庄乡多，位于倒数第二。白寨镇2006年工业增加值仅相当于新密市工业最为发达的超化镇的16%。此外，400多家工业企业，技术人员总数量却仅比尖山乡多，每个企业平均拥有技术人员数量在14个乡镇中排名倒数第一（见表13）。这说明白寨镇的企业技术单一、落后，还处在对资源的初加工阶段，产品附加值低，这也直接导致白寨镇工业企业利润低下，可持续发展能力不足，对本镇经济发展的潜在促进作用较小。

表13 新密市属各乡镇工业企业情况对比分析

	企业个数（个）		技术人员（人）			企业从业人员数（人）		全部国有及规模以上工业企业指标	
		工业企业数	农业	工业	企业平均技术人员数		工业企业从业人员	企业数（人）	总产值（万元）
袁庄乡	82	53	65	270	4.09	2930	2350	5	147386
尖山乡	5	3	1	4	1.00	158	121	—	—
牛店镇	55	51	13	380	7.15	8200	7196	24	2044325
平陌镇	63	63	15	225	3.81	10016	9616	11	824014
超化镇	185	181	21	401	2.28	21200	19351	45	4248256
苟堂镇	131	128	5	285	2.21	15550	13550	36	1976854
大隗镇	209	105	6	365	1.78	20567	17546	41	6015838
刘寨镇	93	84	7	421	4.60	8695	8383	23	1912364
曲梁乡	133	127	36	297	2.50	26000	15500	20	2382254

续表

	企业个数（个）		技术人员（人）			企业从业人员数（人）		全部国有及规模以上工业企业指标	
		工业企业数	农业	工业	企业平均技术人员数		工业企业从业人员	企业数（人）	总产值（万元）
白寨镇	435	435	4	106	0.25	8980	7530	4	168649
岳村镇	183	127	25	630	3.58	6460	4780	14	1145030
城关镇	81	76	22	210	2.86	6800	5058	7	355274
来集镇	168	143	5	250	1.52	15020	12384	38	3154220
米村镇	54	52	15	238	4.69	3012	2811	8	260737
新华路	—					—		6	182307
青屏街	—					—		3	296802
西大街	—					—		7	436386

数据来源：新密市2007年统计年鉴。

综合上述分析，可以看出白寨镇境内，数量众多的石子建材厂，以及围绕石子运输衍生的运输业是镇内劳动力就业的主要渠道，1/2的家庭就业与此相关。煤矿企业虽然对于本镇的就业贡献不大，但提供了大量的税收，是镇政府主要的财政收入来源。总体而言，镇内规模以上企业数量少、利润低、市场竞争力弱、资源依赖严重、可持续发展潜力小。在石子、运输和煤炭三大支柱产业日渐萎缩的条件下，如何发现、扶持、培育、引进新的产业生长点，壮大新兴产业，尽快使之替代传统支柱产业，是白寨镇需要面对和解决的基本问题。

（三）白寨镇产业发展定位

2003年郑州市政府通过了《郑州森林生态城总体规划（2003~2013年）》，根据这一规划白寨镇23个行政村中的12个行政村被纳入退耕还林的密植林区，11个行政村被纳入生态林区。截至

抓住生态林建设机遇 推动产业升级和人口集中 实现经济社会的转型

2007年年底已有4万亩耕地退耕还林（密植林区与生态林区总和），到2008年年底，按规划12个行政村的密植林区、11个行政村的生态林区建设将全部完成。当前白寨镇作为郑州生态林区的定位，对白寨镇的现有产业及未来产业的发展既带来了限制也带来了发展机遇，现有产业如何调整、未来发展什么主导产业成为白寨镇首先要解决的战略问题。

表14 规划密植林区概况

	韦沟	史沟	光武陈	周家寨	油坊庄	杨树岗	东岗	白寨	皇帝陵	刘堂	高庙	柳沟	合计
总人口（人）	2941	1912	1902	2229	2906	3225	1710	3707	1872	2091	2495	3253	30243
耕地面积（亩）	3250	2210	2670	2500	3725	3406	1500	2700	1757	2080	2277	3550	31625
区域面积（平方公里）	4.417	3.026	3.122	3.56	4.591	4.828	2.51	4.171	3.451	2.93	2.96	4.75	44.31

表15 规划生态林区概况

	牌坊沟	张楼沟	黑峪沟	三岔口	寨沟	山白	西腰	堂沟	良水寨	翟沟	合计
总人口（人）	2432	1754	3726	2066	1889	2165	3246	2516	2719	1690	24203
耕地面积（亩）	2650	1940	4110	2570	2212	2315	4630	3850	2975	1800	29052
区域面积（平方公里）	4.095	2.881	6.474	4.592	3.426	3.19	6.25	5.776	4.17	2.94	43.8

数据来源：白寨镇政府的统计数据。

1. 现有三大主导产业的整改建议

根据郑州生态林区建设的规划要求以及郑州市林业局和白寨镇各林区签订的租用合同规定,任何人不得在林区从事有损林区的经营性活动。这对于白寨镇内企业的环境治理提出了更高的要求,必须对其现有产业结构进行调整。然而,目前白寨镇主导产业仍然没有摆脱对本地资源的过度依赖,特别是石子建材业对地形地貌破坏巨大,粉碎石子带来的粉尘污染对环境的治理也带来了诸多不便,而这些均与目前白寨生态林区的定位严重不符,从长期来看白寨镇的石子建材业退出本镇经济势在必行。考虑到石子企业对就业及人均收入的作用,石子企业吸纳的就业人数占全镇非农就业总量的12%,提供的劳务收入占全镇人均收入的10%,不少行政村的收入主要依赖于此,建议对该镇现有石子企业进行整合,解决目前白寨镇石子企业普遍存在规模小、资源浪费严重、市场竞争力小的瓶颈问题。并且根据上文的分析:到2008年因政府对石子企业实施新的管理办法,镇内石子企业还会有近六成因为市场竞争、成本过高等问题自动退出,镇政府应利用这一契机对本镇石子企业进行整合,根据现有的石子企业分布情况和开采的地段,合理布局,把剩余的六七十家石子企业整合成两三个大型的石子企业,增强本镇石子企业的市场竞争力,为其他企业进入本镇安置剩余劳动力赢取时间,避免居民大量无处务工、收入大幅下降局面的出现。但长期来看,石子企业必须全部退出本镇。

石子运输业是本镇就业和农民收入的主要渠道,对于经济发展起到了很大的促进作用,但大量运输车辆的存在对本镇的道路带来了致命性的破坏,这对于本镇的招商引资带来了不利的影响。根据新密市政府的发展规划,将来会在新密市境内修建一条专门通行煤炭运输等重型车辆的道路,这在一定程度上可以解决石子运输车辆对本镇道路的破坏,但随着本镇石子建材业的逐步萎缩,石子运输业也必须改变现在以运输销售本镇石子为主营业务的局面。当前郑州市中心城区正在快速扩建,本镇的石子运输车辆多,正好符合郑州对各类重型运输车辆的需求。但是本镇的石子运输车辆主要以家庭为单位进行经营，缺乏组织，对于承接大型的运输业务不利。建议由镇政府出面协调，成立白寨镇车辆协会或运输公司，逐渐把主营业务由本镇的石子运输转向镇外的建材运输。

现有的八家煤炭企业均于2007年完成技改项目，除油坊庄煤矿外其他七家煤矿企业均会在未来的八年内因资源或生产许可证问题面临停产。就目前煤炭企业的经营现状来看，它们除给本镇每年带来几百万元的财政收入外，并没有给本镇的居民带来什么福祉。建议镇政府在加强对煤矿企业安全生产和环境治理的基础上，积极引导这些煤炭企业把每年产生的大量利润留在本镇，投资一些对吸纳本地剩余劳动力有利的劳动密集型制造加工业。

2. 白寨镇产业发展定位

多年来，当人们驱车进入郑密公路，首先映入眼帘的就是道路上以及道路两旁树木上的大量粉尘，让人想到的就是新密仅是一个依赖煤炭资源开采、环境破坏严重的资源型区域，不适合其他产业的发展甚至不适合人类的居住。而以现在新密市每年的煤炭开采能力，再有八年左右的时间，新密的煤炭资源就会枯竭。如何摆脱对资源的过度依赖、进行产业结构调整成为新密市现在必须要解决的一个重大发展战略问题。白寨镇位于新密进入郑州的交通要道，尽管本镇煤炭资源并不丰富且资源经济价值不高，但其主导产业也一直以资源开采为主。然而，多年来的资源开采并没有使白寨像新密市其他乡镇一样，经济发展水平走在河南省的前列。直到现在，白寨镇的经济发展水平还要比河南省的平均发展水平低许多，这足以证明白寨镇靠目前的经济发展方式不仅不能使得本地区的经济发展起来，还会拉大与其他地区的差距。当前白寨镇作为郑州生态林区的定位，进一步促使白寨必须放弃现在的发展路径，较新密其他乡镇更快地走上一条脱离资源依赖的发展道路。

基于郑州市对白寨镇生态林区的定位及镇内农村剩余劳动力充足的特点，白寨镇未来五年产业发展的重点应放在生态林区的林下经济产业、郊区观光休闲游及无污染劳动密集型制造业上。首先要解决的问题，就是解决本镇居民居住分散、居住占地多等问题，通过整合废弃砖瓦窑厂、老宅、煤矿塌陷区、废弃厂矿企业等闲置建筑土地，规划工业园区，解决郑州及周边地区企业扩建普遍存在的用地不足、雇工难等问题，加大基础设施投入，利用本地劳动力资源丰富及邻近郑州市的区位等优势吸引劳动密集型企业入驻。

三 规划建设工业园区，大力发展劳动密集型制造业，逐步取代传统资源型产业的优势地位，实现产业结构升级与可持续发展

（一）积极发展工业，使之逐步取代传统资源型产业的优势地位，力争实现白寨经济的可持续发展

俗话说"无工不富"，其背后的经济学道理是：在生产要素的供给方面，工业同农业最大的区别是工业生产使用的厂房、设备等是可再生资源，不存在总量供给方面的瓶颈。随着资本积累的不断扩大，工业总体规模可以持续扩张。而农业部门使用的土地是非再生性资源，土地资源的总量是有限的，其供给不可能随着农业生产规模的增大而持续增加。在产品需求方面，工业的需求弹性大，随着收入的增加，人们对工业消费品的需求不断增加。而农业的需求弹性小，随着收入的增加，农产品需求在总收入中的份额不断下降。所以，无论从生产要素的供给还是从市场需求来看，农业总体规模存在一个相对的极限。在现代工业社会，农业在国民经济中的比重呈现不断下降的趋势；而工业总体规模可以持续增大，现代经济的增长主要表现为工业和第三产业的发展，单纯依靠农业的经济体，其经济社会逐渐衰落不可避免。

抓住生态林建设机遇　推动产业升级和人口集中　实现经济社会的转型

白寨非农产业发展相对落后，目前仍然主要依赖煤炭、石子和建材等资源型产业，随着本地资源的逐渐枯竭，这些行业逐渐淡出是不可避免的。根据我们的调研，各界存在一个共识，就是这三个行业在白寨的总体寿命不会超过十年。但是，这三个资源型产业目前仍是白寨主要的经济支柱，是地方财政收入和居民就业的主要来源，它们的兴衰对白寨经济社会发展的影响是举足轻重的。所以，寻找替代产业来支撑白寨的可持续发展成为当务之急，这也是我们本次制定经济社会发展规划的重中之重。

（二）规划建设工业园区，使白寨工业高起点发展

相对于农业，工业生产活动最突出的特点是其需要的各种生产要素在空间上是可以移动的。而且，工业生产对道路、供水、供电、通信等公共基础设施的要求较高，水、电、通信与运输成本也是企业生产成本中的一个重要组成部分。基础设施属于公共产品，一个最重要的特征是其成本不会随着使用者的增加而加大。一个独立的基础设施系统内企业数量越多，每个企业分摊的成本就会越少。我们经常看到的一个现象是，集聚了较多企业的区域基础设施条件较好，而分散布局的企业往往无法享有高水平的基础设施服务。从这个意义上说，企业在一个空间点上集聚是工业发展的基本规律，也是将来白寨工业发展的一个必然趋势。

目前，白寨的工业基础比较薄弱，尤其是制造业发展滞后，这是白寨经济比周边乡镇落后的主要原因。由于白寨制造业尚未起步，不存在超化、大隗那样企业在全镇范围内散乱分布、集中起来成本很高的问题。超化的耐火材料企业、大隗的造纸企业，大部分都是改革开放以后在一个较长的历史时期内陆续建立起来的。在这些企业建设的过程中，政府从来也没有过有意识的规划指导，所以企业的空间位置都是随机选择的，各企业自成体系，互不相连，公共基础设施建设严重滞后，企业无法享受聚集经济的好处。现在如果撇开企业现有的空间格局而另辟新址建设园区，

引导甚至强制让企业向工业园区搬迁，很难操作。因为企业搬迁成本太大，它们承受不起，政府也无力补偿企业的搬迁损失。所以，白寨应该从一开始就按照相对集中的原则对工业发展作出总体规划，通过规划产业园区，让企业在空间上集中发展。

通过座谈发现，白寨干部群众对工业集中的必要性认识不够，各行政村的普遍做法是在本村保留100多亩工业建设用地，用于招商引资发展工业，这是同工业发展规律相悖的。通过本次规划一定要使各界在集中发展工业方面达成共识，避免再走先散乱再集中的老路。

（三）把握本地比较优势，发展食品加工等劳动密集型制造业，争取5年内形成产业集群，培育产业竞争力

在产业选择方面要密切联系实际，结合本地优势，不能好高骛远。理论与现实都告诉我们，基于比较优势发展的企业，成本上有优势，赢利能力强，能够更好地生存与发展。白寨最大的现实也是发展工业最重要的优势就是生态林区项目的落实使得本地农民不再种地，存在大量的稳定劳动力。所以，白寨的产业规划就要利用好这个优势，大力发展劳动密集型制造业，这既可以解决群众就业问题，又可以促进地方经济发展和财政收入提高、实现富民强镇的目标。

从全国大的发展格局来看，沿海发达地区的劳动密集型产业向内地转移是一个不可逆转的趋势。经过几十年的发展，"长三角"、"珠三角"大部分地区面临土地短缺和地价上涨问题。同中西部控制农业用地造成的建设用地紧张不同，沿海发达地区是根本没有地了。最典型的是深圳、东莞，辖区内都是工业区与厂房，即使国家不控制也根本没有空地可以用，地价上涨不可避免。再加上最近几年出现的"民工荒"，劳动密集型制造业在沿海发达地区的生存越来越困难。事实上，沿海发达地区劳动密集型制造业五六年前就已经开始向内地转移了，只是目前更为明显、要求更

抓住生态林建设机遇 推动产业升级和人口集中 实现经济社会的转型

为迫切而已。据新华网报道，目前已经有500家台商退出东莞，而2007年前三季度有1000多家劳动密集型制造业迁出了广东。

与白寨相邻的曲梁、马寨这两个制造业比较发达的乡镇，就是在这样的背景下发展起来的。曲梁的服装加工业和马寨的食品加工业都已经有相当规模，曲梁的服装工业园已经吸引了一批广东、福建和温州的企业投资建厂，马寨的食品工业区也有温州背景。在同这些投资者接触的过程中，他们普遍指出之所以在曲梁、马寨投资，就是看上了郑州作为河南省乃至中部地区中心城市的巨大辐射作用，以及郑州周边的食品与服装加工产业集群，在服装、食品产业的发展方面，既有成本优势，又有市场优势。

根据我们的调研，不仅是东南沿海发达地区，即使是曲梁、马寨，其工业进一步发展也开始面临土地供应不足的难题，曲梁还出现了用工难的问题。白寨目前已经出现了一些食品加工企业，如翟沟的豁达食品厂（投资600万元，占地15亩，已吸纳劳动力150人，全部投产预计可吸纳劳动力600人）。据了解，豁达食品厂的老板在曲梁也建有生产基地，但曲梁招工难，而白寨在生态林区项目落实以后，本地农民不再种地，有稳定的劳动力供给，所以他选择在白寨建厂。

综上，我们认为白寨发展食品加工业具有以下几大优势：

（1）紧邻郑州的区位优势。白寨实际就是郑州市的组成部分，从白寨中心镇区到郑州市政府不足20分钟车程，比市区一些地方更方便，选择白寨就是选择了郑州。

（2）郑州作为河南省乃至中部地区的中心城市具有巨大辐射作用，是全国公路、铁路与航空枢纽，交通运输极为方便，而且物流业发达。依托郑州大市场，可以直接辐射河南近亿人口的市场，继而可以辐射整个中部地区和全国。

（3）郑州周边已经形成了以方便面、速冻食品为核心的食品加工业产业集群，白寨发展食品工业可以利用产业集群带来的成本优势和市场优势，为企业发展带来机遇。

(4) 白寨周边的马寨、曲梁等已经面临土地供给方面的问题，且存在不同程度的招工难，而白寨有稳定的劳动力供给，如果能够通过规划工业园区保证充足的土地供给，发展食品加工将极具竞争力。

白寨过去已经错过了机会，但现在可以更高起点地发展食品、服装加工业。通过规划食品工业园区，从一开始就遵循空间集中的原则发展，争取五年内形成产业集群。而且，食品加工业的污染相对较小，同白寨生态林区的定位也是相适应的。

（四）工业园区的规划与落实

1. 土地来源

建设工业园区首先要解决的问题是土地问题。可以从以下三个方面入手。

首先，各村都保留了100多亩的工业建设用地，可以通过置换的办法将之集中起来，23个行政村加起来有将近2500亩土地，足够工业园区一期工程（1000亩）启动。白寨在土地置换方面有两个优势：一是全镇绝大部分土地都被郑州市林业局租用了，这样置换的协商对象只有一个，大大降低了谈判协商的成本；二是林业局的目标是在白寨全镇范围内形成一定面积的林区，而具体在镇内的哪个位置相对并不重要，土地置换对其实现最终目标影响并不大。具体的置换办法可以同郑州市林业局协商。

对于各行政村来说，预留建设用地是将来发展工业的重要措施，在土地置换过程中也要充分尊重它们的利益。土地集中后，各村保留同其被集中土地的面积相应的收益权（可以采用土地入股的办法）。

其次，城市和工业用地使用效率更高，其单位土地无论是居住还是容纳就业的能力都远远高于农村。中国正处在城市化和工业化的关键时期，一部分农业用地转化为工业用地是阻挡不了的。政府严格土地审批制度的目的是防止土地的闲置与浪费，真正科学规划、高效使用土地，是符合工业化和城市化的发展方向的。所以，白寨应该先做好工业园区的规划，在合理规划的基础上，抓住土地利用规划调整的机会，争取一定的工业建设用地是完全可行的。

最后，生态林区项目的逐步落实，白寨村民不种地了，客观上不再需要在各个自然村落分散居住，可以通过集中居住的办法节省土地。白寨全镇6万人按四口之家计算为15000户，目前粗略计算每户宅基地0.5亩，居住用地总量大约7500亩。如果建设住宅小区集中居住，每亩可住8户。保守计算，即使集中居住后一半人（3万人）在小区集中居住，另一半人在规划人口集中区建小别墅（每户仍占地0.5亩），也可节省土地2800亩（人口集中居住将在下一部分详细论证，这里不再展开）。

这样，如果各村土地置换解决2500亩，争取新增1000亩，再加上人口集中居住节省2800亩，总计就有6300亩，基本可以满足未来10年白寨的工业用地需求。

2. 园区规划

郑州周边与白寨区位相似的工业园区有曲梁服装工业园区、马寨工业园区温州特色工业园、二七服装工业园区等。其中，曲梁服装工业园区首期1000亩（总体规划用地6平方公里），预计投资8亿元，全园预计5年后建成，并建设医院、学校、会展中心等配套设施，建成后年交易额将达到100亿元；马寨工业园区温州特色工业园，一期占地200亩，总投资4亿元，计划工期24个月。建成后，能安排4000个就业岗位，预计产值将超过12亿元。二七服装工业园区2007年7月开建，年底首批企业总投资9.5亿元，一期占地400亩，预计园区服装年产量7000万件，年产值15亿元以上，直接安排就业岗位1.5万个。

参照周边工业园区，白寨可以在镇区附近总体规划6000亩的工业园区，初期以食品加工业为主，分三期完成。一期食品功能区1000亩，2009年底完成基础设施，2011年吸引20家企业进驻，形成一定规模效应，吸纳劳动力1万人以上。二期2000亩，随着园区基础设施的逐步完善，可以发展一些服装加工业和其他的轻型制造业，2010年开工，2015年建成，进驻50家企业，吸纳劳动力2万人。三期3000亩，2018年建成，进驻100家企业，吸纳劳动力3万人。

3. 成立机构，组织实施

园区规划完成以后，成立工业园区管理委员会具体负责落实，包括争取各级政府的支持、统筹园区的前期土地开发和后期商业运作等。

招商工作可以采用两种形式：一是吸引单个企业投资建厂，要求必须是符合产业要求的企业。白寨镇党委朱书记谈到在翟沟召开的食品行业会议上，来自全国30个省、市、自治区的代理商都谈到了来白寨投资食品工业的愿望，随着园区规划的形成，应该积极行动起来，给予其一定的优惠政策，争取将一部分企业家吸引过来；二是园区整体招商，类似曲梁的服装工业园（由曲梁乡政府牵头联合广东投资人共同投资。园区基础设施建设由政府负责，后期建设由专业投资公司来管理，进行招商和运作。总投资8亿元中，政府投资基础设施5000万元。园区采取前店后厂的形式，前面为商业区服装批发街、会展中心等，后面是生产厂房，并建设住宅、医院、学校等配套设施。目前园区招商形势良好，其中温州一个厂家投资额1亿元，泉州厂家投资千万元以上）。

四 按照城乡一体化发展的思路，结合新农村建设，通过整体规划促进人口集中居住，实现社会的现代化转型

白寨镇作为郑州市生态林区的定位已经明确，人口相对集中布局的时机已经成熟。按照城乡一体化发展的思路，结合新农村建设，通过整体规划实现白寨全镇58906人口相对集中居住。

(一) 人口集中居住的必要性

1. 生态林区项目的逐步落实，使白寨村民客观上不再需要在各个自然村落分散居住

农村自然村落的形成是同农耕文明相适应的居住方式。耕地在空间上的不可移动性决定了农业最重要的空间特征是分散性。在传统的农业耕作条件下，农业生产使用简单的生产工具、有机肥料和牲畜，这时农民选择在离土地较近的地方居住成本是最低的。进入工业社会以后，随着电力、化肥、农药广泛使用，机械化水平的提高和交通运输条件的不断改善，农业生产规模得以扩大，农民的生活与居住方式也发生了巨大的变化。目前，完成工业化和农业现代化的发达国家，农民的居住方式彻底改变了传统自然村落散居的状态。

中国的农业现代化远未完成，广大农村居民在自然村落分散居住的状态也没有根本改变。但在城市近郊，很多农民的居住方式已经发生了变化。在被规划为郑州市生态林区之前，白寨镇虽然离郑州较近，但农业生产仍以传统方式为主，农民的居住区位也没有太大变化，仍散居在历史形成的自然村落里。

随着生态林项目的逐步落实，这种分散居住的状态发生了变化。白寨全镇23个行政村中有12个村是密植林区，村里的耕地绝大部分已经租给郑州市林业局（租期相对长，为21年），村民已经不再种地，事实上这些村民已经同土地脱离了关系，他们将主要靠从事非农产业（第二、三产业）和土地租金生活。这时分散居住在各个自然村落（村民组）客观上已经没有意义，而且令他们从事非农产业的工厂企业距离其住所反而相对较远，这种散居状态还会加大他们的生产与生活成本。

2. 集中居住可以降低基础设施的分摊成本，使村民享受现代工业文明和城市文明成为可能

分散居住时自然村落居民人口较少，一般不超过1000人。

由于分摊成本太高，乡村只能建低等级公路，绝大部分自然村落无法建设给排水系统，村庄的卫生条件和生活环境长期得不到改善，还有其他种种现代城市居民能够享受的现代文明他们无法享受。通过整体规划，实现人口相对集中居住，就可以降低基础设施的分摊成本，使村民享受现代工业文明和城市文明的成果。

3. 集中居住可以节省土地，解决工业建设用地紧缺的难题

按6万人15000户（四口之家）计算，在目前分散居住的情况下，户均宅基地0.5亩，全镇居住用地共需7500亩地。人口集中起来后，按每户（四口之家）150平方米计算，每亩（660平方米）可开发住宅1200平方米（按六层，每层200平方米计算），每亩可以满足8户居民的居住需求。保守计算，即使集中居住后一半人（3万人）在小区集中居住，另一半人在规划人口集中区建小别墅（每户仍占地0.5亩），可节省土地2800亩用于工业建设。

（二）人口集中居住整体规划

考虑到白寨实际情况，可以考虑在全镇规划四个居民集中区：镇区、韦沟、刘堂与三岔口。其中镇区集中3万人，考虑到未来本地和外来人口的增加，可按5万人的标准设计，计划用地2000亩；东南（韦沟）、西南（三岔口）和北部（刘堂）规划三个居民集中区，每区规划1万人，各计划用地1000亩。在每个居民集中区，按照预计的人口规模规划较高水平的基础设施，包括给排水、电力供应、通信、道路等；规划超市、学校、医院、菜市场等配套设施，为居民提供便利的生活条件。考虑到人口搬迁的复杂性，争取三年内完成基础设施建设与一部分人口的搬迁，五年内形成一定规模，十年最终完成。

(三) 实施与推进办法

实施人口集中居住总的原则是：规划先行、政府推进、群众自愿。做好规划是工作的开始，有了规划才能去争取上级政府的支持，才能说服、引导群众。政府推进包括前期水、电、道路等基础设施的规划建设，提供优惠政策等等。群众是搬迁的主体，搬迁费用主要依靠群众自己，一定要充分考虑他们的愿望，给予力所能及的优惠政策。

1. 搬迁所需资金及来源

按每户（四口之家）居住面积为150平方米、每平方米造价400元（农村宅基地的地价可以忽略）计算，每户所需资金为6万元。考虑到目前在农村新建住房，一处住宅至少在4万元以上，6万元150平方米的住房对群众应当是很有吸引力的。而且，白寨全镇农民的人均年收入在4200元以上，四口之家的年收入为16800元，用6万元购买住房应该在大部分农户可以承受的范围之内。

另外，还要积极争取上级政府的资金支持，以用于人口集中区的基础设施投资。人口集中既符合城乡一体化发展的思路，又是新农村建设的要求，在规划形成以后，可以申请成为郑州市乃至河南省的一个示范镇，争取一定的资金支持。出售规划的商业用地也可以获取一定的资金，这两部分资金可以用来进行基础设施投资，以减少资金方面的压力。

2. 具体推进措施

第一，在完成人口集中居住区基础设施与配套设施规划的基础上，镇政府组织相关职能部门设计一些既突出中原文化特色、适合白寨地形地貌，又适宜居住、具有一定现代感的指导性楼盘与小别墅设计样板，供群众无偿使用。

第二，根据《城乡规划法》，2008年以后各村必须有村庄规划，可以将人口集中居住规划列为白寨全镇十年内的新农村发展规划。原则上今后各自然村落不再新批宅基地，新建住宅必须位于规划的四个人口集中居住区。

第三，对于入住人口集中居住区的本镇农户，无论是自建房、购买商品房还是采用其他方式，明确保证他们原有的土地承包关系不变，且保留其对搬迁后老宅基地的相应权利，这两部分土地无论将来用于植树造林还是工业建设，农户都享有与土地面积相应的收益，以解决他们的后顾之忧。对农户在人口集中区自建房所需土地，用其在原自然村落的老宅基地进行置换，减轻他们的负担；对在人口集中区开发商品房的企业或者个人，给予低价土地、税费减免、办理房产权证等方面的优惠政策，降低开发商的成本，让搬迁户受益。

第四，成立个人合作建房指导委员会，组织群众合作建房。个人合作建房可以大大降低成本，也是目前国家政策允许与鼓励的住宅开发方式，但是存在操作上的困难。合作建房的各合作方很难建立彼此之间的信任（主要表现在出资、时间与工程推进上），也存在沟通协调上的困难，很难达成一致的意见。政府成立专门的个人合作建房指导委员会，可以解决这些问题。在规划和上述的优惠政策形成以后，委员会可以深入各村了解群众在合作建房方面的意向，掌握愿意合作农户的人数、对房屋面积与户型等方面的要求，统一组织规划设计，落实出资时间与工程开发进度等等。考虑到白寨的实际情况，如前面提到的不再种地、群众有改善居住条件的愿望并有一定的支付能力等，通过积极组织，在个人合作建房方面是大有可为的。

五 根据生态林区、劳动密集型产业布局区和城市近郊非农人口集中居住区等功能定位，积极培育和发展第三产业

如果上述规划得以顺利实施，预计未来10到15年时间内，也就是到2020年左右，白寨镇就会形成一个镶嵌在大郑州西南方、

抓住生态林建设机遇　推动产业升级和人口集中　实现经济社会的转型

既有数公里宽的生态林带间隔又在功能上完全融入郑州、具有密集居住人口和工业集中布局及良好生态环境、基础设施和城市功能比较完善、作为郑州市有机组成部分的新兴要素聚集点和充满活力的经济区。这无疑为区域内的旅游、仓储物流、商贸等第三产业的发展提供了机遇和空间。

（一）发展旅游业和林下生态经济

按照郑州市规划，整个镇域91.8平方公里的面积全被纳入了近郊生态林区（12个村为密植林区，11个村为生态涵养林区）。据我们所知，这是目前郑州市唯一纳入规划并将在2008年底之前建成的近郊生态林区。可以想见，未来3~5年内，郑州市区和白寨镇之间数公里宽的区域内就会被茂密的树林所覆盖，未来10到15年内，这里会呈现树木参天、遮天蔽日的景象。这为城市近郊旅游业和林下生态经济发展提供了得天独厚的条件。从需求的角度看，伴随中部崛起和中原崛起，郑州作为中原乃至中部地区最具活力的中心城市，其膨胀的速度还会进一步加快，未来10到15年内人口翻番，形成500万~800万人口的巨型城市是必然的趋势。随着城区的扩大，对绿色和静谧环境的需求会越来越成为节假日和工作闲暇时段人们最迫切的渴求。从国外发达国家的经验看，近郊生态休闲游会成为城市人口越来越向往的休闲方式。还有，工业化总是与老龄化相伴随，中国的老龄化现在已经初露端倪，相信未来会越来越突出，城市老人会越来越多，老人的日常活动就是休闲，近郊生态休闲是最适合老人的一种休闲方式。从这些因素看，未来会有越来越多的人口从城市中心涌向近郊生态区，所以，近郊生态休闲游的市场会越来越大。

除了广袤的生态林区，白寨镇还有贾鲁河源头、圣水寺、101备战洞等独有的人文和自然景观，有新密市第一个党支部诞生地、皇帝岭朱元璋传奇等具有发掘价值的文化故事。这些都对近郊休闲旅游者有着极强的吸引力。白寨镇域内崎岖不平、千沟万壑的丘陵山地地形地貌，以及与此伴生的僻静幽谷，也是市区近郊最好的旅游资源。合理配置、科学规划和开发这些资源，会很好地促进和带动以林区为特色的近郊生态休闲游，将旅游业打造成白寨镇未来的经济支柱和很好的替代产业（关于旅游业的详细规划参见本报告附件一）。

整个镇域被森林覆盖，首先意味着居民们祖祖辈辈依赖农耕的生产生活方式无法再延续了，必须实现转型。转到哪里去呢？新兴替代劳动密集型产业可能是未来吸纳就业人口最多的领域。但是，总有一些不适合或不愿意在工业产业就业的劳动者会剩余下来，他们中的一部分会直接被旅游业吸纳，也会有一部分会间接被旅游业吸纳。后者很可能成为林下生态经济的主体。

按照规划，白寨镇域内的林区分为 12 个行政村的密植林区和 11 个行政村的生态涵养林区。密植林区林下基本没有耕作空间，最有可能发展的是鸡鸭等家禽室外放养业，也可作为近郊生态旅游业的一部分发展餐饮、休闲、特色购物等产业。生态涵养林区因为树林密度有限，林下尚留有土地耕作的空间，所以，这一区域最适合发展的是特色农产品种植和农家游项目。通过科学规划和合理配置资源，林下经济未来会成为白寨镇域经济中一支重要的有生力量（关于林下生态经济的规划详见附件二）。

（二）发展休闲仓储式购物超市

中国正处于工业化与城市化发展的关键时期，沿海发达地区的工业化与城市化水平已经远远领先于中西部地区。经过二十多年的迅速发展，其经济与产业结构的调整与升级不可避免，随之而来的将是发展速度的下降。因为经济社会的发展是一个非常复杂的过程，发展过快一定会带来各种矛盾与问题，需要停下来调整,经济发展就是一个发展——调整——再发展——再调整的过程。发展经济学的基本理论也告诉我们,发展中国家的经济可以利用其与发达国家的技术差距实现迅速发展,但发达国家要想达到发展中国家的经济增长速度(如中国年均9%以上)是不可能的,世界上所有主要发达国家的经济增长速度很少有达到4%的(除了个别的年份外),一般在1%~2%左右。事实上,我国沿海发达地区已经率先实现了工业化,如果单就区域经济来讲,它们已经达到了中等发达国家的水平。所以,沿海发达地区经济增长速度将会逐步减缓到发达国家的稳定增长状态。但是,中国整体工业化与城市化还远未完成,中西部欠发达地区与沿海发达地区间的差距还相对较大。要实现全国的工业化,我们还需要30年左右的快速增长。除了沿海发达地区的进一步发展之外,更重要的是加快中西部地区的发展速度。如果过去30年中国的经济增长主要由沿海地区来支撑的话,那么未来30年的经济增长应该主要靠中西部地区来支撑。所以,我们判断,作为全国第一人口大省的省会、中西部最重要的中心城市之一,郑州的经济社会快速发展以及城市规模与人口规模的迅速增大是不可避免的。事实上,郑州已经进入了快速发展期,2000年郑州市辖六区总人口259万人,2006年达309万人,年均增长将近10万人。预计未来的速度会更快,2010年会达到500万人,2020年将达到1000万人。

随着郑州城市人口的逐步增长,人们的消费需求(包括休闲、购物)自然要相应增加,消费档次也要提高,对环境消费的需求要大大增加。参考发达国家的经验,近郊大型仓储式购物超市是一个很大的产业。习惯了城市快节奏与钢筋混凝土的人们向往一个既能放松心情、享受新鲜空气与优美环境,又能采购一周吃穿用品的好地方。

白寨紧邻郑州,生态林区项目的落实将使白寨未来三到五年变成一个森林密布、空气清新、风景优美的天然氧吧。受地形地貌的限制,除郑州周边西南方向与北郊的邙山以外,都是一马平川，白寨的丘陵地貌将给购物者提供另外一种享受。这些都是白寨得天独厚的优势，完全可以在贴近郑州市区的刘堂、柳沟、高庙一带以及东岗、油坊庄一带发展近郊大型仓储式购物超市，结合生态旅游项目的推进，为郑州市民提供休闲、购物一条龙服务。

（三）做大做强白寨传统的区域集贸市场

白寨历史上就是闻名周边乡镇的大"会"（农村对传统集贸市场的叫法），可以辐射新郑的龙湖、二七区的马寨侯寨、荥阳的贾峪等周边乡镇。虽然出于交通条件改善、选择渠道增多（很多老百姓到郑州买东西）、人们生活水平提高、购买物品的档次提高（看不上集会上的东西）等原因，白寨的集贸市场有所萎缩，但仍具有一定规模。目前，固定商户650多户，临时商户1400多户，临时商户相比以前减少了，但是固定商户增多了，白寨仍是一个重要的商品集散地。

随着人口集中与工业园区项目的逐步落实，白寨镇区将发展到五万人，成为新密与郑州之间的有一定人口规模与产业基础的小城镇，白寨传统集贸市场与第三产业也将面临一个重要的发展机遇，应该在镇区规划与设计相应的商业街区，做大做强白寨传统的区域集贸市场，继续保持其对周边乡镇的辐射地位。

（四）发展冷藏仓储业

白寨全镇共有石子厂等建材企业260家，白寨的石子开采不是露天挖山，而是地下采石，存有大量的废弃石子坑，这些坑一般都有上百米深，并且白寨镇23个行政村中，18个村都有石子厂，大量的废弃坑连成一片，是建立大规模冷藏仓储基地的较好选择。郑州很多大企业外迁，送往郑州的货物只需运到白寨，白寨尤其是在仓储管理方面，包括进货检验、检货、分货、理货和退货处理等，在增值服务方面，比如贴标签、改包装等流通加工，还有短距离的配送服务等等，都大有可为。相关企业在白寨设立的成本与其他乡镇相比会更低。

物流服务的外部化是冷藏物流发展的趋势之一，更低的成本和更好的服务是物流服务的外部化程度提升的重要前提。使用外部物流合同承包商不仅减少了物流设施的新投资，而且解放了在仓库与车队上占用的资金，可以将其用在更有效率的地方。同时，采用第三方物流还可使企业获得物流管理专业公司的专业技能，克服内部劳动力效率不高的问题。如果生产商自营作为非核心业务的冷藏物流，高投入的基础设施和设备、网络及众多的人力只服务于自身项目，并不是生产商的明智选择，越来越多的生产商愿意选择能提供完整冷藏链的第三方物流来外包自身冷藏物流业务，现实却很难满足，市场需求必将催生第三方冷藏物流企业的快速发展。

基于白寨现有的经济状况和经济结构，可以利用废弃的石子开采坑，作为冷藏物流的第三方，形成外部化的冷藏物流中心。在冷藏物品的来源上，其中，食品工业是河南省的经济支柱。新密、大隗、白寨翟沟以及紧邻白寨的郑州马寨也是食品加工集中地，这都为白寨建立食品冷藏仓储供应链提供了条件。

运输易腐货物不同于普通货物，想要有效运作冷藏物流，必须建立一套完整的冷冻物流链，严格地控制温度，货物由一个地方移到另一个地方时，不应暴露在空气中，亦不应承受温度转变。同时，货物放置时也要严格控制温度。这些都需有构造精良的冷藏运输装备和专业的运输管理机制，才能有效保证货物的保鲜质量和运输的经济效益。越来越专业的第三方物流将逐步承担起冷藏物流的重任。

附件一：

新密市白寨镇旅游业发展总体规划纲要（讨论稿）
（2008~2020）

新密市白寨镇位于郑州市西南部，是新密市距离郑州最近的镇。在河南省经济转型和产业结构调整的宏观经济背景下，在实施中原崛起战略和推进中原城市化建设的进程中，白寨镇经济发展和产业转型面临难得机遇和重大挑战。在旅游业已经成为朝阳产业的条件下，抓住和利用重要战略机遇期做好旅游业，是白寨镇完成经济增长方式转变的重要内容。为此，在参照《河南省"十一五"旅游产业发展规划纲要》《新密市白寨镇总体规划（2006~2020）》《郑州森林生态城总体规划（2003~2013）》《河南省农业和农村经济发展"十一五"规划》《河南省政府关于加快发展现代畜牧业的意见》《2004~2010年河南省出口创汇农业发展规划》《新密市产业结构调整调研报告》等研究成果的基础上，经过实地踏勘和相关资料分析处理，制定白寨镇旅游业及林下经济发展规划，作为《新密市白寨镇产业结构调整战略规划》的组成部分。

本次规划以科学发展观为指导，统筹协调郑州—新密—白寨发展关系，将白寨镇放在中原城市群建设和新密市推进城乡一体化发展的整体构架中谋划，坚持维护好、发展好、实现好郑州市生态涵养区和防护区功能，兼顾新密市经济社会发展实际，侧重向郑州互动、渗透、联合的发展思路，切实、最大限度地发挥本区域的区位优势，形成郑州—新密—白寨区域互动共赢的发展格局。

一 旅游资源普查及评价

（一）旅游资源普查

白寨镇是郑州西南部的生态屏障区，省道315、316线纵贯全境。全镇总面积91.8平方公里，人口58907人，共301个居民组。白寨属于浅山丘陵地貌，地势自东向西、自南向北倾斜。白寨有比较丰富的煤炭、石子等矿产资源。目前，有12个行政村列入生态造林计划。按照规划要求，还将有一些行政村列入造林计划，预计将有18个行政村植树造林，面积达34500亩；郑州市租地造林4万亩，林业面积总量将突破10万亩，涉及19个行政村。白寨还有圣水寺、光灵寺等宗教景观和贾鲁河源头、王沟水库、鱼池沟水库、沟谷等自然景观，具有一定开发价值。

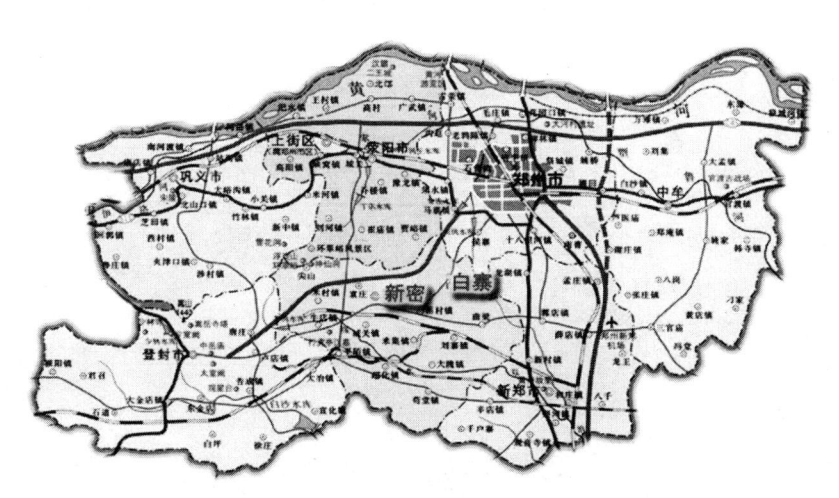

图1 郑州—新密—白寨区位关系示意

表1 白寨镇旅游资源类型

主类	亚类	基本类型
A 地文景观	AA 综合自然旅游地	AAA 山丘型旅游地　AAB 谷地型旅游地
	AB 沉积与构造	ABA 断层景观　ABB 褶曲景观　ABC 节理景观　ABD 地层剖面　ABF 矿点矿脉与矿石集聚地
	AC 地质地貌过程形迹	ACF 岩壁与岩缝　ACG 峡谷段落　ACH 沟壑地
	AD 自然变动遗迹	ADD 陷落地
B 水域风光	BA 河段	BAA 观光游憩河段
	BD 泉	BDA 冷泉
C 生物景观	CA 树木	CAA 林地　CAB 丛树　CAC 独树
	CC 花卉地	CCA 草场花卉地　CCB 林间花卉地
	CD 野生动物栖息地	CDB 陆地动物栖息地
E 遗址遗迹	EB 社会经济文化活动遗址遗迹	EBA 历史事件发生地　EBC 废弃寺庙　EBD 废弃生产地
F 建筑与设施	FA 综合人文旅游地	FAB 康体游乐休闲度假地　FAC 宗教与祭祀活动场所　FAD 园林游憩区域　FAG 社会与商贸活动场所
	FD 居住地与社区	FDA 传统与乡土建筑
	FE 归葬地	FEA 陵区陵园　FEB 墓（群）
	FG 水工建筑	FGA 水库观光游憩区段　FGB 水井　GD 堤坝段落　FGF 提水设施
G 旅游商品	GA 地方旅游商品	GAA 菜品饮食　GAB 农林畜产品与制品　GAG 其他物品
H 人文活动	HA 人事记录	HAA 人物　HAB 事件
	HC 民间习俗	HCF 庙会与民间集会
	HD 现代节庆	HDC 商贸农事节
数量统计		
7 主类	18 亚类	40 基本类型

（二）旅游资源评价

根据《中华人民共和国旅游规划通则》中的旅游资源评价方法，对白寨镇旅游资源评价如下。

第一，自然景观和人文景观兼备，以自然景观为主的景观格局。虽然自然景观和人文景观的数量相当，但从分布规模和开发前景来讲，总体上以自然景观为主。这也是白寨镇旅游资源的突出优势。生态林的迅速扩张和发展将营造更加优美和谐的自然环境，为旅游开发奠定基础性自然环境背景。一些人文景观资源具有一定的开发价值。如圣水寺作为新密市宗教协会所在地，具有独特的资源优势，具备发展宗教文化观光游的条件。一些地方具有久远的历史传说，如皇帝岭关于朱元璋的传说，具有一定的历史文化价值。

第二，整体开发水平较低，但具有一定开发前景。白寨镇旅游开发几乎空白，旅游发展处于自发阶段。绝大多数旅游资源处于闲置状态，没有充分发掘潜力，对当地居民收入和经济增长没有贡献。作为郑州西南部的生态涵养区及具有特定自然景观，其旅游资源具有一定开发价值，只要科学划分功能区并设计优先发展项目，就能够刺激旅游经济增长并为地方经济发展作出贡献。

第三，旅游资源环境禀赋较差，环境整治难度大。旅游资源整体分布在尚未完全发挥作用的幼苗林带，分散在起伏不平、沟谷穿插的丘陵地貌中，闲置和废弃的旧宅基地、矿产点严重影响了旅游资源的开发，旅游发展过程中环境整治难度很大。因此，在旅游开发中应优先整治环境并将环境治理贯穿于旅游开发的全过程。

第四，旅游资源结构单一，总体规模不大。其旅游资源属于乡间散布类型，景观特征不是十分突出；总体上没有达到大规模开发的程度。因此在市场定位上要以中等阶层游客为主要对象。

白寨镇旅游资源虽然规模小、开发的环境压力大,但是仍然具有一定的市场开发空间,特别是针对郑州附近居民开发度假休闲旅游具有一定的市场前景。

二 旅游业发展的可行性论证

白寨镇发展旅游业具有特殊的区位优势和资源优势,同时也具有很大的市场空间和经济效益。稳步推进旅游业尤其是林区生态旅游业,对于增强地方经济实力具有极为重要的意义。

第一,发展旅游是实现产业转型的需要。白寨镇实行产业转移战略,已经是经济社会发展的大势所趋,也是人心所向。在具备区位优势和资源优势的条件下,发展旅游业刚好能够有效地实现产业调整和经济转型的目标。要将发展旅游业作为实现经济转型的战略任务和目标来统筹谋划。

第二,发展旅游是促进劳动力就业和增加农民收入的需要。旅游业是关联性很强的产业,具有带动其他行业和促进更多劳动力就业的天然优势。依托生态林区建设、充分开发旅游资源,可以有效地解决当地农民的就业问题和收入增长问题。为此必须尽快科学规划旅游开发,实施项目带动方案,拓展市场空间,尽量避免由于产业结构调整和经济转型给农民带来损失。

第三,发展旅游是增加财政收入、带动其他产业良性发展的需要。发展旅游业可以显著增加居民收入,增加财政收入,短期内改善财政状况。旅游业将带动区域商品房的开发和销售,带动餐饮业、住宿业、运输业等其他第三产业较快发展。旅游业带动周边产业带来的收入实际上往往比旅游业本身的产值还要高,这也是旅游带动措施的优势和关键所在。

第四,发展旅游是干部群众的热切希望。当地干部群众已经意识到产业结构调整带来的问题并在积极寻找出路。部分条件较好的行政村尤其盼望能够通过旅游业进一步整合现有土地、林木等资源，充分发挥农家原生态旅游的优势，争取市场空间。群众也都在做家庭旅游接待的准备工作，积极谋求通过旅游服务增加收入。干部群众确实已经从思想和行动上重视旅游业带来的发展机遇。因此，发展旅游业是人心所望、符合社情民意的正确选择。

第五，发展旅游业具备一些基础性条件。目前，白寨镇发展旅游的各项条件已经部分具备，有一些正在发展之中。如圣水寺宗教文化旅游，现已有一些合作意向和规划项目，作为郑州市半小时经济圈内的唯一宗教场所，该市具有很大的开发潜力，预计很快就具备发展宗教旅游的条件。生态林的迅速发展将营造发展旅游业的良好环境氛围，尤其是夏秋两季短期旅游的条件极为优越，潜在市场通过开发可以转化为现实市场。根据市场信息可知，有相当数量的郑州市居民愿意在白寨买房、度假，高庙村的一处居民楼已经全部销售完毕，就是极为有力的证明。

三　旅游业总体定位和战略目标

根据对白寨镇旅游业发展的 SWOT 分析可知，白寨镇旅游发展的优势是：毗邻省会郑州市的区位优势，郑州市西南生态屏障的功能分区优势，环境相对优良的优势。旅游发展的劣势是：旅游资源品位较低，圣灵寺、水库、101备战洞等资源的整体品位不高，可开发性不足。交通及基础设施建设滞后，旅游业发展还是空白，没有任何经验。白寨镇目前的旅游业产值几乎为零，没有产业开发管理经验，这对旅游发展极为不利。旅游业整体竞争力不高。旅游发展的机遇是：大郑州都市圈扩张带来的巨大辐射效应；国家休假日期的调整为短期（短途）旅游带来更大发展机遇；旅游消费在居民总体消费中的比例不断增大。旅游发展的威胁是：旅游发展竞争形势日益严峻。仅就新密市来讲，面临皇帝宫风景区、打虎亭汉墓景点、美玉桃源原生态旅游区、凤凰山景区、灵崖山天爷洞景区等风景区或风景点的激烈竞争；从周边郑州及其他区域来讲，面临郑州伏羲山飞龙峡风景区、郑州神仙洞森林公园等的竞争。旅游品牌和市场开发需要很长的过程。旅游产业对品牌极为敏感，对市场依赖性极强。在没有任何开发基础的情况下发展旅游业，必然要经历长期的品牌和市场营销过程。

根据以上分析，白寨旅游业的总体定位和战略目标如下。

（一）总体定位

根据区域经济发展态势和旅游资源普查结果，白寨镇旅游业的总体定位是：以生态防护林为依托，以郑州市为核心客源区，以佛教文化旅游为主打品牌，以农家度假休闲居住游为开发主导方向，以旅游开发项目实施为基础，以外部投资和消费双拉动为动力，以季节性休闲旅游、短期休闲性居住旅游和田园生活体验旅游为开发重点，打造郑州西南部具有一定影响力的城郊生态旅游区。

（二）战略目标

白寨旅游业发展的总体战略目标是：依托区位和资源优势，逐步培育旅游产业，稳步壮大产业规模，全面提升产业素质，提高旅游经济效益，增强旅游业对农民收入和财政收入增长的拉动作用，将旅游产业培育成全镇国民经济的战略性支柱产业。具体目标是：从2008年到2015年，旅游人数年均增长10%以上，2015年达到10000人次/年以上；旅游收入年均增长15%以上。从2015年到2020年，旅游人数年均增长15%，2020年达到18000人次/年左右，旅游业产值占GDP的20%左右。

四 旅游功能区划和开发项目

(一) 旅游功能区划

根据旅游资源普查结果和白寨自然地理及人文环境，进一步明确旅游发展功能分区、推进要素集中和资源整合是发展旅游业的必然选择。按照目前旅游开发要求，规划"一点两带"（以镇区为一点、以度假休闲居住区和农家生活体验区为两带）的空间布局，将白寨旅游功能区划为以下三部分。

1. 度假休闲居住区。包括柳沟、刘堂、高庙、杨树岗、皇帝陵、油坊庄等六个行政村及其所属自然村。本区主要为郑州市居民提供短期度假休闲居住服务，同时大力发展宗教文化观光游。因地质条件限制和环境改善要求，此区域主要以木质小屋为主体，以停车场、供水排水系统、农家餐馆及小商品店为服务设施，形成郑州市远郊休闲居住区。同时，为迎合郑州市和其他区域居民购房需求，着力建设一批租售两用的简便民居，适度建设一批商品房。进一步拓展圣水寺规模，修建停车场、念经堂、佛教经典作品石碑等宗教活动旅游场所，通过宗教文化品牌带动其他行业发展。

2. 田园生活体验区。本区包括西腰、山白、三岔口、黑峪沟、寨沟、牌坊沟、张楼沟、王寨河、翟沟、堂沟、韦沟、史沟、周家寨等行政村及其所属自然村。本区主要为游客提供田园生活体验服务。依靠林下放养业、林间套作业等新型农业发展模式，给居民提供农家田园生活体验服务。根据做精做细第一产业、发展高品质农业的要求，在林地放养适量鸡鸭鹅等家禽，适度引进野生动物，积极发展小鱼塘，建设一批简易茅舍、草亭等体现农家生活生产景象的设施，增强农家田园旅游逼真感。

3. 健身购物娱乐区。本区包括良水寨、东岗、白寨镇区、白寨村和光武陈等五个行政村及其所属自然村。本区主要为游客提供健身购物娱乐服务。要整合并提升镇区生活娱乐设施建设水平和服务质量。建设规模较大、服务完备的商贸市场。严格市场准入制度，不断提高各类消费品的质量。围绕居民基本生活和娱乐配置基础设施，增强服务功能。

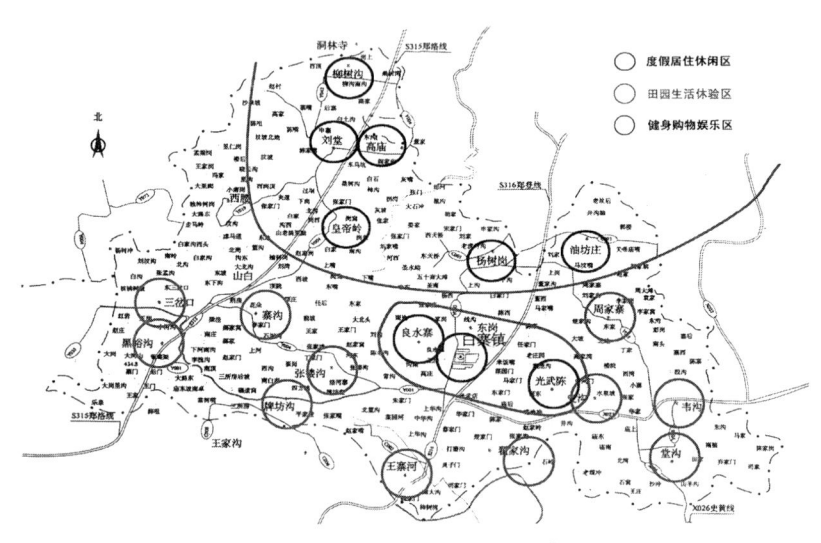

图 2　白寨镇旅游业发展示意

（二）旅游开发项目

为保障各功能区划切实发挥作用，需要进行旅游项目开发设计。根据度假休闲居住区、田园生活体验区、健身购物娱乐区的功能划分，设计开发以下旅游开发项目。

1. 度假休闲居住旅游开发项目。本项目在度假休闲旅游区进行。主要内容是：利用当地木材，适当利用其他环保材料，修建度假小木屋和较大规模的别墅、别墅群，形成错落有致的度假居住区。从 2008 年起进行论证并择机启动，到 2012 年，首先在皇帝岭和杨树岗两个行政村修建 100 套左右木屋、小别墅。根据市场变化逐渐调整规模，争取到 2020 年，木屋和小别墅总量达到 200 套左右。然后选择其他具备条件的村落，按照批次有序开发，力争在规划期内度假休闲居住旅游区的各类别墅达到500套左右。此前，政府应积极争取资金建设交通、垃圾处理、通信网络、供水排水等基础设施，可以通过给企业政策优惠的办法联合开发。大力推进圣水寺宗教文化资源整合和宣传。加强和各类宗教文化组织的联合协作，引进各类旅行社、旅游公司等旅游开发企业策划宗教文化旅游项目，建造诵经堂、静养堂等宗教活动场所，全面提高宗教在健康、休闲、文化熏陶方面的服务功能。

2. 农家田园生活体验开发项目。本项目在农家田园生活体验旅游区进行。主要内容是：从2008年到2015年，发展养殖兼垂钓小水塘20处、茅草亭20处、蔬菜种植与采摘点30个、农家原生态餐饮店30~50家，逐步形成农家田园体验旅游的基本规模。从2016年到2020年，逐步增加林间经济作物种植、林地休闲等丰富多彩的田园体院旅游项目，逐步完善和丰富农家乐旅游项目，形成具有很强市场竞争力的农家田园旅游品牌。破除行政村及自然村的分割，在镇政府旅游管理企业的统一协调下规划林带精细农业生活体验旅游。建立游客自我采摘、自我烹饪、自我消费的全过程农家生活体验旅游模式。

3. 健身娱乐购物整合开发项目。本项目在健身购物娱乐旅游区进行。主要内容有：配合居民点建设，统一区内健身设施配置。建设一家具有会议、餐饮、洗浴、住宿等功能的小型宾馆。专辟运动场地，建设篮球场20个，羽毛球场、排球场若干。建设标准健身房及练习瑜伽等场所。

4. 旅游交通线路整合项目。本项目主要为贯通各旅游景点而实施。修建标准村道连通23个行政村，尤其是度假休闲居住区的行政村和自然村。2008~2010年规划修建皇帝岭至杨树岗道路（按照乡道标准设计），改造柳沟至刘堂、高庙，杨树岗至油坊庄路面。争取郑州到三白、高庙的班车贯通旅游景点，减少游客的路途消耗时间。

五　旅游市场开发和营销

旅游市场开发将是白寨旅游业发展的重要内容和带动力量。将旅游市场开发作为推介白寨形象的有机组成部分，在条件成熟时组建旅游公司，统一管理旅游市场开发和营销。

（一）旅游市场开发

以郑州市为核心客源区，大力开发城市客源市场，适度开发本地客源市场，是白寨旅游市场开发的战略选择。要突出宣传白寨生态屏障的区位功能优势、度假休闲居住的品牌优势、优质高效的服务优势和实惠舒适的比较优势，稳步提升游客数量。具体目标是：从2008年到2015年，游客规模逐渐达到10000人次/年，其中郑州市居民占总人数的50%～60%。从2016年到2020年，游客规模达到15000～18000人次/年，其中郑州市居民占总人数的60%～80%。

1. 大力开发郑州市客源市场。对郑州市居民进行旅游区选择偏好调查，分析居民旅游偏好变化情况。制作白寨各功能旅游区的宣传材料，集中在郑州主要居民区和商业区进行宣传。在新密旅游文化网专辟白寨旅游专版，逐步扩大网络营销规模，提升网络营销水平。

2. 适度开发本地客源市场。积极吸引新密市游客，不断挖掘旅游消费潜力。由政府主导，将本区的一些节庆、会议、群众活动等有计划地安排在本区进行。以低价位吸引本地客源，形成客源长期稳步增长的良好态势。

（二）旅游市场营销

1. 大力推进旅游项目招商引资。将白寨镇各旅游发展项目列入新密市招商引资范围，科学招商，热情服务，大力引进外来资金和管理。突出宣传白寨旅游开发的美好前景和市场空间，营造重商、亲商、安商、富商的良好环境。在土地租金、基础设施等方面进一步增加优惠政策，切实依靠外部力量推进旅游项目开发。

2. 明确旅游营销宣传口号。总口号：中州氧吧、休闲乐土——白寨旅游区欢迎您！

度假休闲居住区口号：林中别墅——成功人士的必然选择！林中才一梦，闹市已三天——皇帝岭林中别墅区欢迎您！诵经堂诵经，参修堂修心——圣水寺欢迎您！

田园生活体验区口号：锄禾日当午——农夫生活全新体验！你织布来我耕田——牛郎织女田园生活新体验！走在乡间的小路上，爱在田野的密林里！

健身购物娱乐区口号：科学健身，艺术休闲。

3. 建立切实开发市场的营销网络。充分利用各旅行社、各旅游公司、报纸、电视、网络等，着力突出白寨亲切自然、优质高效的旅游服务理念，实惠舒坦的旅游接待服务。逐步和大型旅游公司合作，联合宣传，拓展营销市场空间。

六　旅游商品开发

整合现有旅游商品资源，不断推出精品，提高旅游商品竞争力。白寨镇旅游商品开发要以雕塑艺术品、原生态农产品、休闲小别墅为拳头产品，努力打造出具有时代感、艺术感和生活感的旅游商品系列。

第一，积极开展雕塑等艺术产品展销。新密市雕塑艺术学校的部分作品具有一定展销价值。抓住旅游发展的机遇，积极推动雕塑艺术品的市场营销活动。在各旅游功能区有计划地布置雕塑艺术品，在镇区较大规模地展销雕塑艺术品。适当增加佛教等宗教用品的供应和销售。努力研究开发精巧、细致、艺术品位高的纪念品。

第二，努力增加原生态农产品销售。加强旅游区和食品加工企业的合作，提供高质量原生态农产品及其加工品。蜜香杏、金银花、牛肉、荷叶饼等原生态农产品具有较好的开发潜力。要按照统一、高效、便捷原则，在各功能区增加产品配置，增加销售机会，提高销售收入。所有景点餐饮一律用纯粹无污染、无公害的农家自产原料，营造纯生态餐饮环境。提供具有一定保存价值和纪念意义的农具及其他手工制品，切实增强游客对田园生活的印象。

第三，稳步提高休闲小别墅销售量。积极开拓城市居民再购房市场，不断增加小别墅销售额。依靠价格优势和环境优势，加大小别墅营销力度。积极开发适应不同收入阶层的休闲木屋，形成等级开发序列。争取每年能够销售 20~50 套商品房，切实带来经济收益。对于一次性购买数量较多的客户，实行辅助设施赠送、土地使用面积优惠或生活资料价格优惠等措施。

七 旅游发展环境整治

大力推进旅游发展的生态环境、人文环境建设，营造山清水秀的自然环境，风清气正的人文环境，创建优良的旅游业发展内、外环境。

通过对废弃矿产采掘点和闲置居民住宅及闲置土地环境的综合整治，改善旅游发展环境。具体目标是：从 2008 年到 2012 年，首先启动并完成所有闲置居民住宅的环境整治，此间择机启动部分矿产采掘点环境整治；从 2013 年到 2020 年，全面地启动各矿产采掘点环境整治和闲置土地环境整治，逐步完成营造良好旅游发展环境的任务。

（一）山清水秀的自然环境

1. 废弃矿产采掘点环境整治。白寨镇废弃矿产采掘点较多，分布在沟谷地带，环境整治难度较大，但若能够科学整治，将带来很好的环境和经济效益。按照度假休闲居住区、健身购物娱乐区和田园生活体验区的序列逐步整治矿区环境。除确定一些矿产废弃点为生活垃圾填埋点外，其他废弃点均要进行项目建设或植树造林。

2. 闲置居民住宅和土地环境整治。白寨镇部分居民搬迁或正在搬迁到新宅基地，旧宅基地闲置较多。同时，各村保留有一些后备用地，但利用不够充分。对这些闲置资源的环境整治将扫清旅游发展的环境约束，营造清洁整齐的聚落环境。要逐渐有计划地拆除旧宅基地破房、危房，首先选择村民人数比较少的自然村和行政村进行整治。居民点向镇区和行政村集中后，应大力推进闲置住宅的土地整理和绿化。

3. 生活生产垃圾处理系统建设。高标准大密度建设生活、生产垃圾处理系统。将垃圾处理点规划在净化能力比较强的农家田园体验旅游区，尽可能减少度假休闲居住和健身购物娱乐区的垃圾处理量。旅游区统一配置垃圾箱和垃圾运输设备，定期处理各类垃圾。

（二）风清气正的人文环境

人文环境建设，对发展旅游业至关重要。良好的人文环境可以增强自然景观的吸引力和感染力，从而使游客留下美好的印象。要和重视生态环境建设一样重视人文环境建设，内强实力、外树形象，不断提升旅游区的影响力和知名度。

1. 强力宣传人文环境建设的重要性。在全镇进行和谐旅游新区的人文环境建设。开动宣传工具，大力强化居民对人文环境建设重要性的认识，积极发动民众参与到营造风清气正的人文环境建设中。

2. 充分展示新时代农民的精神面貌。农民将成为白寨旅游经营的主体，农民的形象关系到整个景区的形象。积极实施农民培训计划,切实提高农民对旅游现象、旅游市场、旅游形象、旅游前景的正确认识,不断增强其主动服务、热情服务、文明服务的意识和能力。

3. 坚决整治各类不文明的经营行为。设立旅游服务监督电话,配备专职人员处理旅游投诉。严格处理在旅游经营管理中破坏旅游市场秩序、损害消费者利益等不利于旅游业健康发展的行为,依法管理旅游经营,依法整治旅游环境,树立良好的旅游开发形象。

附件二:

新密市白寨镇林区生态经济发展总体规划纲要(讨论稿)
(2008~2020)

林区生态经济是现代农业、林业和其他第三产业相结合的经济发展新模式。在林区经济方兴未艾的背景下,如何抓住和利用重要战略机遇期做好林区生态经济,是白寨镇完成经济增长方式转变的重要内容。为此,在参照《河南省农业和农村经济发展"十一五"规划》《河南省政府关于加快发展现代畜牧业的意见》《2004~2010年河南省出口创汇农业发展规划》《新密市产业结构调整调研报告》等研究成果的基础上,经过实地踏勘和相关资料分析,制定白寨镇林区生态经济发展规划,作为《新密市白寨镇产业结构调整战略规划》的组成部分。

一 林区及林业发展概况

白寨镇是郑州西南部的生态屏障区,省道315、316线纵贯全境。全镇总面积91.8平方公里,人口58907人,共301个居民组。白寨属于浅山丘陵地貌,地势自东向西、自南向北倾斜。白寨有比较丰富的煤炭、石子等矿产资源。目前,有12个行政村列入生态造林计划。按照规划要求,还将有一些行政村列入造林计划,预计将有18个行政村植树造林,面积达34500亩;郑州市租地造林4万亩,林业面积总量将突破10万亩,涉及19个行政村。白寨还有圣水寺、光灵寺等宗教景观和贾鲁河源头、王沟水库、鱼池沟水库、沟谷等自然景观,具有一定开发价值。

(一)林带资源普查

白寨镇拥有比较丰富的林业资源。随着国家退耕还林政策和郑州市西南部生态组团规划的实施,白寨镇林业资源将呈现出快速增长的势头。各行政村林地面积如表1所示。

表1 白寨镇各行政村林地面积统计

单位:亩

行政村名称	林地面积	行政村名称	林地面积
白 寨	2706	高 庙	2276
东 岗	1501	柳 沟	3550
良水寨	2973	杨树岗	3406
张楼沟	1941	油坊庄	3725
牌坊沟	2641	周家寨	2501
黑峪沟	4112	韦 沟	3250
三岔口	2571	堂 沟	3479
山 白	2315	史 沟	2210
皇帝岭	1758	翟家沟	1801
西 腰	4633	光武陈	2670
刘 堂	2080	王寨河	2550

(二) 林地资源评价

1. 面积大，范围广。生态林遍布白寨镇全镇，为全镇统一规划和发展林区生态经济创造了极为有利的条件。林区规模效应突出，开发潜力巨大，是发展生态经济的良好区域。

2. 生态防护功能突出，环境效益高。白寨林区成长起来以后，将大力改善郑州西南部的生态、水土和小气候条件，显著提升环境质量。这是很难用金钱估计的巨大生态、经济和社会效益。

3. 正处于发展阶段，开发利用空间大。白寨镇林区多数为幼苗，林区郁闭度很低，正处于发展阶段。随着林区规模的发展，将形成郁闭度更高、物种更加多样和小气候环境更为优越的林地生态环境。这为科学规划林区生态经济创造良好的条件。

二 发展林区生态经济的条件和必要性

在白寨镇整体规划为郑州市西南生态涵养区的背景条件下，传统农业已经没有出路。林区的规划和形成为发展林下经济创造了客观条件和基础。林荫下空气湿度大、氧气充足、光照强度低、昼夜温差小，非常适合动物和微生物生长繁殖，是禽畜养殖和食用菌生产的理想空间。林下经济是覆盖面大、关联度高、专业性强的规模经济，与之相应的是公司化产业经营模式。河南省一些地方（如濮阳）及其他省区林区生态经济已经积累了很多经验，可以供白寨借鉴和吸收。同时，白寨面临土地面积日益减少和农民人口日益增加的新情况，必然要依靠新的农业经济发展模式来解决农民收入和劳动力就业问题。林区生态经济是实现人口、资源与环境协调可持续发展的有效模式。依靠林区生态经济发展来推动农村经济转型是必要和可行的。

(一) 发展林区生态经济是转变经济增长方式的需要

白寨镇依靠采掘业发展的模式不是符合科学发展观的模式，尤其是煤矿、石子等资源采完以后，经济社会可持续发展面临巨大压力，经济发展转型是必然选择。转变经济增长方式，对于传统第一产业来讲，就是要果断放弃浪费土地、破坏环境、令农民收入长期徘徊不前的低水平粗放农业发展模式，将农业发展和农民增收的途径转移到具有技术含量和市场空间的新型产业发展中来；就是要充分利用国家政策、市场资金和企业技术，进一步整合农村资源尤其是土地资源和人力资源，积极发展资源集约型、技术密集型和环境清洁型产业，通过对传统农业的改造提升农业整体竞争力，提高农村生活质量，增加农民收入。

(二) 发展林区生态经济是增加就业和提高农民收入的需要

目前，白寨劳动力51.7%集中在农业，23.8%集中在工业，两者总共占就业劳动力的75.5%。产业结构调整和经济转型，将使传统产业就业人数大为降低，迫切需要一种更为有效的方式吸引劳动力就业。实施退耕还林和种植生态密植林以后，土地的粮食产量将大幅下降或接近于零，农民收入增长面临巨大挑战。纯粹的林业发展周期长、见效慢，短期内很难解决农民就业及收入问题。林带经济将引导和鼓励农民重新认识林带发展养殖业、种植业和旅游业的巨大潜力，不断引进新的技术，发展立体高效林区经济，不断增加农民收入。林区生态经济将改变以前农户独立经营的模式，通过"公司—基地—农户"组合式发展，大大降低经营成本和风险，持续稳步地提高农民收入。

(三) 发展林区生态经济是改善生态环境的需要

生态防护显著的生态效益将改善区域生态环境。林带经济将促成作物群落多样化，进而维护和增强生态系统的稳定性。基于区域生态环境的立体式林区经济开发，将最大限度发挥不同生态系统的作用，逐步增强系统的互动和融合，增强环境自净能力和环境承载力。发展林带生态经济将促进区域经济环境社会协调可持续发展。

总之，白寨镇发展林区生态经济的条件已经具备，需要进一步科学规划，使林区生态经济尽快成为白寨镇经济发展的主要牵引力量。

三 林区生态经济总体定位和战略目标

经济转型的客观要求和农民增收的现实需求，迫切需要对林区经济发展准确定位和科学规划。林下经济，就是充分利用林下土地资源和林荫优势从事林下养殖、种植等立体复合生产经营，从而使农林牧各业实现资源共享、优势互补、循环相生、协调发展的生态农业模式。白寨林区生态经济发展的总体定位和战略目标如下。

（一）总体定位

根据区域经济发展态势和林带资源普查结果，白寨镇林区生态经济发展的总体定位是：以生态防护林为依托，以原生态农产品开发为主导方向，以林区生态经济开发项目实施为基础，以外部投资和消费双拉动为动力，以林下家禽牲畜养殖、林带原生态环境恢复、林区经济作物培育和林区农家休闲旅游为开发重点，打造郑州西南部富有特色的林带生态经济区。

（二）战略目标

白寨镇林区生态经济发展的总体战略目标是：依托区位和资源优势，逐步培育林区生态经济区，稳步壮大产业规模，全面提升产业素质，提高精细农业经济效益，增强第一产业对农民收入和财政收入增长的拉动作用，力争将林区生态经济培育成全镇经济的支柱产业。具体目标是：2015年林区生态经济产值达到25000万元，2020年达到35000万元。

四 林区生态经济功能区划和开发项目

（一）林区生态经济功能区划

林区生态经济规划区主要分布在镇区以外的韦沟、堂沟、史沟、光武陈、周家寨、油坊庄、杨树岗、刘堂、高庙、柳沟等十个行政村及其自然村。邀请农业专家对当地水土光热条件进行科学分析，进一步明确林下生态经济发展功能分区、推进要素集中和资源整合是发展林带经济的必然选择。目前，白寨林区生态经济可以按如下功能区进行开发。

1. 林下家禽牲畜养殖区。本区西腰、山白、三岔口、黑峪沟、寨沟、牌坊沟、张楼沟、王寨河、翟沟、堂沟、韦沟、史沟、周家寨等十三个行政村及其所属自然村，积极推进林下养鸡、养鸭、养鹅等林下家禽放养，不断提高家禽肉、蛋产品质量。充分利用各类树种花期，发展蜜蜂养殖。适量放养一些牛、马等牲畜，为切实保护林区环境，可进行封闭式放养。在适宜的地点种植苜蓿等牧草，既可增强土壤肥力，又可增加饲料供应。通过精密实施家禽牲畜养殖，使该区成为原生态农产品的供应基地。

2. 林中作物套作区。本区包括西腰、山白、三岔口、黑峪沟、牌坊沟、张楼沟、王寨河、翟沟、堂沟、韦沟、史沟、周家寨等十二个行政村及其所属自然村。实施林下放养业、林间套作业等新型农业发展模式。适度种植豆类、红薯等杂粮类作物，试验种植金针菇、中草药等经济作物；对于生长条件特殊的作物，可以考虑建立林下蔬菜大棚进行科学种植。

3. 林中生态复原区。本区包括废弃矿物开采点、不能进行规模开发的沟谷和整体迁出的废弃居民点和村落及其他闲杂区域。本区主要围绕生态环境重建目标，大力种植乡土树种，积极引进一些外来物种尤其是动物物种，营造纯粹的天然生态环境，形成更加稳定多样的生态环境系统，通过生态建设达到彻底整治废弃矿产采掘点、裸露沟谷和其他闲置土地的目标，逐渐恢复生态系统的本来面貌。

4. 林下休闲旅游区。本区包括柳沟、刘堂、高庙、杨树岗、黄帝陵、油坊庄等六个行政村及其所属自然村。以农家乐旅游开发为方向，着力发展游客自我采摘、自我烹饪、自我消费的参与体验式旅游。修建或改造一些小水塘、小鱼池、茅草亭，增强田园旅游的景观美学特征。

（二）林区生态经济开发项目

为保障各功能区划切实发挥作用，需要进行林区生态经济项目开发设计。根据白寨镇林业资源禀赋及功能划分，要大力发展林带家禽养殖业、林带经济作物种植业和林带休闲旅游业，快速提升原生态农业产品生产量和加工能力。为此，设计以下开发项目。

1. 林带经济作物种植项目。主要包括：林—灌型。亦称乔—灌型。主要是杨树和沙棘带状混交类型。带间栽种的良种沙棘，不仅可以采收沙棘果实，作为非豆科固氮树种，沙棘也是肥料树，对改善立地条件、促进杨树的生长发育，大有裨益。与此同时，它也有利于林木管护。林—果型。这里的"林"可以是乔木，亦可为灌木；"果"的选择可参照相关原则进行，可是欧李，也可以是杏、桃、李……根据"林下条件"具体情况具体分析。林—草型。在蜜香杏等经济林果区发展"鲜食杏—紫花苜蓿"模式。尽管立地条件不很好（种植农作物不赚钱甚至赔钱），杏树尚未进入结实期，但每年的两茬割草，亩净收益就在400元以上。当然，实践中主栽树种以及林下草的种类也是可以多选的。林—药型。选择适应当地环境的板蓝根、防风、桔梗、柴胡、黄芩、甘草等中草药进行种植开发，不仅草药卖钱，药籽也卖钱，收入不菲，被誉为"摇钱树下栽金豆"，形成林带生态经济区"林—药型"的基本雏形。此外，有些中草药如甘草、柴胡、桔梗等，还有重要的生态价值，既可起到控制水土流失、防风固沙、涵养水源的作用，又能产生可观的经济效益，真可谓经济、生态、社会效益多赢并举。林—农型。亦称林—粮型。几乎在所有类型中，以此种类型最为普遍，故无须赘言。所选农作物品种可以是各种豆类、荞麦、棉花、黍子、耐阴谷子、烟草、花卉等矮棵作物。林—蔬型。指林下种植地瓜、土豆、萝卜、香瓜、西瓜等瓜果蔬菜类作物。林—菌型。林下发展食用菌大有作为，诸如地栽香菇、木耳、平菇、鸡腿菇、滑子菇等，出菇后的培养废料施入树下，又是上好的肥料。在北京通州区永乐店镇，林—菌间作每亩纯收入平均可达1万元左右。

2. 林带家禽牲畜放养项目。以放养为主，放养和圈养相结合，不断增强林区家禽、牲畜承载能力，提高各类肉、蛋、奶产量，为居民直接消费和农产品精细加工提供原生态原材料。主要包括林—禽型。指林下养殖鸡、鸭、鹅、蚕等。例如在饲料桑林下，每年采摘桑葚，桑叶被加工成饲料喂养禽类，禽粪给树木追肥，施用有机肥后的饲料桑蛋白质显著增加，以此喂养家禽，其蛋肉的品质和产量明显提高。林—畜型。指林下圈地养殖牛、羊、猪、狗、兔、鹿、狐、狍等。动物粪便发酵后施于树下，还可集中于沼气池内，用沼液浇灌树木。濮阳市南乐县张果屯乡西吉干村围绕速生丰产林基地建设，探索"林—沼—牛"生态养殖模式，每亩林地养肉牛100头，每头牛纯收入600元，每年养殖1.3茬，每亩林下养牛年纯收益达7.8万元左右。

3. 林区生态旅游业。林—游型。积极发展林区农家旅游，通过多种有特色的"林下经济"模式，彰显绿化美化之效果，吸引游客前来旅游观光，享受森林沐浴，体味自然风光，采食山花野果，品尝农家小吃。

4. 林区初级原材料基地。充分挖掘林区各类自然资源，为轻型加工制造业提供基础材料。林区树枝、树叶及其他杂草可以作为造纸原料，具有很大的开发潜力。建立木材初级加工市场，逐渐发展以木材为原料的家具制造、木制品等行业。

为使以上项目落到实处，2008年到2012年应启动并实施林区生态经济"五个一工程"，具体是：建成一批林区家禽牲畜养殖基地，一批林区经济作物基地，一批林区原材料供应基地，一批林区农家旅游基地，一批纯生态自然观光区，以上基地建设首期规划各为1000亩。2012~2020年，按照市场变化和经济效益适度调整，但整体规模扩展到20000亩左右。通过项目实施，将白寨部分林区建成郑州市附近具有带动作用的生态经济示范区。

五　原生态农产品市场开发和营销

原生态农产品是白寨未来林下经济发展的重要内容和带动力量。配合承接郑州地区产业尤其是食品加工业转移，积极引进一批具有实力的原生态农产品生产企业，促成企业主动自发维护和经营林带各类作物，以之作为原材料，形成企业—农户联合做大做强原生态农业产品加工的新模式。

（一）原生态农产品市场开发

坚持和郑州市食品行业的龙头企业和成规模企业进行联合开发，做好原生态农产品基地建设，是白寨生态经济市场开发的战略选择。以生态林带为依托，通过项目实施，逐步提高农产品的质量和品牌效益。具体目标是：从 2008 年到 2015 年，蔬菜类产品达到 5000 吨/年，大牲畜存栏量达到 5000 头/年，园林水果产量达到 5000 吨/年，花卉、药材等特色产品达 1000 吨/年。

1. 大力开发郑州市农产品市场。以绿色环保天然为品牌优势，积极通过营销策划，逐步提高产品在郑州市场的比重。制作白寨各类农产品的宣传材料，集中在郑州主要居民区和商业区进行宣传。加强和质量检验检疫部门、农业主管部门的精诚合作，推出符合国家政策和市场需求的多样化系列农产品。

2. 适度开发其他市场。增加对新密市市场的农产品供应，逐步拓展荥阳、登封等市场空间。增强农产品对当地居民的服务能力，积极开发林下旅游业、城镇娱乐业相关产品。

（二）原生态农产品市场营销

1. 大力推进原生态农产品生产项目招商引资。将白寨镇生态经济项目列入新密市招商引资总体范围，科学招商，热情服务，大力引进外来资金和管理方法。突出宣传白寨林区生态经济发展的美好前景和市场空间，营造重商、亲商、安商、富商的良好环境。在土地租金、基础设施等方面进一步增加优惠政策，切实依靠外部力量推进生态经济项目开发。

2. 充分利用当地企业资源消化原生态农产品。建设工业园区，大力引进食品及原生态农产品加工企业；将林区生态经济开发和园区工业整体招商，形成联合开发的格局；加大引进企业利用农产品的数量，减少营销环节和时间，缩短产品开发周期。

3. 建立完备的原生态农产品营销网络。充分利用各旅行社、食品公司、报纸、电视、网络等传播实体，着力突出白寨原生态优质农产品的卖点。争取和郑州的宾馆、饭店及其他餐饮企业建立联系，逐步扩充市场，增加销售收入。

六　林区精细农业发展保障措施

(一) 基础发展条件保障

1. 交通设施条件。以高质量乡道为标准建设并贯通各林带生态经济区。修建白寨镇－光武陈－史沟－韦沟－周家寨－杨树岗－高庙－刘堂－西腰－山白－三岔口－寨沟－张楼沟－白寨镇环形线路；改造华韦公路、史黄公路、三岔口－袁庄乡、白寨－杨树岗－高庙－柳树沟－荥阳、刘堂－荥阳贾峪、三岔口－荥阳贾峪，使之能够达到快捷便利的通行要求。

2. 人力资源条件。实施全员营销战略，组织一切力量、创造一切条件，全力提升发展林区生态经济的人力资源水平。定期组织对农民的行业发展培训，大力挖掘农民中的优势人力资源潜力，为组建一支高素质林区生态经济管理和营销队伍做人力资源准备。按照就地培训、就地实习、就地就业的模式，高效率推进人力资源整合，切实增加富余劳动力就业。对农民进行新型养殖、种植等技术的培训，确保最短时间内掌握基本技术，实现最大收益。

3. 技术资金保障条件。发展林区生态经济，最具有支撑能力也是农民最急需的是资金和技术。积极争取国家、省市扶农支农资金，完善农村金融支撑服务体系。引进具有实力的企业整体发展片区林带经济，提升林区资源整合能力。组织专家定期传授相关技术，促进技术成果向生产力快速转化。

4. 安全保障条件。实行林区定期巡视制度，预防各类事故，维护林区安全。实行林区卫生环境质量定期监测制度，确保林区作物正常生长。防止盲目引进外来物种，破坏生态系统稳定性。保护林地草丛和灌木，减少因为采挖杂草和灌木带来水土流失。

(二) 管理研究条件保障

1. 加强发展林区生态经济的领导组织建设。镇政府牵头组织成立政府和民间入股的生态经济实体，统一负责林区经济经营管理。按照现代企业制度的要求组建企业，加强团队建设，凝聚发展力量。

2. 建立生态经济发展动态管理机制。对生态经济各行业进行动态观察和监测，增强应对市场变化的能力。密切注意国家和省市相关政策的变化并从中寻找发展机遇。条件成熟时建立生态经济信息库，不断了解市场对服务的满意度，并制订相应改进措施。

(三) 优惠政策条件保障

政府要积极营造林区生态经济发展的良好环境，并切实采取措施提高服务质量。制订《白寨镇关于发展林区生态经济优惠政策的若干规定》及其实施细则，全力打破村、组局部利益的无序竞争，破除村组对土地等资源的相对垄断，集中统一推进林区生态经济开发。鼓励企业投资林区生态经济开发。对于能整体承包林地进行养殖、种植和发展旅游的，实行优惠土地政策，前五年内免收土地租金，后五年土地租金减半收取。对于能直接将原生态农产品进行整合加工的企业，实行更大的税收及其他基础生产资料的优惠。对于能较大规模解决当地劳动力就业的，实行土地租金、基础生产资料价格等的更多优惠。积极争取省、市两级政府对发展林区生态经济的财政扶持，积极探索其他优惠政策及政策执行保障机制。

七 林区生态经济环境建设

(一) 废弃矿产采掘点、闲置村民宅基地的综合环境整治

通过对废弃矿产采掘点和闲置居民住宅及闲置土地的综合整

治，改善生态经济发展环境。具体目标是：2008~2012年，首先启动并完成所有闲置居民住宅的环境整治，此间择机启动部分矿产采掘点环境整治；2013~2020年，全面启动各矿产采掘点环境整治和闲置土地环境整治，逐步完成营造良好发展环境的任务。

（二）生活生产垃圾处理系统建设

高标准大密度建设生活、生产垃圾处理系统。将垃圾处理点规划在净化能力比较强的农家田园体验旅游区，尽可能减少度假休闲居住和健身购物娱乐区的垃圾处理量。旅游区统一配置垃圾箱和垃圾运输设备，定期处理各类垃圾。

图书在版编目(CIP)数据

城镇化引领"三化"协调发展：理论思考与实践探索 / 耿明斋等著 . —北京：社会科学文献出版社，2012.8
（传统农区工业化与社会转型丛书）
ISBN 978 - 7 - 5097 - 3426 - 1

Ⅰ.①城… Ⅱ.①耿… Ⅲ.①工业化 – 研究 – 中国 ②城市化 – 研究 – 中国 ③农业现代化 – 研究 – 中国 Ⅳ.①F424 ②F299.21 ③F320.1

中国版本图书馆 CIP 数据核字（2012）第 101475 号

·传统农区工业化与社会转型丛书·

城镇化引领"三化"协调发展
——理论思考与实践探索

著　　者 / 耿明斋 等

出 版 人 / 谢寿光
出 版 者 / 社会科学文献出版社
地　　址 / 北京市西城区北三环中路甲 29 号院 3 号楼华龙大厦
邮政编码 / 100029

责任部门 / 皮书出版中心 （010）59367127　　责任编辑 / 桂　芳
电子信箱 / pishubu@ssap.cn　　　　　　　　责任校对 / 刘佳雨
项目统筹 / 邓泳红　　　　　　　　　　　　责任印制 / 岳　阳
经　　销 / 社会科学文献出版社市场营销中心 （010）59367081　59367089
读者服务 / 读者服务中心 （010）59367028

印　　装 / 北京季蜂印刷有限公司
开　　本 / 787mm × 1092mm　1/20　　　　印　张 / 23.2
版　　次 / 2012 年 8 月第 1 版　　　　　　字　数 / 387 千字
印　　次 / 2012 年 8 月第 1 次印刷
书　　号 / ISBN 978 - 7 - 5097 - 3426 - 1
定　　价 / 69.00 元

本书如有破损、缺页、装订错误，请与本社读者服务中心联系更换

▲ 版权所有　翻印必究